창계집

한국고전번역원 한국문집번역총서

창계집 4

滄溪集

임영 지음
林泳

이승현 전백찬 옮김

일러두기

1. 이 책의 번역 대본은 한국고전번역원에서 간행한 한국문집총간 159집 소재《창계집(滄溪集)》으로 하였다. 번역 대본의 원문 텍스트와 원문 이미지는 한국고전종합DB(http://db.itkc.or.kr)에서 확인할 수 있다.
2. 내용이 간단한 역주는 간주(間註)로, 긴 역주는 각주(脚註)로 처리하였다.
3. 한자는 필요한 경우 이해를 돕기 위하여 넣었으며, 운문(韻文)은 원문을 병기하였다.
4. 맞춤법과 띄어쓰기는 한글 맞춤법과 표준어 규정을 따랐다.
5. 이 책에서 사용한 부호는 다음과 같다.

   : : 제시어와 내용 사이에, 각주에서 각주 표제어와 내용을 구분할 때 사용한다.

   ( ) : 번역문과 음이 같은 한자, 이두, 외국어를 묶어서 보일 때 사용한다.

   〔 〕: 번역문과 뜻은 같으나 음이 다른 한자를 묶어서 보일 때 사용한다.

   " " : 글 안에서 대화를 표시할 때, 남의 말이나 서책 또는 시문 등의 문장을 인용할 때 사용한다.

   ' ' : " " 안의 재인용, 강조 부분을 나타낼 때 사용한다.

   「 」: ' ' 안의 재인용을 나타낼 때 사용한다.

   『 』: 「 」 안의 재인용을 나타낼 때 사용한다.

   《 》: 책명 및 각주의 전거(典據)를 나타낼 때 사용한다.

   〈 〉: 편명, 작품명, 논문 제목을 나타낼 때 사용한다.

   ~ : 인명의 생년과 몰년 사이에 사용한다.

   …… : 번역문에서 원문의 '云云'을 처리할 때, 각주에서 긴 인용문을 처리할 때, 각주 표제어가 네 어절 이상일 경우 생략되는 말을 처리할 때 사용한다.

   - - : 본문에서 소자(小字) 원문 주(註)의 처음과 끝에 사용한다.

차례

일러두기 • 4

창계집 제11권

서 書

최여화 석정 께 답함 무오년 答崔汝和 錫鼎 戊午 • 15

최여화께 답함 신유년 答崔汝和 辛酉 • 18

최여화께 답함 갑자년 答崔汝和 甲子 • 22

최여화께 답함 을축년 答崔汝和 乙丑 • 25

최여화께 드림 병인년 與崔汝和 丙寅 • 28

최여화께 드림 정묘년 與崔汝和 丁卯 • 32

최여화께 답함 임신년 答崔汝和 壬申 • 36

별지 別紙 • 39

최여화께 답함 갑술년 答崔汝和 甲戌 • 41

신공헌 완 께 드림 임술년 與申公獻 琓 壬戌 • 43

신공헌께 답함 答申公獻 • 45

신공헌께 답함 계해년 答申公獻 癸亥 • 47

신공헌께 드림 與申公獻 • 49

신공헌께 답함 갑자년 答申公獻 甲子 • 51

신공헌께 답함 을축년 答申公獻 乙丑 • 56

신공헌께 답함 答申公獻 • 58

신공헌께 답함 答申公獻 • 61

신공헌께 드림 與申公獻 • 63

신공헌께 답함 병인년 答申公獻 丙寅 • 66

신공헌께 드림 與申公獻 • 68

신공헌께 답함 答申公獻 • 70

신공헌께 답함 정묘년 答申公獻 丁卯 • 71

신공헌께 답함 答申公獻 • 73

신공헌께 드림 무진년 與申公獻 戊辰 • 76

오관지 도일 께 답함 계해년 答吳貫之 道一 癸亥 • 77

오관지께 답함 을축년 答吳貫之 乙丑 • 80

오관지께 답함 무진년 答吳貫之 戊辰 • 83

오관지께 드림 기사년 與吳貫之 己巳 • 85

오관지께 드림 임신년 與吳貫之 壬申 • 96

오관지께 답함 계유년 答吳貫之 癸酉 • 99

창계집 제12권

서 書

김중화 창협 께 드림 경신년 與金仲和 昌協 庚申 • 111

김중화께 답함 을축년 答金仲和 乙丑 • 113

김중화께 답함 정묘년 答金仲和 丁卯 • 117

김중화께 답함 答金仲和 • 123

김중화께 답함 무진년 答金仲和 戊辰 • 127

김중화께 드림 기사년 與金仲和 己巳 • 129

김중화께 답함 경오년 答金仲和 庚午 • 132

김중화께 답함 임신년 答金仲和 壬申 • 136

이동보 희조 께 답함 경술년 答李同甫 喜朝 庚戌 • 141

이동보께 답함 答李同甫 • 143

이동보께 답함 신해년 答李同甫 辛亥 • 145

이동보께 드림 與李同甫 • 148

이동보께 드림 與李同甫 • 150

이동보께 답함 答李同甫 • 152

이동보께 답함 임자년 答李同甫 壬子 • 156

이동보께 답함 答李同甫 • 159

이동보께 답함 答李同甫 • 161

이동보께 드림 與李同甫 • 163

이동보께 답함 答李同甫 • 165

이동보께 답함 答李同甫 • 168

이동보께 드림 與李同甫 • 172

이동보께 드림 與李同甫 • 174

이동보께 답함 계축년 答李同甫 癸丑 • 176

이동보께 드림 與李同甫 • 180

이동보께 드림 與李同甫 • 183

이동보께 답함 갑인년 答李同甫 甲寅 • 185

이동보께 답함 答李同甫 • 189

이동보께 드림 與李同甫 • 191

이동보께 드림 與李同甫 • 195

이동보께 드림 與李同甫 • 197

이동보께 답함 을묘년 答李同甫 乙卯 • 198

이동보께 드림 與李同甫 • 201

이동보께 드림 與李同甫 • 203

이동보께 드림 與李同甫 • 205

이동보께 답함 병진년 答李同甫 丙辰 • 207

이동보께 드림 與李同甫 • 211

이동보께 드림 與李同甫 • 214

이동보께 답함 무오년 答李同甫 戊午 • 216

창계집 제13권

서 書

이동보께 답한 별지 答李同甫別紙 • 221

이동보께 드림 與李同甫 • 225

이동보께 드림 與李同甫 • 227

이동보께 답함 答李同甫 • 229

이동보께 드림 與李同甫 • 231

이동보께 답함 答李同甫 • 233

이동보께 드림 기미년 與李同甫 己未 • 241

이동보께 답함 경신년 答李同甫 庚申 • 245

이동보께 드림 與李同甫 • 247

이동보께 답함 答李同甫 • 249

이동보께 드림 與李同甫 • 251

이동보께 답함 答李同甫 • 252

이동보께 드림 신유년 與李同甫 辛酉 • 254

이동보께 드림 임술년 與李同甫 壬戌 • 256

이동보께 답함 계해년 答李同甫 癸亥 • 260

이동보께 답함 答李同甫 • 262

이동보께 답함 答李同甫 • 270

이동보께 답함 答李同甫 • 274

이동보께 답함 갑자년 答李同甫 甲子 • 277

별지 別紙 • 279

이동보께 답함 答李同甫 • 282

이동보께 답함 을축년 答李同甫 乙丑 • 284

이동보께 답함 병인년 答李同甫 丙寅 • 287

이동보께 답함 答李同甫 • 289

이동보께 드림 정묘년 與李同甫 丁卯 • 292

이동보께 답함 答李同甫 • 299

이동보께 답함 무진년 答李同甫 戊辰 • 303

이동보께 답함 答李同甫 • 305

이동보께 드림 與李同甫 • 307

이동보께 드림 與李同甫 • 310

이동보께 답함 答李同甫 • 312

이동보께 드림 기사년 與李同甫 己巳 • 316

이동보께 답함 경오년 答李同甫 庚午 • 318

이동보께 드림 임신년 與李同甫 壬申 • 323

이동보께 답함 계유년 答李同甫 癸酉 • 330

창계집 제14권

서 書

박대숙 심 께 답함 경신년 答朴大叔 鐔 庚申 • 335

박대숙께 답함 答朴大叔 • 338

박대숙께 답함 계해년 答朴大叔 癸亥 • 340

박대숙께 드림 與朴大叔 • 343

박대숙께 답함 갑자년 答朴大叔 甲子 • 346

박대숙께 답함 答朴大叔 • 350

박대숙께 드림 병인년 與朴大叔 丙寅 • 354

박대숙께 답함 答朴大叔 • 357

박대숙께 답함 答朴大叔 • 361

별지 別紙 • 364

박대숙께 답함 정묘년 答朴大叔 丁卯 • 367

박대숙께 답함 答朴大叔 • 371

별지 別紙 • 375

박대숙께 답함 계유년 答朴大叔 癸酉 • 380

이군보 세필 께 답함 병인년 答李君輔 世弼 丙寅 • 387

이군보께 답함 答李君輔 • 389

이군보께 답한 별지 정묘년 答李君輔別紙 丁卯 • 392

남자문 학명 께 답함 신해년 答南子聞 鶴鳴 辛亥 • 396

남자문께 답한 별지 答南子聞別紙 • 397

남자문께 드림 與南子聞 • 403

남자문께 답함 答南子聞 • 404

남자문께 답함 答南子聞 • 406

남자문께 답함 答南子聞 • 408

남자문께 답함 갑인년 答南子聞 甲寅 • 410

남자문께 드림 與南子聞 • 412

남자문께 답함 答南子聞 • 413

남자문께 답함 答南子聞 • 415

남자문께 드림 與南子聞 • 416

남자문께 드림 與南子聞 • 417

남자문께 답함 答南子聞 • 419

남자문께 드림 與南子聞 • 421

남자문께 답함 계해년 答南子聞 癸亥 • 425

남자문께 답함 을축년 答南子聞 乙丑 • 428

남자문께 드림 與南子聞 • 430

남자문께 드림 與南子聞 • 433

남자문께 드림 與南子聞 • 435

남자문께 드림 무진년 與南子聞 戊辰 • 436

이백길 사명 께 답함 경신년 答李伯吉 師命 庚申 • 438

이백길께 드림 정묘년 與李伯吉 丁卯 • 442

이백길께 드림 무진년 與李伯吉 戊辰 • 445

창계집

제11권

書서

서書

최여화[1] 석정 께 답함 무오년(1678, 숙종4)

答崔汝和 錫鼎 戊午

바닷가 궁벽한 곳에서 이군삭거(離群索居)[2]의 탄식이 날로 깊어지고 있었는데, 문득 군중(郡中)의 인편을 통해 보내 주신 문안 편지를 받으니, 위안이 되고 가슴이 탁 트이는 심정을 어찌 말로 할 수 있겠습니까. 작년 겨울 도성에 갔을 때 잠깐 존안(尊顔)을 뵙기는 했으나, 이어서 하루 동안 머무르며 정담을 나누기를 도모하는 일은 끝내 이루지 못하였기에 마음속으로 매양 한스러웠습니다. 생각건대 형께서도 마음에 걸리지 않을 수 없을 것입니다. 저의 근황은, 노친을 모시고 그런대로

1 최여화(崔汝和) : 여화는 최석정(崔錫鼎, 1646~1715)의 자이다. 본관은 전주(全州), 초명은 석만(錫萬), 또 다른 자는 여시(汝時), 호는 존와(存窩)·명곡(明谷), 시호는 문정(文貞)이다. 남구만(南九萬), 이경억(李慶億)의 문인이며 박세채(朴世采)와 종유(從遊)하였다. 한성부 판윤, 사헌부 대사헌, 좌의정, 영의정 등을 역임하였다. 당파적으로는 소론의 입장에 서 있었으므로 노론과 자주 대립하였다. 저서로 《명곡집(明谷集)》 등이 있다.

2 이군삭거(離群索居) : 벗들을 떠나 쓸쓸히 홀로 사는 것으로, 자하(子夏)가 "내가 벗을 떠나 쓸쓸히 홀로 산 지가 오래이다.〔吾離群而索居, 亦已久矣.〕"라고 한 데서 유래하였다. 《禮記 檀弓上》

편안히 지내고는 있으나 오직 예전부터 앓던 복부와 가슴의 병증이 지금껏 낫지를 않아 원기가 날로 소진되고 외감(外感)[3]이 자주 침범하여 평상시에도 곤하고 지쳐 본업을 다 팽개쳐 두고 있습니다. 스스로 헤아려 보건대 앞으로의 인사(人事)는 산야(山野)의 한 쓸모없는 놈[4]이 되는 데 불과할 따름이니, 지난날 서로 기약했던 뜻을 생각할 때마다 그저 절실히 개탄스럽습니다.

그런데 강론하여 밝혀 주기를 구한다는 말씀을 지금 받들고 보니, 저를 몹시 부끄럽게 만드는지라 무슨 대답을 올려야 할지 모르겠습니다. 우리가 한 번 나아가고 한 번 물러나는 것은 우리들이 마음을 세웠던 것에 근본해 볼 때에 어찌 이와 같기를 원했겠습니까. 그러나 이 아우는 이미 쌓인 병증으로 곤하여 실로 수양한 바가 없고 형 역시도 이러한 때[5]를 당하여 스스로 굳게 서 있기가 이미 어려울 터인데, 하물며 가슴속에 온축된 것을 펼쳐서 이 세상을 이롭게 할 수 있기를 바라겠습니까. 어리석은 생각이 여기에 미치매 매양 스스로 서글플 뿐만 아니라 형을 위해 애석해하지 않을 수 없습니다. 모르겠습니다만 형께서는 어찌 생각하시는지요? 그러나 회재(晦齋) 선생께서 직려(直廬)에서

3 외감(外感) : 전통 의학에서 풍(風), 한(寒), 서(暑), 습(濕), 조(燥), 화(火) 등 외부의 삿된 기운에 의해 질병이 발생하는 것을 가리킨다.

4 산야(山野)의……놈 : 원문은 '산야일간한(山野一間漢)'이다. 여기서 '간한(間漢)'은 《창계집》 및 여타 문집의 용례에서 '한한(閒漢)'으로 되어 있는 경우가 대부분이고 '간(間)'은 '한(閒)'과 통하므로 이에 의거하여 번역하였다.

5 이러한 때 : 이해 4월 최석정이 송시열(宋時烈)과 김수항(金壽恒)을 신구(伸救)하다가 삭탈관직되고 문외출송을 당하였다가 5월에 사면되었다. 본 서찰의 전후 문맥을 감안할 때 이 일과 관련하여 양자 간에 출처(出處) 등과 관련한 논의가 있었던 듯하다.

잠들지 않던 공부[6]와 퇴계(退溪) 선생께서 외직을 구하여 고요히 수양하던 즐거움[7]을 고명한 형께서는 지금 결코 잊지 않으셨을 것이고 후일에 또한 면려하실 수 있을 테니, 이 점이 형을 아끼는 저의 우러러 사모하는 마음을 위로할 만합니다. 모르겠습니다만 우리 벗께서는 또 어찌 생각하시는지요? 인편에 맞춰 바삐 쓰느라 많고 많은 사연을 다 쓰지 못합니다.

6 회재(晦齋)……공부 : 허엽(許曄)이 쓴 《회재집(晦齋集)》의 발문에 "일찍이 들으니, 선생께서 옥당에 입직하였을 때 새벽에 일어나 동료들에게 읍을 하고 종일토록 묵묵히 계시면서 오직 경사를 열람하였고 때로 들리는 것은 기침 소리 몇 번뿐이었으며, 취침 때에 이르러서는 동료들이 깊이 잠들기를 기다렸다가 일어나 앉아서 새벽까지 계셨다고 한다. 물어보니 집에 계실 적에도 그렇게 하셨다고 한다. 아, 선생께서 묵묵히 계실 때는 반드시 마음에 터득함이 있었을 것이고 밤에 앉아 계실 때는 반드시 정밀하게 사색함이 있었을 것이니, 평생 동안 마음에 터득한 것을 한량할 수 있겠으며 평생 동안 정밀하게 사색한 것이 끝이 있겠는가.〔嘗聞之, 先生入直玉堂, 晨興揖同僚, 終日默然, 惟閱經史, 時聞謦咳數聲而已. 及至就寢, 俟同僚熟寐, 起坐達曙, 詢問其家居亦然. 吁! 當其默然, 必有心得; 及其夜坐, 必有精思, 平生心得, 其可限量? 平生精思, 其可涯際?〕"라고 하였다.

7 퇴계(退溪)……즐거움 : 《퇴계집(退溪集)》〈연보(年譜)〉 권1에 퇴계가 외직을 청하여 단양 군수(丹陽郡守)에 제수된 것에 대해 "선생께서 외직을 청한 것은 깊은 뜻이 있어서였다.〔先生乞外, 有深意.〕"라고 하였으며, 《퇴계집》 권16 〈기명언에게 답하다〔答奇明彦〕〉 첫 번째 서찰에서 기대승(奇大升)에게 출처의 도리를 말하면서 "세상과 뜻이 어그러질 때는 외물에 조금도 관여하지 말고 반드시 한직을 구하거나 물러날 것을 도모하여 학문에 전념하면서 '나의 학문이 지극하지 않으니 고요히 수양하면서 학문을 진전시켜야 한다. 지금이 바로 그 때이다.'라고 해야 합니다.〔其違於時, 則一絲莫管於外, 必須或乞閒或圖退, 而專意於學曰: 我學未至, 靜修進益, 今其時矣.〕"라고 하였다.

최여화께 답함 신유년(1681, 숙종7)

答崔汝和 辛酉

저는 어리석고 망령되어 낭패를 자초해서 임금과 어버이를 떠나 황폐한 초야에 물러나 엎드려 있는 데다,[8] 질병을 안은 채 상을 당한 슬픔[9]으로 자못 감내하지 못할 점이 있는지라 조석으로 근심하고 상심하는 마음이 어디까지 이를지를 모르겠습니다. 이러한 즈음에 홀연 상중에 계신 형께서 특별히 보내 주신 서찰을 받아 보니, 위문은 살뜰하고 가르침은 간절했습니다. 절로 평소 저를 아끼시는 마음이 매우 돈독하지 않다면, 어찌 돌아가신 부모를 부르짖고 그리워하는 때[10]에 이렇게까지 저를 염려해 주실 수 있겠습니까. 오랜 교유의 정과 붕우의 의리가 자못 둘 다 그 지극함을 다했다고 이를 만하니, 보내 주신 서찰을 여러 번 반복해서 읽으며 경탄(敬歎)하는 것은 비단 사사로운 감정 때문만은 아닙니다.

저의 근자의 진퇴에 관한 문제에 대해, 보내 주신 서찰에서 의의(意義)가 없다고 견책하셨는데, 이 부분은 졸렬한 제가 전후로 처신한 절도를 깊이 살피지 않으신 듯합니다. 기억해 보건대, 지난날 처음

8 저는……데다 : 《창계집》 〈창계선생연보초(滄溪先生年譜草)〉에, 1681년(숙종7) 5월 시사를 논한 것으로 인하여 엄한 성지(聖旨)를 받고 물러나 동교(東郊)에 있었다고 하였는데, 이 일을 가리키는 듯하다.

9 상을 당한 슬픔 : 1680년 중부(仲父) 임상유(林相儒)의 상을 당하였다.

10 돌아가신……때 : 1680년 겨울 최석정은 부친 최후상(崔後尙)의 상을 당하였다.

급제한 뒤 퇴계가 고봉(高峯 기대승(奇大升))에게 준 출처(出處)를 논한 서찰을 읽고는 아주 떠나가서 돌아오지 않거나 나아감은 있고 물러남은 없는 길 외에도 그 사이에 또 머리를 낮추고 걸음을 물리는 한 가지 길[11]이 절로 있음을 알았습니다. 제 마음이 대체로 여기에 가까웠습니다. 그런데 작년 이래로 성상께서 내려 주신 은총에 감격하여 이러구러 세월을 보내면서 거의 초심을 다 잊은 사람이 되었습니다. 이제 관직에서 체차된 것으로 말미암아 한가한 곳에서 여유롭게 지내는 것이 바로 평소의 계획인데, 어찌 이것이 전혀 의의가 없는 것이겠습니까. 어떤 사람은 한마디 말이 수용되지 않았다고 발끈 성을 내는 것이라 하는데, 이 아우의 뜻과는 전혀 다릅니다.

대개 형의 말씀대로 제가 조정에 나아가 성상께서 학문에 힘쓰는 공부에 도움을 드리고 평소 세상을 구제하려던 뜻을 다할 수 있다면, 성상의 은혜에 보답하고 어버이의 바람을 위로하여 처신이 편안해지고 의리를 얻는 것이 모두 그 가운데 있으니, 이 아우가 또한 무엇이 힘들다고 하지 않겠습니까. 단지 녹(祿)을 훔치고 시위소찬(尸位素餐)하면서 시간이 오래될수록 더욱 성상의 은총을 저버려 거듭 부모의 수치가 될까 두려웠을 뿐입니다. 이와 같이 하는 것이 전혀 의의가 없는 데 이르는 것은 아닌 듯하지만, 저의 사사로운 계책에서는 과연 지극히 편치 못한 점이 있습니다. 지난번에 저희 집 어른께서 도성으로 들어오신 것은, 대개 호중(湖中) 지역도 객지이고 저의 형님의 임기가 차서 장차 돌아가야 해서 일가의 형세가 객지에서 외롭게 타향살이하기에는

11 머리를……길 : 관직에는 있지만 한만(閑漫)한 관직이나 외직을 구하여 고요히 처신하는 길을 가리킨다.

어려운 점이 있기에 마침내 도성에서 거주하기로 결정했기 때문입니다. 제가 관직에 오랫동안 매여 도성에 있는 것을 기필하지 못하리라는 것은 그 당시에도 잘 알고 있었습니다.

집안의 본래 계책은 본디 이와 같았으나, 부모님의 곁을 여러 날 떠나 있으면서 혼정신성(昏定晨省)을 오랫동안 빠뜨렸으니, 여기에서 저의 절박한 상황은 말할 필요도 없이 알 수 있습니다. 처음에는 전최(殿最)에서 응당 하(下)를 받을 것이니 정말로 그리된다면 도성에 들어가 부모님을 자유롭게 살필 수 있을 것이라 생각하였습니다. 그리고 저의 사사로운 계책에서도 매우 편치 못한 점은 없을 것이라 생각하였습니다. 그런데 마땅히 하를 받을 것이라 생각했던 것이 일이 틀어져 중(中)을 받았고 중을 받은 것마저도 이미 탕척(蕩滌)되었습니다. 또 사국(史局)에서 저를 재촉해 부르는 계사(啓辭)가 있으니,[12] 만약 도성에 들어가 직임을 수행하지 않으면 부모님을 살피는 일도 할 수 없을 것입니다. 이렇게 낭패한 지경에 이르고 보니 실로 운신(運身)할 길을 알지 못하겠습니다.

일전의 상소는 진실로 대략 저의 본심을 말한 것이니, 한두 분의 장로께서는 그것이 저의 본심임을 알고 계십니다. 그러니 지금 비록 계책을 바꾸어 다시 조정에 나아가고자 하더라도, 또 제가 했던 말을 가릴 수 없는 부끄러움이 있습니다. 관지(貫之)[13]와 같은 무리조차도

12 사국(史局)에서……있으니 : 《승정원일기(承政院日記)》 숙종 7년 7월 19일 기사에, 실록개수청(實錄改修廳)에서 지방에 머무르면서 병이 위중한 도청 낭청(都廳郎廳) 임영이 올라올 기약이 없으므로 다른 사람으로 대신 차하(差下)하기를 청하는 계사가 있다. 이에 근거하면 당시 실록을 개수하는 업무가 시급한 상황에서 도청 낭청에 임명된 창계가 계속해서 도성에 들어오지 않고 있었음을 알 수 있다.

저에게 지금은 갑자기 다시 조정에 나아오기가 어렵겠다고 하니, 그 말이 참으로 맞습니다. 형께서는 비록 유종의 미가 있어야 한다고 가르침을 주셨지만 유종의 미를 얻기가 실로 쉽지 않으니 어이하겠습니까. 근래 사국에 정장(呈狀)하여 몹시 간절하게 도청 낭청(都廳郎廳)에서 체직되기를 청하였으니, 만일 실록을 개수하는 일이 한창 급한데 소명을 오랫동안 어겼다는 이유로 정말 저의 청을 들어준다면, 관직이 없을 때는 부모님의 곁을 떠나지 않을 수 있을 것입니다. 오늘날 저의 계책은 이러할 따름입니다. 모르겠습니다만 어찌 생각하시는지요, 어찌 생각하시는지요? 조만간 도성에 도착하면 곧 직접 찾아뵙고 찬찬히 제 뜻을 다 펴 보이겠습니다. 지금은 하고 싶은 말을 다 할 수가 없습니다. 부디 상중의 체후를 보중하시어 이렇듯 형을 향하여 우러르는 저의 마음을 위로해 주십시오.

13 관지(貫之) : 오도일(吳道一, 1645~1703)의 자이다. 본관은 해주(海州), 호는 서파(西坡)이다. 개성부 유수, 대사간, 이조 참판, 대제학, 병조 판서 등을 역임하였으며, 1702년(숙종28) 민언량(閔彦良)의 옥사에 연루되어 유배되었다가 배소에서 죽었다. 1706년 복관되었다. 저서로 《서파집(西坡集)》이 있다.

최여화께 답함 갑자년(1684, 숙종10)

答崔汝和 甲子

뜻밖에 전라 감영의 인편을 통해 9월 3일에 보내 주신 서찰을 받고 편지를 펼쳐 거듭 읽어 보았으니, 위안이 되고 감사한 마음 말로 할 수 있겠습니까. 이어서 지난날의 기거를 신명께서 돌보아 주셨음을 알았으니, 형을 그리워하는 저의 마음 더욱 간절해집니다. 부모님을 여의고 살아남은 죄 많은 이 아우[14]는 모진 목숨이 끊어지지 않아서 어느덧 세밑에 이르렀습니다. 온갖 일들은 돌보지 못하고 온통 슬프고 괴로운 심정뿐이니 외려 다시 무슨 말을 하겠습니까. 예전의 병증은 대략 나아 가던 중이었는데, 날씨가 차가워진 이래로 또다시 발병하여 어제는 배 속의 덩어리진 기운이 갑자기 크게 요동쳐 거의 위태로운 지경이 되었다가 겨우 살아났습니다. 이제부터는 끝내 폐인이 될 듯하니 어이하겠습니까. 보내 주신 서찰에서 상을 치르면서 감정 가는 대로 하는 것을 깊이 경계하셨는데, 죄 많은 이 아우가 감히 그렇게 한 것이 아닙니다. 발병한 뒤로부터는 더욱 예제(禮制)를 다 행할 수 없게 되어 오직 요양하면서 소생하는 데 뜻을 두었습니다. 그럼에도 고질이 된 것은 단지 심신이 본래 매우 허약했기 때문입니다.

독서하며 수습하는 공부의 경우는 다시 말씀드릴 만한 것이 더욱 없으니 그저 스스로 서글프고 애처로울 따름입니다. 작년 겨울 예서(禮

14 부모님을……아우 : 1683년(숙종9) 1월 창계는 모친상을 당한 데 이어, 1684년 1월 부친상을 당하였다.

書)를 보려다가 병 때문에 곧 그만두었고, 부모의 상이 연이어진 나머지 마음과 정신이 손상되고 흩어져 여름과 가을에 이르도록 전혀 독서하지 못하였습니다. 근자에 비로소 서책을 펼쳐 보았으나 생각을 붙이고 마음을 쏟으면 번번이 병증이 일어나므로, 반드시 평이하여 깊이 연구하지 않아도 될 만한 글을 택하여 건성으로 읽으며 마음을 달랠 방편으로 삼았습니다. 서책을 보는 일이 이미 이처럼 구차하니 다른 일들이야 어찌 말하겠습니까.

게다가 이곳에는 바로잡아 주고 경계해 줄 벗이 없으니 오직 후회와 한스러움만 날로 불어납니다. 이생도 끝장이라 그저 지난날 몸에 큰 병이 없고 나가면 진실하고 유익한 벗이 있을 때 진작 공부에 힘쓰지 못한 것이 한스러울 뿐입니다. 그러나 또한 다시 어찌하겠습니까. 이 밖의 세상일은 모두 관심도 없고 입에 담고 싶지도 않습니다. 그러나 다만 생각건대 형의 넓고 정밀한 학식은 동류(同流)들 사이에서 걸출할 뿐만이 아니니, 이제 임금께 나아가 계책을 진달하더라도 반드시 볼품없지는 않을 것입니다. 이 몸은 비록 곤궁하여 죽음의 문턱에 다다랐으나, 실로 평소 나라의 은혜를 입은 것이 이미 깊고 형을 사모하는 마음이 얕지 않으므로, 기대하는 이 뜻을 진실로 밥 먹거나 숨 쉬는 사이에도 놓을 수가 없습니다.

예전부터 견문이 많은 선비가 고사(古事)를 논할 적에는 자신의 지식을 모두 발휘하였으나 시무(時務)를 말할 때에는 혹 소략하였고, 뭇 정사를 전반적으로 개괄해 논하기는 어렵지 않았으나 그 요점을 얻어 시급히 일을 처리하기는 어려웠습니다. 옛날의 신하는 시대에 맞는 지극한 다스림의 방도를 생각하다가 그 요점을 얻지 못하면 잠자고 밥 먹는 때에도 편안해하지 못하는 지경이 되었습니다. 지금 만약 임금을 높이고 시대를 구제하는 데에 뜻이 있다면 어찌 자신의 마음을 먼저 밝히기를 스스로 면려하지 않을 수 있겠습니까. 자신의 마음을 먼저 밝혀 천박하고 속된 칭찬과 비방에 마음을 두지 않고, 쓸데없는 일에 응대하느라 그 힘을 분산시키지 않고서, 깊이 생각하고 정성을 쌓아 홀로 우뚝이 서서 반드시 실행한다면, 응당 이 세상과 백성들을 이롭게 할 것입니다. 이것이 구구한 이 아우가 형에게 깊이 우러러 기대하는 점입니다. 모르겠습니다만 형께서는 어찌 생각하시는지요?

죄 많은 아우와 같은 사람은 수년간 조정에 있으면서 부침하고 용납되기를 구하였으되, 끝내 한 가지도 조금이나마 의분(義分)을 바친 일이 없습니다. 지금까지도 이 점을 생각하면 부끄럽고 두려워 거의 살고 싶은 생각이 없습니다. 그런데 이제 이런 말로 형께서 그리되시기를 기원하니 더욱 부끄러워할 만합니다. 그러나 기실 그 속내는 자신이 스스로 애달파하면서 미치지 못하는 부분에 대해 동지로부터 비난을 받고서 더욱 거기에 뜻을 기울일 수 있기를 바라는 것입니다. 명철한 형께서 반드시 긍휼히 헤아려 주실 것이라 생각합니다. 많고 많은 사연을 다 말하기가 어렵습니다. 오직 이 시절을 위해 더욱 체후 보중하시기를 기원합니다.

최여화께 답함 을축년(1685, 숙종11)

答崔汝和 乙丑

저에게 보여 주신 호의는 시간이 오래될수록 더욱 잊기 어렵습니다. 그런데 궁벽한 곳에 거처하면서 근심하고 애통해하느라 오랫동안 이별을 자초하였으니 서글픈 이 마음을 어찌 말로 할 수 있겠습니까. 형께서 때때로 멀리서 서찰을 보내시어 저의 생사를 묻지 않으셨다면 응당 다른 시대에 살면서 서로 바라보는 것과 차이가 없었을 것입니다. 10월 초에 보내 주신 서찰은 이번 순일(旬日) 사이에 비로소 받았습니다. 즉시 답서를 보내려 했으나 또 인편이 없어 지금껏 뜻을 이루지 못했습니다. 그런데 마침 읍중(邑中)에 인편이 있다는 말을 듣고 허겁지겁 이렇게 써서 들여보내지만, 과연 발송은 될는지 또한 어느 때에나 도착할는지 알지 못하겠습니다. 서찰이 한 번 오가는 데 이처럼 막히고 지체되니 크게 탄식한들 어이하겠습니까.

일전에 강가에 머물면서 서책을 수습하는 중에 고요한 정취가 있다고 하셨는데, 근자에도 아직 머물러 계시는지요? 관직을 제수하는 성지(聖旨)가 연달아 내려오는 상황에서 거취하는 즈음에 어찌 대처하실는지요? 삼가 경연에서 바야흐로 《주역》을 강론한다고 전해 들었는데 정말로 그러한지요? 이러한 때에 우리 형께서 홍문관 부제학의 자리에 계시니 이 어찌 큰 행운이 아니겠습니까. 구구한 이 아우가 전야(田野)에서 우러러 바라는 마음에 진실로 간절한 바가 있습니다. 그러나 말세의 풍속이 해괴하여 혹 좋은 일에 마가 낄 수도 있으니, 그저 깊이 염려스럽습니다.

저는 모진 목숨으로 또 한 해가 저물어 상제(祥祭)의 기일이 점점 닥쳐와 이제 겨우 한 달밖에 남지 않은 상황을 맞았습니다. 슬프고 아득한 정리를 더욱 형언하기 어려우니 어이하겠습니까, 어이하겠습니까. 돌아가신 부모를 그리워하며 부르짖는 사이에 병증이 차도를 보이면 때때로《중용(中庸)》,《대학(大學)》,《근사록(近思錄)》,《통서(通書)》등의 서책을 집어 들고서 읽거나 외우며 애오라지 마음을 붙이고 있습니다. 그러나 요컨대 공부의 과정을 세우지 않고 마음이 하고자 하는 대로 따라가서 마음이 가면 공부하고 기운이 지치면 문득 그만두며 간혹 여러 날 동안이나 책을 펼치지 않기도 합니다. 저의 한만함이 이와 같으니 어찌 다시 진보하기를 바라겠습니까. 이로써 곤궁하고 적막한 상황을 스스로 위로하는 데에 불과할 뿐입니다. 그러나 그 사이에 간혹 다행히 뜻이 맞는 부분이 있으면, 우리 형과 멀리 떨어져 있어 함께 토론하지 못하는 것을 도리어 한스러워합니다. 예서(禮書) 또한 때때로 펼쳐 보지만 의심스럽고 이해되지 않는 부분이 더욱 많으니, 이러한 것은 형을 직접 만나 자세히 가르침을 받지 않는다면 계발되기가 쉽지 않습니다. 그러니 형의 풍모를 몹시도 그리는 이 마음을 더욱이 어찌 그칠 수 있겠습니까.

과거 승정원에 있을 적에《보예(補藝)》라는 소책자를 보았습니다. 생각건대 이미 서책으로 완성한 지가 오래되었을 것입니다. 이와 같은 책은 비록 보게 된다 하더라도 가르침을 받지 않으면 이해하기 어려울 것인데 더군다나 지금은 보는 것마저도 어려우니, 지난날 형과 함께하던 때에 가르침을 청하기를 스스로 게을리하여 장차 일생을 잘못 마감하는 데 이르게 된 것이 그저 한탄스럽습니다. 형의 맏아드님[15]이 서찰

15 형의 맏아드님 : 최창대(崔昌大)이다.

을 보내 안부를 물었는데, 정분이 넘쳐 나고 문장이 성대하여 몹시도 찬탄과 애호를 그칠 수 없게 합니다. 보내 주신 필묵은 마침 필묵이 다 떨어져 가는 때에 당도하였습니다. 곧바로 보내 주신 필묵으로 먹을 갈고 붓을 적셔 이 서찰을 씁니다. 많고 많은 사연을 다 말씀드리기가 어려운지라 우선 이렇게 감사하는 서찰을 올립니다.

최여화께 드림 병인년(1686, 숙종12)

與崔汝和 丙寅

지난번에 형께서 만리 길의 사행을 다녀오시게 되었는데도 이 아우는 끝내 안부를 묻는 서찰 한 통 보내지 못했습니다. 아무리 형께서 이 아우를 믿어 주신다지만 또한 반드시 의아함이 없지 않을 것입니다. 이 아우는 초봄에 바로 상복을 바꾸어 입었고 또 집안에 위급한 병을 앓는 사람이 있어 슬픔과 근심으로 정신이 없는 통에 다른 생각을 할 겨를이 없었습니다. 중하(中夏) 이후로는 묵은 병증이 더위를 만나 더욱 고통스럽고 쇠약함이 더욱 심해져서 마침내 소식도 전하지 못한 채 지금에 이르고 말았습니다. 그러나 깊은 그리움은 실로 단 하루도 마음에서 떠나지 않았습니다. 이미 형으로부터 신뢰를 받는 것을 알면서도 의아해하실까 의심하여 이렇게 변명을 늘어놓으니 또한 가소롭습니다.

근자 서늘한 가을 날씨에 삼가 형의 체후가 담박하고 여유로우실 것이라 생각됩니다. 지난번의 일[16]은 전에 없던 나라의 수치이니 무릇

16 지난번의 일 : 이 무렵 우리나라 사람이 국경을 넘어 청나라 땅으로 들어가 산삼을 캐다가 청나라 관원에게 발각되자 청나라 관원을 살해하는 일이 발생하였는데, 청나라에서는 조선에 은 2만 냥을 벌금으로 물렸다. 이에 조정에서 진주사(陳奏使)에 정재숭(鄭載嵩), 부사(副使)에 최석정, 서장관(書狀官)에 이돈(李墩)을 임명하여 청나라에 가서 해명하게 하였다. 그런데 청나라에서는 정재숭이 해명해 올린 정문(呈文)을 보고 오히려 황제가 크게 진노하면서 조선 임금을 경전의 구절을 들어 가며 조목조목 나무라는 등 전에 없던 강압적인 태도를 보여, 조정이 몹시 치욕스러워하였다.《肅宗實錄 12年 3月 7日・13日, 閏4月 29日, 5月 14日・23日, 6月 6日》

이 일을 보고 들은 사람으로 통분해하지 않는 이가 없습니다. 생각건대 형께서는 직접 청나라에 가셔서 그 광경을 목격하셨을 것인데 더욱이 어찌 참아 내셨습니까? 약소국의 치욕을 하나하나 감내하기 어려우니, 그 마음을 돌아보매 근심이 갈수록 극에 달합니다. 그러나 자강(自强)의 의리는 다시 논할 만한 것이 없으니 이 일이 지극히 통탄스럽니다. 어이하겠습니까, 어이하겠습니까. 듣자니 대간(臺諫)의 상소[17]가 그치지 않는 듯한데 처신이 더욱 편치 못하겠습니다. 그러나 이것으로 인하여 나라의 치욕을 조금이라도 씻을 수 있다면 형과 같이 사신 갔던 사람들이 비록 백번 귀양을 간들 어찌 좋지 않겠습니까. 다만 근본에 입각한 논의가 아니라면 중외의 울분에 찬 인심을 위로하기에 부족할 듯하니, 말해 무엇하겠습니까. 이는 병들어 칩거하고 있는 자가 언급할 사안이 아니지만, 편지를 쓰면서 저도 모르는 사이에 가슴속의 말을 스스로 털어놓고 말았습니다. 바라건대 용서하시고 비밀에 부쳐 주십시오.

이 아우는 부모님을 여의고 외로이 살아남은 목숨으로 본래 선산 곁에서 생을 마치려고 하였습니다. 그러나 병든 몸과 치우친 성정 때문에 고요하고 한적한 땅에 있지 않으면 이 몸을 지탱해 낼 수 없을 듯하였습니다. 그리하여 이곳의 깊은 골짝은 사람을 응접하는 일이 적으니 남쪽 고을의 번잡함에 비할 바가 아니라고 생각되기에 마침내 뜻을 결정하여 진안(鎭安) 마이봉(馬耳峯) 아래에다 집을 지었습니다. 이곳은 사면이 구름 낀 산으로 둘러싸여 자못 사람의 마음을 상쾌하게 합니

17 대간(臺諫)의 상소 : 당시 청나라의 처벌 요구에 따라 사신 갔던 사람을 파직해야 한다는 대간의 합계(合啓)가 있었다. 《肅宗實錄 12年 6月 6日》

다만 외로이 홀로 우거하면서 마음 달랠 일이 전혀 없고 나그네 신세로 곤궁한 가운데 갖가지 어렵고 막히는 일들이 생기니 자못 근심스러워할 만합니다. 그러나 이미 거처를 정하였으니 모든 것을 흘러가는 대로 내버려 둘 따름입니다. 기억해 보건대 연전에 대숙(大叔)[18]과 함께 형의 집에 모였을 적에, 형께서 만년에 이웃에 집을 짓고 살면서 서로 종유하자는 말씀을 하셨고, 이 아우와 대숙은 모두 그 말을 즐겁게 들었습니다. 다만 이제 그 일을 추억해 보매 황홀하게 격세지감이 드니, 잔약한 이 몸이 어찌 이러한 행운을 얻을 수 있겠습니까. 그저 스스로 서글피 바라보며 크게 탄식하니 눈물이 떨어지려 합니다. 상투를 튼 나이에 교분을 맺어 지금 20년 세월이 흘렀습니다. 기쁨과 슬픔, 평탄한 상황과 궂은 상황을 이미 많이 겪다 보니, 저에게 보여 주신 호의를 갈수록 더욱 잊기 어렵습니다. 그러나 아득히 남과 북으로 떨어져 있으면서 세월은 쉬이 흘러가 버리니, 앞으로 살날이 얼마나 되겠습니까. 뒤에 다시 만나기를 기약하기가 어렵습니다. 이러한 것들을 생각하면 마음이 괴로우니 산수(山水)와 서책 사이에 마음을 풀어놓고 도술(道術)로써 서로 잊고 지냄[19]만 못합니다. 어찌 생각하시는지요. 어

18 대숙(大叔) : 박심(朴鐔, 1652~1707)의 자이다. 본관은 고령(高靈), 호는 지포(芝浦)로, 구당(久堂) 박장원(朴長遠)의 셋째 아들이다. 학행(學行)으로 일컬어졌고 영천 군수(榮川郡守)를 지냈다. 동생 박진(朴鎭)과 함께 명재(明齋) 윤증(尹拯)에게 수학하였다. 창계를 비롯하여 민이승(閔以升), 이세귀(李世龜), 정제두(鄭齊斗) 등과 교유하였다. 《西堂私載 卷9 芝浦朴公墓誌銘》《明谷集 卷8 送朴大叔之任榮川序, 卷30 吏曹判書久堂朴公諡狀》

19 도술(道術)로써……지냄 : 서로 각자 도를 추구하면서 잘 지내자는 뜻이다. 《장자(莊子)》 〈대종사(大宗師)〉에 "물고기는 강과 호수 속에서 서로를 잊고 사람은 도술 속에서 서로를 잊는다.〔魚相忘乎江湖, 人相忘乎道術.〕"라고 하였다.

찌 생각하시는지요?

저의 출처와 지난날의 실정은 형이 모두 다 알고 계시니, 지금 이후의 일도 형께서 응당 묵묵히 헤아리고 계실 것입니다. 이에 멀리 보내는 서찰에서 번거롭게 다 언급하지 않겠습니다. 만나서 토론할 길이 없는지라 오직 때때로 덕음(德音)이 담긴 서찰을 보내 주시는 것으로 회포를 풀려고 했으면서도, 또 서찰을 보내 주십사 청하니 또한 가소로운 일입니다. 근자에는 도성에 계시지 않을 것이라 생각되는데, 바야흐로 어느 곳에 계시는지요? 혹 거듭 노량(露梁) 강가로 나가서 다시 고요한 정취를 누리고 계시는지요? 관지(貫之)는 여정 중에 소식이 있습니까? 관지에게도 안부를 묻는 서찰 한 통 보낸 적이 없으니, 그 역시도 나를 믿어 주어서 의아해하지 않을는지요? 마침 도성으로 가는 관편(官便)이 있어 마음먹고 붓을 잡고서 또 그칠 줄을 모르니 모두 헤아려 주시기를 바랍니다. 맏아드님은 날로 더욱 학문에 진전이 있습니까? 맏아드님에 대한 생각을 놓을 수가 없습니다.

최여화께 드림 정묘년(1687, 숙종13)

與崔汝和 丁卯

일전에 인편에 맞추느라 바쁘게 대략 답장을 쓰는 통에 하고자 하는 말을 다 적지 못하였습니다. 그리하여 서찰을 보내고 난 후 생각할수록 더욱 잊히지 않고 창망하였는데, 사람이 와서 또 형이 보내 주신 서찰을 받게 되었습니다. 서찰을 통해 기쁘게도 근자에 어버이를 모시고 벼슬하고 계시는 체후를 신령께서 돌보고 있음을 알았으니, 위안이 되고 탁 트이는 마음을 이길 수 없습니다. 이 아우는 뜻밖에도 다시 벼슬에 제수하는 명을 받았습니다. 황공하고 아뜩한 심정이 배나 되니 어이하겠습니까. 보내 주신 세세한 가르침을 통해 깊이 염려해 주시는 마음을 더욱 알게 되었습니다. 저는 성정이 유약하고 느릿해서 본디 고집스럽고 괴팍한 마음이 없습니다. 그동안 성은을 입은 것이 여기에 이르렀으니 어찌 한번 도성으로 가서 사은숙배하고 싶지 않겠습니까. 다만 저의 병증으로 보나 정세로 보나 그리고 스스로를 재량해 보고 시세를 헤아려 볼 적에 모든 경우에 심히 어려운 점이 있기에 부득불 재차 사양하는 소장을 지은 것입니다. 그러나 소장을 지음에 있어 또 치우치지 않고 중심을 잡아서 합당하게 쓰기가 쉽지 않은 부분이 있는데, 서로 멀리 떨어져 있어 형과 의논할 길이 없는 것이 더욱 한스럽습니다.

예조(禮曹)가 비록 한가한 부서라고는 하지만 종전부터 물러나 칩거하고 있다가 이러한 때에 무단히 나아간다면 어찌 괴이해하지 않겠습니까. 재야를 떠나 조정에 나아간 뒤에는 외직을 얻어 한가로이 수양하는 일은 진실로 기필할 수 없습니다. 비록 과연 그렇게 된다 하더라도 병들고 게으른 이 아우가 또한 어찌 감내할 수 있겠습니까. 이 동쪽 산비탈을 지키는 것[20]만 못할 듯한데, 모르겠습니다만 형의 생각은 또 어떠하신지요? 한두 번의 소장으로 과연 체직될 수 있다면 다행이겠습니다만, 그렇게 되지 않는다면 또 응당 어이해야겠습니까. 이는 그때 닥쳐서 다시 생각하여 처신하는 데 달려 있으니, 또한 우리 형께서 마침내 저에게 가르침을 주시기를 바랍니다.

본디 근신(近臣)의 몸으로 오랫동안 임금의 곁을 떠나 있었으니, 성상을 그리워하는 저의 이 마음을 어찌 말로 하고서야 알겠습니까. 그리고 우리 형과 같은 사람처럼 저와 멀리 떨어져 있은 지 오래인 한두 친구들 또한 어찌 한번 모여서 어울리고 싶은 바람이 없겠습니까. 미욱하고 꽉 막힌 저의 생각에도 진실로 조만간 한번 도성으로 갈 마음이 있습니다. 그러나 질병으로 꺾이고 위축된 탓에 매양 물러나 있고 싶은 생각이 더욱 간절하니, 그 형세가 그저 이 모양으로 끝나 버릴 듯합니다. 세도(世道)의 흐름과 시국에 대한 걱정은 말로 다 할 수 없습니다. 믿는 것은 우리 형께서 조정에 계시는 것이니, 이 아우가 비록 벼슬살이한다 하더라도 어찌 형이 생각하는 계책을 벗어난 별스러운 의견을 낼 수 있겠습니까. 나아가고 물러나는 것은 각기 사세가 편안한 바를 따르고, 붕우 간에 사귀는 도리로 절차탁마하면서 삼가

20 동쪽……것 : 벼슬에 나가지 않고 물러나 은거하는 것을 뜻한다. 《후한서(後漢書)》 권53 〈주섭열전(周燮列傳)〉에 "선대로부터 훈총이 계속 이어져 왔는데 그대만 어찌 유독 동강의 비탈을 지키는가?〔自先世以來, 勳寵相承, 君獨何爲守東岡之陂乎?〕" 라고 한 데서 유래하였다.

날씨가 추워진 뒤에야 소나무와 잣나무가 늦게 시듦을 알 수 있듯이 역경이 닥칠 때도 서로 함께하는 벗이 되기를 기약하고자 합니다. 생각건대 형의 뜻 또한 어찌 저와 다르겠습니까.

근자 한가로운 중에 우연히 선배의 문집을 읽어 보니, 한 시대를 살아간 붕우 간의 돈독한 정의와 성대한 수창(酬唱)이 저를 백세 뒤에 흥기하게 했습니다. 그러나 요즘에는 이러한 풍치도 사라진 지 오래입니다. 추억해 보건대 지난날 종유하며 학문하던 때 이 아우가 몹시 나태하고 해이하여 이러한 뜻을 더욱 스스로 면려하지 못했습니다. 지금은 궁벽한 산속에 들어앉아 개탄만 하고 있습니다. 관지(貫之)와 공헌(公獻)[21]은 자주 방문하여 종유합니까? 세상일이 눈 깜짝하는 사이에 변해 버리니 힘써 서로 권면하여 만시지탄(晩時之歎)을 남기지 않도록 하는 것도 한 가지 일일 것입니다. 이런 생각은 비단 붕우 간의 사사로운 의리뿐만 아니라 조정의 일에도 반드시 유익함이 없지는 않을 것입니다. 편지지가 길고 붓이 매끄러워 마음 가는 대로 언급하였으나, 한두 친구들을 위해 말할 만한 내용이지 남과 말할 만한 내용은 아닙니다.

기억하건대 지난번 관지에게 답한 서찰에 "서찰은 굳이 자주 보낼 필요가 없고, 단지 각자 지난날 서로 기약했던 것에 부응해야 한다."라는 말이 있었는데, 이는 서찰을 쓰는 중에 함부로 한 말이지만 실제로

21 공헌(公獻) : 신완(申琓, 1646~1707)의 자이다. 본관은 평산(平山), 호는 경암(絅菴), 시호는 문장(文莊)이다. 정언, 대사헌, 경기 관찰사, 우의정, 영의정 등을 역임하였고, 평천군(平川君)에 봉해졌다. 1706년(숙종32) 유생 임부(林溥)로부터 앞서 1701년 세자에 대한 모해설이 있었을 때 사건 규명을 잘못하였다는 탄핵을 받고 파직당하였다. 저서로 《경암집(絅菴集)》이 있다.

는 절로 그렇지 않은 점이 있습니다. 마주하고 토론할 길이 없는지라 그저 제 마음만 형이 계신 곳을 향해 내달립니다. 소회를 지금 또한 다 말씀드릴 수가 없습니다. 오직 시절을 위해 더욱 보중하시어 구구한 저의 바람에 부응해 주시기를 빕니다.

최여화께 답함 임신년(1692, 숙종18)

答崔汝和 壬申

작년 6월 형이 연안 부사(延安府使)로 계실 적에 보내신 서찰은 문방구들과 함께 작년 8월 사이 이미 받았습니다. 그런데 해를 넘겨서야 늦게 답서를 보내니 더디고 느린 저의 행태가 참으로 부끄럽습니다. 그러나 병들고 게으른 저의 사정을 형께서 응당 헤아리고 계실 것입니다. 요즈음 초가을에 삼가 모친을 모시고 계시는 체후를 신령께서 돌보시어 만복하시리라 생각합니다. 이 아우는 봄에 묵은 병증이 더욱 심해졌다가 근래 한두 달은 다행히 조금 편안하였습니다. 그런데 그사이 같은 마을에 사는 종형(從兄)의 상을 당하여 현재 장사를 치르지 않은 상태입니다. 슬프고 참담한 심정을 말로 할 수 없습니다. 지난날 이리저리 옮겨 다니면서 해를 보내다가 지금은 고향으로 돌아와 살고 있습니다. 궁핍한 우환이 또한 흉년에 비길 바는 아니나, 단지 눈병으로 서책을 볼 수 없는 것이 마음을 어지럽힐 뿐입니다.

이전 서찰에서 보여 주신 저서의 얼개를 통해, 비록 완성된 서책으로 보지는 못하였으나 이미 그 규모와 체제를 상상할 수 있으니, 진실로 초솔(草率)한 저술이 아닙니다. 부족하고 비루한 이 아우가 이것을 말미암아 경앙하는 마음 없지 않습니다. 다만 여러 권의 사서(四書)조차도 그 구두를 외우고 익히지 못하는 형편인데, 제가 어찌 형께서 저술하시는 일에 참여하여 의논할 수 있겠습니까. 단지 제가 마음속으로 하고자 하는 바는, 사서에서부터 그 읽는 부분에 따라 의심나는 부분을 기록하여 질문할 자료로 삼거나 얕은 제 견해를 기록하여 차후에 잊어버리는 일에 대비하고자 할 따름입니다. 그런데 이 또한 전혀 손을 대지 못하였고 눈병은 이 지경이니 다시 이 일을 할 수 있는 때가 없을 듯합니다. 슬퍼하며 탄식한들 어이하겠습니까. 그러나 평상시에는 편안하게 있으면서 슬퍼하며 탄식할 만하다는 것도 알지 못하다가, 형께서 보여 주신 것을 보고서야 스스로를 돌이켜 보는 마음이 생겼습니다. 그러니 이는 형으로부터 받은 은혜가 또한 적지 않은 것입니다.

이어서 기억해 보건대, 형이 약관(弱冠)의 나이 때 이미 《보예(補藝)》라는 서명으로 만든 책자가 있는 것을 보았습니다. 생각건대 이후에 찬정(撰定)한 것이 반드시 많을 것이니, 단지 지금 저에게 보여 준 두 편의 경전 해석에만 그치지는 않을 것입니다. 바라건대 다시 여러 책의 편목을 자세히 보여 주시어 아우로 하여금 더욱 감격하여 분발하게 하는 것이 어떻겠습니까? 병중에 죽지 않고서 혹여 앞으로의 생애 동안 조금이나마 면려할 수 있으면 다행이겠지만, 또한 알 수 없는 일입니다. 우리들은 이미 세상에 나갈 뜻이 없으니 오직 이 한 가지 일이 바로 오늘날 힘쓸 만한 부분입니다. 그러나 이 아우는 학문에 소득이 없어 항상 물러나 피할 뜻만 지니고 있는 데다가 병들고 게으르기까지 합니다. 그리하여 무언가를 저술하는 일이 더욱 꺼려지니, 끝내 이 일이 뜻대로 되기는 쉽지 않을 듯합니다. 오직 우리 형께서는 남들보다 훨씬 뛰어난 재주로 공부에 바탕이 있으니 바라건대 특별히 더 마음을 써서 크게 발명(發明)하셔서 우리들의 바람을 위로해 주십시오. 어찌 생각하시는지요, 어찌 생각하시는지요?

위의 일을 말한 김에 삼가 헤아려 보니, 지금 제가 본 바에 근거해 보건대, 형의 박식함과 정묘한 이해력으로 그 문장의 뜻과 기수(器

數)[22]에 대해서는, 규명하여 후학들에게 유익함을 끼친 것이 참으로 많을 것입니다. 그러나 성현께서 온축한 뜻에 깊이 계합하여 철두철미하게 이해하여 의심이 없어서 동정(動靜) 사이에 드러내고 행사(行事)에 나타내는 것은 형께서 오히려 자신하지 못하실 듯하니, 이것이 어찌 오늘날 특별히 더욱 마음을 써야 할 부분이 아니겠습니까. 무릇 경전의 글은 단지 동이점이 있는 부분이나 난해한 부분에 대해서만 의심을 해야 하는 것이 아닙니다. 비록 평범하고 쉬운 말일지라도 그 이치를 실제로 보고서 힘차게 그것을 따르지 못하는 것은 반드시 그 사이에 오히려 믿지 못하는 부분이 있어 그러한 것이니, 이 또한 의심해야 합니다. 이와 같은 부분에 대해 더욱 완미하며 탐구해야 할 것이니, 모르겠습니다만 형의 생각도 그러하신지요?

또 세간에 범용하고 자질이 낮으며 부족한 사람들은 매양 도를 고원하고 알기 어려워 거의 미칠 수 없는 것이라고 여기니, 진실로 잘못된 생각입니다. 그리고 고명한 선비들은 견해가 가볍고 경솔하여 그 폐단이 간혹 도리를 깔보고 마침내 세속의 상정(常情)과 예삿일을 지극한 이치의 본체라고 인식하는 지경에 이르니, 도(道)와의 거리가 또한 먼 것입니다. 형처럼 총명하고 남다른 자질을 지니신 분도, 예전에 제가 삼가 살펴보니 때때로 이러한 생각과 견해가 있었습니다. 지금 형께서 다시 더 깊이 성찰해 보셨으면 하는데, 모르겠습니다만 어찌 생각하시는지요? 대저 옛 책에서 구하고 일상생활에서 살펴서 더욱 깊이 침잠하고 더욱 절실하게 해서 한결같이 자신을 법도로 검속하는

22 기수(器數) : 예기(禮器) 및 예법에 대한 규정을 뜻하는 말이다. 아마도 최석정의 저술에 이러한 부분을 기술한 글이 있었던 듯하다.

가운데 두고서 사려가 세미한 부분에서부터 통렬히 점검하여 깨끗이 씻어 내지 않음이 없어야 합니다. 이와 같이 수삼 년 동안 완미하고 수양한다면 형의 재주로 볼 때 그 조예를 더욱이 어찌 쉬이 헤아릴 수 있겠습니까. 이러한 수양의 결과를 저술에 싣는다면 그 밝게 빛나고 걸출함이 후세에 전해져서 더욱 유감이 없을 것입니다. 모르겠습니다만 어찌 생각하시는지요?

애모하는 정성을 올리지는 않고 문득 마음을 놀려 근거 없이 아무렇게 추측한 말로 고명하신 형의 성대한 사업에 만분지일이나마 도움을 드리려 하고 있으니, 생각건대 대방가(大方家)이신 형의 한바탕 웃음거리가 되기에도 부족할 것입니다. 어이하겠습니까, 어이하겠습니까. 마침 인편을 만나 바야흐로 사례하는 서찰을 쓰려고 생각했는데, 어제 향리 사람인 오진잠(吳鎭岑)이 찾아와서 서울 댁에서 형을 만나 뵈었다고 하면서 형의 체후가 한적하신 모양을 두루 전해 주었습니다. 이로 인하여 마음을 먹고 병중에 힘을 내어 대략이나마 이렇게 쓰고 나니, 벌써 눈이 욱신거리는 고통이 더욱 가중됩니다. 오랫동안 붕우 간에 서찰을 주고받는 일도 하지 못하다가 바쁜 통에 말도 잘 풀리지 않아 소회를 다 아뢰지 못하였습니다. 모든 것은 형께서 묵묵히 헤아려 주시는 데 달려 있습니다.

별지 別紙

전편(全篇)의 분류는 끝내 너무 범범하여 의미가 없습니다. 가령 형께서 고심하여 뜻을 정밀하게 하더라도, 거의 땅을 파고서 들어 가는 꼴이 될 것이니 또한 매우 안타까워할 만합니다. 다만 그 가운데 나아가 수미(首尾)를 헤아려서 다시 하나의 의례(義例)를 세워 전후로 상세하고 간략한 것들이 대략 서로 의미가 관통하게 해야 합니다. 그러면서 지나치게 나누고 쪼개지는 말고 한 덩어리로 완성되게 하는 데 힘쓰며, 지나치게 산삭하거나 옮기지 말고 대부분 옛 체제를 유지하도록 해서, 반드시 정제되고 완전하게 만드는 것을 목표로 해야 합니다. 이렇게 해야 후세에 전하는 데에 더욱 유감이 없을 것입니다. 어찌 생각하시는지요, 어찌 생각하시는지요? 소책자의 의의(疑義)는 잠깐만 봐도 좋은 부분이 많습니다. 이 아우가 눈병으로 괴로운 상황이라 다행히 차도가 보이면 또한 이 책을 일독하고자 합니다. 혹 보잘것없는 견해라도 생긴다면, 견해가 생기는 대로 감히 기록해 두어서 형께서 저의 견해를 채택하시는 일에 대비하지 않을 수 있겠습니까. 궁벽한 향리에서 의약(醫藥)으로 치료하는 일이 어려운지라 오랜 병증이 그대로 이어지는데, 또한 마음을 단단히 먹고서 치료하지도 못하니, 눈이 밝아질 기약이 없을까 그저 두렵기만 합니다. 어이하겠습니까.

최여화께 답함 갑술년(1694, 숙종20)

答崔汝和 甲戌

삼가 형의 서찰을 받고 상중[23]에 체후 보전하고 계심을 알게 되니, 제 마음에 위안이 됩니다. 세세히 일러 주신 가르침은 삼가 그 지극한 뜻을 잘 알았습니다. 형이 아니라면 어찌 이렇게까지 말해 줄 수 있겠습니까. 매우 감사하고 숙연해집니다. 시사가 크게 변하여[24] 원근(遠近)의 사람들이 귀를 기울이고 있으니, 끝없는 근심이 실로 전보다 배나 더합니다. 비록 귀머거리나 벙어리, 절름발이나 앉은뱅이 같은 신세라 할지라도 마땅히 힘을 합하고 마음을 다하여 이전의 과오를 경계로 삼아 뒷일을 잘 대처할 수 있도록 도모해야 할 것입니다. 간절한 이 마음을 어찌 형용할 수 있겠습니까.

이 아우에게 조만간 벼슬을 제수하는 명이 내려오리라는 것은 본디 마음속으로 예측하였습니다. 그러나 창졸간에 시국이 뒤바뀐 때에 특별히 은혜로운 발탁을 입은 진실로 의외의 일입니다. 분의상 황송하고 감격스러운 이 마음이 어찌 다함이 있겠습니까. 다만 병증으로 실로 일어나 움직일 형편이 못되는지라 이미 소장을 갖추어 면직을 청하였는데, 어떤 처분이 내려올지 알 수 없으니 자못 스스로 편안할 수가 없습니다. 향후의 일들이 어떻게 전개될지는 예단하기 어렵습니다만, 아우의 병이 실로 예전에 도성에 갔을 때와는 다릅니다. 근자에는 반나

23 상중 : 1693년(숙종19) 최석정이 생부(生父)인 최후량(崔後亮)의 상을 당하였다.

24 시사가 크게 변하여 : 폐비 민씨(閔氏)의 복위를 저지하던 남인(南人)이 실각하고 다시 서인(西人)이 집권한 갑술환국(甲戌換局)을 가리킨다.

절 일정의 성묘도 제힘으로 하지 못하였으니, 천리나 되는 길을 왕래하는 것은 또한 어렵지 않겠습니까. 또 종전에 도성을 왕래하였을 때 공연히 후회와 부끄러움만 많았습니다. 비록 한쪽으로만 치우치는 것은 의가 아니고 죄를 지어 벌을 받는 것은 근심할 만한 일이라는 것을 알지만, 차라리 하나의 입장을 굳게 지켜서 귀결점이 있고자 할 따름입니다. 이러한 뜻은 소장에서는 감히 대번에 언급하지 않았으나 형에게는 사사로운 정리로 말하다 보니 저도 모르게 다 털어놓았습니다.

이 아우가 비록 고질병으로 초야에 떨어져 있고 스스로를 헤아려 봄이 이와 같으나 시국을 걱정하고 나라를 깊이 생각하는 마음이야 조정에서 밤낮으로 봉직하는 사람과 어찌 조금이라도 다르겠습니까. 행여 향리에서 보고 들은 것들 중 혹 새로운 교화에 만분지일이나마 도움이 될 것이 있으면, 또한 우리 형처럼 서로 신뢰하는 사람에게 넌지시 알려서 혹여 여러 공에게까지 들리게 되기를 바라겠습니다. 생각건대 형께서 비록 상중에 계시지만 또한 응당 이러한 뜻에 대해 차마 모른 척하실 수는 없을 것입니다. 어찌 생각하시는지요, 어찌 생각하시는지요? 소책자는 진실로 보내 주신 그대로 완전하게 하고자 하여 바야흐로 머리맡에 두고 병이 차도를 보이는 때마다 다시 펼쳐 보고 있습니다. 지금 예설신의(禮說新義)와 역산요령(曆算要領)[25]을 적어 두려고 하니 바라건대 조금만 기일을 물려 주시면 반드시 산실(散失)되지 않게 하겠습니다. 많고 많은 사연은 서찰로는 마음을 다 표현하지 못하겠습니다.

25 예설신의(禮說新義)와 역산요령(曆算要領) : 최석정이 보내 준 소책자 안에 기록된 편명인지 예설에 관한 새로운 해석과 역산에 관한 요령을 기술한 글인지는 명확하지 않으나, 이러한 내용이 최석정의 소책자에 실려 있었던 듯하다.

신공헌[26] 완 께 드림 임술년(1682, 숙종8)

與申公獻 琓 壬戌

형께서 동쪽으로 가신 뒤로 제 마음은 더욱 형이 계신 동쪽을 향해 내달립니다. 생각건대 지금 바야흐로 봉래산 몇 번째 봉우리에 계신지요? 집중(集仲 유성운(柳成運)) 형을 비롯한 여러 사람이 좌우에서 끌어주며 진경(眞景)을 찾는 정취가 또 쓸쓸하지 않을 것이니, 더욱 부럽게만 느껴집니다. 이 아우는 풍진세상에 골몰하면서 조석으로 분주히 경황이 없는 형편입니다. 이런 사람이 지난날 바다와 산의 주인이었다는 사실을 누가 알겠습니까. 그저 혼자서 서글퍼할 따름입니다. 어제 죽동(竹洞)에 가서 문후하였는데 다행히 대체로 편안하셨습니다.[27] 다만 연못과 누대에 인기척 하나 없이 고요하여 그리운 마음을 금할 수 없게 하였습니다. 도성의 일들은 속된 말들뿐이니 감히 봉래산 맑은 물에 이미 속진(俗塵)을 깨끗이 씻었을 형의 귀를 멀리서 더럽혀 드리지 못하겠습니다. 오직 양산장(楊山丈)[28]께서 바야흐로 대궐로 나아가 소장을 바치셨는데 성상께서 음식물이며 땔감을 넉넉히 보내시어 자못 마음을 쏟는 뜻이 있었으니, 이것이 근래에 마음을 북돋아 주는 일입니

26 신공헌(申公獻) : 공헌은 신완(申琓)의 자이다. 34쪽 주21 참조.

27 죽동(竹洞)에……편안하셨습니다 : 죽동이 누구의 집을 가리키는지는 미상이나, 전후 문맥이나 원문에 이별하여 멀리 떨어져 있는 사람에 대한 그리움을 뜻하는 '의암(依黯)'이라는 단어가 있는 것으로 보아, 신완의 본가를 가리키는 듯하고 문후의 대상 또한 신완의 부모 또는 그 집안사람으로 생각된다.

28 양산장(楊山丈) : 양주(楊州)에 거주하고 있던 박세채(朴世采)를 가리키는 듯하다.

다. 다만 향후에 과연 어떤 식으로 결말이 날지는 모르겠습니다. 지금 관아로 가는 이 아전이 길을 나서는 때를 만나 편지를 쓰면서 시 한 구절도 써 올리지 못하니, 가슴속이 속진으로 가득 찬 제 모습을 상상하실 수 있을 것입니다. 나머지 많은 사연은 다 쓰기가 어렵습니다. 다만 돌아오시는 길에 체후 보중하시기를 기원합니다.

신공헌께 답함

答申公獻

이별한 지 벌써 한 달이 흘러 일념으로 형을 그리워하는데, 근래 인편을 통해 형이 보내 준 답서를 받았습니다. 종이 가득 세세한 말씀은 마치 한바탕 정겨운 대화를 나눈 것과도 같은지라 몹시 위안이 되었습니다. 이어서 다시 스스로 생각해 보건대, 이 아우에게 만약 형이 없었더라면 거의 귀머거리나 소경이 되는 지경을 피할 수 없었을 것입니다.

근래의 일들은 공의(公議)에 몹시 위안이 되니, 두서너 대간(臺諫)이 이렇듯 큰일을 처리할 수 있을 것이라고는 생각지 못하였습니다. 세도(世道)에 참으로 다행입니다. 다만 중령(重令)의 문아(文雅)함과 박식함은 실로 애석해할 만합니다. 지금 이렇듯 망녕된 발언은 절로 그 소견이 이와 같은 것이지 반드시 그 사이에 깊은 뜻이 있지는 않을 것입니다. 한번 경계해 준 뒤에는 다시 과중하게 공격하지 않는 것이 좋겠습니다. 무릇 일을 처리할 때 정도를 지나치면 바로 사람들이 싫어하고 껄끄럽게 여겨서 심복하지 않는 법입니다. 지금 신진(新進) 한두 사람이 시론(時論)을 주장하는 것에 대해 만약 사람들이 심복하지 않는 일이 있으면, 어찌 수습할 수 있겠습니까. 이 일은 마땅히 상세하게 의논해서 잘못되는 일이 없도록 해야 합니다. 형이 비록 언관의 직책에 있지 않지만, 반드시 참여하여 들으셨으리라 생각되기에 이 문제를 언급하였습니다. 모르겠습니다만 어찌 생각하시는지요?

새로 제수된 승정원의 직임은 이미 체직되셨으니, 지금 형께서는 곧바로 한가로운 사람이 되셨겠지요? 형의 처음 뜻이 참으로 좋기는 하지만 현재의 시세는 지난날과 매우 다를 뿐만이 아닙니다. 이미 조정을 아주 떠나간 선비가 아니고 바야흐로 도성에 있는 몸이시니, 이후에 혹 관직에 제수하는 명이 있거든 그때 다시 관직에 나아가 분수를 따라 스스로 힘을 쓰는 것이 또한 무방할 듯합니다. 보르셨습니나반 어씨 생각하시는지요? 요컨대 벼슬하든 물러나 있든 오직 서책을 가까이하여 몸과 마음을 검속하는 공부를 진실로 하루라도 소홀히 하거나 잊어서는 안 될 것입니다. 그러나 이 아우는 종전에 벼슬할 적에 여기에 뜻을 두지 못하여 온갖 일들을 유유범범하게 흘려보내고 평소 지녔던 뜻도 죄다 상실하였으니, 뒤미처 생각하면 몹시 후회스럽고 한탄스럽습니다.

관직(館職)에서 면직되는 것은 비록 허락을 받지 못했으나 여러 곳의 전최(殿最)에서 절로 응당 하(下)나 중(中)을 받아 거의 몇 달 정도의 한가로운 시간을 얻을 수 있을 것이니, 진실로 스스로 다행스럽게 여기고 있습니다. 앞으로의 거취는 비록 미리 정하기는 어려우나, 부모님의 연세가 점점 고령이 되어 가시는지라 곁을 떠나는 것이 점점 어려우니 대단히 부득이한 형세가 아니라면 오랫동안 부모님의 슬하에 머물 따름입니다. 그러나 이러한 뜻은 단지 형만 알고 계시고 다른 사람에게까지 알릴 필요는 없습니다. 양산장(楊山丈)께서 해서(海西)로 가시려는 계획은 어떻게 해야 하겠습니까? 사우(師友)들을 떠나 텅 빈 산중에 문을 닫고 있노라니 의문 나는 것이 있어도 질정할 만한 곳이 없고 마음은 있어도 말할 수 있는 사람이 없습니다. 이 또한 좋은 일은 아니나 또 어이하겠습니까. 나머지 소회들은 인편에 맞춰 황급히 쓰느라 다 하지 못합니다. 다만 체후 잘 보중하시기를 바랍니다.

신공헌께 답함 계해년(1683, 숙종9)

答申公獻 癸亥

근자 약을 보내 주실 때의 서찰을 받은 지 얼마 안 되어 오늘 또 서찰을 받았습니다. 상세하게 적어 보내 주신 말씀은 놀라움과 우려를 이길 수 없는 내용이었습니다. 대개 김(金)을 논핵한 이후[29]로 조만간 반드시 소란이 일어날 것이라는 것은 참으로 알고 있었습니다만, 몇 달 안에 시사가 어그러져서 이런 지경까지 이를 줄은 생각지도 못했습니다. 통탄스럽고 통탄스럽습니다. 박사안(朴士安)은 참으로 일을 망친 자라고 이를 만합니다. 당초 묘당의 논의가 진실로 좋은 것은 아니었으나, 대례(大禮)가 이미 완결되었고 우상(尤相)도 이미 향리로 돌아갔는데 어찌하여 이 문제를 제기해서 시끄러운 단서를 야기할 수 있단 말입니까.[30] 그래도 그가 우상을 비난하는 내용을 중간에 그친 것은

29 김(金)을 논핵한 이후 : 김익훈(金益勳)에 대한 논핵을 가리킨다. 김익훈은 김장생(金長生)의 손자이다. 1682년(숙종8) 남인(南人) 허새(許璽) 등의 모반을 고변(告變)하는 일이 발생하였을 때 김익훈이 관련자에 대한 처벌을 밀계(密啓)하였는데, 밀계의 저의가 의심스럽고 남인을 축출하기 위해 무고하였다는 비난을 받았다. 이 일로 같은 서인 안에서도 김익훈에 대해 동조하는 의견과 처벌해야 한다는 의견이 갈라져 노론과 소론의 분열이 촉진되었다. 《燃藜室記述 卷34 肅宗朝故事本末》

30 박사안(朴士安)은……말입니까 : 박사안은 박태유(朴泰維)를, 우상(尤相)은 송시열(宋時烈)을 가리킨다. 당시 송시열은 태조(太祖)의 위화도 회군의 공덕을 태조의 시호에 가상(加上)하여야 한다고 주장하였고, 박세채 등은 반대하여 묘당의 논의가 둘로 갈렸다. 박태유가 상소문에 송시열이 태조의 시호를 청하는 일의 잘못을 논하고 온 세상이 구차히 송시열에게 영합하려 한다는 내용을 적었다가, 누군가의 충고를

일을 풀려는 뜻이 조금 있었던 것이니 이 점은 용서할 만합니다. 그러나 일이 일어난 뒤에 형과 같은 사람들이 만약 박사안을 조금 억제하여 파직하고 추고하는 벌로 대략 논핵하였다면, 거의 조정과 사림이 대번에 이와 같은 지경에 이르지는 않았을 것입니다. 생각건대 관지(貫之 오도일(吳道一))가 반드시 이러한 의견을 냈을 것이고 형과 같은 사람들도 모두 이 의견에서 벗어나지 않았을 것인데, 아마도 분란이 이미 극에 달해 다시 화합할 형세가 없으므로 대책을 취사하는 즈음에 부득불 이와 같이 하셨던 것이겠지요? 시운에 관계되지 않은 것이 없으니 말해 본들 어찌하겠습니까. 지금부터는 위태로운 단서가 한량없을 것이니, 종국에는 일이 어떤 지경으로 귀결될지 모르겠습니다. 그저 스스로 천장을 올려다보며 슬피 탄식할 따름입니다.

모르겠습니다만 지금 일단 도성의 댁에 머무르고 계십니까, 아니면 동교(東郊)나 석호(石湖)로 벌써 돌아가셨습니까? 지난날 붕우들이 논의하는 풍모가 자못 볼만한 점이 있었으나 깊고 장구한 염려나 현실에 적용할 수 있는 재주는 없었으니, 이 점이 오히려 불만스러웠습니다. 형께서 모름지기 한가한 중에 우선 밖에서 이르는 환난은 잊어버리시고 학문에 있어 새로운 공부에 더욱 매진하시어 마침내 종전부터 기대하던 저의 이 마음을 위로해 주시는 것이 어떠하겠습니까, 어떠하겠습니까. 나머지 사연은 길을 나서는 때라 바쁘고 정신이 없어 다 갖추어 말씀드리지 못합니다.

받고 삭제한 후 상소하였다. 그러나 그 내용이 알려져 대로(大老)인 송시열을 공척하였다는 논척을 받고 외직에 보임되었고, 이를 신구하던 오도일(吳道一), 조지겸(趙持謙), 한태동(韓泰東) 등도 견책을 받는 등 소란이 일었다.《燃藜室記述 卷34 肅宗朝故事本末》

신공헌께 드림

與申公獻

전에 보낸 서찰은 근심하며 마음이 어지러운 중에 대충 적어 올린 것이라 제가 무슨 말을 했는지 모르겠습니다. 종사(宗社)와 생령들에게 지극히 다행스럽고 경사스러운 것은 성상의 옥체가 지금 이미 병을 떨치고 회복되신 것이니,[31] 송축하는 저의 이 마음을 어찌 형언할 수 있겠습니까. 생각건대 형들 또한 응당 도성에 머무르면서 성상의 쾌차를 하례하는 반열에 참여하느라 벼슬에서 물러나 초야를 찾아 떠나지 못했을 것입니다. 지난번에 우옹(尤翁)께서 필시 도성에 들어오셨을 것이고 현장(玄丈)께서도 마땅히 도성에 오셨을 터인데, 모르겠습니다만 어느 곳에서 만나셨는지요?[32] 혹 대면하여 논파하는 일이 있었습니까? 세사(世事)가 어그러지고 무너져 지금 이미 서로 화합할 가망이 없습니다만, 구구한 저의 얕은 생각으로는 사림의 근본이 되는 두 분께서 만약 가슴속의 응어리를 다 쓸어버리고 간극 없이 화합할 수 있다면

31 성상의……것이니 : 1683년(숙종9) 10월 숙종이 천연두에 걸렸다가 회복된 일을 가리킨다. 《肅宗實錄 9年 10月 18日, 11月 1日》

32 지난번에……만나셨는지요 : 우옹(尤翁)은 송시열(宋時烈)을, 현장(玄丈)은 박세채(朴世采)를 가리킨다. 이 무렵 송시열과 박세채는 태조에 대한 시호 추상(諡號追上) 문제로 서로 의견을 달리하였다. 그 와중에 송시열이 치사(致仕)하고 박세채가 이를 거두어들일 것을 청하고 윤증(尹拯)과 의견을 함께하였으므로 두 사람 간에 불협화음이 생긴 상태였다. 송시열이 상경하여 박세채 등과 만나 의견을 교환하였으나 뜻이 맞지 않아 이후로 서로 반목하게 되었다. 《宋子大全 續拾遺 附錄 卷2 墓誌, 韓國文集叢刊 116輯》《厚齋集 卷44 文純公南溪先生行狀, 韓國文集叢刊 156輯》

향후에는 자연히 점점 안정되는 방향으로 일이 흘러가 국사를 어떻게 해 볼 수도 있을 것이라 생각합니다. 모르겠습니다만 형의 생각도 그러하신지요? 그렇지 않다면 앞으로 닥쳐올 우환이 진실로 어디에서 그칠지 모르겠습니다.

전해 들으니 묘당에서 바다를 방비하는 일로 자못 근심스러워하고 있다 하는데, 이는 그럴 만한 단초가 있어서 그런 것입니까? 전부터 이 부분에 대해 매양 심각하게 염려하였는데 만에 하나 이런 일이 있다면 나라의 공사 간의 근심을 다시 어찌 이루 다 말로 할 수 있겠습니까. 어이하겠습니까, 어이하겠습니까. 병으로 곤하고 상을 당해 슬퍼하는 중이라 붓을 잡는 일 또한 마음에 없습니다만 인편을 만나기가 쉽지 않다는 생각이 들어 억지로 일어나 베개에 기대어 어렵사리 대충 써서 이렇게 받들어 올립니다. 나머지 수많은 사연은 다 갖추어 말씀드리지 못합니다.

신공헌께 답함 갑자년(1684, 숙종10)

答申公獻 甲子

화액을 당해 곤궁한 신세로 깊은 산골짜기에 칩거해 있노라니, 도성에 계신 형과 떨어져 있는 것도 서로 아주 딴 세상에 사는 것 같은 느낌이 들던 터였는데, 하물며 멀리 수백 리 밖에 떨어져 있는 관동(關東)으로 형이 떠나가신 것[33]에 있어서이겠습니까. 오늘 홀로 앉아 있으면서 문득 다시 형 생각이 나서 오랫동안 그리운 마음이 끊이지 않더니만, 천만뜻밖에 서찰을 전달하기 위해 특별히 보내신 심부름꾼이 문득 당도하였습니다. 그리하여 정겨운 서찰의 봉함(封緘)을 급히 뜯어 형께서 적어 보내 주신 말씀을 자세히 읽어 보았습니다. 그립고 위안이 되는 이 마음을 어찌 필묵으로 다 형언할 수 있겠습니까. 그런데 살펴보니 형께서 서찰을 보내신 날짜가 겨우 네댓새밖에 되지 않은지라, 문득 또 산천을 사이에 두고 아득히 멀리 떨어져 있다는 사실도 잊어버린 채 서로 마주 보고 이야기를 나누는 것만 같은 황홀한 기분이 들었습니다. 그러니 이 아우의 위안이 되는 마음이 더욱 어떠하겠습니까. 이어서 관찰사로 부임하신 이래로 직임을 돌보는 체후가 더욱 평안하심을 알았습니다. 제게 해 주신 말씀은 대체로 모두 저의 마음을 굳건하게 해 주는 것이었으니, 또 위안이 되고 다행스러운 마음을 그칠 수 없게 합니다.

부모님을 여읜 죄 많은 이 아우의 모진 목숨이 여름이 지나도 끊어지

33 관동(關東)으로……것 : 1684년(숙종10) 3월 신완(申琓)이 강원도 관찰사에 제수되었다.《承政院日記 肅宗 10年 3月 19日》

지 않을 것이라고는 실로 생각하지 못했습니다. 비록 여러 병증을 모두 단숨에 제거하기는 쉽지 않겠으나, 점차 조리를 해 나가면 거의 소생할 가망이 있을 것입니다. 하지만 매양 산골짜기에서 의원과 약을 구하기 어려운 것이 근심이었는데, 보내 주신 약이 이즈음에 당도하였습니다. 형께서 이 약을 마련하면서 신경 쓰신 것을 또 알았으니, 감격스러운 마음 더욱 가누기 어렵습니다. 환약은 곧바로 복용하였고 인삼과 복령(茯苓)도 마땅히 달여 먹겠습니다. 몹시 다행스러운 마음 그지없습니다.

남쪽 지방의 큰 가뭄은 전고에 없던 가뭄입니다. 지금 비록 비가 내린다 하더라도 이미 구제할 수 있는 형국이 아닌데, 비가 내릴 낌새조차 감감하니 공사 간의 노심초사에 어찌 끝이 있겠습니까. 저는 객지에 우거하면서 돌아가신 부모님께 제전(祭奠)을 올리고 일가의 권속들도 60여 명이나 되는 상황입니다. 아무리 헤아려 보아도 단연코 생존할 수 있는 형국이 아니니 몹시 근심스럽습니다. 어이하겠습니까. 호남 관찰사는 제가 전후로 우환을 당한 즈음에 오래된 벗의 정리를 극진히 보여 주었으니, 세간에서 진심은 없으면서 얼굴로만 교유하는 경우에 비할 바가 전혀 아닙니다. 이러한 점은 감사할 만하지만, 객지에서 신세를 지며 살아가는 도리로 보자면 마땅히 관에 있는 사람을 번거롭게 해서는 안 되므로 때때로 환곡(還穀)을 청하는 일 말고는 피차간에 달리 서로 연통할 만한 일이 없습니다.

현석(玄石 박세채(朴世采)) 어르신께서 상유(上游)하시려는 계획[34]은 이미 이루지 못하게 되었으니, 모르겠습니다만 장차 다시 동교(東郊)

34 현석(玄石)……계획 : 문맥이나 당시 정황상 박세채가 벼슬을 버리고 도성을 떠나 이전에 머물렀던 파주나 양주 등지의 초야로 돌아가려는 계획을 가리키는 듯하다.

에 그대로 거처하실는지요? 이곳에는 도성의 인편이 또한 극히 드물어 오랫동안 소식을 듣지 못하였으니, 매우 울적합니다. 회니(懷尼)[35] 양측 사이의 일은 실로 사문(斯文)의 재앙이니, 큰 탄식과 깊은 근심을 표현할 수 있는 말이 없습니다. 현석 어르신께서 양측의 중간에 처해 있으면서 반드시 더욱 난처한 사정이 있을 것이니, 염려하는 마음에 더욱 잊을 수가 없습니다. 오(吳)와 박(朴) 두 벗은 현재 한적함을 얻었으니, 참으로 영외(嶺外)에서 호사를 누리게 된 것입니다.[36] 비록 세상 사람들이 시끄럽게 공박하겠지만 또한 어이하겠습니까.

김쉬(金倅)가 무슨 일로 죄를 입었는지는 모르겠으나 법과 이치대로 하매 사사로움을 용납할 수 없으니, 공론이 있는 곳에 인심이 절로 복종하는 법입니다. 그러니 어찌 한갓 한때의 행적이 조금 혐의쩍게 된다 하여 구차하게 방과(放過)할 수 있겠습니까.[37] 형께서 이 문제에

35 회니(懷尼) : 회(懷)는 송시열의 거주지였던 회덕(懷德)을 가리키고, 이(尼)는 윤증의 거주지였던 이성(尼城)을 가리킨다. 이때를 전후로 송시열과 윤증 간의 갈등이 점차 심해져 노론과 소론의 분화를 가져왔다.

36 오(吳)와……것입니다 : 오(吳)는 오도일(吳道一)을 가리키고, 박(朴)은 박태유(朴泰維)를 가리킨다. 영외에서 호사를 누린다는 것은 외직에 있으면서 한가한 시간을 보내게 되었다는 뜻으로, 앞서 1683년(숙종9) 박태유가 태조의 시호를 추상(追上)할 것을 주장하는 송시열을 탄핵하면서 물의가 일어났고 오도일이 박태유를 신구(伸救)하려다가 함께 논척을 받아 박태유는 함경도의 고산 찰방(高山察訪)으로, 오도일은 경상도의 울진 현령(蔚珍縣令)으로 좌천된 것을 가리킨다. 《西坡集 卷29 年譜》《承政院日記 肅宗 9年 閏6月 26日》

37 김쉬(金倅)가……있겠습니까 : 자세한 내용은 알 수 없으나, 전후 문맥으로 살펴볼 때 강원도 어느 지방의 김씨 수령에 대한 인사 문제로 관찰사인 신완이 처신을 고민하는 사안이 있었던 듯하다.

대처하면서 분명 이미 잘 살피셨을 것입니다. 대개 관찰사의 직책은 하관(下官)에 대한 출척(黜陟)을 가장 중요한 직무로 삼습니다. 만약 이 부분에 공명정대함을 다할 수 있다면, 일을 이미 반 넘게 처리한 것이 될 것입니다. 보내 주신 말씀에 진작하고 엄숙히 하려는 뜻이 깊이 담겨 있었습니다. 이는 실로 세도(世道)와 관계된 것이니 단지 영동(嶺東) 백성들의 다행일 뿐만이 아닙니다. 다만 기억해 보건대 5년 전쯤 제가 통천(通川)에서 타향살이하던 시절에 그곳의 풍토와 이해(利害)에 대해 꽤 들었는데, 대개 강원도는 예전부터 일정한 치규(治規)가 없었으므로 주현(州縣)에서 백성들에게 징세하고 부역하는 규정이 고을마다 다르고 그중에는 매우 엉성하고 일의 체모를 이루지 못하는 것들도 있었습니다. 이와 같은 것들은 마땅히 한번 정리하여 좋은 쪽으로 규정을 정해야 합니다. 그러나 이는 쉽사리 착수하기 어려운 일이니, 종국에 난처해지는 우환이 있을까 염려스럽습니다.

요컨대 경내를 순행하실 적에 각 고을 수령들에게 상세히 묻고 다시 지역 백성들에게도 널리 물어서 그 폐단의 근원이 있는 곳과 폐단을 구제할 대책을 상세히 알아낸 뒤에야 바야흐로 착수하여 일할 수 있을 것입니다. 모르겠습니다만 어찌 생각하시는지요? 또 바닷가 고을에서 진상하는 물종(物種)에는 혹 지금은 생산되지 않는 것도 있습니다. 이러한 부류들을 상세하게 탐문하여 알아내어서 조정에 청하여 강원도에서 생산되는 물종으로 추가 배정하고 현재 생산되지 않는 물종은 그 물종이 생산되는 다른 지역으로 옮겨 배정한다면, 또한 백성들을 편하게 하는 한 가지 일이 될 것입니다. 이와 같이 이해가 관계된 일들은 또한 모름지기 비슷한 사안끼리 미루어 강구해서 영해(嶺海)의 피폐한 백성들이 실제적인 은택을 조금이라도 입게 해야 하니, 이것이 어찌 우리 형께서 백성을 사랑하고 사물을 구제하는 한 가지 단서가 아니겠습니까. 인편이 바쁘다 하여 수많은 사연은 다 적지 못하고 일단 이렇게만 써서 사례하는 서찰을 올립니다.

신공헌께 답함 을축년(1685, 숙종11)
答申公獻 乙丑

해가 바뀐 뒤로 지금까지 소식을 듣지 못하여 그립고 울적한 마음 한창 간절하였는데, 뜻밖에 문득 관가의 인편을 통해 지난달에 보내신 답서를 받고 여러 가지로 해 주신 말씀을 모두 자세히 알았으니, 매우 위안이 되고 가슴이 탁 트입니다. 다만 중간의 서찰 한 통은 아직 받지 못하였으니 분명 부침(浮沈)하였을 것입니다.[38] 탄식한들 어이하겠습니까. 요즈음 날이 더워지는 때에 어버이를 시봉하면서 벼슬하는 체후 만복하시리라 생각됩니다. 혼례를 이미 치르셨다는 것을 알게 되었으니 지난날을 떠올리며 느끼는 감회는 본디 사람이면 반드시 느끼는 감정입니다.[39] 처가는 어느 집안인지요? 집안에서 선행을 쌓은 덕으로

38 중간의……것입니다 : 부침(浮沈)은 서찰이 제대로 전달되지 않고 중간에 유실되는 것을 가리킨다. 진(晉)나라 은선(殷羨)이 예장군(豫章郡)의 태수(太守)로 있다가 임기를 마치고 떠날 즈음에 사람들이 100여 통의 서찰을 주면서 전달해 주기를 청하였는데, 은선이 석두성(石頭城)에 이르러서는 서찰을 모조리 물속에 던져 버리고 "가라앉을 놈은 가라앉고 떠오를 놈은 떠오르겠지. 이 홍은교가 우체부 노릇을 할 수는 없으니.〔沈者自沈, 浮者自浮. 殷洪喬不能作致書郵.〕"라고 말했다는 고사가 전한다.《世說新語 任誕》 은교는 은선의 자이다.

39 혼례를……감정입니다 : 신완(申琓)의 전기 자료에 의하면, 신완의 처는 모두 2명으로 초취 부인은 조원기(趙遠期)의 딸인 임천 조씨(林川趙氏)이며 재취 부인은 정상주(鄭相胄)의 딸인 초계 정씨(草溪鄭氏)이다. 초취 부인은 1683년(숙종9)에 졸하였으므로 본 서찰이 작성된 1685년은 초취 부인의 상기(喪期)도 모두 끝난 때가 된다. 이런 사정을 고려하면 여기에서의 혼례란 신완이 재취 부인을 맞아들이는 것을 가리키는 듯하다.《黎湖集 卷25 領議政平川君申公墓表, 韓國文集叢刊 196輯》

경사가 생겨 현숙한 부인을 얻게 되셨으니, 실로 가도(家道)의 큰 단서와 관계된 것인지라 우러러 경하드리는 지극한 이 마음을 가눌 길이 없습니다.

시사(時事)는 죄다 어그러졌으니 다시 수습할 가망이 없습니다. 실로 하늘이 하는 일이니 말해 본들 어찌겠습니까. 형의 고단한 정경을 어찌 말로 해야 알겠습니까. 다만 비록 외직으로 나가고자 하더라도 형의 집 형편과 같아서는 멀리 나가기가 어렵습니다. 이 또한 상책이 아닌 듯하니, 분수를 따라 스스로 처해야 할 의리에 편안히 거하여 본성대로 평안하게 처신한다면 또한 어느 곳에 처한들 유유자적하지 못하겠습니까. 관지(貫之 오도일(吳道一))는 여태 서찰을 보내오지 않으니, 화우(和友)[40]의 간곡한 말도 효험이 없는 것인지요? 그 사람은 본래 정이 많은 사람이 아니니 또한 깊이 괴이쩍어 할 것은 없겠습니다. 호남 관찰사는 마땅히 누가 대신하겠습니까? 이는 미리 정하기도 어렵고 미리 알 필요도 없는 일입니다만, 저도 모르게 우연히 말이 미쳤습니다. 등불 아래에서 대충 쓰느라 두서가 없으니 오직 양해해 주시기를 바랍니다.

40 화우(和友) : 자(字)가 여화(汝和)인 최석정(崔錫鼎)이나 중화(仲和)인 김창협(金昌協)을 가리키는 듯한데, 평소 세 사람 간의 교우 관계를 고려하면 최석정인 듯하다.

신공헌께 답함
答申公獻

뜻밖에 읍의 인편이 전해 온 서찰을 열어 보고서 무더위에 어버이를 모시고 계시는 체후를 신령께서 돌보아 주고 있음을 알았으니, 위안이 되고 후련한 마음을 이길 수 없습니다. 보내 주신 말씀은 자세하게 다 알았습니다. 이 아우의 말이 어찌 반드시 다 합당하겠습니까. 어지러운 세상사를 이곳에서도 간혹 듣기는 하지만 겨우 열에 한둘 정도일 뿐입니다. 그 한둘 정도만을 가지고 제가 말을 하였으니 저의 어리석은 생각이 반드시 몹시 부족하고 모자랄 것입니다. 그러나 가령 경천동지(驚天動地)할 큰일이 면전에 닥친다 하더라도 이 아우는 마땅히 차분하고 여유롭게 대처할 뿐, 어찌 시속(時俗)에 휩쓸려 함부로 행동할 수 있겠습니까. 저의 이러한 뜻이 아마도 그릇되지는 않은 듯합니다.

형께서 비록 직무에 얽매여 계시지만 생각건대 한가로운 자리이고 질병으로 곤란을 겪는 일도 없으니, 반드시 서책을 보시는 때가 많을 것으로 생각합니다. 그런데 그에 관해 듣지 못하였으니 한스럽습니다. 군자는 알지 못하는 것이 없으나 마땅히 힘써야 할 일을 급선무로 여기는 법입니다.[41] 형께서는 출사하시어 임금을 섬기면서 관직 또한 이미 낮지 않으니 세무(世務)와 시사(時事)에 대해 더욱 깊이 궁구하셔야 합니다. 옛날에 위상(魏相)이 한(漢)나라의 편의장주(便宜章奏)와 고

41 군자는……법입니다 : 《맹자》 〈진심 상(盡心上)〉에 나오는 말로, 《맹자》 원문에는 '군자(君子)'가 '지자(智者)'로 되어 있다.

사(故事)를 살펴보기를 좋아하여[42] 마침내 한나라의 명재상이 되었고, 조여우(趙汝愚)[43]는 전대의 명신(名臣)들의 주의(奏議)를 편차하는 데 모두 정론(定論)을 가지고 있었으니 비록 모두 다 시행해 보지는 못하였으나 또한 범속한 재상이 되지는 않았습니다. 근세에 사류(士流)들이 풍습이라고 표방하는 것은 매양 논의의 취사(取捨)를 가지고 구별을 삼을 뿐, 나라를 위한 방도나 시절을 바로잡을 대책의 경우에는 피차 매한가지일 뿐입니다. 이 어찌 스스로 면려하지 않을 수 있겠습니까. 저는 형께서도 속히 이 점에 주의를 기울이기를 바라는데, 형의 생각은 어떠하신지 모르겠습니다.

예컨대 《육선공주의(陸宣公奏議)》, 《자경편(自警編)》, 《송명신록(宋名臣錄)》 등의 책 및 우리 동방의 율곡(栗谷) 선생의 글은 모두 마땅히 익숙히 고찰해야 하는 것들입니다. 만약 정말로 이러한 책들에 힘을 붙여 실제로 활용하는 데 힘쓰면서 범범하게 보지 않는다면 반드

42 위상(魏相)이……좋아하여 : 위상은 한 선제(漢宣帝) 때의 재상이다. 《한서(漢書)》 권74 〈위상전(魏相傳)〉에 "위상이 한나라의 고사와 편의장주를 살펴보는 것을 좋아하여 한나라가 일어난 이래로 국가에 편리한 행사를 자주 조목조목 아뢰었다.〔魏相好觀漢故事及便宜章奏, 數條漢興已來國家便宜行事.〕"라고 하였다. 고사는 옛날의 훌륭한 일을 가리키며, 편의장주는 국가의 일에 편리하고 마땅한 상소문이나 건의서를 가리킨다.

43 조여우(趙汝愚) : 1140~1196. 남송(南宋) 사람으로 자는 자직(子直), 시호는 충정(忠定)이다. 이부 시랑(吏部侍郎), 이부 상서(吏部尙書), 추밀원사(樞密院事) 등을 역임하였으며, 광종(光宗)이 정신병을 앓자 영종(寧宗)을 옹립하였다. 우승상(右丞相)이 되어 주희(朱熹) 등 재야 인사를 많이 발탁하였으나 얼마 뒤 한탁주(韓侂胄)와 사이가 틀어져 재상에서 파직되고 유배지에서 죽었다. 《송조제신주의(宋朝諸臣奏議)》를 편찬하였다.

시 소득이 있을 듯합니다. 다시 바라건대 유념하십시오. 부모님을 여의고 살아남은 죄 많은 이 아우와 같은 이는 진실로 이미 세상에 다시 뜻이 없습니다. 병이 차도를 보이면 간혹 서책에 눈을 붙이기도 합니다만 또한 이러한 책들을 전념하여 보는 것은 아닙니다. 또 심기(心氣)가 허약해져서,[44] 하루라도 서책을 가까이하면 번번이 며칠 동안 신음하는 우환이 생깁니다. 매번 이와 같고 요행히 이런 증상을 면하는 때가 없으므로 부득불 책을 놓고 학문을 그만두어서 한가롭게 노니는 사람이 되었습니다. 스스로 이와 같거늘 도리어 남을 권면하니 진실로 부끄러워할 만합니다. 그러나 형을 아껴서 축원하는 이 아우의 미약한 정성은 또한 조금이나마 헤아려 주실 수 있을 것입니다. 나머지 사연은 서찰로 다 아뢸 수가 없기에 우선 이렇게 써서 답서를 올립니다.

44 심기(心氣)가 허약해져서 : 원문의 '심허기단(心虛氣短)'은 한의학의 병증 용어로 심장의 기능이 떨어져 호흡이 가쁘게 되는 것을 가리킨다. 보기탕(補氣湯), 당귀황기탕(當歸黃耆湯), 소토사자원(小兎絲子圓), 토사자원(兎絲子圓) 등을 처방한다.

신공헌께 답함

答申公獻

근자의 일에 대해서는 설명을 들었으니, 근실하신 뜻에 몹시 감사드립니다. 보합(保合)한다는 말씀은 대체적인 뜻은 참으로 좋습니다만, 어찌하여 공변된 마음을 지닌 벗들과 함께 의견을 소통하며 상량하여 지극히 합당해지도록 힘쓰지 않고 그저 두서너 사람이 사적으로 의론을 모아서 곡회(曲會)를 연 것처럼 하여 식자(識者)들로 하여금 방관(傍觀)하면서 섞이고 싶어 하지 않게 하셨습니까. 이 점이 다만 괴이쩍습니다. 이러한 뜻을 형께서 마땅히 화령(和令)[45] 무리와 함께 차분하게 논의하여 마침내 호의적으로 일이 풀리도록 해야 할 것입니다.

물러나 쉬시려는 계획은 고아하신 뜻을 잘 알겠습니다만 일의 형세가 쉽사리 이루기 어려운 점이 있습니다. 또 시의(時議)가 온통 어그러지고 격렬한 때를 당해서는 오히려 참고 넘기셨으면서 지금 의론이 잘 보합되지 않는 것을 보고서는 마침내 이러한 때에 물러나기를 결정하시니, 또한 과연 마땅한 일인지 모르겠습니다. 사정을 잘 모르는 사람은 혹 과격하고 어그러지게 하는 것만 오로지 일삼는다고 치부할 것이니, 이것이 어찌 형의 본심이겠습니까. 모름지기 깊이 생각하여 잘 처리하는 것이 묘책입니다.

홍 대간(洪臺諫)의 몇 마디 말에 대해 논하신 것은 또한 매우 정곡을

45 화령(和令) : 문맥 및 노론과 소론이 갈등하고 있던 당시 정황을 고려할 때 자(字)가 중화(仲和)인 김창협(金昌協)을 가리키는 듯하다.

찔러, 치우치거나 흥분하는 병폐가 없으니 몹시 위안이 됩니다. 모든 일을 매양 이와 같이 한다면 본심과 처음의 견해를 거의 잃지 않을 수 있습니다. 그러나 사림의 근본이 되는 분[46]들은 점점 다시 화합할 형세가 없고, 각자 주장하는 바를 존숭하는 조정 선비들도 그 형세가 또한 반드시 점차 더욱 분열될 것이니, 구구한 저의 미약한 힘으로 미봉할 수 있는 일이 아닙니다. 모르겠습니다만 여러 공께서는 이 문제에 대해 어떤 계책을 세우셨는지요? 차라리 일단 이 문제를 치지도외하고 그 사람이 하는 대로 맡겨 두되, 오직 조정에서 어떤 사람을 등용하고 어떤 사람을 버릴지 누구를 어떻게 탄핵할지에 대한 문제는 반드시 찬반양론을 서로 절충해서 합일점을 찾아 피차간에 분개하거나 불평할 일이 없게 한다면, 그나마 반 정도는 일을 구제할 수 있지 않겠습니까. 화령 무리가 형을 도외시하는 일은 분명 없을 것이니 다시 마음을 열어 다 말해서 시사를 함께 구제하는 것이 어떠하겠습니까, 어떠하겠습니까.

종전에는 문득 바깥의 일을 언급하는 일이 없다가 지금 저도 모르게 번다하게 이 일을 언급하였으니, 이 또한 초야에 있는 사람의 나라를 위한 근심이 점차 깊어져서 그러한 것일 뿐입니다. 헤아려 주시고 비밀로 해 주시기를 지극히 우러러 바라고 또 바랍니다. 시속(時俗)에서 의심하고 꺼리며 억측하는 말의 경우는 참으로 굳이 마음에 담아 둘 것이 없으니, 눈으로 보고 귀로 들은 일 외에는 모두 가볍게 믿기 어렵습니다. 모르겠습니다만 어찌 생각하시는지요?

46 사림의……분 : 송시열과 박세채를 가리킨다.

신공헌께 드림

與申公獻

형께서 색우(色憂)[47] 때문에 특별히 체직되는 은혜[48]를 입기까지 하였다는 말을 지난번에 전해 듣고서 몹시 놀라고 염려되었으나, 인편이 없어 문후 여쭙는 서찰도 부치지 못한 채 그저 간절히 애태우고 있었습니다. 그런데 근자에 집안 조카가 도성에서 돌아오는 편에, 강원도에서 돌아와서 어버이를 시봉하신 이래로 병간호 중인 체후가 만안하시다는 것을 대강 알았으니, 위안이 되고 경하드리는 제 마음 말로 표현할 길이 없습니다. 세상일이 날로 더욱 험난해져 가는 상황이니, 비록 관찰사라는 중요한 외직을 맡았어도 도리어 한가로운 처지이셨습니다. 그러나 한번 도성에 들어오고 나서는 비록 직무를 맡지 않더라도 하루 사이에 남과 응접하는 일 자체가 기괄(機栝)[49]과 함정이 아님이 없습니다. 형

47 색우(色憂) : 어버이에게 병환이 있음을 가리키는 말이다. 《예기(禮記)》 〈문왕세자(文王世子)〉에 "왕계(王季)가 편치 않은 때가 있어 내시가 문왕에게 알리면 문왕은 얼굴에 근심하는 기색을 띠고 걸음을 똑바로 걷지 못하였다.〔其有不安節, 則內豎以告文王, 文王色憂, 行不能正履.〕"라고 하였다.

48 특별히 체직되는 은혜 : 《승정원일기》 숙종 10년 9월 13일 기사에 따르면, 이 무렵 강원도 관찰사로 있던 신완(申琓) 모친의 병세가 위중하여 급히 사람을 보내 알렸는데, 마침 신완이 도내를 순시 중이라 소식을 전해 듣지 못하였으므로, 신완이 사직을 청하는 과정을 밟지 않았으나 조정에서 신완을 체직해 준 일이 있었다.

49 남과……기괄(機栝) : 시사(時事)가 좋지 않은 지금은 남과 응접하는 사이에 꼬투리를 잡혀 비방을 받는 계제가 될지도 모른다는 말이다. 기괄은 쇠뇌의 격발 장치로, 시기에 맞추어 남에게 폐해를 끼치는 것을 가리킨다. 《장자》 〈제물론(齊物論)〉에 "그

께서는 대범하고 중후하시어 응당 대번에 경솔한 행동을 하지는 않겠지만, 제가 형을 위해 염려하는 마음은 간절하지 않은 적이 없습니다.

요즈음 회덕(懷德)과 이산(尼山)[50] 사이의 일은 더욱이 세도에 하나의 큰 괴증(壞症)이니, 그저 귀를 막고 듣고 싶지 않게 만듭니다. 생각건대 형의 마음이 어찌 저와 다르겠습니까. 현자(賢者)를 경시하고 권세에 붙어 공공연하게 제멋대로 이산을 비방하는 세상 사람들이야 진실로 말할 것도 없겠지마는, 한편으로 잘못을 바로잡으려다가 지나쳐서 오히려 일을 그르치는 의논하는 사람들이 또 혹 지난날 공적으로 사적으로 추중하던 의리는 생각하지도 않고 문득 악담과 모욕적인 말을 원로 존장(元老尊長)에게 해 대니, 또한 매우 잘못된 일입니다. 이와 같은 부분에 대해 마땅히 깊이 유념하여야 하니, 비록 자기 집에서 하는 한담이라도 가벼이 해서는 안 됩니다. 모르겠습니다만 형의 생각은 어떠하신지요? 형에게는 반드시 이러한 점이 없을 것임을 잘 알고 있으면서도 오히려 이런 말을 드리는 것은, 형께서 이 뜻을 묵묵히 이해하시어 말류들의 제어할 줄 모르는 폐단을 구제하시기를 바라기 때문입니다. 어떠하신지요, 어떠하신지요?

관찰사는 바로 묘당(廟堂)의 체제를 갖춘 직임이니, 군민(軍民)의 뭇 정사를 총괄하지 않는 것이 없습니다. 형께서 한 번 관찰사의 직임을 맡으셨는데, 스스로 파악하신 것이 어떠한지요? 형께서 비록 조정

발하는 것이 기괄과 같음은 시비를 따져 댐을 말하는 것이다.〔其發若機栝, 其司是非之謂也.〕"라고 하였는데, 주석에 "만나는 일에 따라 마음을 냄이 화살의 오늬처럼 빠르고, 감정에 따라 남을 해침이 쇠뇌의 격발 장치처럼 사나운 것이다."라고 하였다.

50 회덕(懷德)과 이산(尼山) : 53쪽 주35 참조.

으로 돌아오셨으나 분명 대번에 중요하고 번다한 직무를 맡지는 않을 듯합니다. 여가를 얻은 김에 과거에 어떻게 하면 다스려지고 어떻게 하면 어지러워졌는지에 대한 대체(大體)와 명신들이 건의한 일과 행사를 깊이 고찰하여 견식을 채우고 넓힐 바탕으로 삼으신다면, 그 유익함이 어찌 보잘것없겠습니까. 이 아우는 부모님의 상을 당한 이래로 정력이 크게 소진되었다가, 근자에 비로소 병이 차도를 보인 틈에 때때로 서적을 펼쳐 보기도 합니다. 그러나 책을 덮으면 곧 잊어버려 도무지 유익함이 없습니다. 슬피 탄식한들 어이하겠습니까. 산골짜기가 고요하고 적막하여 쓸데없는 시빗거리에 대해서 아예 듣지 못하니 이 점은 좋습니다만, 전혀 의지할 곳이 없는 형편입니다. 비록 남쪽 고을로 돌아가더라도 이러한 근심이 있을 것이니, 이리저리 떠도는 이 몸이 마침내 어느 곳에 정착할는지 모르겠습니다. 요컨대 조만간 오직 선영 가까운 곳을 돌아가 머무를 곳으로 삼게 될 것이니, 서로 만날 기약이 없는지라 편지지를 대하매 서글퍼집니다. 오직 어버이께서 쾌차하시고 체후 만복하시기를 기원합니다.

신공헌께 답함 병인년(1686, 숙종12)

答申公獻 丙寅

5월에 이사하고 이어서 무더위를 만나 어지럽고 번잡한 나머지 고단함과 병증으로 더욱 괴로웠습니다. 그리하여 매번 문후 여쭙는 서찰을 보내고자 하였으나 이제껏 시간만 보냈습니다. 그런데 지난번 신임 수령의 행차 편에 문득 형께서 보내 주신 서찰을 받고 세세한 가르침을 모두 알게 되었습니다. 마치 대면하여 말을 나눈 것과 같았으니, 너무도 위안이 되는 마음 어찌 끝이 있겠습니까. 근자에 늦더위가 여전히 한창인데 어버이를 모시고 벼슬하는 형의 체후는 어떠하신지요? 형을 그리워하는 저의 이 마음이 어느 날엔들 잊히겠습니까. 이 아우는 비록 거처를 정하였다고는 하지만 이미 의지할 곳이 없고 항상 외롭고 적막한 시름이 있으니, 아마도 오랫동안 이곳에 있지는 못할 듯합니다. 오직 고요한 것이 자못 병들어 기력이 없는 저에게 맞고, 무릇 경향(京鄕)의 쓸데없는 시빗거리가 일절 귀에 들어오지 않으니, 이 점은 그나마 다행입니다.

보내 주신 서찰의 내용을 보고서는 그저 스스로 장탄식만 합니다. 나라의 치욕[51]이 극에 달했는데도 자강하여 모욕을 막아 낼 방책은 이미 들을 수가 없고, 대각(臺閣)의 논의는 분분하기만 하여 끝내 요령을 얻지 못하니, 울분에 찬 중외의 인심을 조금이라도 위로할 길이 없습니다. 어이하겠습니까, 어이하겠습니까. 형께서 비록 언관의 자리에 있

51 나라의 치욕 : 28쪽 주16 참조.

지는 않으나 지위와 명망이 가볍지 않으시니, 생각건대 더욱 이 일에 대해 아무렇지도 않게 있을 수 없는 점이 있을 것입니다. 이 아우는 이미 헌관(憲官)에서 체직되었고 이번 여름에 전최(殿最)에서 중(中)을 받아 벼슬길이 조금 좁아졌으니, 이로 말미암아 이러구러 세월을 보내는 것도 얼마간의 도움이 될 것입니다. 다만 듣건대 연석에서 저의 일을 두 번씩이나 제기하였다 하니, 저로 하여금 부끄럽고 궁색하게 합니다. 모르겠습니다만 저에 대해서 진달한 것은 장차 무엇을 하려는 뜻입니까? 만일 일이 돌고 돌아서 혹 특별한 거조를 초래한다면 더욱 운신할 길이 없어질 것입니다. 어떤 사람은 연경(燕京)으로 사신 갈 차례가 마땅히 이 아우에게 돌아올 것이라고 하니, 이 말이 참이라면 이보다 더한 낭패가 없을 것입니다. 이 점은 매우 염려할 만합니다.

요컨대 병세로 보나 정황으로 보나 이미 세상에 이바지할 가망이 없는데, 외부의 종용(慫慂)은 한둘이 아니니, 저로서는 마땅하게 대응하기가 또한 어렵습니다. 고루한 이 사람에게 서로 의논하여 입장을 확정할 만한 유익한 벗이 없음이 몹시 한스럽습니다. 말해 본들 무엇하겠습니까. 저의 형님이 지금 바야흐로 소명(召命)에 달려 나가는데, 도성에 들어간 뒤에는 또한 정의(情義)가 미덥고 논의가 서로 통하는 사람이 없습니다. 생각건대 형께서 반드시 이 아우를 대하는 마음으로 저의 형님을 대해 주실 것이니, 이 점이 자못 위안이 될 만합니다. 마침 저의 형님이 제가 머무는 산 밖을 지난다는 소식을 듣고 병든 몸을 이끌고 길에 나가 맞이하였습니다만, 어수선한 가운데 몹시 바삐 만나 이별하고 홀로 깊은 산골짜기에 돌아오고 보니 갖가지 상념을 또한 말하기 어렵습니다. 바쁜 틈에 대략 써서 보내느라 하려는 말을 다 쓰지 못합니다.

신공헌께 드림

與申公獻

지난번에 답서를 써서 저의 형님이 도성으로 가는 길에 부치려 하였는데, 마침 어수선한 중에 미처 답서를 완성하지 못하여 부치지 못하였습니다. 그 뒤에 도성으로 가는 인편을 한 번 만나기는 하였으나, 또 질병과 우환이 한창 심하고 인편도 갑자기 출발해 버린 탓에 서찰 한 통을 부치지 못하였으니, 인편이 떠난 후에 뒤미처 형을 그리워하는 간절한 마음이 여러 날 동안이나 가시지 않았습니다. 대개 오랫동안 황폐하고 궁벽한 곳에 거처하면서 우환으로 심신이 손상된 탓에 서찰을 왕복하는 일이 본래 어려운 일이 아님에도 몹시 어려운 일인 양하여 매번 지체하니, 참으로 저의 이 마음을 알아주는 교제 관계가 아니라면 분명 잊어버렸다고 생각하지 않을 수 없을 것입니다. 아니면 멀리 떨어져 지낸 지가 이미 오래라 또한 날이 갈수록 소원해지고 달이 갈수록 잊어버려서 스스로 형과의 관계를 느슨히 하고 소홀히 하는 것을 피하지 못하게 된 것이 아닐는지요. 이 또한 알 수 없는 일입니다.

가을에 접어든 지도 이미 한 달이 지났으니, 이러한 때에 형의 체후 만안하시리라 삼가 생각합니다. 이어서 소보(小報)를 보니 형께서 이미 대사성(大司成)에서 체직되었다고 하였습니다. 지금은 어느 관직에 계시는지요? 궁벽한 산골에 거처하면서 바깥일을 듣는 일이 극히 드문데, 근자에 풍문으로 이 학사(李學士)가 한 번 소장을 올린 뒤 성상께서 지나치게 진노하셨다고 들었습니다. 자못 멀리서 소식을 듣는 이의 마음을 놀라게 하며 저로 하여금 몹시 근심하게 만들었습니다. 현재 안으로는 서로 물고 뜯으며 밖으로는 치욕을 당하고 하늘은 노하며 백성들은 원망하여 믿을 만한 일이라고는 한 가지도 없는 상황입니다. 오직 밝은 성상께서 위에 계시어 과실이 들리지 않는 것만을 우러러 믿을 곳으로 여기고 있었는데, 홀연 이런 일이 있었다는 것을 들으니 근심스럽고 막막한 심경을 형용할 길 없습니다. 형께서 체직되신 것도 이 일에 간여하였기 때문입니까? 오늘날의 벼슬살이란 참으로 손쓸 곳이 없고, 오직 물러나 종신토록 출사하지 않는 길이 그나마 괜찮은 방법입니다만, 이 또한 쉬이 할 수 없으니 자못 염려할 만합니다. 나머지 많고 많은 사연은 바쁘게 쓰느라 갖추어 적지 못합니다.

신공헌께 답함

答申公獻

제 아우가 돌아왔을 때 보내 주신 서찰과 약물을 받았고, 지난번 또 우체 편에 서찰과 약물을 받았는데, 지금 또 평안도 관찰사의 서찰을 전하면서 안부 서찰을 다시 받았습니다. 한 달도 채 못 되는 시간에 멀리서 서찰을 세 번이나 받았으니, 감격스럽고 위안이 되는 마음을 어찌 말로 할 수 있겠습니까. 정성스럽게 적은 중간의 서찰 한 통은 더욱 감사드립니다.

시사(時事)는 참으로 참여하여 듣지 못했으나, 이른바 피차간에 오직 일을 만들지 않음을 첫 번째 도리로 삼는다는 것은 한번 웃음이 터질 만한 말입니다. 이것이 비록 첫 번째 도리는 아니겠으나, 정말로 이와 같이 서로 참아서 그냥 지나쳐 버릴 수 없을 정도로 대단한 일이 아닌 바에는 힘써 화평함과 관대함을 위주로 하여 몇 년 동안 그렇게 한 뒤에, 서로 간의 틈이 점점 봉합되고 유언비어가 점점 사그라지고 감정이며 지취가 점점 소통되고 풍습이 조금 안정되기를 기다린 다음, 다시 차츰차츰 정리해 나가는 것이 혹 한 가지 방법은 될 듯합니다.

근자의 일은 애당초 완성된 규모가 없는지라 부침과 기복을 모두 예측할 수 없으니, 그 뜻이 어떠한지를 알지 못하겠습니다. 관우(貫友 오도일(吳道一))의 처신은 무슨 말을 해 주어야 효험이 있을지 모르겠습니다만, 잘하고 못하고는 모두 그 사람이 하는 일에 달렸습니다. 그런데도 곁에서 지켜보는 자가 또한 지나치게 힘들여서 억측으로 논설하니, 근세의 하나의 폐습입니다. 모르겠습니다만 어찌 생각하시는지요?

신공헌께 답함 정묘년(1687, 숙종13)

答申公獻 丁卯

논하신 근자의 일은 참으로 제 마음에 위안이 됩니다. 이 아우는 본디 현석(玄石 박세채(朴世采)) 어르신께서 이 부분에 대해 반드시 참작하려는 견해가 있을 것으로 생각했는데, 과연 참으로 그러하였습니다. 우리 형 외에도 이와 같이 알아차린 사람이 있습니까? 오(吳 오도일(吳道一))와 최(崔 최석정(崔錫鼎)) 두 벗의 생각 또한 응당 대략 부합할 것으로 생각합니다. 다만 일체 준엄하고 격렬한 논의를 하는 사람들은 반드시 이러한 견해를 구차하고 엉성하다고 여겨 달갑게 여기지 않을까 걱정스럽습니다. 작금의 세도(世道)를 살펴보건대, 실로 이 일을 담당하여 진정시킬 가망이 없습니다. 단지 자신의 심사가 한쪽으로 치우치거나 착오를 일으키는 데 이르지 않을 수 있으면 또한 다행스러운 일입니다. 어찌 생각하시는지요, 어찌 생각하시는지요?

조숙(趙叔)[52]께서는 매양 자신을 돌아보지 않고 나랏일에 몸 바치는 의리를 가지고 권면하시니, 신하 된 직분상 우국애군(憂國愛君)하는 미약한 정성으로 말하자면 이 의리가 참으로 바르고 마땅합니다. 그러나 이 아우가 처신하는 것 같은 경우는 도리어 물러나 피하여 스스로 편안하려고 하는 듯합니다. 다만 저의 역량과 재능이 이처럼 보잘것없다는 것은 지난날 시위소찬(尸位素餐)하던 부끄러운 날들에 이미 명백

52 조숙(趙叔) : 창계의 외숙인 졸수재(拙修齋) 조성기(趙聖期, 1638~1689)를 가리킨다.

한 증험이 있었으니, 지금 비록 조정에 나아가더라도 나랏일에 무슨 보탬이 되겠습니까. 만약 그저 줏대 없이 우르르 나갔다가 우르르 물러나고자 한다면야 어느 때인들 못하겠습니까. 그러나 만일 시위소찬하지 않고자 한다면 자신을 헤아리고 분수를 헤아려 볼 때 실로 절대로 감당할 수 없는 점이 있으니, 또한 고의로 짐짓 물러나 피하려는 것이 아닙니다. 붓 가는 대로 잗다랗게 썼는데, 모르겠습니다만 어찌 생각하시는지요?

형의 사세는 이미 이 아우와는 다르니, 오직 관직을 맡고 일을 만나매 분수에 따라 직분을 다하는 것을 몸을 편안히 하고 천명을 세우는 바탕으로 삼아야 합니다. 그리하여 이러한 자세로 국은에 보답하고 처세한다면 또한 어찌 만족스럽지 않겠습니까. 어찌 굳이 기어코 떠나가는 것을 달통한 의리로 삼을 것이 있겠습니까. 십삼경(十三經)은 얻으면 참으로 좋겠지만 얻지 못하더라도 무방합니다. 지금 가지고 있는 서책들도 읽지 못하는 판국이니 지난번의 청은 또한 많은 것을 탐하고 새로운 것을 좋아하는 하나의 병폐입니다. 자삼(子三)과는 근래 자주 서로 종유합니까? 저의 형님이 외직을 구하는 것은 본디 애초의 계획이니, 알현하셨을 때에 잘 말씀해 주시어 저의 형님이 처음의 뜻을 이룰 수 있도록 해 주시기를 끝내 형께 바라지 않을 수 없습니다.[53]

53 알현하셨을……없습니다 : 《승정원일기》에 따르면 1686년(숙종12) 3월 4일 신완(申琓)이 이방(吏房)의 일을 관장하고 인사에도 깊이 관여할 수 있는 도승지의 직임을 맡고 있었으므로, 이러한 말을 한 것이다.

신공헌께 답함

答申公獻

일전의 인편이 떠날 적에 병으로 혼미하고 바쁘고 급박한 탓에 대충대충 몇 글자를 써서 보낸지라, 지금까지도 편치 못하고 서글퍼 마치 서찰을 쓰지 않은 것 같은 느낌이었습니다. 그런데 근자에 당도한 인편을 통해 또 형의 세세한 말씀이 담긴 서찰을 받으니 감격스럽고 부끄러운 마음 아울러 절절합니다. 보내 주신 내용은 삼가 잘 알았습니다. 현석(玄石 박세채(朴世采)) 어르신의 서찰 중의 가르침은 또한 형이 보내 주신 말씀과 대략 부합하고, 그 밖의 친한 벗 및 일가의 논의도 대략 이와 같습니다. 이 아우도 어찌 이러한 생각이 없겠습니까마는, 이 아우가 지난날 조만간 한번 나아가 사은하고자 한다고 한 것은, 단지 저의 행동이 지나치게 어그러져 분의상 편안하기가 어려우므로 병이 차도를 보인 틈에 잠시 도성에 갔다 오려는 생각이었을 뿐입니다. 대개 군직(軍職)이라 하더라도 본디 사은숙배하는 규례가 있으니, 이는 굳이 새로운 관직에 제수하는 명을 기다려야 할 수 있는 일이 아닙니다. 다만 고질병이 말끔히 낫는 때가 없는지라 무단히 일어나 움직이기도 자못 쉽지 않은 까닭에 시간만 끌며 결행하지 못하다가 여기에 이른 것입니다.

이 직책[54]과 같은 경우는 비록 외직이지만 책임이 몹시 무거우니,

54 이 직책 : 《창계집》 〈창계선생연보초(滄溪先生年譜草)〉에 따르면 창계가 1687년(숙종13) 황해도 관찰사에 제수된 적이 있는데, 이를 가리키는 듯하다.

결단코 이 아우처럼 오활하여 일을 겪어 보지 못한 사람이 감히 담당할 수 있는 벼슬이 아닙니다. 그리고 한번 나아간 뒤에는 곧바로 직책을 버리고 돌아오기 어려우니, 한번 도성에 가서 대략 분의를 펴려고 했던 처음의 뜻과 어찌 크게 동떨어진 것이 아니겠습니까. 비록 위중한 병이 없더라도 나가기가 어려운데, 더구나 지금은 마침 실제로 병이 있어서 가볍지가 않습니다. 몇 달 동안 시름시름 앓으면서 아직도 병석을 떠나지 못하고 있는데, 근자에는 어린 아이놈에게 위급한 병이 생겨 병을 무릅쓰고 간호하다가 다시 몸을 더 상하여 마침내 한질(寒疾)이 되어 두통에 허한(虛汗)이 나서 종일토록 정신이 혼미한 지경입니다. 지난번 곽란(癨亂)이 일어난 뒤로는 음식물이 마땅치 않거나 한기가 조금이라도 배 속에 들어오면, 땅기는 통증이 심상치 않습니다. 지금도 통증을 참고 앉아 있는 중입니다. 이러한 병세로는 추울 때를 만나 일어나 움직일 길이 만무하므로, 신관(新官)을 맞이하는 인마(人馬)가 며칠 전에 도착하였으나 결코 오랫동안 머무르며 등대(等待)할 수 없겠기에 전부 돌아가도록 하였습니다.

지난번의 사직 상소에 대해 이미 허락을 받았다면 매우 잘된 일이겠으나, 그렇지 않다면 형세상 거듭 간청하여 반드시 체직된 뒤에야 그만둘 것입니다. 만일 묘당의 사람을 만나시거든 제가 병이 다시 더쳐 몸이 더 상하여 결단코 도성에 올라가기 어렵다는 뜻을 간곡하게 언급하시어, 속히 저 대신 다른 사람으로 변통하게 하여 공적으로나 사적으로나 편안하게 해 주시는 것이 어떻겠습니까? 애써 서둘러 쓰느라 우선 이렇게만 말씀드리니, 뒤에 다시 서찰을 보내겠습니다. 나머지 많은 말들은 이만 줄입니다. 추위 조심하고 자중자애하시기를 빕니다.

지난번 서찰에서 하문하신 내용에 대해 대략적으로라도 답변을 드리지 못한 것은, 병중에 정신이 혼미하였기 때문이고 또한 간섭하지 않고자 하는 뜻이었습니다. 그러나 형과 저 사이에 전혀 시비를 분간함이 없어서 마음이 몹시 편치 못하므로 대략 언급해 보겠으니, 바라건대 보시고 난 다음 곧바로 없애 버리십시오. 그러나 칩거하고 있는 이곳에서는 실로 보고 듣는 것이 자세하지 못하니, 단지 형에게 들은 내용에 의거해서 말해 보겠습니다. 저쪽 편의 말뜻은 진실로 그것이 정당한지는 모르겠으나, 다만 성상께서 청언(聽言)하는 도리는 언로를 넓히는 일을 편안히 여겨야지 이처럼 꺾어 버려서는 안 됩니다. 어찌 후일의 언로에 해로움이 있지 않겠습니까. 형이 언관의 직임에 계시니, 소장을 올리거나 입대(入對)하는 길에 언사(言辭)를 잘하시어 반드시 구원하여 풀려나도록 하는 것이 어떻겠습니까. 말을 할 때는 잘 헤아려서 안배하는 것이 가장 마땅하니, 한쪽 편으로 무게가 과중하게 실리지 않도록 해야 좋습니다.

신공헌께 드림 무진년(1688, 숙종14)

與申公獻 戊辰

도중에 보낸 서찰[55]은 이미 받아 보셨으리라 생각합니다. 근자에 제 아우의 서찰을 통해 삼가 모친의 병환이 계속 위독하시다는 것을 알았습니다. 염려되는 제 마음을 어찌 형언할 수 있겠습니까. 이 아우가 이번에 도성에 가지 못하게 된 일은 형께서 주선해 주신 지극한 뜻에 몹시 부끄럽습니다. 분의(分義)와 인사(人事)가 모두 몹시 이지러진지라, 저로 하여금 서글픈 마음이 며칠 동안이나 가시지 않게 하였습니다. 대개 병세로 보나 시일로 보나 이미 모두 인산일(因山日)[56]까지 도착하기 어려웠던 탓에 반복해서 생각하여 마침내 도성으로 가는 걸음을 멈춘 것입니다. 그사이에 지난 일을 경계로 삼아 뒷일을 염려하매 일단의 은미한 뜻이 없지 않으며 멀리서 보내는 서찰로 다 말할 수 있는 것도 아닙니다.

시사가 일변하여 중외에서 기쁘게 생각하고 있으니, 세도에 대한 책임은 단지 형들 몇 사람에게 달렸습니다. 공적으로나 사적으로나 걱정하고 염려하는 마음을 잠깐이라도 놓을 수 있겠습니까. 한쪽으로 치우치는 일을 끊어 버리고 공정하게 하며 급박하게 하는 것을 경계하고 관후하고 화평함을 숭상하는 것이 오늘날 벗들이 함께 권면해야 할 일인 듯한데, 모르겠습니다만 형의 생각은 어떠하신지요?

55 도중에 보낸 서찰 : 《창계집》 〈창계선생연보초(滄溪先生年譜草)〉에 따르면, 1688년(숙종14) 2월 창계는 진안(鎭安)에서 회진(會津)으로 이주하였다. 이 무렵 보낸 서찰을 가리키는 듯하다.

56 인산일(因山日) : 인조의 계비 장렬왕후(莊烈王后) 조씨(趙氏)의 인산을 가리킨다.

오관지[57] 도일 께 답함 계해년(1683, 숙종9)

答吳貫之 道一 癸亥

비통하고[58] 병약하여 다시 바깥일에 대한 생각이 없는지라 무릇 친구들이 보낸 안부 서찰에도 왕왕 몇 달 동안이나 답을 못하는 상황이었습니다. 그런데 문득 형께서 멀리 나가게 되었다는 소식[59]을 듣게 되니 아득히 동쪽을 바라보며 서글픈 감정을 이길 수 없었습니다. 마침내 이렇게 서찰을 적어 서울의 우체 편에 부치니, 과연 부침(浮沈)[60]을 면할 수 있을는지 모르겠습니다. 적막한 영외(嶺外)에서 이 서찰을 보시면 또한 반드시 쓸쓸한 감정이 일어날 것입니다. 형께서 항상 벼슬살이는 반드시 엎어지고 자빠지는 것을 기약하는 것[61]이라고 말하였는데 오늘의 일이 과연 기약하던 바에 부합하니, 형에게는 진실로 응당 이러한 상황에 처신함이 매우 자적(自適)하실 것입니다. 다만 우리가 나라로부터 받은 은혜가 이미 깊으니, 성조(聖朝)에 의당 이러한 거조가 있어서는 안 된다는 점에서 그저 걱정스럽습니다. 이 일로 인해 근심하고

57 오관지(吳貫之) : 21쪽 주13 참조.

58 비통하고 : 1683년(숙종9) 창계가 모친상을 당하였으므로 이러한 말을 한 것이다.

59 형께서……소식 : 1683년 6월 오도일이 송시열(宋時烈)의 태조의 시호를 가상(加上)하는 논의를 반대한 박태유(朴泰維)를 신구하다가 우의정 김석주(金錫胄)의 논척을 받고 울진 현령(蔚珍縣令)으로 좌천되었다. 시호 가상 논의는 47쪽 주30 참조.

60 부침(浮沈) : 56쪽 주38 참조.

61 엎어지고……것 : 자신을 돌아보지 않고 나랏일에 혼신을 다한다는 뜻에서 한 말로 보인다.

상심하여 잠자고 밥 먹는 때에도 편치 못합니다. 어이하겠습니까.

황량한 벽촌이 비록 도성과 멀리 떨어져 있으나 해산(海山)의 풍토가 장기(瘴氣)가 일어나는 고을에 비할 바는 아니니, 또한 가까이에서 오랫동안 임금을 모신 신하를 성상께서 여전히 생각해 주고 계심을 알 수 있습니다. 이는 더욱이 신하가 자기도 모르게 감읍할 부분입니다. 노정(路程)을 헤아려 볼 때 지금쯤 임소에 당도하셨으리라 생각합니다. 모르겠습니다만 형편이 어떠하신지요? 형께서는 평소 유유자적하는 것을 좋아하였고 힘써 노력하는 공부가 적었으며 또 매양 잗다란 일들은 소홀히 넘기고 힘들고 고생스러운 것은 참아 내지 못하셨습니다. 이와 같은 부분에 이제 마땅히 심력을 쏟고 경계해야 할 것이니, 술을 끊고 음악을 멀리하여[62] 옛적에 배운 것들을 수습하여 다시 완미하고 수양해서 근본을 배양하기를 이 아우는 절실하게 바랍니다. 미염(米鹽)과 문부(文簿)[63] 같은 번잡한 일과 아전의 해독과 백성의 고충 같은 번쇄한 일은 모두 하나하나 매우 자세하게 살펴서 그 본말을 궁구하여 알면, 훗날 조정에 돌아갔을 때 심중에 쌓은 정성과 국은에 보답할 실제가 단박에 한층 더 높아질 것이니, 이것이 바로 저의 소망입니다.

이 아우와 같은 사람은 수년 동안 은혜로운 광영을 함부로 도적질하

62 술을……멀리하여 : 《숙종실록》의 오도일의 졸기(卒記)나 여러 기사들, 오도일의 〈연보(年譜)〉 등에 의하면 오도일이 평소 술을 좋아하여 실수를 하거나 경계를 받은 일이 잦았던 것으로 보인다. 《肅宗實錄補闕正誤 29年 2月 14日》《西坡集 卷29 附錄 年譜, 韓國文集叢刊 152輯》

63 미염(米鹽)과 문부(文簿) : 미염은 쌀과 소금에 관련된 일로 백성들의 생활에 필수적인 부분인데, 전하여 미염 자체가 번쇄한 일을 가리키기도 한다. 문부는 관리가 처결해야 할 문서를 가리킨다.

여, 관직을 맡아 일을 처리하면서 성상께서 돌보아 주신 은혜에 조금이라도 보답할 수 있도록 잘 해낸 일이 끝내 한 가지도 없습니다. 또 그사이에 조정에 언뜻 나타났다 사라졌다 하면서 스스로는 그것을 진퇴의 절도라고 둘러대어 마침내 그저 시위소찬하는 사람이 되어 버렸으니, 돌이켜 생각하면 부끄러워할 만합니다. 지금에서야 형께서 당시에 해 주셨던 경책의 말에 오히려 매우 통절하지 못한 점이 있었던 것이 도리어 한스럽습니다. 상을 당한 이후로는 심사가 고달파서 절로 지나간 옛일들에 느끼는 바가 있어 한두 가지 반성하고 경계하는 단서가 없지 않습니다만, 이는 단지 상황에 따라 변해 흘러가는 상념일 뿐, 어찌 제가 본래 지니고 있는 기질을 터럭만큼이라도 바꿀 수가 있겠습니까. 며칠 후에 성묘하러 길을 떠나서 몇 달 동안 머무르다 돌아와야 합니다. 그사이에 남과 북으로 거의 2000리나 되는 거리를 사이에 두고 서로 떨어져 바라보게 될 것이니, 소식을 전할 길이 더욱 없습니다. 많고 많은 사연은 등불 앞에서 서둘러 대강 쓰느라 다 갖추지를 못합니다.

오관지께 답함 을축년(1685, 숙종11)

答吳貫之 乙丑

제가 이미 이전의 서찰에서 저의 슬픈 심정을 털어놓고 감사를 표시하는 내용을 담았으나, 보내 주신 서찰의 내용이 지성스러워 정겨운 벗의 뜻이 드러나 있기에 다시 이 서찰로 그에 대한 답장을 올립니다. 저의 죄악이 극에 달해 1년 사이에 거듭 큰 화를 당했으니,[64] 범범하게 교유하는 사이더라도 이러한 저의 사정을 오히려 긍휼히 여기고 측은히 여겨야 마땅합니다. 그런데 형께서는 오랫동안 저의 사정을 물어보지 않으신지라, 처음에는 형의 성격이 소탈한 데다 계신 곳도 매우 멀어 혹 겨를이 없을 수도 있겠다 생각하였습니다. 그런데 해를 넘겨서까지도 그런 뒤에는, 오래 알고 지낸 벗에 대한 형의 정의가 너무나도 박절한 것을 비로소 한스러워하였고, 또한 평소 교유에 지극하지 못한 부분이 컸던 데 대해 자괴감이 들었습니다. 그런데 이제 형의 서찰을 받아보고 말씀하신 내용의 뜻을 자세히 알았으니, 제 마음이 비로소 풀립니다. 다만 형께서 백씨(伯氏)의 상[65]을 당하신 것을 알게 되었고 이어서 영외(嶺外)에서 부음을 들으셨을 형을 생각하노라니 놀랍고 염려스러운 마음 그지없습니다.

64 거듭……당했으니 : 1683년(숙종9) 창계가 모친상을 당한 데 이어 1684년 부친상을 당한 것을 가리킨다.

65 백씨(伯氏)의 상 : 오도일의 맏형 오도종(吳道宗)이 1685년(숙종11)에 죽은 것을 가리킨다. 《西坡集 卷29 附錄 年譜, 韓國文集叢刊 152輯》

저는 계해년(1683, 숙종9) 연말에 기역증(氣逆症)[66]으로 갑자기 혼절하였는데, 증세가 더했다 덜했다 하면서 거의 죽을 지경이 되었습니다. 거듭 상을 당한 뒤로는 더욱 살아날 가망이 없는지라, 힘들여 부지런히 의원의 치료를 받으면서 소생하는 데 전력하였더니, 지금은 이미 차도를 보이는 쪽으로 대세가 기울었습니다. 그러나 몸의 반쪽이 마비되는 증상이 이미 심하고 허한(虛汗)이 항상 흐르며 이가 빠지고 머리털이 세고 잊어버리는 일이 많아지고 잘 놀라니, 풍채와 기력이 예전 같지 않음을 문득 느낍니다. 이생도 이미 끝나 버린 것입니다. 이미 완연히 병든 폐인이 된 판에 어찌 옛적에 하던 학업에 미칠 만한 공부를 하겠습니까. 그저 스스로 슬퍼하고 탄식할 따름입니다.

그러나 괴롭고 적막한 가운데 혹 옛일을 생각하노라면 근심스럽고 놀라워 마음속으로 부끄러움을 이기지 못하는 점이 몹시 많습니다. 그리하여 자책하다 보면 당시 벗들 중에 통렬하게 저에게 경계하는 말을 해 준 사람이 없음이 한스럽고, 그사이에 저에게 쓴소리를 조금 해 준 사람들에 대해서는 이제 와서 뒤미처 일어나는 감회를 이길 수가 없습니다. 이는 사람이 궁해지면 근본으로 되돌아가는 단서인 듯합니다. 다만 저의 이런 의지와 역량으로는 다시 떨치고 일어나 잘못을 바로잡을 가망이 없으니, 장차 날로 용렬한 지경으로 빠져 들어갈 뿐입니다. 어이하겠습니까, 어이하겠습니까.

형께서는 이미 한가한 관직에 계시고 일이 적으니, 반드시 직무를 보시는 외에 새로운 공부가 있을 것이라 생각합니다. 그런데 지금 스스로 힘쓰지 못한다는 말씀을 하시니 또한 탄식할 만합니다. 이것이 어찌

66 기역증(氣逆症) : 배 속의 기운이 위로 치밀어 오르는 증상을 말한다.

이군삭거(離群索居)[67]만의 소치이겠습니까. 제가 일찍이 살펴보건대 형께서는 스스로 부족함을 아는 마음이 적은 듯하니, 아마도 이것이 스스로 힘쓰지 못하는 병근(病根)인 듯합니다. 모르겠습니다만 어찌 생각하시는지요? 남과 북으로 아득히 떨어져 있어 소식을 전하는 일이 더욱 쉽지 않은지라, 편지지를 대하여 저도 모르게 번다하게 많은 말을 하였으니 모두 깊이 헤아려 주시기 바랍니다. 나머지 사연들은 다시 적어 올리지 못합니다.

67 이군삭거(離群索居) : 15쪽 주2 참조.

오관지께 답함 무진년(1688, 숙종14)

答吳貫之 戊辰

일전에 서종제(庶從弟)가 남쪽으로 돌아오는 편에 소매 속에서 형의 서찰을 꺼내 전해 주었습니다. 형의 서찰을 펼쳐서 읽어 보노라니 소식이 막혀 울울했던 저의 마음에 몹시 위안이 되었습니다. 근간에 생각건대 벼슬살이하는 형의 체후 더욱 좋으실 것이니, 형에 대한 그리움을 어찌 잊을 수 있겠습니까. 이 아우는 병을 끌어안고 오랫동안 칩거하던 중에 문득 이렇게 고을 수령에 보임(補任)하는 새로운 명[68]을 받았습니다. 무더운 날씨에 길에 올라 도성으로 올라가는 것은 비록 감내할 수 있는 일이 아닙니다만, 이 직임을 또 사양하면 분의상 더욱 편치 못하겠기에 병을 무릅쓰고 한번 도성으로 가려고 생각 중입니다. 잔약한 이 목숨이 죽음에 이르지 않아서 다시 도성에 들어가게 된다면, 몇 년 동안이나 떨어져 지내던 끝에 친척이며 벗들을 만나 보게 될 것이니, 저로 하여금 벌써 마음속에서 슬픔과 기쁨이 아울러 일어나는 것을 금할 수 없게 합니다. 고향과 가까운 고을 수령이 되어 세시(歲時)에 집안 제사를 도울 수 있다면, 불기(不洎)의 지극한 한[69]을 오히려

68 고을……명 : 1688년(숙종14) 4월 창계가 능주 목사(綾州牧使)로 임명되었다.

69 불기(不洎)의 지극한 한 : 높은 벼슬을 하여 녹봉을 받게 되었으나 부모님이 이미 돌아가셔서 봉양할 수 없는 한을 가리킨다. 증자(曾子)가 이르기를 "내가 부모가 살아 계실 때 한 벼슬은 삼부의 녹봉만 받았어도 마음이 즐거웠는데, 그 뒤에 한 벼슬은 삼천 종의 녹봉을 받았으나 부모를 봉양할 수 없어 내 마음이 슬펐다.〔吾及親仕, 三釜而心樂, 後仕, 三千鍾而不洎親, 吾心悲.〕"라고 하였다. 《莊子 寓言》

조금이나마 위로할 수 있겠지요? 이 부분에까지 말이 미쳤으니 생각건대 형께서도 반드시 저의 이런 사정에 대해 마음이 움직일 것입니다. 서로 만나 볼 날이 머지않으니, 나머지 많은 사연은 모두 대면하여 이야기 나눌 때를 기다립니다.

일찍이 살펴보건대, 조정에서 벼슬하는 명성과 지위가 있는 선비가 외직으로 나가 지방 고을에 보임되고서 그 참에 조정을 아주 떠나가는 계책으로 삼는 것은 매우 좋은 일이었습니다. 그러나 초야에 있는 사람이 먼저 외직에 나아간 다음 점차 그것을 발판으로 다시 조정으로 나갈 계제로 삼는 경우도 있으니, 이것은 매우 좋지 못한 일입니다. 대개 의리상 나아갈 만하면 나아가는 것이지 하필 외직을 빌려 스스로 우회하여 돌아가는 짓을 하겠습니까. 이 아우가 지금 이 관직에 나아가는 것은, 이것을 통하여 종전에 성상의 은혜에 한번 사은하고자 했던 계획을 실행하려는 것입니다. 매우 용렬하기는 하나 실로 이것을 발판으로 조정에 다시 나아가려는 생각은 없습니다. 명철한 형께서는 참으로 저의 이러한 뜻을 아실 것입니다. 어렸을 때부터 책을 읽고 선한 일을 지향하였으나 나이 마흔이 되도록 끝내 한 가지도 볼만한 일이 없으니, 오직 분수를 헤아려 그칠 줄을 알아서 만년에는 조금 편안하고 한가한 사람이 되고자 합니다. 이는 저의 마음을 알아주는 벗이라면 마땅히 그렇게 될 수 있도록 서로 도와주어야 하니, 우리 형께서 이조의 직임에 계시는 때에 이 아우는 다시 다른 생각이 없습니다. 서로 믿는 것이 이와 같으니 더욱 마땅히 깊이 헤아려 주십시오.

오관지께 드림 기사년(1689, 숙종15)

與吳貫之 己巳

한번 이별한 뒤로 벌써 한 해가 흘렀습니다. 그사이 세상일은 또 없는 일이 없을 만큼 다사다난했으나, 서로 멀리 떨어져 있는 통에 서신 또한 주고받기 어려웠습니다. 이루 다하기 어려울 만큼 막힌 회포를 어찌 말로 할 수 있겠습니까. 그저 형이 계신 곳을 향하여 제 마음만 달려갈 뿐입니다. 이번에 향촌에 사는 누이동생 집에서 추노(推奴)하는 일로 형이 다스리는 고을[70]에 사람을 보냈습니다. 부녀자들도 형과 내가 붕우 간이라는 것을 아는지라 이 아우의 서찰로 형에게서 관가의 힘을 빌리려고 하니, 할 수 있을 만한 일이거든 바라건대 신경을 써 주시는 것이 어떠하겠습니까. 이 일로 인해 한번 소식을 전하게 되니 다행스러운 일입니다.

한 해도 다 가 버렸습니다. 이러한 즈음에 형의 기거는 어떠하신지요? 관청에서 정무를 보시는 틈에 시국을 염려하고 나라를 걱정하는 마음은 말씀하지 않으셔도 알 수 있습니다. 이 아우는 향리에서 그런대로 편안하게 지내면서 빈궁하고 병든 몸을 근근이 지탱하고 있습니다만, 사우(師友)들을 떠나 궁벽한 거처에서 홀로 떨어져 지내다 보니 감개한 마음이 자못 많습니다. 어떻게 하면 며칠 밤낮을 형과 자리를 가까이하고서 이 그윽한 회포를 펼 수 있겠습니까? 이러한 뜻은 단지 평범하게 서로 사모하는 선에서 그칠 뿐만이 아닙니다. 대개 격렬하게

70 형이 다스리는 고을 : 당시 오도일은 청풍 부사(淸風府使)로 있었다.

논의해야만 하는 일이 몹시 많으나, 남과 북으로 아득히 떨어져 있고 뒤에 만날 기약도 정하지 못한지라 생각하노라면 참으로 울적해집니다. 서찰로는 참으로 마음속에 담긴 생각을 다 말하기가 어려우나, 이후의 교유는 오직 이와 같이 서찰을 왕복하는 방법에 의탁할 따름입니다. 만약 이 일도 대충대충 지나친다면 응당 다시 무엇을 기대하겠습니까.

이 아우는 근자에 삼가 스스로 분발하여 천리 밖에 계신 우리 형에게 도움을 구하고자 하는 마음이 몹시 간절합니다. 저는 자질이 용렬하고 나약하여 앞을 향해서 곧장 나아가는 기운이 부족하고, 일할 때는 흐리멍덩해서 굳건하고 세찬 기세가 없습니다. 게다가 요즘은 나이가 들고 고질병을 앓아 의지와 기력이 날로 무너져 가니 더욱이 어찌 앞을 향해 나아갈 가망이 있겠습니까. 다만 생각건대 자질은 비록 비루하고 혼암하지만 개도할 만한 선한 단서가 없지 않고, 학문은 비록 엉성하지만 일찍부터 대의(大意)를 대략이나마 엿본 것이 있으니, 진실로 차마 중년에 황폐해졌다는 이유로 스스로를 포기하는 데서 끝을 내지는 못하겠습니다.

기억하건대 지난날 열한두 살 때《대학혹문(大學或問)》의 내용 가운데 "먼지 하나가 일어나고 가라앉으며 숨 한 번을 내쉬고 들이쉬는 것이 이 이치 아님이 없다."[71]라는 말을 보았는데, 당시에 마음이 몹시 기뻤습니다. 비록 무엇을 가리켜 이치라 하는지는 몰랐지만 모든 때 모든 곳에 반드시 모두 이치가 있다는 뜻은 알 수 있었습니다. 이후에

71 먼지……없다 :《대학혹문》격물치지(格物致知) 부분의 소주(小註)에 있는 격암조씨(格菴趙氏)의 말이다.

18세가 되었을 때 처음으로 《주자대전(朱子大全)》을 보고는 감발되고 깨닫는 부분이 자못 많은지라, 실로 일찍부터 인(仁)을 구하고 마음을 다하는 학문에 뜻을 두었습니다. 만약 그때 개명(開明)한 단서로 말미암아 전일하게 공부해서 쌓아 나가고 확충했더라면 지금 시점에 또한 거의 성취하는 바가 있었을 것입니다. 그런데 불행하게도 그 수년 뒤에 머뭇머뭇 시간을 흘려보내고 유유범범하게 지내서 날로 게을러지고 달로 해이해져 다시는 정진하는 공부의 과정이 있지 못했습니다. 그리고 오래지 않아 명리(名利)의 길을 출입하다 보니 그 속에서 부침하고 골몰하느라 초심을 죄다 상실하여 다시는 진보할 여지가 없어졌습니다. 그사이의 크고 작은 허물과 후회를 어찌 이루 다 말할 수 있겠습니까.

지난번에 친상(親喪)을 당하고 질병을 앓아 비록 몇 년 동안 틈이 있었지만, 병마에 시달리느라 기실 스스로를 돌이켜 처음의 뜻을 이루는 일은 없었으니, 조정에 나가고 향리에 처한다는 차이는 있지만 조정에 있으나 향리에 있으나 스스로를 망친 면에서는 매한가지였습니다. 그 가운데 그나마 옛 뜻을 잃지 않은 듯한 점은 오직 벼슬살이에 급급해하지 않은 한 가지일 뿐입니다만, 또한 사사로운 뜻으로 계산하는 마음이 뒤섞여 자못 쇄락한 뜻은 없었습니다. 그리하여 멀리로는 담성(淡成)의 높은 풍모[72]를 뒤따르지 못하고 가까이로는 퇴옹(退翁 이황(李

72 담성(淡成)의 높은 풍모 : 담성은 송(宋)나라의 문신인 전약수(錢若水, 960~1003)의 자이다. 전약수는 하남(河南) 신안(新安) 사람으로 또 다른 자는 장경(長卿)이다. 그가 소년 시절 거자(擧子)일 당시 화산(華山)에서 진단(陳搏)을 만나 관상을 부탁했더니, 진단은 "급류 속에서 용감하게 물러날 수 있는 사람이다."라고 평하였는데, 과연 그가 추밀 부사(樞密副使)에 이르렀을 때 갓 40세의 젊은 나이로 관직에서 물러났다는 일화가 소백온(邵伯溫)이 지은 《문견전록(聞見前錄)》 권7에 전한다.

滉))의 정(靜) 공부도 배우지 못하고서 필경에는 잠깐 조정에 나갔다가 홀연 재야로 돌아오고 말아 또한 한갓 가소로운 발자취만 남기게 되었으니, 오히려 무슨 말을 하겠습니까.

작년에 남쪽으로 돌아올 적에 여사(旅舍)에서 밤에 묵으면서 우연히 깊이 성찰하는 마음이 일어나 새벽녘이 되도록 잠들지 못했습니다. 그때부터 분발하여 지금까지 감히 그 생각을 아주 버리거나 잊지 못하고 있습니다. 만약 그 개략적인 단서를 말해 본다면, 본심(本心)의 덕을 동정(動靜)과 수작(酬酌) 사이에서 보전하고 뭇 이치의 오묘함을 서책과 사물 사이에서 궁구하여 옛날 제가 가졌던 뜻을 저버리지 않기를 바라는 것입니다. 그럼에도 잠깐 사이에 일어난 한 생각이 치우치고 막히며 잗다랗고 비루하여 무릇 성명(性命)의 바름에서 나오지 않고 심덕(心德)에 해를 끼침이 점점 치성함을 이길 수 없는 것은, 실로 통렬히 성찰하여 모조리 끊어 버리지 못했기 때문입니다. 이 한 몸에서부터 만물의 이치까지, 아는 것은 지극히 적고 모르는 것은 지극히 많은데, 그것을 탐색하는 일에는 쉬이 게을러지고 정력은 강건하기가 어려우니, 실로 광명한 경계로 조금이나마 나아갈 방법을 알지 못하겠습니다.

게다가 사우(師友)들을 떠나 홀로 거처하느라 강습(講習)의 유익함이 없고 질병이 또 자주 의지를 꺾어 놓으니, 마침내 지난날처럼 황폐한 지경에 이르지 않을 부분이 얼마나 되겠습니까. 지난날의 유유범범함은 그래도 남은 날들이 아직 많다고 말하면 되었지만, 지금은 나이와 정력이 이미 쇠퇴하는 지경에 이르러 다시는 젊고 건장함을 믿을 수가 없게 되었으니, 이러한 때에 노력하지 않고 또다시 방과(放過)해 버린다면 참으로 다시는 뒷날을 기약할 수 없을 것입니다. 이는 더욱 깊이 두려워할 만한 점입니다. 뜻하고 바라는 것은 공연히 수고롭고 혼자서

하는 공부는 도움을 받을 곳이 없으니, 저를 이끌어 줄 수 있는 원근의 붕우에게 바라는 것이 어찌 끝이 있겠습니까. 우리 형께 바라는 바가 더욱 절실하니, 형의 투철한 견식과 남을 도와주는 충후(忠厚)한 마음으로 반드시 정성을 미루어 실질적으로 저의 문제를 특별히 계발해 주는 바가 있어야 한다는 것을 말씀드리고 싶습니다. 이 아우가 비록 지난날의 잘못을 이미 후회하고 있다고 스스로 말하지만 오히려 다 알지 못하는 부분이 있고, 앞으로 면려하고자 한다고 스스로 말하지만 또한 오히려 스스로 보전하지 못하는 부분이 있습니다. 다시 바라건대 형께서 깊이 생각하고 극진히 말씀해 주어 통렬히 바로잡아 주시는 것이 어떠하겠습니까, 어떠하겠습니까?

이 아우가 지금 어찌 감히 다시 타산(他山)이 사람을 거절하는 행동을 하겠습니까.[73] 우리 형의 근자 공부와 의취에 대해서도 상세하게 알려 주시기를 바라니, 이 또한 가르침을 주시는 한 가지 방법일 것입니다. 이 아우가 비록 제 자신도 살피지 못하는 처지이지만 형을 위해 이런저런 계책을 또한 곰곰이 생각한지라 아울러 언급해 보고자 하니, 모르겠습니다만 어찌 생각하실는지요? 형의 총명과 재기가 요즘 사람보다 월등히 뛰어난 것은 세상 사람들이 모두 알고 있는 바이며, 맑고 소탈하여 욕심이 적고 남을 측은히 여기고 사랑하는 아름다운 마음은 더욱이 이 아우가 깊이 알고 공경히 탄복하는 부분입니다. 형께서 오직 이와 같으신지라 10여 년 동안 조정에서 논의한 것 가운데에 진실로 일컬을 만한 것이 많았고, 동류들이 형을 사모하고 좋아하는 것도 구차하지 않을

73 타산(他山)이……하겠습니까 : 이 부분은 의미를 분명히 알기 어렵다. 다만 문맥으로 미루어 볼 때 오도일의 충언을 거절하는 행동은 하지 않겠다는 뜻으로 보인다.

따름이었으니,[74] 이 또한 어찌 다른 사람이 미칠 수 있는 점이겠습니까.

비록 그러하나, 형이 소싯적에 경전을 탐구하고 도를 추구하며 고원한 경지로 뛰어오르려 했던 뜻에 근거해 볼진대, 또한 어찌 일찍이 앞서 말했던 정도에 그치고 말았겠습니까. 일찍이 형의 오늘날 견해와 담론은 대체로 소싯적의 사색에서 얻은 부분이 많다고 들었고 또한 도복(道服)을 입고 위좌(危坐)한 공부가 있다고 들었으니, 이 아우는 비록 형과 소싯적에 교분을 맺지는 못하였으나 당시에 형이 스스로 기약했던 바를 또한 상상하여 알 수 있습니다. 어찌 이치를 밝히고 마음을 바루어 덕을 성취한 참 유자(儒者)가 되고자 한 것이 아니겠으며, 임금을 높이고 백성을 보호하여 태평성대의 현량한 보좌가 되고자 한 것이 아니겠습니까. 진실로 그때 더욱더 공부를 확충하고 두터이 스스로 완색하고 함양하여 우뚝이 성취한 바가 있은 뒤에 나아가거나 물러나는 것을 편의에 따라 하였다면, 그 순수하고 완비된 도덕과 학문, 빛나고 큰 사업이 어찌 단지 오늘날의 형의 모습에 머물렀겠습니까.

오직 일찍 세상길에 나서 빨리 요직에 올랐는데 말속(末俗)의 수많은 변화무상한 일들이 앞에 가득 펼쳐지고, 한때의 동류들 사이에는 또 서로 익숙하고 함께하는 자기보다 나은 외우(畏友)가 없어, 방종을 즐기고 구속을 꺼려서 부지불식간에 객기(客氣)를 기르고 다투는 마음을 일으키게 된 것입니다. 그 종국의 귀숙처를 논해 보면, 위로는 임금을 바로잡고 나라를 안정시키지 못하고, 아래로는 풍속을 선하게 하고

74 동류들이……따름이었으니 : 오도일의 사람됨이 진실하고 남을 사랑하여, 다른 동류들이 어떤 이해관계에 의해 오도일을 좋아하고 따른 것이 아니라 그 사람됨에 의해 자연스럽게 좋아하고 사모하게 되었다는 말이다.

백성을 보호하지 못하며, 안으로는 처음 품었던 뜻에 부응함이 없고, 밖으로는 뭇사람의 마음을 감복시킴이 없을 것입니다. 비록 남보다 뛰어난 재주와 식견, 속되지 않은 기개와 풍모로 나아가서 세상을 어루만지며 기백을 가지고 일을 담당하는 것은 진실로 이 아우와 같은 이들이 따라 할 수 없겠지만, 만약 도덕군자의 일로 말해 본다면 또한 대체적으로도 이루지 못한 것입니다. 백 보나 오십 보나 병기를 끌고서 도망친 점에서는 똑같아질 것이니,[75] 이른바 현명하고 어리석은 구분에 진실로 서로 크게 동떨어진 점이 없다는 것[76]입니다. 어찌 또한 애석한 일이 아니겠습니까.

심하게 꽉 막힌 이 아우도 오히려 자못 지난날의 잘못을 깨닫거늘, 천품이 월등히 뛰어난 형께서 어찌 유독 회광반조(回光返照)[77]함이 없이 참으로 지난날의 것들을 극진히 아름답게 여기신단 말입니까. 세상일이 변화하여 형으로 하여금 상당 부분 청량한 경계 가운데 처하여 다시 세상과 더불어 서로 간섭함이 없게 하니,[78] 이로써 우리 형을 완전하게 이루어 주려는 하늘의 뜻이 아닐는지 어찌 알겠습니까. 여기에서부터 착수하여 만년을 수습한다면 그 이르는 바를 또한 어찌 헤아릴

75 백 보나……것이니 : 오도일이 비록 뛰어난 능력을 가지고 세상일을 담당하는 것은 조금 낫겠지만, 도덕군자의 일을 완수하는 측면에서 본다면 자기와 별반 차이가 없을 것이라는 말로, 《맹자》〈양혜왕 상(梁惠王上)〉에 내용이 나온다.

76 현명하고……것 : 《대학혹문(大學或問)》의 명덕(明德)을 설명한 부분에서 물욕에 가리워진 점에서는 별반 차이가 없다는 것을 말하는 부분에 나오는 구절이다.

77 회광반조(回光返照) : 보통 사물이 쇠하기 전에 잠깐 다시 반짝하는 것을 가리키지만, 자신을 되돌아보고 성찰한다는 뜻도 있다. 여기서는 후자의 뜻이다.

78 형으로……하니 : 조정의 내직에 비해 한가한 외직인 청풍 부사가 된 것을 가리킨다.

수 있겠습니까. 우리들은 모두 늘그막에 이른 사람입니다. 만약 정말로 뜻이 있다면 이때를 놓쳐서는 안 되고 이 일을 느슨히 해서는 안 되니, 모르겠습니다만 형의 생각은 어떠하신지요?

이 일은 또한 다른 것이 없습니다. 단지 전날에 경전을 궁구하고 도를 추구하던 마음을 지금의 마음으로 삼아 더욱더 독실하고 유구하게 공부하는 데 달려 있을 따름입니다. 그리하여 이미 알고 있다고 하지 말고 반드시 알지 못하는 것을 더욱 구하고, 이미 잘한다고 하지 말고 반드시 잘하지 못하는 것을 더욱 면려하십시오. 그리고 욕심이 적은 절조를 부족한 부분에 반드시 확충시키고 남을 사랑하는 단서를 사랑하지 못하는 부분에 반드시 도달시키십시오. 그러면서 총명과 재기를 감히 스스로 믿지 않고 반드시 마음을 비우고 자신을 낮추어 뭇 선들을 모아 겸손하게 법도와 준칙 가운데에 스스로를 돌이키고 초연히 속태와 명성의 바깥으로 스스로 벗어나십시오. 그리하여 이로 말미암아 날로 도를 더욱 밝히고 날로 덕을 더욱 높인다면, 나가서 일을 담당함에 이 세상과 백성들의 복이 될 수 있을 것이고 물러나 도를 강론함에 선현들의 도통의 연원을 이을 수 있을 것이니, 이것이 도를 추구하던 초심에 또한 만족스럽지 않겠습니까.

우리 형께서 만약 정말로 여기에 뜻이 있다면, 어리석은 저의 생각으로는《대학》한 권이 이미 진실로 도로 들어가는 문이요 우리 형께서 소싯적에 익숙히 반복하고 깊이 생각하시던 책이니, 청컨대 지금부터 반드시 다시 이 책에 힘을 붙여 익숙하게 익혀 공무가 조금 한가로울 때마다 맑은 아침과 고요한 밤에 반복하여 암송하고 간절하게 체인하도록 하십시오. 그리하여 그 책에서 말한 크고 작은 것들과 처음과 시작을 반드시 모두 내 몸에 성취하기로 다짐하고서 항상 일상생활에서 명덕(明德)의 양태를 묵묵히 이해하도록 하십시오. 그리고 모름지기 어떤 것이 기질의 허물이며 어떤 것이 물욕의 사사로움인지를 주밀하게 살펴서 어느 때 어느 곳이든 이 뜻을 잊지 않는다면, 도에 대해서도 그 대체를 세우는 것에 가까울 것입니다. 그리하여 격물치지(格物致知)와 성의정심(誠意正心)을 모두 실제적인 공부로 하고, 사랑하고 미워하는 것에 따라 편벽되는 부분[79]을 더욱 깊이 경계하여 살피며, 자기에게 있고 나서 남에게 요구하고 자기에게 없고 나서 남을 비난하는 것[80]과 지공무사(至公無私)하여 곱고 고와 용납함이 있다[81]는 것의 지취(旨趣)와 의미에 이르기까지 반드시 더욱 뜻을 더하여 여러 번 반복하여 실제로 자신이 터득한다면, 이것이 오늘날 진덕수업(進德修業)의 요체와 근본이 되고 전날 공부하지 못했던 경전과 사서(史書)들도 차

79 사랑하고……부분 : 《대학장구》 전(傳) 8장에 내용이 보인다.

80 자기에게……것 : 《대학장구》 전 9장에 "요 임금과 순 임금이 천하를 인으로써 거느리시자 백성들이 그를 따랐고, 걸과 주가 천하를 포악함으로써 거느리자 백성들이 따랐으니, 그 명령하는 바가 자기의 좋아하는 바와 반대되면 백성들이 따르지 않는다. 이러므로 군자는 자기 몸에 선이 있은 뒤에 남에게 선을 요구하며, 자기 몸에 악이 없은 뒤에 남의 악을 비난하는 것이다.〔堯舜帥天下以仁, 而民從之; 桀紂帥天下以暴, 而民從之, 其所令, 反其所好, 而民不從. 是故君子有諸己而後, 求諸人; 無諸己而後, 非諸人.〕"라고 하였다.

81 지공무사(至公無私)하여……있다 : 《대학장구》 전 10장에 "만일 어떤 한 신하가 정성스럽고 한결같아 다른 기예는 없으나, 그 마음이 곱고 고와 용납함이 있는 듯하여……〔若有一个臣, 斷斷兮無他技, 其心休休焉其如有容焉,……〕"라고 하였고, 주석에 "이 시기 질투하는 사람이 있어서 현량한 이를 방해하고 나라를 병들게 하면 어진 이가 반드시 깊이 미워하고 통렬히 끊으니, 지공무사하기 때문에 능히 좋아하고 미워함의 올바름을 얻음이 이와 같은 것이다.〔有此媢疾之人, 妨賢而病國, 則仁人必深惡而痛絶之, 以其至公無私, 故能得好惡之正如此也.〕"라고 하였다.

례를 따라 점차 미치지 못함이 없게 될 듯합니다. 이렇게 된다면 형의 재주로 어디엔들 이르지 못하겠습니까. 연수(年數)가 부족한 것은 참으로 근심할 것이 못 됩니다. 어리석은 생각이 이와 같은데, 모르겠습니다만 어찌 생각하시는지요, 어찌 생각하시는지요?

이 아우는 작년 이래로 예전에 앓던 복통 외에 눈병까지 더해졌으니 책을 보는 것이 가장 꺼리는 일이 되었습니다. 그리하여 하루 동안 그저 예전에 읽었던 책이나 암송할 따름이고, 다시 새로운 글을 보지 못하고 있으며 서찰을 보내 인사를 차리는 일 같은 경우에도 거의 전폐하다시피 하고 있었는데, 오늘 편지지를 대하여 써 내려가다 보니 저도 모르게 이렇게 마음속의 말을 다 쏟아 놓게 되었습니다. 그러다 보니 두 눈이 모두 욱신거려 참기가 몹시 어려운 지경이지만, 이미 말을 꺼냈으므로 완결을 짓지 않을 수가 없었습니다. 이 서찰을 쓰고 난 뒤에는 응당 며칠 동안 통증으로 괴로울 것입니다. 모름지기 제가 고심해서 정성스럽게 쓴 말들이 그저 우연에서 나온 것이 아니라는 것을 헤아려 주셔야 합니다.

우리 사이가 세상에서 붕우라는 이름으로 일컬어지는 것은, 비록 아녀자라 하더라도 이미 알고 있는 사실입니다. 그러나 우리의 관계를 자세히 되돌아보건대 전날의 교유라는 것이 대개 몹시도 얕았습니다. 붕우는 오륜(五倫)의 하나에 속하고 또 서로에게 선한 일을 하도록 책려하고 인(仁)을 배양할 수 있도록 도와주어야 하는 관계입니다. 그런데 도리어 지극한 정성으로 서로 이끌어 주지 못하고서 오히려 피차간의 봉심(蓬心)[82]에 관계를 머물러 둔다면, 어찌 도에 나아가는

82 봉심(蓬心) : 쑥대가 우거져 앞이 보이지 않는 것처럼, 뭔가를 숨긴 듯 답답하게

문제를 함께 의논하기에 충분하겠습니까. 지금 이후로 이 아우는 진실로 감히 이에 대해 면려하지 않을 수 없을 것이니, 형 역시도 이에 대해 더 유념하지 않아서는 안 됩니다. 어떠하신지요, 어떠하신지요? 몹시도 어렵사리 대강 이렇게만 씁니다. 다만 바라건대 세한(歲寒)에 보중하시어 멀리서 형을 그리는 저의 마음을 위로해 주십시오.

꽉 막힌 마음을 말한다. 장주(莊周)가 친구인 혜시(惠施)와 문답을 나누다가 "그대는 아직도 쑥대가 우거진 것과 같은 마음을 지니고 있다.〔夫子猶有蓬之心也夫.〕"라고 한 데서 온 말이다. 《莊子 逍遙遊》

오관지께 드림 임신년(1692, 숙종18)

與吳貫之 壬申

쌓인 눈에 날씨는 얼어붙었는데, 영외(嶺外)[83] 또한 그러한지요? 이러한 즈음 관사(官舍)에서 생활하는 형의 기거는 어떠하신지요? 멀리서 그리워하는 마음 간절합니다. 이 아우는 곤궁하고 병든 몸을 그나마 보전하고 있으나 근년 이래로 눈병이 몹시 가볍지 않은지라, 이 때문에 갖가지 일들을 대부분 내팽개쳐 두고 있는 상황입니다. 이로 인해 마음이 어지럽고 근심스럽습니다. 향리의 이생(李生)이라는 사람이 평소 저와 친숙한 관계인데 일이 있어 형이 다스리고 있는 고을로 가면서 이 아우의 서찰을 얻어서 소개를 받고자 하였습니다. 그래서 볼일이 무엇인지 물어보았더니, 별달리 관가를 번거롭게 할 만한 것은 없었습니다. 단지 먼 타향에서 의지가지없는 처지에 관부(官府)에서 한번 슬쩍 도와주는 두터운 은혜에 힘입어 추노(推奴)할 노비들 사이에서 위세를 떨치려고 하는 것일 뿐이니, 어렵지 않은 청이거든 바라건대 유념해 주심이 어떠하겠습니까. 지난번 기사년(1689, 숙종15) 겨울에 형이 청풍 부사(淸風府使)로 계실 적에 일찍이 이와 같이 추노할 일이 있는 인편을 만나 힘써 서찰 한 통을 적어 올려 대략 소회를 피력한 바가 있습니다. 그런데 그 사람이 마침 길에서 병이 들어 끝내 서찰이 형에게 전달되지 못하고 부질없이 되돌아왔기에 상자 속에 넣어 두었습니다. 이제 그 서찰까지 아울러 부쳐 올리니 또한 살펴 주시기 바랍니다.

83 영외(嶺外) : 당시 오도일은 성주 목사(星州牧使)로 있었다.

이 아우가 지금 또한 한 차례 저 자신을 살펴보니, 스스로를 면려하는 것이 오히려 아주 산만하고 느슨하여, 확실하게 공부에 착수하려는 실제적인 마음이 없었습니다. 그리하여 근년 이래의 행실을 스스로 성찰해 보았더니, 혼매함과 게으름이 나날이 심하여 허물과 후회가 산처럼 쌓였고, 기사년 서찰에서 했던 말에 부끄러운 점이 또 이루 다 헤아릴 수 없으니, 어이하겠습니까, 어이하겠습니까. 우리 형께서 저를 가련히 여기고 가르침을 주시어 앞으로는 혹 지도 편달에 힘입어 조금이나마 진보하기를 오히려 바랄 뿐입니다. 스스로를 이처럼 엉성하게 다스리는데 어찌 다른 사람을 위해 계책을 낼 수 있겠습니까. 우리 형께 규간(規諫)했던 말들은 더욱 가소로우나, 그 대의(大意)는 형께서 다시 초심을 확립하여 근자의 행태를 한번 변화시켜 곧장 옛날에 힘쓰시던 공부에 종사하게 하고자 했던 것이니, 실로 우연히 드린 말씀이 아닐 따름입니다. 형께서 지금 시점에서 오히려 마땅히 생각을 더하셔야 할 것이니, 모르겠습니다만 어찌 생각하시는지요, 어찌 생각하시는지요?

형께서 청풍 부사로 있으면서 펼치신 정사에 대해서는 들려오는 풍문들이 기뻐할 만하니, 지금 성주 목사(星州牧使)로 계시면서 쌓은 업적도 필경 더욱 풍성할 것이라 생각합니다. 다만 아무리 높은 재주와 아름다운 자질을 가진 사람이라 하더라도 학문을 통해 배양하는 공력을 들이지 않는다면, 혹 시종일관 날마다 새로워지기를 보장하기 어려운 법이니, 또한 근본 공부에 뜻을 더 기울이지 않아서는 안 될 듯합니다. 어찌 생각하시는지요, 어찌 생각하시는지요? 근자에 또 경향(京鄕)에서 형을 비방하는 논의가 자못 많다는 것을 자세히 듣게 되었습니다. 나머지 비루한 비방들이야 한번 웃음거리로 삼기에도 모자라겠지만, 술을 드시고 실수하는 일은 매번 들을 때마다 혹 그런 일이 있었을 것이라는 생각이 듭니다. 생각과 사업을 황폐하게 하고 오만함을 기르고 위의(威儀)를 잃는 것이 모두 여기에서부터 나오니, 학문을 하고자 한다면 응당 먼저 이 허물을 제거해야 할 것이요, 학문을 하지 않는다면 또한 이 허물을 제거하기 어려울 것입니다. 지금 이 아우의 생각은, 더욱 바라건대 형께서 서둘러 여기에서부터 공부를 해 나가시고, 고금의 명류(名流)들도 술 먹고 실수하는 사람이 많았다는 것을 가지고 스스로를 용서하는 근거로 삼으셔서는 안 된다는 것입니다. 자고로 가장 뛰어난 부류의 사람은 이러한 병폐를 가진 사람이 없었고, 또 옛사람의 고원한 품격은 형이 걸핏하면 실수하는 것과는 분명코 같지 않으니, 필히 지금부터 통렬하게 경계하는 것이 어떻겠습니까? 눈병이 다시 도질 것이 염려되어 마음에 있는 것을 다 꺼내어 자세하게 쓰지 못합니다. 모두 형께서 언외(言外)에서 묵묵히 헤아려 주시기를 바랍니다. 나머지 사연들은 남겨 두며, 격식을 갖추지 못했습니다.

오관지께 답함 계유년(1693, 숙종19)

答吳貫之 癸酉

지난 납월(臘月) 28일 이생(李生)이 돌아와 형의 답서를 전해 주었는데, 이 아우는 당시 홍역을 앓아 반점이 생기는 초기였습니다. 고열로 혼미한 가운데 기운을 내서 일어나 한 번 읽어 보고 서찰에서 말하는 대체적인 내용에 대해 그래도 대략적으로 알았고, 일도양단(一刀兩斷)한다는 말씀의 경우에는 거듭 외우며 완미하였습니다. 그 뒤로 며칠 동안 병이 더욱 심해져서 정신이 비몽사몽하여 사람이 들고 나는 것도 알아차리지 못했으나, 잠깐 정신이 돌아오면 다시 형의 이 말씀을 생각하였으니, 이렇게 한 것이 대개 여러 날이었습니다. 병이 차도를 보인 이래로는 또 일찍이 이 말씀을 정성스럽게 생각하지 않은 적이 없습니다만, 그 말만 외우고 그 공부에는 힘쓰지 못하였으니, 이는 지극한 형의 가르침을 저버린 것입니다. 부끄러움과 탄식을 형용할 길이 없습니다.

조성경(趙成卿 조성기(趙聖期))이 작고한 뒤로는 오랫동안 절차탁마하는 충언(忠言)이 귓가에서 끊어져 버렸는데 형의 이 같은 말씀을 들으니 부족하고 비루한 저의 마음에 몹시 위안이 됩니다. 다만 형의 서찰에서 이 아우의 병통을 말한 부분은 오히려 여러 가지를 고려하여 붓 가는 대로 쓰지 않은 뜻이 있는 듯하고, 서찰 말미에 또 지나치게 모호하다는 말씀이 있으니, 이는 이 아우가 진실로 스스로 반성해야 할 부분입니다. 지금부터 이 아우는 마땅히 잘난 체하며 거만하게 구는 점을 통렬히 경계할 것이니, 형께서는 마땅히 아낌없이 해 주는 바른 말을 더욱 다해 주시는 것이 어떠하겠습니까, 어떠하겠습니까?

방금 서찰을 전하려고 따로 보내신 인편이 도착하여 또 형의 서찰을 받들게 되었습니다. 이 뜻이 진실로 근실한지라 명가(命駕)[84]에 버금가니, 저로 하여금 멀리 천리나 떨어져 있다는 사실도 잊게 만듭니다. 서찰을 통해 정무를 보는 형의 체후가 평안하시다는 것을 알았으니, 더욱더 기쁘고 마음이 놓입니다. 이 아우는 홍역을 몹시 심하게 앓아 거의 죽다가 겨우 살아났습니다. 그런데 제 병이 낫자마자 작은 아이가 또 몹시 앓았고, 성인이 된 저의 형님의 장손(長孫)이 이 병에 걸려 갑자기 요절하였습니다. 이 아우가 크게 병을 앓고 난 뒤 근심하고 놀라고 슬퍼하게 되니, 어찌 몸이 더 상하는 일을 피할 수 있겠습니까. 지금은 여증(餘證)이 반복해서 몸을 괴롭혀 열기가 오르락내리락하매 정신이 혼미하여 조금이라도 사려(思慮)할 일이 생기면 머리에 문득 통증이 크게 일어나니, 완쾌까지는 아직도 까마득합니다. 이 때문에 무릇 서책을 보고 마음을 쓰는 일은 모두 감히 하지 못하고, 오직 마음과 생각을 수습하고 있습니다. 마음을 전일하게 하고 안정되게 하는 공부가 본래 병을 조섭하는 데 유익한지라 대개 여기에 뜻을 두기도 합니다만, 평상시에 전혀 여기에 대해 공부한 일이 없다가 갑자기 하려고 하니, 도리어 수고롭고 어지러워서 마음을 해치는 일이 더욱 많습니다. 지금은 그저 유유히 한가롭게 날이나 보내고 있습니다만 유유히 한가롭게 보내는 가운데 도리어 무한한 병통과 후회가 그 사이에서

84 명가(命駕) : 천리명가(千里命駕)를 가리킨다. 삼국 시대 위(魏)나라 여안(呂安)과 혜강(嵆康)이 "상대방이 그리워질 때마다 천리 길을 멀다 하지 않고 수레를 대령하여 상대방을 방문했다.〔每一相思, 輒千里命駕.〕"라는 고사가 있다. 《世說新語 簡傲》

출몰하니 또한 근심할 만합니다.

이 뒤로는 서찰을 전할 인편을 만나기가 쉽지 않습니다. 지난번 서찰에서, 처음에 자세하게 절차탁마하여 피차간에 서로 보익(補益)함이 있기를 바란다는 말씀은, 이 아우의 지금 정력으로 볼 때 실로 여기에 힘쓸 수가 없으니, 단지 대략 대의(大意)만을 말해 보겠습니다. 모르겠습니다만 어떠하신지요? 대개 옛날에 힘쓰시던 학문을 반복하여 익히고 다듬는 것과 술을 삼가는 것은 바로 이 아우가 전후로 형께 깊이 바라던 것들입니다. 형의 서찰에서 비록 이에 대해 매우 자세하게 말씀해 주시어 저를 감격스럽게 만들기 충분하였으나, 요컨대 최종적인 결론에 있어서는 자못 한번 다스려서 새로워지기를 도모하는 뜻이 없었으니, 이 점이 매우 유감스럽고 애석해할 만합니다. 소싯적에는 심병(心病)이 있었고 만년에는 벼슬살이에 힘쓰셨으니 진실로 응당 학문을 진전시키는 데에 장애가 있었을 것입니다. 그러나 옛사람들은 이러한 지점에서 이미 분수를 따라 공부를 해 나간다는 분명한 가르침을 남겼으니, 형도 이미 이 가르침을 깊이 음미해 보셨을 것입니다. 그런데 형께서는 어찌하여 자신에게 돌이켜 스스로 면려하지 않고 그저 허물할 만하다는 점을 스스로 달게 받아들이십니까? 술을 삼가는 것은 본디 당장 비방을 그치게 할 계책이 아니니, 다른 사람들이야 어떻게 생각하건 상관하지 마시고 그저 자기 자신의 몸과 마음을 위하여 이 절박한 병통을 제거하는 것이 또한 마땅하지 않겠습니까.

형의 서찰에 시속(時俗)에 대해 분개하는 뜻은 오히려 많으면서도 스스로를 다스리는 용맹은 자못 부족하였으니, 몹시도 저를 실망스럽게 만들었습니다. 이 일은 지극히 어려운 일이니 이 아우가 비록 오활하지만 어찌 일찍이 이 일을 이 사람 저 사람에게 바랐겠습니까. 다만 명철한 견식을 지닌 형께서는 오히려 이 일을 해낼 수 있을 것이므로 이에 대해 기대하는 마음이 실로 깊었던 것입니다. 형께서 지금 그렇지 않다면 이 아우가 오히려 무엇을 바라겠습니까. 그리고 생각건대 형의 견처(見處)가 매우 높아 매사에 항상 하지 않으면 그만이거니와 한다면 반드시 극진하게 하려는 뜻을 가지고 계셨습니다. 이 뜻이 진실로 좋으나 이로 말미암아 혹 전혀 마음을 쓰지 않는 부분이 있게 된다면 또한 옳은 일이 아닙니다.

지금 학문을 하는 것과 술을 경계하는 것도, 학문은 하지 않으면 그만이거니와 한다면 반드시 극치에 도달해야 하고 술을 경계하는 것은 경계하지 않으면 그만이거니와 경계한다면 반드시 통렬히 끊어야 한다고 여기신 데다 극치에 도달하는 것과 통렬히 끊는 것은 진실로 쉽게 말하지 못할 부분이 있음을 알기에 짧은 서찰 속에서 아무렇게나 응낙하려 하지 않은 것이 아니겠습니까. 제가 삼가 형의 뜻을 헤아려 보건대 반드시 이와 같을 듯한데 모르겠습니다만 과연 그렇습니까? 만약 그렇다면 이는 또한 형이 다른 사람보다 뛰어난 부분입니다. 다만 이와 같기만 하고 도리어 미적거리고 의심한다면 끝내는 정체되어 버릴 듯합니다. 진실로 하루치의 공부를 하면 하루치의 유익함이 있는 것이니, 이와 같이 결단하여 차츰차츰 공력을 쌓아 나가는 것이 또한 좋지 않겠습니까. 제 마음에 오히려 형에게 바람이 없을 수가 없으니, 제가 형에게 드릴 말씀은 모름지기 먼저 성실하게 학문에 뜻을 두는 일만 해내면 술 역시 끊을 수 있으리라는 것입니다. 이 앞의 임신년(1692, 숙종18) 서찰에서는 제가 형에게 "학문을 하고자 한다면 응당 먼저 술에 휘둘리는 이 허물을 제거해야 한다."라고 고하였는데, 지금 생각해 보니 순서가 뒤바뀐 말인 듯합니다. 어찌 생각하시는지요, 어찌 생각하시는지요?

제가 기사년(1689, 숙종15) 서찰에서 말씀드렸던 '다투는 마음'과 '객기(客氣)'라는 말을 혹독한 지적이라 하시고, 자못 독실하게 바른 기운과 공정한 마음이라고 자신하셨습니다.[85] 이와 같은 부분은 또한 진실한 마음의 발로인지라 참으로 상량할 만한 점이 있으나, 이에 대한 이야기는 갑자기 다하기가 어려우니 오직 옛날에 힘쓰시던 학문을 반복하여 익히고 다듬는 한 가지 일에 형께서 일찌감치 마음 쓰시기를 바랍니다. 《예기》에 이르기를 "학문한 연후에 부족함을 알게 된다."[86]라고 하니, 이 말이 어찌 우리를 속인 말이겠습니까. 그리고 상채 사씨(上蔡謝氏)는 "학문을 알지 못하는 자는 남보다 위에 서고자 하는 마음을 잊는 때가 없다."[87]라고 하니, 이는 상채가 실제로 경험하고 한 말입니다. 이것이 바로 다투는 마음이니 보통 사람 중에 누가 이런 허물을 피할 수 있겠습니까. 형과 같은 사람은 기개가 드높고 말이 거침없어서 다른 사람과 말할 때 항상 남을 굽히는 데 주력하고 남에게 굽힌 적은 없으니, 이처럼 하고서 어찌 마땅히 굽혀야 하는데 굽히지 않아서 다투는 마음이 일어남을 피하지 못하는 일이 그 사이에 없을 수 있겠습니까.

자로(子路)가 섭공(葉公)의 질문에 대답하지 않은 것[88]에 대하여,

85 제가……자신하셨습니다 : 다투는 마음과 객기는 창계가 기사년(1689, 숙종15) 서찰에서 오도일을 두고 한 말이다. 앞뒤 문맥을 고려할 때 바른 기운과 공정한 마음이라는 것은, 오도일이 창계에게 답서를 보내면서 자신이 다투는 마음을 가지고 객기를 부린 것이 아니라 바른 기운과 공정한 마음으로 일을 대한 것이라 해명한 것인 듯하다.

86 학문한……된다 : 《예기(禮記)》 〈학기(學記)〉에 나온다.

87 학문을……없다 : 《논어집주(論語集註)》 〈옹야(雍也)〉의 맹지반불벌장(孟之反不伐章)의 주석과 진덕수(眞德秀)의 《서산독서기(西山讀書記)》 등에 나온다.

혹자가 "섭공이 공자(孔子)의 명덕(名德)을 알지 못했으므로 자로가 대답하지 않은 것이다."라고 하자,[89] 이연평(李延平)이 말하기를 "만약에 이와 같이 본다면 중니(仲尼)의 문도(門徒)는 모조리 객기(客氣)를 부리는 사람들이다."라고 하였습니다. 대답하지 않은 것은 객기를 심하게 부린 일이 아닌데도 선유(先儒)의 말이 이와 같았으니,[90] 요즘 사람들의 말이며 행동 중에 진기(眞氣)에서 나온 것이 얼마나 되겠습니까. 약한 자는 진기가 없고 강한 자는 객기가 있으며, 남에게 업신여김을 받는 자는 진기가 항상 부족하고 뭇사람들에게 추중(推重)을 받는 자는 진기가 항상 가득 차 있습니다. 거기에다 술은 또한 사람으로 하여금 진기가 거칠어지게 만드니, 거친 것과 가득 찬 것은 모두 객기요 진기가 아닙니다. 그러니 반드시 겸손하게 도의(道義)와 법도 사이에서 스스로를 수렴하여 부귀와 빈천과 위엄이 방탕하게 하거나 옮기거나 굽힐 수 없어야[91] 바야흐로 진기인 것입니다. 이로써 말해 보면

88 자로(子路)가……것 : 《논어》 〈술이(述而)〉에 "섭공이 자로에게 공자의 인물됨을 물었는데, 자로가 대답하지 않았다.〔葉公問孔子於子路, 子路不對.〕"라고 한 것을 가리킨다.

89 혹자가……하자 : 혹자의 원래 말은 다음과 같다. "섭공은 또한 당시에 현자라고 불리던 사람이다. 부자의 명덕은 경천위지의 경지이니, 뉘라서 부자의 명덕을 알지 못하겠는가. 그런데도 섭공이 스스로 그 문도에게 이런 질문을 하였다. 그의 소견이 이와 같았으니 자로가 대답하지 않은 것은 당연하다.〔葉公亦當時號賢者. 夫子名德, 經天緯地, 人孰不識之? 葉公尙自見問於其徒, 所見如此, 宜子路之不對也.〕" 《延平問答》

90 대답하지……같았으니 : 이 구절을 잘못 이해하면 이통(李侗)의 말을 오해할 소지가 있다. 이통의 본의는 혹자가 말한 것처럼 봐서는 안 된다는 것이다. 《연평문답(延平問答)》에는 창계가 인용한 이통의 말 다음에 "그렇게 보면 자로를 살핀 것이 아니다.〔非所以觀子路也〕"라는 말이 더 있다. 창계는 다만 혹자의 견해대로 보았을 때 이통이 그것을 객기로 규정한 점만을 특별히 염출하였을 뿐이다.

객기라는 말은 형이 마땅히 스스로를 점검하는 데 달려 있는 것이니, 곧장 저의 말을 혹독하게 지적한 것이라고 할 수는 없습니다.

교왕과직(矯枉過直)의 병폐[92]와 같은 경우는 이 아우의 비루하고 유약한 병폐보다 더 심하게 용렬하여 부끄러워할 만하니, 감히 스스로 경계하고 반성하지 않을 수 있겠습니까. 그러나 바른 기운과 공정한 마음이라고 말씀하신 것 같은 경우는 생각건대 형의 뜻 또한 근사한 점에 근거하여 말한 것일 뿐, 만약 그 지극한 부분을 미루고 그 참된 실상을 말한다면 결단코 아무렇게나 허술하게 감당할 수 있는 말이 아닙니다. 명철한 형께서 어찌 이러한 사실을 모르시겠습니까. 다시 생각건대 지금 이 아우의 말이 자못 〈일강십목소(一綱十目疏)〉[93]와 유사하니, 이 아우의 뜻은 오직 학문을 진전시키는 일에 급급히 뜻을 두어야 한다는 일강에 있고, 그 사이에 마땅히 경계해야 할 것을 경계하고 마땅

91 부귀와……없어야 : 《맹자》 〈등문공 하(滕文公下)〉에 "천하의 넓은 집인 인(仁)에 거처하며 천하의 바른 자리인 예(禮)에 서며 천하의 대도인 의(義)를 행하여, 뜻을 얻으면 백성과 함께 도를 행하고 뜻을 얻지 못하면 홀로 그 도를 행하여, 부귀가 마음을 방탕하게 하지 못하며 빈천이 절개를 옮겨 놓지 못하며 위무가 지조를 굽히게 할 수 없는 것, 이를 대장부라 이르는 것이다.〔居天下之廣居, 立天下之正位, 行天下之大道, 得志, 與民由之, 不得志, 獨行其道, 富貴不能淫, 貧賤不能移, 威武不能屈, 此之謂大丈夫.〕"라고 하였다.

92 교왕과직(矯枉過直)의 병폐 : 아마도 창계의 지적을 두고 오도일이 답서에서 교왕과직이라고 비판한 듯하다.

93 일강십목소(一綱十目疏) : 회재(晦齋) 이언적(李彦迪)이 중종(中宗)에게 올린 상소로 《회재집(晦齋集)》 권7에 수록되어 있다. 일강은 임금의 마음을 바루는 것이고, 십목은 엄가정(嚴家政), 양국본(養國本), 정조정(正朝廷), 신용사(愼用舍), 순천도(順天道), 정인심(正人心), 광언로(廣言路), 계치욕(戒侈欲), 수군정(修軍政), 심기미(審幾微)이다. 십목의 세부 조항들은 모두 일강의 확립을 전제 조건으로 하고 있다.

히 면려해야 할 것을 면려해야 한다는 것과 같은 경우는 단지 그 조목일 뿐입니다. 모르겠습니다만 형께서는 또 어떻게 생각하시는지요?

가르쳐 주신 이 아우의 병통은 모두 적실하게 들어맞는 말이니, 감복해 마지않습니다. 가령 이치를 밝히기에 충분할 만큼 밝지 못하고 사사로움을 이기기에 충분할 만큼 의롭지 못하다는 말씀은 바로 이 아우의 근본 병통입니다. 흐리멍덩하고 나약한 자질로 비록 대략이나마 이 병통을 바로잡고 다스리는 데 뜻을 두고 있으나 분명 크게 변화할 리는 없으니, 슬피 탄식한들 어이하겠습니까. 보내 주신 서찰에 '혹(或)' 자가 몹시 많은 것은 또한 지나치게 저를 봐주신 것이요, 오히려 감히 말을 다하지 못하는 뜻이 있는 듯하니, 이는 또 이 아우가 부끄러워하고 슬퍼하는 부분입니다. 어이하겠습니까, 어이하겠습니까. 조정에 나아가서 훌륭하게 일을 담당하지 못했던 것은 기왕지사라 미치지 못한다지만, 물러나 초연히 잊어버리지 못하는 점은 응당 반성하여 깊이 다스려야 합니다. 염려하신 유폐(流弊)는 과연 저의 본심이 미친 바는 아니나, 저의 반생의 진퇴(進退)가 이미 절로 거기에 핍진하니, 또한 어찌 유폐를 기다릴 것이 있겠습니까.[94] 얼굴에 땀이 흘러내리니 도리어 다시 한번 웃습니다. 요컨대 형을 마주하고서 차분하게 말하지 않는다면 이렇듯 가슴 깊숙한 곳의 말을 다할 수가 없습니다.

대개 형의 말씀처럼 정말로 마음속에 일도양단(一刀兩斷)하는 공부가 있게 된다면, 무릇 사사로운 뜻이 도를 해치는 것을 이 아우가 스스

94 염려하신……있겠습니까 : 오도일의 답서 내용을 알 수 없어 정확히 어떤 내용을 가리키는지는 알 수 없으나, 문맥을 살펴볼 때 오도일이 진퇴와 관련된 작금의 유폐를 염려한 듯하다. 유폐를 기다릴 것이 없다는 말은, 시속의 유폐를 살펴볼 필요도 없이 창계 자신에게 그러한 폐단이 있다는 말이다.

로 알아차리면 즉시 스스로 다스릴 것이요 남이 말해 주면 그 사람의 말을 말미암아 즉시 스스로 다스리게 될 것입니다. 그리하여 한번 극복한 뒤에는 다시 싹트지 못할 것이니, 이른바 사사로운 뜻이 비록 천 갈래 만 갈래라고 하지만 또한 어찌 깨끗이 다 사그라지는 때가 없겠습니까. 본심은 절로 맑아지고 병통은 절로 줄어 없어져, 부끄러움 없는 즐거움이 죽음이 다가오는 것도 망각할 정도가 될 것입니다. 그러나 이렇듯 흐리멍덩하고 나약함이 심하여 무릇 분노와 탐욕의 발동, 명예와 재물에 대한 생각에 있어 비단 그런 감정과 생각이 일어나는 때에 매양 이겨 내기 어려움을 근심할 뿐만 아니라, 혹 잠깐 내려놓은 듯해도 끝내는 반드시 예전처럼 일어나는 것을 어이한단 말입니까. 이는 애초에 실로 내려놓은 적이 없는 것입니다. 이러한 부분에 이미 진실한 공부가 없으니 평상시 독서와 검속이 근실한들 무엇하겠습니까. 또한 그저 외면을 향하는 일일 뿐입니다.

더군다나 사사로운 뜻은 극복하지도 못한지라 또한 독서와 검속을 근실히 해낼 리가 없으니, 유유범범하게 날이나 보내는 데 불과할 따름입니다. 겉으로는 비록 한가롭게 지낸다고 칭하지만 실제로는 하는 일이 없으니 과연 무슨 이로움이 있겠습니까. 그러나 형의 한마디 말 덕분에 근자에는 스스로를 책려하는 뜻이 이전보다 조금 더 절실해진 듯하니 붕우 간에 강마하고 면려하는 유익함은 진실로 속일 수가 없습니다. 다시 바라건대 우리 형께서 스스로를 다스리고서 때때로 다시 저에게 경책과 가르침을 내려 주어 이 아우로 하여금 끝내 비루한 소인이 되는 것을 면할 수 있게 해 주시는 것이 어떠한지요? 간절히 바라고 간절히 바랍니다. 여기까지 쓰고 보니 두통이 자못 고통스럽고 형의 서찰을 가지고 온 사람도 바쁘다고 하는지라 이쯤에서 그치고 이만 줄입니다. 병든 탓에 글이 통창하지 못한 점이 더욱 많으니 오직 그 대의(大意)를 헤아려 주시고, 글이 통창하지 못하다 하여 그 뜻을 오해하지 말아 주시는 것이 어떠한지요? 일단 이렇게 써서 답서를 올립니다.

보내 주신 선조의 문집 한 질[95]은 공경히 받았으니 몹시 감사드립니다. 어떻게 사례를 올려야 할지 모르겠습니다. 형 가문의 정학(正學)의 연원이 이와 같으니, 형께서 스스로 기약함이 진실로 다른 사람에 비할 수 없고 다른 사람이 형에게 바라는 것도 의당 보통 사람에게 바라는 것과는 자별할 것입니다. 어찌 생각하시는지요, 어찌 생각하시는지요? 보내 주신 수창(酬唱)한 절구 2수는 붕우의 정이 넘쳐나 저로 하여금 수차례 읽어 보며 서글프게 하였습니다. 그러나 병든 탓에 생각이 황폐해져서 다시 화답하지 못하니 진실로 한스러운 일입니다. 박여길(朴汝吉)[96]은 귀양지에서 세상을 떠났으니 슬프고 참혹한 심정을 어찌 말로 형용할 수 있겠습니까. 우리들의 교유가 본래 매우 적막하였는데 근래에 대부분 세상을 저버렸고 살아남은 자들도 드문드문 떠 있는 샛별과 같습니다. 말해 본들 어이하겠습니까.

95 선조의……질 : 오도일의 조부 오윤겸(吳允謙)의 문집인 《추탄집(秋灘集)》을 가리키는 듯하다. 1692년(숙종18) 오도일이 성주 목사(星州牧使)로 있으면서 오윤겸의 문집을 간행하였다. 《秋灘集 跋, 韓國文集叢刊 64輯》

96 박여길(朴汝吉) : 여길은 박태손(朴泰遜, 1641~1692)의 자이다. 박태손은 본관은 반남(潘南), 호는 천휴(天休)이다. 이조 정랑, 대사성, 이조 참의, 승지 등을 역임하였다. 숙안공주(淑安公主)의 아들 홍치상(洪致祥)이 희빈(禧嬪) 장씨(張氏)의 어머니를 무함했다는 이유로 처벌받을 때 그를 비호하였는데, 애초에는 처벌을 받지 않았으나 1689년(숙종15) 기사환국으로 남인이 집권하자 평안도 강계(江界)에 유배되어 1692년에 병사(病死)하였다. 이후 1694년 갑술환국으로 서인이 재집권하자 관작이 회복되었다.

창계집

제12권

書서

서 書

김중화[1] 창협 께 드림 경신년(1680, 숙종6)

與金仲和 昌協 庚申

보내 주신 서찰의 몇 가지 조항은 또한 절로 좋았으나 다만 옛 현인(賢人)의 예를 가져오거나 범범하게 논한 부분은 정제되지 않은 듯합니다. 그러나 이 몇 가지 조항은 원래 대의(大義)에 관계된 부분이 아니니, 또한 어찌 깊이 힘을 쏟을 것이 있겠습니까. 친압(親狎)하여 기뻐한다는 한 조항은 주장하신 뜻이 진실로 범범하지 않으나, 다만 두 현인의 분의로 볼 때 이와 같이 분소(分疏)했다면 도리어 체모가 손상되었을 것입니다. 다만 율곡(栗谷 이이(李珥))께서는 경륜(經綸)과 기국으로 스스로 성명(聖明)하신 군주의 신임을 받았고 우계(牛溪 성혼(成渾))께서는 출처와 근엄함으로 일생 동안 나아가는 것을 어려워하셨으니, 이것이 어찌 음험함에 기대어 벼슬길에 나아가기를 구하는 자의 뜻이

1 김중화(金仲和) : 중화는 김창협(金昌協, 1651~1708)의 자이다. 김창협은 본관은 안동(安東), 호는 농암(農巖)·삼주(三洲), 시호는 문간(文簡)이다. 이조 좌랑, 예조 참의, 대사간 등을 역임하였고 청풍 부사(淸風府使) 시절 기사환국(己巳換局)으로 부친 김수항(金壽恒)이 사사(賜死)되자 벼슬에 뜻을 접고 은거하면서 학문에 매진하였다. 저서로 《농암집(農巖集)》 등이 있다.

겠습니까. 부연하여 말하자면, 비록 범범한 듯하지만 도리어 잔달고 계교(計較)하는 병폐가 없는 것이니 모르겠습니다만 어찌 생각하시는지요?

마침 손님을 응대하느라 즉시 답서를 쓰지 못하겠기에 등불 아래에서 간략하게 대충 써서 보냅니다. 격식을 갖추지 못합니다.

친압하여 기뻐한다는 한 조항은 비록 고치지는 못하겠으나, 그 가운데 선묘(宣廟)의 하교 내용은 끌어댈 필요가 없을 듯합니다. 깊이 관계가 없는 부분은 높으신 분을 끌어대지 않는 것이 마땅하기 때문입니다. 어찌 생각하시는지요, 어찌 생각하시는지요?

김중화께 답함 을축년(1685, 숙종11)

答金仲和 乙丑

뜻밖에도 저를 살펴 주시는 서찰이 멀리서 심산궁곡(深山窮谷)에 미치니 지극히 염려해 주시는 마음이 아니라면 어찌 이러할 수가 있겠습니까. 감격스러운 마음 그지없습니다. 그리고 서찰의 말이 또 지극히 정중하였으니 근실하신 뜻에 더욱 감사드립니다. 다만 하문하신 뜻은 우매한 제가 마땅히 들을 수 있는 내용이 전혀 아니니 이 점이 부끄럽고 두렵습니다.

저는 거듭된 화[2]를 당하고도 죽지 않고 오히려 남은 목숨을 부지하고 있으니, 지극히 어리석고 완악합니다. 다시 무슨 말을 할 수 있겠습니까. 그사이에 병이 들어 거의 죽을 뻔했다가 고생스럽게 치료하여 이제 차도가 있습니다. 다만 병증이 매우 고질이라 뿌리까지 뽑기는 어려움이 있으니, 이미 폐인이 되어 버렸습니다. 운명이니 어이하겠습니까.

이곳[3]에서 거주하는 것은 본래 장구한 계책이 아니었습니다. 내년 봄쯤에는 일가가 모두 남쪽 고향으로 내려가려 하였으나, 고향 역시 편안하게 쉴 만한 곳이 없습니다. 그리하여 혹은 산골짜기 사이에서 살려고 하지만 생계가 어려울 터이니 자못 쉽게 결정할 수 없습니다.

2 거듭된 화 : 창계가 1683년(숙종9)과 1684년에 연이어 모친상과 부친상을 당한 것을 가리킨다.

3 이곳 : 당시 창계가 이주하여 살고 있던 전라도 용담현(龍潭縣) 조림촌(照林村)을 가리킨다.

말이 번쇄(煩碎)한 것은 이미 모두 이에 대해 염려하여 물어 주셨기에 언급한 것일 뿐입니다.

세도(世道)에 대한 걱정[4] 같은 경우 견식이 얕고 용렬한 제가 어찌 감히 들을 수 있겠습니까. 다만 세도의 병증에 대해 이야기하신 것은 보내 주신 서찰의 말씀이 이미 지극히 정밀하고 합당합니다. 그 병증을 구제할 방법은, 저도 한번 생각해 본 적은 있으나 실로 그 방도를 알 수 없으니 어이하겠습니까. 이는 한 집안의 일이 아닌지라 몰락하는 재앙을 장차 함께하게 될 것이니, 진실로 말할 만한 천려일득(千慮一得)의 견해가 있다면 어찌 감히 숨기겠습니까. 그러나 멀리서 서찰을 보내 하문해 주신 성대한 마음에 부응할 길이 없으니 그저 몹시 부끄럽고 한스럽습니다. 그러나 생각건대 의원이 병을 치료할 적에 이미 병증이 있는 곳을 알고 있으면 병증을 치료하는 방법도 여기에서 벗어나지 않는 법입니다. 지금 보내 주신 서찰의 내용에서 이미 세도의 병증이 있는 곳을 알고 계시니, 이는 반드시 사달이 생겨 틈이 생기고 벌어진 부분에서부터 봄날에 얼음이 녹듯 만들어서 다시 상처가 남지 않게 해야 나머지 말단의 일들이 바야흐로 안정될 수 있을 것입니다. 모르겠습니다만 이것이 오히려 가망이 있는 일일는지요?

그다음으로 조정에서 하해(河海)와 같이 용납하고 산악(山岳)과 같이 진정시켜, 밝은 거울과 같이 이치를 밝혀 물론(物論)이 실정을 숨기는 일이 없게 하고, 무거운 쇠뇌를 다루는 것과 같이 신중을 기하여서 행동하는 것마다 반드시 마땅하게 한다면, 또한 반이나마 병증을 구제

4 세도(世道)에 대한 걱정 : 문맥을 살펴볼 때, 당시 송시열(宋時烈)과 윤증(尹拯)을 중심으로 한 노론과 소론 간의 분열에 대한 걱정인 듯하다.

할 수 있을 것입니다. 이보다 아래의 일인 그대의 분수에는 또한 면려할 만한 뜻이 없지 않겠으나, 저의 어리석은 생각으로는 힘을 얻기가 더욱 어려울 듯하니 모르겠습니다만 밝은 견해로 어찌 생각하시는지요? 대개 면려할 만한 것이란, 그대가 평소 의사(意思)가 편안하고 고요하며 논의가 공평하고 발라서 비록 풍랑이 몰아치는 것과 같은 때에 처해 있어도 반드시 파란(波瀾)을 조장하는 일은 없으리라는 것입니다. 이러하리라는 것은 제가 비록 비루하고 혼암하지만 진실로 지금 보내 주신 서찰을 보지 않았어도 알 수가 있습니다.

다만 성심(誠心)이 혹 간절하지 못하고 역량이 혹 확고하지 못하여, 비록 소견이 있어도 혹 그 뜻을 다 행할 수 없게 되니, 마침내 반드시 크게 이 세상에 중요한 영향을 미치는 사람이 되는 데에는 이르지 못할까 염려스럽습니다. 참람한 말이 여기에 이르렀으니, 그릇된 것이 아니겠습니까. 대개 살펴보건대 예로부터 충현(忠賢)들이 말세를 만나 시속(時俗)을 근심하고 가슴 아파하는 마음이 마치 미친 사람처럼 급급해하고 병으로 아픈 것처럼 절절해함이 있었습니다. 그런데 우리들은 이미 이러한 근본적인 부분도 없는 데다 출처(出處)와 논의 사이에 드러난 것도 매양 굳세게 담당해 내지 못하면서 일신의 거취 문제를 가지고 다투기만 합니다. 그러므로 마음에 보전하는 것이 비록 선하다고 해도 일을 성취하지 못하는 것입니다.

이 병통은 우매한 저에게 더욱이 고질과 같습니다. 지난날 수년 동안 조정에 있으면서 기억될 만한 선한 점이라고는 참으로 조금도 없었으니, 지금까지도 부끄러움과 후회를 이길 수 없습니다. 그대와 같은 사람은 반드시 저와 같지는 않겠으나, 또한 자주 성찰하여 면려하지 않아서는 안 됩니다. 모르겠습니다만 어찌 생각하시는지요? 그대가 이미 면려할 만한 점을 더욱 면려하고서 다시 이러한 뜻으로 집안과 사석(師席)에서 처한다면 또한 반드시 유익함이 많아서 천하가 그 이로움을 은연중에 받게 될 것입니다. 이러한 측면에서 말하자면 그대가 세도에 대한 책임을 또 응당 그 열에 여덟아홉을 맡아야 할 것입니다. 망녕된 논의가 여기에 이르니 더욱 두렵고 두렵습니다. 모르겠습니다만 어찌 생각하시는지요, 어찌 생각하시는지요? 삼가 바라건대 이 서찰을 보고 난 뒤에는 즉시 불태워 없애 주시기 바랍니다.

어제 사람을 통해 그대께서 북막(北幕)을 보좌하러 나가신다고 들었습니다.[5] 건장한 나이에 원유(遠遊)하는 일이 반드시 좋은 일이 아닌 것은 아니지만, 다만 삼가 생각건대 멀리 임금과 어버이를 떠나매 반드시 쉬이 마음을 가누지 못할 점이 자못 있을 것이니, 깊이 염려됩니다. 서찰을 받고서 시일이 흘렀는데 오랫동안 인편이 전혀 없더니, 마침 도성으로 가는 인편에 대략 이렇게 써서 사례 올립니다. 그러나 우연히 바쁜 일을 만나 대충 쓰느라 뜻을 다 펴지 못하였으니, 대개 이 뒤로는 인편을 만나기가 어렵고 그대께서 또 갑자기 북쪽으로 가실까 염려하였기 때문입니다. 동보(同甫)[6] 형은 오랫동안 소식을 듣지 못하였는데 모르겠습니다만 한결같이 편안하게 지내고 있는지요? 인편이 바쁘다고 하므로 동보 형에게는 서찰을 올리지 못합니다.

5 북막(北幕)을……들었습니다 : 1685년(숙종11) 3월 김창협이 함경도 병마평사(咸鏡道兵馬評事)가 된 것을 가리킨다.

6 동보(同甫) : 이희조(李喜朝, 1655～1724)의 자이다. 본관은 연안(延安), 호는 지촌(芝村), 시호는 문간(文簡)이다. 창계의 스승인 이단상(李端相)의 아들이다. 의금부도사, 장악원 정, 대사헌 등을 역임하였다. 1721년(경종1) 신임옥사(辛壬獄事) 때 영암(靈巖)으로 유배되었고, 철산(鐵山)으로 이배 도중 죽었다. 저서로《지촌집(芝村集)》이 있다.

김중화께 답함 정묘년(1687, 숙종13)

答金仲和 丁卯

산중에서 해가 바뀌는 때에 문득 천리 밖에서 보내 주신 정겨운 서찰을 받았으니 후련하고 위안이 되는 마음 어찌 말로 할 수 있겠습니까. 서찰 속 다소간의 말씀은 모두 잘 알았습니다. 구구한 저의 은미한 뜻을 보내 주신 서찰에서 이미 먼저 알아주셨으니, 다시 말할 만한 것이 없습니다. 요컨대 두 이우(李友)[7]가 전한 말에 이미 단서가 있으니, 우의정이 성상께 저에 대해서 아뢰어 주신 것은 절로 호의(好意)에서 나온 것인데, 바깥사람들이 이를 알지 못하고서 비록 이래저래 말하고 있으나 이 아우가 어찌 우의정의 뜻을 모르겠습니까. 대개 우의정께서 평소 과중하게 저를 장려하고 허여해 주셨으니, 지금 이렇게 성상께 아뢰신 것은 반드시 나라를 위하여 사람을 천거하는 것이요 단지 이 아우의 처지를 위해서 하는 일이 아니라고 스스로 생각하셨을 것입니다. 그러나 이 아우를 간절하게 생각해 주시는 뜻을 또한 알 수 있습니다. 바깥사람들이 문득 이 사실을 듣고 비록 의아해하고 있으나, 이는 또한 반드시 요즘 조정에서 의심하고 꺼리는 습관이 남은 데서 나온 것이 아니라 하지는 못할 것입니다. 비록 바깥사람들의 말이 무수하지만 이 아우가 어찌 우의정의 호의를 모르겠습니까.

대개 이렇게 부모님을 여의고 홀로 남은 뒤에 다시는 벼슬길에 나가

7 두 이우(李友) : 서찰에서 언급된 사람들로 미루어 볼 때, 이세필(李世弼)과 이희조(李喜朝)를 가리키는 듯하다.

려 하지 않는 이유가 실로 한 가지가 아닙니다. 이 일은 또한 하나의 긴요한 관건과 같은 부분인데, 지금 성상과 우의정께서 먼저 스스로 열어서 풀어 주셨으니, 조만간 한번 조정에 나아가 성상의 지극하신 은혜를 받드는 일을 그만둘 수 없겠습니다. 보내 주신 서찰에서 가르쳐 주신 뜻은 이미 마음속에 새겼습니다. 다만 이른바 벼슬길에 나가지 않으려는 허다한 이유를 일찍이 다른 사람에게 전부 말한 적이 없으니, 이는 거취의 뜻을 이미 군부(君父) 앞에서 다 드러내지 못했고 보면 응당 가벼이 다른 사람 앞에서 절절하게 말해서는 안 되기 때문입니다. 그러므로 친하게 알고 지내는 이들과 붕우 중에서도 저의 뜻을 다 아는 자가 없었던 것입니다. 성경(成卿 조성기(趙聖期))과 동보(同甫 이희조(李喜朝))가 비록 모두 나를 잘 아는 사람들이지만 그들이 각기 제 뜻의 한 부분만 알고 있는 것도 이 때문입니다.

지금 보내 주신 서찰에서 이처럼 저에게 마음을 쏟아 주셨으니, 이 아우가 또한 어찌 마음을 다하지 않을 수 있겠습니까. 대저 전날 벼슬에 종사했던 것은 실로 모두 부모님께서 힘써 권하셨기 때문입니다. 부모님을 모두 잃는 앙화를 당하고서 나머지 인생을 사는 제가 지금 이미 이러한 일도 없는 터에 단지 일신의 영화를 위해 다시 몸을 일으켜 벼슬에 종사하는 것은 실로 즐거운 바도 아니요 차마 하지 못할 점도 있습니다. 이것이 첫 번째 이유입니다.

제가 앓는 병의 대세가 비록 작년부터 차도를 보이는 쪽으로 돌아섰다고는 하나 병의 뿌리가 아직 남아서 때때로 다시 발작하니, 억지로 힘을 내서 벼슬에 나아가 직무를 본다면 반드시 병세가 심해질 것입니다. 목숨이 달린 일인지라 스스로를 돌보지 않을 수 없습니다. 이것이 두 번째 이유입니다.

근래에 시국의 형세가 또 작년과는 다르니 무리들을 따라 부침하는 것은 저에게 편안한 바도 아니고, 시국을 부지하여 구제하고자 해도 저의 힘으로는 또한 그런 임무를 맡을 수 없습니다. 형세상 반드시 엎어지고 자빠지는 지경에 이르러 나랏일에는 도움이 되지 못하고 한갓 스스로 곤경만 당하게 될 것입니다. 이것이 세 번째 이유입니다.

-몇 줄이 결락되었다.-[8] 이것이 네 번째 이유입니다.

저의 재주와 역량을 스스로 헤아려 보건대 실로 시국을 구제할 방도가 없으니 오직 조용히 물러나 졸렬한 분수를 지켜야 그나마 스스로를 면려할 수 있을 것입니다. 면려할 수 있는 것을 버려두고 할 수 없는 일을 억지로 한다면, 장차 반드시 일생을 스스로 그르치게 될 것입니다. 매양 이러한 뜻을 생각할 적에는 오직 산속으로 더 깊이 숨어 들어가지 못하는 것이 걱정입니다. 이것이 다섯 번째 이유입니다.

이 밖의 곡절은 갑자기 열거하기가 어렵고, 낮은 관직을 사양하고서 높은 관직을 받으려 한다는 혐의에 대해서는 이미 감히 작은 일로 보고 있지 않습니다. 또 때때로 듣건대 조정의 의론으로 사람을 천거할 적에 실정보다 몹시 지나치게 한다고 하니, 더욱 제 마음을 놀라게 만듭니다. 무릇 이러한 것들은 벼슬하러 나아가기 어려운 장애 아님이 없으니 이는 모두 실정이 담긴 말이요 겉으로 꾸미는 말이 아닙니다. 형의 맑고 밝음으로 반드시 미덥게 살펴 주실 수 있을 것입니다. 그 가운데 다섯 번째 이유는 바로 제 마음에 몹시 중대하고 어렵게 여기는 가장 큰 부분입니다. 그러나 저를 알지 못하는 사람은 반드시 장차 대수롭지 않은 말로 보지 않을 수 없을 것입니다.

8 몇 줄이 결락되었다 : 대본에는 결락된 부분 뒤에 '此事之不安'이 더 있으나, 결락된 부분과의 관계를 확인할 수 없어 번역하지 않았다.

오직 성경 씨는 평소 옛사람의 도의로써 서로 함께하였으므로 이 아우의 마음에 중대하게 생각하는 점이 단지 여기에 있다는 것을 홀로 알았습니다. 그 밖에 일가친척들은 이 아우의 정황이 차마 그렇게 할 수 없는 상태라는 점을 알았고, 근처에 사는 익숙하게 알고 지내던 사람들은 이 아우의 질병이 억지로 벼슬길에 나아가기 어려운 상태라는 점을 알았고, 조정에 있으면서 세상을 걱정하는 사람들은 이 아우가 지금의 시세로는 나아가기 어려워한다는 점을 알았습니다. 그리고 혹이 일에 대해 질문했던 자들도 이 아우가 여기에 대해 편안해하지 못하는 뜻이 있다는 점을 알았으니, 두 이우(李友)와 같은 사람이 이 경우입니다. 군보(君輔 이세필(李世弼))가 지난봄에 방문하여 밤중에 이야기가 여기에 미쳤으니, 동보는 생각건대 군보를 통해 알았을 것입니다. 오늘날 친지들이 알고 있는 내용이 각기 다른 것은 일찍이 제가 이런 이유들을 통틀어서 이와 같이 말한 적이 없기 때문입니다. 어찌 생각하시는지요, 어찌 생각하시는지요?

이러한 사실들을 소장(疏章)에서 미처 다 드러내지 못했던 것은, 탈상한 뒤에 처음 올렸던 소장의 경우에는 비루한 제 마음속의 정성을 갑자기 다 드러낼 겨를이 없어서 단지 병이 든 상황만을 말했던 것이고, 지난번 두 번째 올렸던 소장의 경우에는 마침 발탁된 지 얼마 안 된 시기라 병이 든 상황 외에 또 대략 낮은 관직을 사양하고서 높은 관직을 받으려 한다는 혐의에 대해 언급하였을 따름입니다. 무릇 이렇게 본디 차례대로 진달하려고 했던 은미한 뜻이 담긴 내용을 모두 미처 스스로 진달하지 못하였는데, 뜻밖에 이 한 가지 일이 갑자기 다른 사람을 통해 아뢰어지니, 이는 이 아우가 더디고 둔하여 지나치게 지체한 죄로 빚어진 일입니다. 어이하겠습니까, 어이하겠습니까.

지금 이 한 가지 일이 전부 이 아우의 뜻이 있는 곳이 아니라고 말한다면 이는 진실로 이 아우의 뜻을 다 아는 것이 아니요, 만약 이 일은 성상과 우의정께서 열어서 풀어 주셨으니 나아가기 어려운 뜻이 다시 달리 없다고 말한다면 더욱이 서로 깊이 아는 것이 아닙니다. 이후의 인사(人事)는 비록 한 차례 도성을 왕래하는 일을 피할 수는 없겠으나 필경에는 오직 물러나 이 동쪽 산비탈을 지키는 일[9]만이 있을 뿐입니다. 어찌 생각하시는지요, 어찌 생각하시는지요?

이전에 삼가 그대가 친지들 사이에서 충심을 다해 일을 도모하고 힘을 내는 것은 혹 잘하는 일이 아닐 것이라고 여겼습니다. 그런데 지금 보내 주신 서찰을 받아 보니 간담을 쏟아 내어 가리켜 보인 내용이 상세하고 안과 밖을 모두 다하여 다시 남겨 둔 것이 없으니, 이에 이전에 그대를 알았던 것이 오히려 지극하지 못했음을 깨닫게 되었습니다. 지금부터 그대께서 저를 경계해 주시고 도움을 주시기를 바라는 마음이 더욱 배나 절실하니, 시종일관 정성을 미루어 힘써 가르침을 내려 주어 어긋난 행보를 하고 있는 저로 하여금 끝내 큰 허물이 없게 해 주십시오. 이것이 바로 또 구구한 저의 깊은 바람입니다. 모르겠습니다만 어찌 생각하시는지요?

부모님의 기일이 모두 이번 달에 있어[10] 내일은 병을 무릅쓰고 고향으로 가려고 합니다. 초열흘에서 보름까지 머무르다가 돌아올 것입니

9 동쪽……일 : 물러나 은거하는 것을 가리킨다. 《후한서(後漢書)》 권53 〈주섭열전(周燮列傳)〉에 "선세(先世)로부터 훈총(勳寵)이 줄을 이었는데 그대만 어찌 유독 동쪽 산비탈을 지키고 있는가?"라고 한 데서 유래하였다.

10 부모님의……있어 : 창계의 모친과 부친은 모두 1월에 작고하였다. 따라서 이 서찰을 쓴 시기는 1687년(숙종13) 1월이 된다.

다. 그리하여 반드시 그대의 성대한 뜻에 보답하고 떠나려는 생각에 등불 아래에서 눈을 크게 뜨고 이처럼 어지럽게 답서를 쓰다 보니 소회를 오히려 다 펴지 못한 점이 있습니다. 편지지를 대하매 도리어 더욱 마음에 잊히지 않습니다. 바라건대 부디 묵묵히 헤아려 주시고 다시 가르침을 주십시오. 삼가 시절을 위해 자중자애하시어 새로운 복을 더욱 받으시기를 바랍니다.

김중화께 답함
答金仲和

삼가 거듭 보내 주신 답서를 받고서 세세하게 보여 주신 뜻을 모두 잘 알았으니 사무치게 감격스러운 마음 형언할 수 없습니다. 다만 아이가 마마를 앓아 근심하고 계시다 하니 염려스러운 마음 깊습니다. 지금은 이미 넘겼으리라 생각합니다. 이 아우는 지난번에 고향에 돌아갔다가 일가 사람의 상을 만나 상심하고 힘들게 움직인 탓에 숙병이 도져서 거처하는 산으로 돌아온 뒤 여러 날 동안 쓰러져서 일어나지 못하였으니, 저의 근심이 어떠하겠습니까.

여러 가르침은 참으로 천리 밖에 계신 그대를 대면한 듯하였습니다. 대개 고명한 그대께서 조숙(趙叔 조성기(趙聖期))에게 고하신 말씀이 진실로 옳고, 조숙의 말씀도 진실로 당연한 말씀입니다. 지금에 이르러 우의정께서 성상께 아뢰는 말이 이미 명확하고 완비되었으니, 높은 관부(官府)에 계신 합하(閤下)[11]께서 한 말씀 해 주신 힘이 더욱이 천균(千鈞)의 무게일 뿐만이 아닙니다. 이제부터 성상께서 다시 남김없이 통촉하실 것이니 이것이 어찌 구구한 저의 일신상의 다행이기만 하겠습니까. 또한 오늘날 조정에 공의(公議)가 이처럼 사라지지 않았음을 볼 수 있으니, 저로 하여금 찬탄과 기쁨을 더욱 스스로 그치지 못하게

11 높은……합하(閤下) : 문맥을 살펴볼 때 김창협을 가리키는 말이다. 이 서찰은 대략 정묘년(1687, 숙종13)에 지은 것으로 추측되는데, 당시 김창협은 대사간, 대사성 등의 관직을 역임하였다.

만듭니다. 고명한 그대와 조숙께서 이 아우를 위해 흔쾌히 주선해 주신 마음을 또한 상상해 볼 수 있습니다.

근자에 조숙의 서찰을 보니, 고명한 그대의 정성스럽고 도타운 풍도를 자주 칭찬하셨습니다. 조숙이 상대를 깊이 알아주고 간절히 아끼는 마음은 또한 참으로 요즘 세상에 쉬이 얻을 수 있는 것이 아닙니다. 다만 이 한 가지 일로 인하여 조만간 한번 궁궐로 나아가 사은하여 성조(聖朝)의 호의를 받들어야 할 것이니, 지난번 서찰에서 말씀해 주신 가르침이 진실로 합당합니다. 이 아우 역시 마음에 간직할 것입니다. 그러나 조정에 나아가 일을 해 보고서 불가하면 그친다는 것과 같은 경우에는 조숙의 말씀을 쉬이 받들어 감당하지 못할 듯합니다. 이 아우가 지금 조정에 나가서 무슨 일을 하겠습니까. 논의를 드높이고 세무(世務)를 계획하는 일은 비단 스스로 거기에 미치지 못한다는 것을 알 뿐 아니라, 다른 사람들도 이러한 일을 저에게 바라지는 않았습니다. 오직 장구(章句)를 강설했던 일은 저를 범범하게 아는 사람이 혹 저를 잘못 너그럽게 용납해 주었던 것인데 이 일은 또한 매우 그렇지가 않습니다. 지난날 시강(侍講)했을 적에 제가 무슨 도움이 되었습니까. 한갓 지리하고 번만한 말이나 하는 데 불과하였습니다. 그리고 우환[12]을 당한 뒤로 황폐함이 더욱 심해져 지난날 지리하고 번만하게 했던 말들도 지금 또한 해낼 수가 없으니, 이후로 무슨 일을 할 수 있겠으며 또 어찌 왈가왈부할 만한 것이 있겠습니까.[13]

12 우환 : 모친상과 부친상을 당한 것을 가리킨다.

13 어찌……있겠습니까 : 자신의 쓰임에 대해서는 가부를 논할 필요도 없이 스스로 황폐해졌다는 뜻이다.

고명한 그대께서 이미 지난번 제가 보낸 서찰의 말이 허언이나 가식이 아니라는 점을 알고 계시니, 지금의 이 뜻 역시 응당 언외(言外)에서 묵묵히 부합될 것입니다. 지난번 서찰에 이른 다섯 번째 이유는 대개 제가 이미 이러한 뜻을 품고 있었는데, 보내 주신 서찰에서 또 말씀하시기를 "이것은 비단 아무개 한 사람이 마땅히 염두에 두어야 하는 일일 뿐만이 아니다."라고 하시니, 이것은 그럴듯하지만 또한 그렇지가 않습니다. 그대의 재능은 진실로 저 같은 무리와는 절로 다르니 이 점은 우선 논하지 않겠습니다만, 이렇게 고질병에 걸려 먼 곳에 칩거하고 있는 저와 그대가 사세상 어찌 다른 점이 없겠습니까. 더군다나 예로부터 띳집에 거처하며 지내는 천한 신분의 사람과 교목세가(喬木世家)의 사람은 비록 도를 함께하는 군자라 할지라도 세상에 드러나고 드러나지 않는 차이가 있는 것을 혐의하지 않았거늘,[14] 지금 더욱이 어찌 우리가 같은 선상에서 이야기될 수 있겠습니까. 나아가고 물러나는 것을 그 분수에 맞게끔 할 따름입니다.

이 아우가 스스로 슬퍼하는 것은, 병을 끌어안고 궁벽한 산에서 지내면서 이와 머리털은 이미 쇠하고 붕우들은 아득히 멀리 떨어져 있어 나를 이끌어 줄 사람이 없는지라 마음은 날로 방일해지고 학업은 날로 무너지는 것입니다. 설령 종신토록 은거하여 지내더라도 끝내 스스로를 수양하는 실제가 없을 것임을 이미 알 수 있으니, 이러한 사람이 어찌 평소의 지취를 나누고 서로 기약하는 뜻을 위안하기에 충분하겠습니까. 참으로 비통해할 만합니다. 어이하겠습니까, 어이하겠습니까.

14 세상에……않았거늘 : 서로 신분 차이가 나는 것에 대해 당연한 일로 생각했다는 뜻이다.

오직 고명한 그대에게 바라는 바가 전보다 더욱 간절하니, 대개 이전에 제가 그대에 대해 알고 있던 것은 단지 문아(文雅)하고 평온한 사람이라는 것뿐이었는데, 근자에 저의 일로 인하여 그대가 풍도가 도탑고 일을 담당함에 힘이 있어 실로 그저 흙덩이처럼 스스로의 절조나 지키는 사람이 아니라는 점을 더욱 알았기 때문입니다. 만약 이러한 뜻을 미루어서 무릇 행해야 할 일에 힘을 써서 담당하여 결판을 내고서야 끝내기로 기약한다면, 세간의 긴요한 일들 중에 크다고 할 만한 것들이 또다시 얼마나 되겠습니까. 그리고 성심을 열어 널리 도모하여 차례대로 정돈해 나간다면 또한 어찌 참으로 일을 할 수 없는 때가 있겠습니까.

깊이 사모하고 신뢰하여 저도 모르게 이런 말을 하는 데까지 이르렀습니다. 모르겠습니다만 고명한 그대께서는 어찌 생각하시는지요? 참으로 이렇게 곤하여 누워 있다가 문득 읍의 인편이 있다는 말을 듣고 기운을 내 일어나 대강 이처럼 쓰느라 단지 대의(大意)만을 거론하였고 미세한 곡절로 반복해서 말할 만한 것들은 많이 누락된 듯합니다. 헤아려 주십시오.

김중화께 답함 무진년(1688, 숙종14)

答金仲和 戊辰

선부(仙府)인 청풍(淸風)이 엄연히 대갓집의 오래된 물건이더니 다시 전후로 빙옥(氷玉)이 서로 그 광채를 비추게 되었습니다.[15] 이는 하나의 기이한 일인 듯합니다. 세상에 어찌 다시 이런 일이 있겠습니까. 저 몇 세대 몇 사람의 공(公)이니 하는 것은 오히려 단지 세간에서 하는 이야기일 뿐입니다.[16] 어찌 생각하시는지요, 어찌 생각하시는지요? 지난겨울 청풍 부사에 임명되어 길을 떠나시면서 특별히 호산(湖山) 천리 바깥으로 멀리 서신을 보내 주셨습니다. 이 뜻이 근실하시니 감격스러운 마음을 어찌 이길 수 있겠습니까. 다만 오랫동안 답서를 보내지 못한 것이 부끄럽습니다. 저는 병으로 서도(西道)로 가는 일을 면하고서[17] 봄에 남쪽으로 돌아왔으니, 미천한 분수에 있어서는 대략

15 선부(仙府)인……되었습니다 : 선부는 신선이 사는 세계라는 뜻으로, 청풍이 신선 세계처럼 아름답다는 표현이다. 대갓집의 오래된 물건은 김창협의 집안사람들이 대대로 청풍 부사를 지냈다는 말이다. 김창협의 숙부인 김수증(金壽增)이 김창협이 청풍 부사로 부임하기 한 해 전까지 청풍 부사로 있었고, 김수증의 부친인 김광찬(金光燦) 역시 1655년(효종6) 청풍 부사에 임명되었다. 빙옥(氷玉)은 훌륭한 인재를 표현하는 말로, 김창협을 포함하여 그동안 청풍 부사를 역임한 김창협의 집안사람들을 가리킨다. 특히나 숙부 김수증과 김창협은 연이어 청풍 부사가 되었으므로 광채가 서로 비춘다는 표현에 부합된다.

16 저 몇……뿐입니다 : 세상 사람들은 김창협 집안사람들이 청풍 부사를 지내면서 펼친 선정(善政)보다는 몇 세대에 걸쳐 몇 사람의 김씨 집안사람이 청풍 부사를 연임했는지에 대해서만 관심을 가진다는 뜻이다.

알맞은 듯하지만, 어찌 이런 일로 멀리 계신 그대의 귀를 더럽힐 것이 있겠습니까.

지난번 서찰에서 오활하고 식견이 얕은 저에게 위정(爲政)에 관한 질문을 하셨으니, 어쩌면 이다지도 저를 과하게 대하시는지요. 또 생각건대 청정한 마음으로 정사에 임하고 거문고를 타며 노래 부르는 것으로 백성을 흥기시키는 일[18]은 그대께서 자연히 넉넉하게 해낼 수 있는 일에 들어가니, 위정의 풍도(風度)가 여기에 있지 않겠습니까. 그런데 또 어찌 다른 곳에서 구할 것이 있겠습니까. 어찌 생각하시는지요, 어찌 생각하시는지요?

요청하신 별어(別語)[19]는 당초 서찰을 받은 날에 우연히 희작(戲作)한 것이 있어 지금 제목에 걸맞지 않지만 우선 적어 보냅니다. 한번 웃을 거리로 삼는 것이 어떻겠습니까? 오늘 저녁에 바야흐로 온 집안이 산골짜기를 나가게 되는 터에[20] 마침 조금 번다하여 하고자 했던 말을 다 하지 못하였으니, 헤아려 주시기를 바랄 뿐입니다.

17 저는……면하고서 : 1687년(숙종13) 황해도 관찰사에 임명되었으나 병으로 사양하고 체차된 것을 가리킨다.

18 거문고를……일 : 예악(禮樂)으로 백성을 교화하는 것을 가리킨다. 공자의 제자 자유(子游)가 무성(武城)에 수령으로 있었는데 공자가 그 고을에 찾아갔다가 고을에서 현가(弦歌)의 소리가 울려 퍼지자, "닭을 잡는 데에 어찌하여 소 잡는 칼을 쓰느냐."라고 하였다. 이에 자유가 대답하기를 "선생님께서 전에 군자가 도를 배우면 사람을 사랑하게 되고 소인이 도를 배우면 부리기가 쉽다고 말씀하시기에, 작은 고을이지만 예악으로 다스렸습니다."라고 하였다. 《論語 陽貨》

19 요청하신 별어(別語) : 김창협이 청풍 부사로 가는 자신을 위해 전별하는 글귀를 지어 달라고 부탁했던 것으로 보인다.

20 오늘……터에 : 1688년(숙종14) 2월 창계가 회진(會津)으로 이주하였는데, 이 일을 가리키는 듯하다.

김중화께 드림 기사년(1689, 숙종15)

與金仲和 己巳

화변(禍變)이 막 생겼을 때 길에서 위로를 드렸는데 사람들을 따라서 인사하느라 대강하여서 슬프고 아픈 제 마음을 더욱 스스로 가라앉히지 못하고 있었습니다. 그러다 뒤에 전해 온 소식을 듣고는 경악스러워서 심신을 가누기가 어려웠습니다. 삼가 궁벽하고 먼 곳에서 그저 몹시 슬퍼하고 답답해하고 있었는데, 선친의 시신을 장사 지낼 적에 다시 다른 근심거리가 없었고 상을 당한 형제들이 서로 이끌고서 이미 철원(鐵原)으로 들어갔다는 사실을 가장 늦게 알게 되었습니다.[21] 머리를 들고서 북쪽을 바라보매 위안이 되면서도 비통하기도 한 이 심경을 자못 형용할 수가 없습니다. 그러고서 생각해 보건대 철원은 바로 지난날 어버이를 모시고 유람했던 장소이니 일이 이 지경에 이르러서 가는 곳마다 무너지는 그 마음을 더욱이 어찌 스스로 감내하시는지요?

상을 치르면서 죽을 먹고 예도(禮度)에 맞게 거상하는 경우에는 비록 슬픔으로 인하여 그런 것까지 생각하실 겨를이 없을 듯하지만, 제

21 화변(禍變)이……되었습니다 : 당시 기사환국(己巳換局)으로 서인들이 조정에서 쫓겨나고 남인들이 재집권하였다. 《농암집(農巖集)》 〈연보(年譜)〉에 따르면, 김창협의 부친 김수항(金壽恒)이 1689년(숙종15) 2월 진도(珍島)로 귀양을 가자 김창협은 벼슬을 버리고 3월 부친의 배소로 갔는데 뒤이어 4월 김수항이 사사되었다. 김창협은 부친의 시신을 운구하여 5월 양주(楊州) 율북리(栗北里) 운곡(雲谷)에 장사 지내고 9월에 가족들을 이끌고 철원의 응봉(鷹峯)으로 들어갔다. 이러한 사실과 본 서찰의 내용을 고려하면 이 서찰은 9월 이후에 작성된 것이다.

사를 지내고 모친을 봉양하는 즈음에 분명 또한 효성스러운 그대의 마음에 상실감이 들 것이니, 구구한 저로서는 그저 간절히 염려할 따름입니다.

영동(嶺東)으로 가시려는 계획은 어찌하여 중도에 그만두셨습니까? 아마도 영동은 더욱 황벽(荒僻)하고 멀어 갑자기 가기에는 어려운 점이 있어서이겠지요. 언제라도 부족한 저의 전장(田莊)[22]에 들어가고자 하는 마음이 생기거든 다시 물을 필요 없이 곧장 예전에 알려 준 대로 하십시오.

부친을 잃은 화변과 철원으로의 이주는 처한 바가 평범하지 않으니 삼가 생각건대 뜻이 분발되어 또한 심상한 수준을 크게 벗어난 점이 있을 것입니다. 오매불망한 제 마음을 어찌 말로 표현하겠습니까. 대도(大道)의 근원을 깊이 구하고 진세(塵世)의 바깥에서 홀로 우뚝 서서 날로 새로워져 덕을 완성하여 천년 뒤까지 그 업적을 드리워 사문(斯文)이 의탁할 곳이 있게 하고 집안의 명성이 두터워지게 하는 것이 지금 상을 당한 형제들이 마땅히 피눈물을 흘리며 서로 닦아 나가야 할 일입니다. 간절한 충심(衷心)에 오직 이 말을 가지고 그대 형제들에게 기약하니 모르겠습니다만 그대들께서는 어찌 생각하시는지요?

저는 고질병을 앓고 있고 사우(師友)들과 멀리 떨어져 홀로 지내느라 붕우의 도움도 없으니 지금 비록 만년을 수습하여 지난날의 잘못을 만회하고자 하지만 이미 힘이 미치지 못합니다. 어이하겠습니까, 어이하겠습니까. 오래전부터 한번 서찰을 보내 문후하고자 하였으나 시간

22 부족한 저의 전장(田莊) : 창계가 영동에 거처할 때 마련한 전장을 가리키는 것으로 보인다.

을 끌면서 보내지 못하고 있다가 마침 인편을 만나 대략 이렇게 써서 지동(芝洞)[23]의 요진(要津)에 부쳐 전하니 중간에 망실되는 일은 없을 것이라 생각합니다. 날씨가 차가워져 가는 때에 오직 그대들께서는 각자 체후를 보전하시기를 바랍니다. 격식을 갖추지 못했습니다.

23 지동(芝洞) : 양주(楊州)의 영지동(靈芝洞)으로, 김창협의 처가이기도 한 이단상(李端相)의 집이 있던 곳이다. 이 무렵에는 이단상은 작고하였고 그의 아들이자 김창협과 창계의 친우인 이희조(李喜朝)가 거처하고 있었다.

김중화께 답함[24] 경오년(1690, 숙종16)

答金仲和 庚午

지난해 겨울에 삼가 상중에 계신 그대의 답서를 받고 편지지를 펼쳐 송독한 다음 소중히 보관하였으니, 제게 해 주신 말씀은 지금까지도 가슴에 새기고 있습니다. 그러나 오랫동안 괴롭게 눈병을 앓아 거의 맹인이 되는 지경에 이르러서, 간혹 억지로 서찰 한 통을 쓰면 번번이 며칠 동안 통증으로 불편합니다. 이 때문에 인사를 빠뜨린 채 다시 문후를 여쭙는 서찰을 보내지 못하였으니, 한스럽고 답답한 제 마음을 어찌 말로 형용할 수 있겠습니까.

세월은 쉬이 흘러 첫 기일(朞日)이 어느덧 지나가니, 올해도 이미 저물었습니다. 삼가 생각건대 상중에 계신 그대 형제들께서 이러한 시절에 애통해하고 추모하는 체후가 어떠하신지요? 몹시도 그리운 제 마음은 하루라도 느슨해지는 날이 없습니다. 제가 인사를 제대로 챙기지 못하고 격절했던 것과 같은 일이야 비록 그대께서 너그럽게 봐주시겠으나, 저의 간절한 정성을 기필코 헤아려 주시지는 못할 것입니다.

저는 봄에 어린 자식을 위해 마을에 도는 천연두를 피해 무안(務安)에 사는 둘째 형님에게 와서 의지하고 있으니, 고향에 비교하면 남쪽으로 바다와 더욱 가깝습니다. 빈궁하고 병든 몸으로 정처 없이 떠돌던 가운데 또 전에 없던 큰 흉년을 만나니, 생계가 영락(零落)하여 자못

24 김중화(金仲和)께 답함 : 본 서찰에 대한 김창협의 답서는 《농암집》 권13의 〈임덕함에게 답함〔答林德涵〕〉이다.

스스로 감내하기가 어렵습니다만, 이것은 그래도 평범한 근심거리입니다. 가장 번민할 만한 것은 저의 눈병이니, 책을 몇 장 보거나 글씨를 한 장만 써도 병증이 곧바로 심각해집니다. 서찰을 쓰는 한가로운 일이야 그만두어도 괜찮다지만, 홀로 성현이 남기신 경전을 끌어안고서 다시는 그 일부라도 엿볼 가망이 없으니, 이것은 몹시 슬퍼할 만한 일입니다. 어이하겠습니까, 어이하겠습니까.

전해 듣자니 경기 산골 지역은 농사가 자못 풍년이라고 하는데, 모르겠습니다만 슬프고 괴로워하며 곤액을 당하신 가운데 식량이 모자라 근심을 더하는 일은 없으신지요? 막내 외숙[25]이 그쪽에 고을 수령으로 있고, 정이(定而 조정만(趙正萬)) 아우도 그대가 계신 곳을 왕래한다고 들었으니, 또한 제 마음에 위안이 되는 일인 듯합니다. 매양 생각건대 돌아가신 어버이의 이름을 부르짖고 추모하는 여가에 형제들끼리 면려하여 절차탁마(切磋琢磨)하면서 학문을 진전시켜 응당 날로 새로워지면서 그만두지 못할 터이니, 기대하고 축원하는 제 마음에 어찌 다함이 있겠습니까. 그러나 저는 병으로 황폐해져서 이미 바닷가 구석의 한 쓸모없는 촌맹(村氓)이 되어 그대들의 향기로운 덕에 영향을 받을 길이 없으니, 이는 또 한스러워할 만합니다. 만약 길이라도 조금 가깝다면 비록 나태하고 포기함이 이미 심하다 하더라도 어찌 때때로 적막한 가운데 있는 그대들을 찾아가 종유하면서 몹시도 그리워하는 이 마음을 쏟아 내지 않겠습니까. 바라보매 아득히 멀고 훗날 다시 만날 기약

25 막내 외숙 : 《창계집》에서 막내 외숙은 조경창(趙景昌)을 가리킨다. 《승정원일기(承政院日記)》 숙종 15년 12월 23일 기사에 따르면, 당시 조경창은 김창협이 거주하고 있는 철원 인근의 영평 현감(永平縣監)에 제수되었다.

도 정하지 못하였으니 편지지를 대하여 그저 서글픈 마음만 더합니다.

병든 눈에서 괴롭게도 진물이 나오고 눈곱이 끼어 눈을 뜨기 어려운 지경입니다만 마침 아우가 북쪽으로 돌아가게 되었는지라 이러한 인편은 매번 만날 수가 없다는 생각에 병증이 심해지는 것은 돌아보지도 않고 마음을 기울여 이렇게 쓰다 보니 하고자 했던 말을 전부 다 하지는 못했습니다. 부디 추운 계절에 보중하시어 멀리서 그리워하는 이 마음을 위안해 주시기를 바랍니다.

중씨(仲氏) 상주(喪主)께 다시 말씀 올립니다. 전에 삼가 저를 비루하게 여기지 않으시고 거듭 별지를 통해 일간(日間)에 학문의 진전을 위해 하고 계시는 공부 조목들을 말씀해 주셨는데, 지극히 명백하고 구비되어 있어서 위안이 되고 다행스러운 마음 간절하였습니다. 그 말씀들은 해가 바뀌어도 새로운 느낌이 드니, 한번 펼쳐서 읽어볼 때마다 더욱 경탄하게 됩니다. 정자(程子)와 주자(朱子) 문하에서 제자들로 하여금 독서하고 거경(居敬)하게 한 뜻이 참으로 이와 같은데, 당시 문하에서 배운 사람들 가운데 한두 사람의 수제자를 제외하고는 이처럼 공력을 들일 수 있는 사람이 드물다는 것을 지금 보내 주신 서찰의 말로 고찰해 보고 알 수 있었습니다. 그대께서 지금 붓 가는 대로 적어 스스로 하신 말씀들이 한 글자 한 구절도 정자와 주자 두 선생의 유지(遺旨)에 부합하지 않음이 없으니, 저로 하여금 끊임없이 감탄하고 우러르게 합니다. 또 저에게까지 신경을 써 주셔서 저로 하여금 또한 수렴하고 검속하는 부분에 종사하게 하셨습니다. 제가 비록 그러한 일을 감당할 수 없다는 사실을 알고 있으나 감히 깊이 유념하지 않을 수 있겠습니까. 한스러운 것은 의지와 역량이 강하지 못하고 질병이 이미 고질이 되어 장차 그대의 근실한 뜻에 부응할 길이 없다는 것이니, 그저 스스로 슬퍼하고 탄식할 뿐입니다.

《논맹정의(論孟精義)》는 평소 구해서 보려고 해도 얻을 수 없었고 일찍이 연경(燕京)의 저자에도 파는 곳이 없다고 들었는데, 그대께서는 이 책을 어디서 얻으셨습니까? 이는 아마도 하늘이 장차 사문(斯文)에 베풀어 주려는 뜻이 아니겠습니까. 저는 눈병이 심해져서 전혀 책을 볼 수 없고 단지 《중용》과 《대학》 두 책을 때때로 외면서 곤궁하고 비루한 제 처지를 스스로 위안할 따름입니다. 서로 아득히 멀리 떨어져 있어 다시 토론할 기약이 없고 병으로 이처럼 황폐해서 서찰로는 또한 그 뜻을 스스로 다 펼 수가 없으니, 편지지를 대하여 그저 더욱 서글프기만 합니다. 어이하겠습니까, 어이하겠습니까.

김중화께 답함[26] 임신년(1692, 숙종18)
答金仲和 壬申

지난해에 보내 주신 답서를 받고서 세세하게 말씀해 주신 지극한 뜻에 몹시 감사한 마음이 들었습니다. 그 사이에 실로 가슴에 새기고 성찰해야 할 부분이 없지 않았음에도 고질병에 걸려 황폐함이 더욱 심한 탓에 답장을 올려 사례드리는 일을 지금까지 지체하고 말았습니다. 그사이에 이미 탈상(脫喪)하셨으리라 생각하면서도 그 정황을 위로드리지 못하고, 또 방존(旁尊) 상국(相國)께서 갑자기 별세하셨다는 소식[27]을 듣고서도 끝내 위문하는 서찰 한 통 보내지 못하였습니다. 매양 스스로 이 같은 처사를 생각할 적마다 저 자신의 완악함이 목석(木石)과 같아서 다시는 살아 있는 사람의 도리를 하지 못함을 알겠고, 그대의 마음에도 저를 의아하게 생각함이 오래되어 지금은 이미 서로 잊고 지내는 사람으로 취급하시리라는 것을 알 만하였습니다. 그러나 제 마음에는 그대에 대한 그리움이 사라지지 않아서 비록 다시 10년 동안 소식이 두절된다 하더라도 응당 하루와 같을 것입니다. 고명한 그대께서 잘 헤아려 주어 혹 뜻밖에 묵묵히 알아주실는지요?

요즈음 막 추워진 때에 삼가 깊은 골짜기에 곤궁하게 거처하면서

26 김중화께 답함 : 상호 서찰 간의 내용을 비교해 볼 때, 이 서찰에 대한 김창협의 답서는 《농암집》 권13의 〈임덕함에게 답함〔答林德涵〕〉이다.

27 방존(旁尊)……소식 : 방존은 근친(近親)을 가리키는 말이다. 상국(相國)이라는 말을 미루어 볼 때, 김창협의 중부(仲父)인 김수홍(金壽興)이 1690년(숙종16) 11월 귀양지에서 별세한 것을 가리키는 것으로 보인다. 김수홍은 영의정으로 있다가 기사환국으로 장기(長鬐)에 유배되었다.

모친을 모시고 학문하는 모든 일들이 어떠하신지요? 저는 그대를 향해 우러르는 마음만 간절합니다. 제가 예전부터 앓던 복심(腹心)의 질환은 이번 여름 이래로 조금 덜해진 듯합니다. 다만 눈병은 예전 그대로 고통스러운 탓에 여전히 서책을 볼 수가 없으니, 이 때문에 마음이 어지럽습니다. 지난번 서찰에서 수렴하고 검속하라고 가르쳐 주신 말씀은 받들어 실행해 보려고 하였으나, 끝내 구태를 바꾸기가 어려워 지금껏 전날에 비해 조금이나마 달라진 새로운 공부가 없는지라 근실한 가르침을 저버렸으니, 부끄러움과 탄식을 어찌 말로 하겠습니까.

예전에 《연평문답(延平問答)》을 보고 자못 이 책을 애호할 줄 알게 되었는데, 근자에 때때로 다시 훑어보니 비록 문구 사이에 여전히 이해되지 않는 부분이 많으나, 그 큰 뜻을 살펴보면 절실하고 요긴한 본원이 되는 부분을 친절하게 체인하고 착실하게 수양하는 일 아님이 없었습니다. 그리고 '쇄락(灑落)'이라고 일컬은 대목은 비록 말이나 생각으로 미칠 수 있는 부분이 아니지만, 그 절실하게 열어 보여 준 말을 통해 또한 어렴풋하게나마 추구하여 바랄 수 있는 점이 없지 않으니, 백대 뒤의 사람으로 하여금 오히려 이 몸과 세상일을 다 잊고 한뜻으로 깊이 구하게 하는 마음을 가지게 만들었습니다. 대개 크고 드넓은 점에는 비록 《이정전서(二程全書)》나 《주자전서(朱子全書)》에 미치지 못하지만, 은미하고 온축된 뜻을 궁구하여 드러내고 성현의 종지(宗旨)를 바로 전하여 곧장 사람들로 하여금 내면을 가까이해야 함을 스스로 알게 하여 외면을 향해 치달려 나가는 폐단이 없게 한 측면에서는 도리어 더욱 힘이 있습니다. 제가 비록 쇠락(衰落)함이 심하지만 또한 일념으로 앙모하는 때가 없지 않습니다. 그러나 질병으로 게을러지고 늘어져 자못 채찍질을 가하여 조금이나마 앞으로 나아가는 일을 감당해

내지 못합니다. 모르겠습니다만 고명한 그대께서는 이 책에 대해 평소 어떤 견해를 가지고 계신지요? 고요한 곳에서 함께 강습(講習)하지 못하는 것이 한스러울 따름입니다.

대체로 유자(儒者)가 세교(世敎)를 담당하여 폭넓게 교유하고 풍부하게 저술하는 것이 어찌 본분의 사업이 아니겠습니까. 그러나 근본과 말단의 차례로 말해 본다면 또한 모름지기 먼저 이 본령(本領)에 나아가 참되고 확실하게 자신하여 터럭만큼도 환하게 꿰뚫지 못한 부분이 없게 한 뒤에야 사업에 미루어 나갈 수 있는 것이니, 이것이 자연스러운 순서입니다. 근본과 말단을 모두 겸비한다면 매우 좋겠지만, 근본은 가볍고 말단이 무겁기보다는 근본을 확립하고 말단은 혹 갖추지 못하는 것이 차라리 더 나은 것이니, 이 뜻에 대해 모르겠습니다만 어찌 생각하시는지요?

이런 부분까지 언급한 것은 또한 이것을 가지고 남의 장단점을 비교하고 헤아리려는 것이 아니라, 단지 자신이 발을 딛고 서 있는 바로 그 자리에서 자신이 갈 길을 인지하여 찾아내고자 하는 것이요, 만일 이것이 그릇된 것이 아니라면 또한 그대와 함께 앞으로의 날들을 함께 면려하고자 하는 것입니다. 어찌 생각하시는지요, 어찌 생각하시는지요?

지난번에 《논어》를 읽고 계셨으니 생각건대 지금쯤 차례에 따라 이미 다른 경전들을 읽고 계실 것입니다. 그사이에 터득한 것과 도달한 경지가 또 어떠하신지요? 상세한 것은 진실로 다 듣기가 어렵겠지만 큰 단서와 중요한 뜻만이라도 부족하고 비루한 저에게 알려 주시면 다행이겠습니다. 저 역시 일찍이 《논어》를 대략 읽었지만 대충대충 지나쳐 버려서 아직도 《논어》를 마치지 못하고 있으니, 그 지리멸렬함을 알 만합니다. 《논어》의 글귀도 기억해 내지 못하는 형편인데 하물며 여기에서 더 나아갈 수가 있겠습니까. 그저 스스로 서글퍼할 뿐입니다.

저의 외숙 조성경(趙成卿 조성기(趙聖期))이 세상을 떠난 이후로 벌써 3년이 흘렀습니다. 한 번씩 여기에 생각이 미칠 때마다 문득문득 형용하기 어려운 정회가 일어납니다. 다른 사람을 향한 진실한 정성과 사물을 관찰하는 깊은 공부에 있어 지금 이후로 어찌 다시 조성경과 같은 분이 있겠습니까. 몹시도 혼매하고 우둔하여 생사가 교차하는 사이에 실로 교분(交分)을 다하지 못한 부분이 많았으니, 이 점은 더욱 슬퍼하고 탄식할 만합니다.

지난번 서찰에서 해 주신 말씀은 자못 제 마음을 상쾌하게 하였으니, 읽어 보매 더욱더 감격스러웠습니다. 박중회(朴重繪)[28] 군은 지난겨울에 천연두에 걸려 갑자기 세상을 떠났습니다. 이 사실은 이미 듣고 슬퍼하고 계시리라 생각합니다. 저 또한 일찍이 한 번 이 사람의 방문을 받은 적이 있는데 차분하게 교분을 나누지는 못하였습니다. 그의 재주가 높다는 것을 들으니 자못 애석해할 만합니다. 양군(梁君)[29]은 자취를 감추고 세상에 나오지 않고 있으니 아직까지 그와는 면식이 없습니다. 박군과 양군에 관한 이야기는 그대가 지난번 서찰에서 언급한 사람들이므로 대략 회답드리는 것입니다.[30] 나머지 하고자 하는 말

28 박중회(朴重繪) : 1664~1691. 본관은 순천(順天), 자는 수여(受汝), 호는 소은(素隱)이다. 송시열(宋時烈)에게 수학하였으며 진천사(眞泉祠)에 배향되었다. 저서로 《소은집(素隱集)》이 있다.

29 양군(梁君) : 양득중(梁得中, 1665~1742)이다. 본관은 제주(濟州), 자는 택부(擇夫), 호는 덕촌(德村)이다. 윤증(尹拯)에게 수학하였으며 효릉 참봉(孝陵參奉), 지평, 집의, 동부승지 등을 역임하였다. 저서로는 《덕촌집(德村集)》이 있다.

30 박군과……것입니다 : 《농암집》 권13 〈임덕함에게 답함〔答林德涵〕〉에 "전에 들으

들은 서찰을 조금 오래 적다 보니 눈병이 더 심해질까 염려되는지라 뜻을 다하여 적지를 못합니다. 그러나 말을 많이 한다고 또한 어찌 뜻을 다 펼 수 있겠습니까. 오직 그대께서 묵묵히 헤아려 주시는 데 달려 있습니다. 부디 스스로 깊이 보중하시어 멀리서 그대를 향하는 저의 정성스러운 마음을 위안해 주시기 바랍니다.

니. 광주(光州)에 박중회(朴重繪)라는 사람이 있고 영암(靈巖)에 양득중(梁得中)이라는 사람이 있는데 모두 후배 가운데 수재라고 합니다. 그들을 만난 적이 있습니까? 인물과 문장, 학문이 모두 어떠합니까? 부디 품평해 주시기 바랍니다."라고 하였다.

이동보[31] 희조 께 답함 경술년(1670, 현종11)

答李同甫 喜朝 庚戌

삼가 상중에 계신 그대께서 1월 11일에 보내 주신 답서를 받아 읽고 난 뒤 슬픔과 위안이 교차하였습니다. 요즘 봄 날씨가 따뜻한 때에 거상(居喪)하며 모친을 모시고 있는 그대의 기력은 어떠한지요? 구구한 나는 염려되고 걱정스러운 마음을 가눌 길이 없습니다.

지난번 서찰에서 선친의 유묵(遺墨)을 수집 중이라고 하였는데, 그 말을 듣고 나도 모르게 목이 메이고 크게 탄식하며 슬퍼하였습니다. 이는 물이 용솟음치고 바람이 일어나는 것과도 같은 선생의 박식하고 고원한 의론은 이제 들을 수 없게 되었고, 그저 얼마 안 되는 종이 위에 적힌 말씀만 남아 있음이 슬펐던 것입니다.

비록 그렇지만 이것을 놓아두고 무엇을 후세에 전하겠습니까. 진실로 마음을 다해야 할 일입니다. 생각건대 상중에 있는 그대는 나이도 어리고 기운도 약한데 갑자기 변고를 당하여 스스로를 지키고 돌보기에도 겨를이 없을 것입니다. 그런 와중에 선친의 덕을 불후(不朽)하게 하는 일을 급급하게 도모하니, 선생께는 훌륭한 후사가 있는 것이라 이를 만합니다.

내가 가지고 있는 선생의 글들은 그것이 편언척자(片言隻字)라고 해도 이미 하나하나 검토해 보았습니다. 대개는 일상적으로 안부를 묻는 서찰이었고, 때때로 소소한 논변도 있었으나 또한 대부분 나중에

31 이동보(李同甫) : 116쪽 주6 참조.

고친 것들이어서 가벼이 수록할 것은 못 됩니다. 그래서 일단은 남겨 두었습니다.

나는 책을 읽고 이치를 볼 때 의심나는 부분을 철저하게 궁구하지 못했기에 의견을 내어 가르침을 받은 일이 없습니다. 뒤미처 이 일을 생각하면 더욱 깊이 슬프고 한스럽습니다. 이것이 오늘날 나의 안방(安放)의 아픔[32]이 다른 사람보다 특히 심한 이유입니다.

적어 올린 절구(絶句) 3수는 바로 을사년(1665, 현종6) 가을에 선생께서 손수 적어 나에게 주신 것입니다. 지금 원본이 나에게 있으나 전달하는 중에 유실될까 염려되기에, 베껴서 적어 올립니다. 내가 마침 멀리 이곳 북관(北關)에 오게 되어[33] 선생의 문집을 교수(校讎)하는 일에 힘을 보태지 못하니 더욱 한스럽고도 한스럽습니다. 늦봄에 만약 가지 못한다면 초가을에는 갈 것입니다. 나머지 많은 말은 인편이 급하고 심란하여 다 적지 못합니다.

32 안방(安放)의 아픔 : 스승이 세상을 떠나 의지할 곳이 없어진 데 따른 아픔을 말한다. 공자가 세상을 떠나기 일주일 전에 "태산이 무너지는구나. 대들보가 꺾이는구나. 철인이 시드는구나.〔泰山其頹乎! 梁木其壞乎! 哲人其萎乎!〕"라고 노래하였는데, 자공(子貢)이 이 노래를 듣고는 "태산이 무너지면 우리가 장차 어디를 우러러보며, 대들보가 꺾이고 철인이 시들면 우리가 장차 어디에 의지하겠는가.〔泰山其頹, 則吾將安仰? 梁木其壞, 哲人其萎, 則吾將安放?〕"라고 하였다. 《禮記 檀弓上》

33 북관(北關)에 오게 되어 : 1670년(현종11) 창계는 회시(會試)에 낙방하고 부친이 있는 북관에 머무르고 있었다.

이동보께 답함

答李同甫

상중에 계신 그대의 답서를 받은 지도 이미 달이 새로 바뀌는 시간만큼 경과했습니다. 그런데도 곧장 서찰을 올려 사례드리지 못한 것은 기다리는 바가 있었기 때문입니다. 그러나 이제는 그럴 수 없는 일이 생겼으니, 기다린들 또 무엇하겠습니까. 그저 멀리서 얘기로 할 따름입니다.

나는 돌아가신 선생의 문하에서 선생의 지우(知遇)를 가장 깊게 입었다고 생각했습니다. 이것은 그대도 알고 계신 사실입니다. 그런데도 선생께서 후학들을 버리시고 세상을 떠났을 때 나만 홀로 그대들의 뒤에서 선생의 영전 앞에 서서 대강이나마 마음을 표시하고 예의를 갖추는 일을 하지 못하였습니다. 그러니 나 또한 사람인 이상 어찌 조금이라도 마음이 편안할 때가 있겠습니까.

지난달 그믐에 참으로 한번 길을 나서려고 하였는데 마침 아버님께서 병환이 있으시어 결국 결행하지 못하였습니다. 이번 달 보름에는 길 떠날 준비를 하고 행장을 꾸리고 여정에 필요한 물품까지 갖추어 놓았는데, 뜻하지 않게 반드시 큰 병증이 생길 징후가 보였습니다. 그리하여 기력이 혼미하고 쇠약해서 하루도 버텨 낼 수 없을 듯하였습니다. 비록 지독하게 아프지는 않았으나 증후가 가볍지 않아 억지로 길에 올랐다가는 큰 우환이 생길까 두려웠습니다. 그래서 끝내 또 피치 못하게 계획을 중지하였습니다.

대개 지난달 그믐 이전에 답서를 올리지 못한 것은 그믐 즈음에 길을 나서고자 했기 때문이고, 이후로 지금까지도 답서가 없었던 것은 이제는 길을 나서고자 했기 때문입니다. 기다리는 바가 있다고 했던 것의 자세한 사정이 이와 같으니, 내가 전후로 가졌던 심사(心事)를 그대께서 묵묵히 살피고 긍휼히 여겨 주실 것입니다. 가령 내가 일찍 마음과 예의를 선생의 영전 앞에 스스로 다할 수 있었다면 오늘날 나에게는 단지 안방(安放)의 아픔만 있을 뿐, 어찌 다시 이처럼 갖가지 슬프고 울울한 심정이 있겠습니까.

선생께서 남기신 서찰을 보내 달라고 그대가 요청한 것에 대해서는, 또한 요청을 듣자마자 보냈어야 마땅합니다. 그런데 우매하고 불민하여 누차 번거롭게 요청하게 만들었으니, 더욱 송구하여 마음이 편안하지 못합니다. 선생의 유문을 많이 수습하려 하신다는 말씀에 대해서는, 또한 본디 내가 소매 속에 넣어 가지고 가려고 하였습니다. 그런데 홀연 병증이 생겨 하루 사이에 갑자기 길을 나서려던 계획을 중지하였으니, 형세가 이미 궁박하고 몸이 또 고단하여 베껴 올릴 길이 없습니다. 바라건대 조금이나마 너그러이 용납해 주시고 대번에 허물하지 말아 주십시오. 병이 차도가 있으면 인편을 찾아 베껴 보내겠습니다.

황필(黃筆) 5자루와 묵 3개는 선생의 유문을 서사(書寫)하는 데 쓰시라고 멀리서 부조(扶助)하는 것이니 받아 주시는 것이 어떠하겠습니까? 정신이 혼미하고 손이 떨려 말이 어지럽고 필체가 거치니, 몹시 송구스럽고 몹시 송구스럽습니다.

이동보께 답함 신해년(1671, 현종12)

答李同甫 辛亥

지난달 20일 이후에 우리 형님 댁의 노복이 전염병에 걸리는 우환이 생겨 형님께서 전염병을 피하기 위해 가속들을 이끌고 북동(北洞)으로 갔습니다. 우리 집은 형님 댁과 담장 하나를 사이에 두고 조금 멀리 떨어져 있기 때문에, 마침내 구차히 전염병에 걸리지 않는 요행을 바라면서 추이를 관망하기로 하였습니다. 그리하여 10여 일 문을 닫아걸고 마치 숨어 지내는 사람처럼 지냈습니다.

이즈음 두 번이나 서찰을 보내 주셨는데 서찰을 가져온 사람이 형님 댁을 지키는 사람에게 잘못 전달하였습니다. 집을 지키는 사람도 형님에게 전해야 할 서찰로 착각하고 나에게 전해야 한다는 것을 모르는 바람에 두 서찰이 모두 형님이 계신 곳으로 잘못 전달되었습니다. 그리하여 오랜 시간이 지난 뒤에야 내가 그 서찰을 받았습니다. 이런 이유로 여태 지체되어 답서를 보내지 못했으니, 그대께서 반드시 답답하게 여기셨으리라 생각합니다.

적어 보내 주신 세세한 말씀은 그 지극하신 뜻을 잘 알았습니다. 이 일이 어떤 일인데 내가 마음을 스스로 다하지 않고서 반드시 그대가 힘써 부지런히 말해 주기를 기다린 뒤에야 한단 말입니까. 그러나 전후로 매번 사세(事勢)에 구애받아 하나하나 시간을 지체하여 오늘에 이르렀습니다. 그러니 내 마음이야 실로 잠시도 이 일을 잊은 적이 없다지만, 나의 행적은 회피하려고 도모한 사람과 다를 바가 없습니다. 참으로 한스럽고도 부끄러운 마음 형언할 길 없습니다.

당초 박장(朴丈 박세채(朴世采))과 상의하여 반드시 지난달 그믐 즈음에 일을 시작하려고 하였습니다. 그런데 내 아내가 마침 임신하여 지난달 분만하겠기에 잠시 해산을 기다린 이후 곧바로 의논하여 서로 모이려 하였습니다. 그런데 뜻밖에 한 달을 끌도록 해산하지 못한 데다 갖가지 잡병(雜病)이 없는 날이 없는 중에 형님도 이곳에 계시지 않아 의약(醫藥)으로 병구완하는 일을 주관할 사람이 없었습니다. 그래서 지난번에 박장께 서찰을 보내 이 사실을 알렸습니다. 박장께서 나에게 사고(事故)가 있다고 하신 것은 필시 이 일을 가리킨 것입니다. 지금도 병으로 인한 근심이 가볍지 않으니, 혹 이렇듯 시일을 끌다가 한 달을 다 보내 버리고, 해산한 뒤에는 또 반드시 의약으로 간호해야 할 일이 없지 않을 듯합니다. 그러니 단시일 안에 내가 여유롭게 되기를 기약하기가 쉽지 않은 상황입니다.

단지 형께서 바라고 기다리는 마음이 날로 괴로울 뿐만 아니라 내 마음도 한시도 편할 때가 없습니다. 그리하여 오늘 집을 나서 성남(城南)의 박장 댁에 가서 반드시 기한을 정하여 힘을 쓰려고 마음을 먹었습니다. 그러나 헤아려 보건대 나처럼 혼매하고 노둔한 후생이 어찌 그 사이에서 한마디라도 할 수 있겠습니까. 저의 지극한 바람은 오직 선생의 문집 교정에 참여하여 선생의 저술을 살펴보고 편차하여 권질을 완성하는 것입니다. 그리고 그대가 전후로 정성스럽게 일러 주신 말씀에 감히 부응하지 않을 수 없으므로 만 가지 일을 제쳐 두고 박장 댁으로 가려는 것입니다. 다만 과업을 마치기 전에 혹 사사로운 일에 구애받아 중도에 그만둘까 염려스럽습니다.

근자에 연이어 그대의 서찰을 받아 보니 모두 명백하고 간절하여 말과 뜻이 완전하니 오늘날 동류들 사이에서 쉽게 얻을 수 있는 것이 아닙니다. 실로 공경히 탄복하고 아끼고 기뻐하는 내 마음을 이길 수가 없습니다. 두터운 정의를 믿고서 문득 참람한 말을 하고 보니 송구스럽고 송구스럽습니다.

이동보께 드림

與李同甫

내가 입성(入城)한 지 겨우 한 달 만에, 그대에게 받은 편지가 상자에 거의 가득 찼습니다. 이는 돌아가신 선생의 문집을 교정하는 일이 있어 그런 것이지만, 그대의 지극히 정중한 뜻에는 또 감격할 만합니다.

문집의 권수는 일이 끝나 손에서 내려놓기 전에는 몇 책이나 될지 확실히 알 수 없습니다. 그러나 대략 6, 7책 밑으로는 내려가지 않을 것입니다. 대체로 시권(詩卷)의 작품들은 혹 취하지 않은 것이 많으나, 서소류(書疏類)는 문장이 좋거나 뜻이 좋아서 혹은 사적(事蹟)에 관계된 이유로 취하였으니 비록 그 가운데 산삭(刪削)하고 정리해야 할 부분이 없지 않으나 대부분 취하고자 합니다. 이 때문에 권수가 자연스레 이 정도가 된 것이지, 일부러 권수가 많아지도록 힘쓴 것은 아닙니다.

초년과 만년의 작품은 체격(體格)이 과연 같지 않은 듯합니다. 박장(朴丈 박세채(朴世采))의 처음 생각은 따로 구분하여 별도의 권으로 만드는 것이었으나, 다만 시권은 작품들을 거듭 더 취하더라도 한 권을 넘지는 않을 것입니다. 그런데 만약 그 가운데에서 마치 정집(正集)과 별집(別集)으로 구분하듯이 초년과 만년의 작품을 따로 구분한다면, 제대로 모양이 갖추어지지 못할 듯합니다. 그러니 다시 후일에 그대가 이곳에 와서 함께 모여 논의하여 결정할 때를 기다려야겠습니다.

서척(書尺) 중에 말이 번만한 것들은, 취할 만한 것이 없는 것은 일단 내버려 두었고 사의(辭意)가 취할 만한 것은 우선 권점(圈點)하여 뽑아 두었으니, 또한 그대와 함께 다시 논의하여 결정해야 할 것입니다. 마주하고서 내 마음을 다 아뢸 길이 없으니 그리움만 더합니다. 격식을 갖추지 못했습니다.

이동보께 드림

與李同甫

영(泳)은 아뢰니다. 세월이 얼마 되지도 않았는데 선생께서 후학들을 버리고 세상을 떠나신 지 벌써 3년이 흘러 재기(再朞) 제삿날도 지나갔습니다. 지난날이 마치 어제처럼 느껴지니, 한번 통곡하는 일 말고는 어찌할 수 있는 일이 하나도 없습니다. 평상시에도 하염없이 그리워하며 그저 흐르는 눈물로 얼굴을 덮을 따름입니다. 삼가 생각건대 존형(尊兄)께서는 효심이 지순하시니 나와는 비교도 안 될 추모의 마음을 더욱이 어떻게 감당하고 계십니까. 걱정되고 그리운 내 마음을 가눌 길이 없습니다.

나는 말을 달려 근근이 자빠지는 것을 면하고서 집으로 돌아와 어버이를 모시고 있습니다. 뭇 일들이 대강 안정된 것은 진실로 존형께서 염려해 주신 덕분입니다. 다만 독서하고 학문하는 일은 끝내 착실한 모양새가 없고 질병과 게으름이 서로 이어져 하다 말다 일정함이 없습니다. 이처럼 어영부영 시간을 끌다가 결국에는 일생을 그르칠까 두렵습니다.

요사이 늘 생각건대, 우리들이 학문을 함에 보잘것없는 견해가 없는 것은 아니나, 단지 본령이 확립되지 않았기에 기상(氣象)이 끝내 천박해지니 마침내 큰일을 담당해 낼 수 없을까 두렵습니다. 만약 그저 이러한 행태만 고수한다면 비록 종신토록 성현을 사모하고 경서를 읽는다 한들 어찌 자기 자신이 직접 도로 들어갈 날이 있겠습니까. 이른바 새벽이 이르도록 길을 가도 문에 들어가지 못하는 경우에 불행히도 가까워질 것이니, 이를 또 어이한단 말입니까.

내가 근자에 근심하고 두려워하는 바가 이 일에 있지 않은 적이 없습니다. 그러나 끝내 스스로를 크게 변혁하지 못하고 허송세월하면서 갈팡질팡하고 있을 따름입니다. 이 일은 진실로 나에게 절실한 병통입니다만, 존형처럼 자질이 높으면서 나이가 젊고 기력이 왕성한 사람도 익숙하게 살피지 않아서는 안 될 일입니다. 한번 그 뜻을 가지고 존형의 몸과 마음에 돌이켜 구해 보아서 얻는 바가 있거든 나에게 아낌없이 가르침을 내려 주십시오. 만약 정성을 다하고 앎을 다하여 통렬히 서로 절차탁마해서 마침내 좌우에서 이끌어 함께 현인군자(賢人君子)의 경지로 들어갈 수 있게 된다면, 어찌 선생께서 평소 후인들에게 깊이 바라던 바가 아니겠습니까.

나머지 말은 멀리서 보내는 서찰로 다할 수가 없습니다. 모친을 시봉하고 계시는 존형께서 기력을 보전하기를 바랄 뿐입니다. 격식을 갖추지 못했습니다.

이동보께 답함

答李同甫

나는 집안의 불행이 혹독하게 거듭되어 숙부와 어린 누이의 상을 거듭 당하여 참담하고 비통한 상황이 잇달아 발생하였습니다. 슬프고 아픈 이 마음을 감내하기가 어려웠는데 이번에 특별히 형께서 멀리서 서찰을 보내 위문해 주시는 자애로운 은혜를 입었습니다. 서찰 속의 사의(辭意)가 근실하고 간절하며 위유(慰諭)하심이 지극하였습니다. 이를 통해 나를 돌보아 주시는 형의 정리를 알게 되었으니 감복하는 이 마음을 가눌 길이 없습니다.

나는 상사를 당한 뒤에 질병이 번갈아 나타났습니다. 비록 대단히 고통스럽지는 않지만 공부에 방해되고 일에 해를 끼치기에 충분한 증세가 이어져 끊이지 않고 있습니다. 그리하여 태만하고 느슨하던 사람이 더욱더 쇠미해졌으니, 참으로 근심스럽고 참으로 근심스럽습니다.

말씀해 주신 세세한 가르침은 분발하고 면려하는 뜻이 지극합니다. 여기에서 존형께서 도를 구하는 용맹함과 학문을 진전시키려는 정성을 알 수 있습니다. 진실로 이 마음을 미루어 나간다면 어디를 가든 성취하지 못하겠습니까. 존형의 고매한 뜻에 탄복하고 부러워하는 마음을 그칠 길이 없는 데다 지치고 모자란 나에게도 자못 경계가 되니, 지극히 다행스럽고 지극히 다행스럽습니다. 이끌어 주고 경계해 달라는 책망은, 존형에게는 손우(損友)일 뿐인 나 같은 사람이 감히 받들어 감당할 수 있는 것이 결코 아닙니다. 나를 도외시하지 않는 지극한 뜻이 감격스럽기는 합니다만 실로 존형께 말씀드릴 만한 새로운 내용이 없으니, 부끄럽고 한스럽고 부끄럽고 한스럽습니다. 어이하겠습니까.

대개 이 도리는 이미 성현들의 책 속에 실려 있어서 분명하고 또렷합니다. 나의 한마음이 또 이것을 충분히 주관하고 갖추고 있습니다. 그러니 구할 수 있는 곳이 없다고 걱정할 것도 없고 할 수 있는 바탕이 없다고 걱정할 것도 없습니다. 단지 당사자가 실제로 궁구하여 살피고 실제로 그 일을 담당하여 행하고자 해야 하는 것이니, 궁구하여 살핌이 미진할 경우에는 바야흐로 강평(講評)하는 것이 좋고, 담당하여 행함이 순정하지 못할 경우에는 바야흐로 약석(藥石)과 같은 경책으로 치료하는 것이 좋습니다. 만약 자잘한 견해를 가지고 대번에 화두(話頭)를 세워 보기 좋은 것만 서로 하고 말 따름이라면, 그런 사람에게서 무엇을 취하겠습니까. 내가 감히 쉽사리 대답하지 못하는 까닭은 진실로 그런 일을 해낼 수 없기 때문이요, 또한 그런 일을 하지 않았기 때문입니다. 오직 명철한 존형께서 살펴 주어 나의 엉성함과 어리석음을 괴이쩍게 생각하지 말아 주십시오.

존형께서는 천부적인 자질이 이미 높고 지향하는 것도 바르시니, 만약 또 원대하게 마음을 세워 작은 소득에 만족하지 않고 빨리 성취하려고 서두르지 않으며, 진실하게 공부하여 속습(俗習)에 마음을 빼앗기지 않고 헛된 명성을 좇아 치달리지 않는다면, 오랜 시간이 지난 뒤에는 자연히 일취월장하여 쉽게 헤아리지 못할 점이 있을 것이라고 나는 생각하였습니다. 요컨대 모름지기 이 한 가지 일에 힘써야지 위기지학(爲己之學)이라고 이를 수 있을 것입니다. 모르겠습니다만 존형께서는 어찌 생각하는지요?

돌아가신 선생님의 행적을 기록하는 것은 이전에 매양 구차하게 짓기 어렵다는 뜻을 누누이 존형께 아뢰었습니다. 그런데 지금 다시 요구받으니 지극히 근심스럽고 초조합니다. 비록 망작(妄作)이라는 혐의를 피하지 않고 억지로 초본을 짓는다 하더라도 내 견식과 문리로는 실로 한 편의 글을 조리 있게 구성하기 어려우니 어이하겠습니까, 어이하겠습니까. 박장(朴丈 박세채(朴世采))께서 상복을 벗으실 날이 또한 가까우니 일단은 그때를 기다리는 것이 좋지 않겠습니까? 박장과 함께 뜻을 이루셨다는 소식[34]을 받으니, 그리운 마음을 억제할 수 없게 만듭니다.

보내 주신 서찰에 낙중(洛中)의 큰 의론이요, 큰 시비라고 한 것은 과연 무슨 일입니까? 서찰을 통해 그 전말을 알려 주고 이어서 존형의 견해도 아울러 알려 주신다면 고루한 이 사람에게 매우 다행이겠습니다. 어떠한지요, 어떠한지요? 수많은 사연들은 다 갖춰 적지 못합니다.

심의(深衣)로 쓸 베는 이미 한 건을 마련하였는데 이것은 바로 여러 해 동안 경영한 것이니, 지금 형을 위해 다시 도모하기는 매우 어렵습니다. 또 형께서 보여 주신 심의 제작법은 고의(古意)에 어긋나지 않고 지금 사용하기에도 편리하니, 민간에서 쓰는 조금 넓은 베를 구해 보려고 합니다. 형이 보여 주신 방법대로 지어 올린다면 과연 형의 뜻에도 만족스럽고 세상의 예를 아는 군자도 당연한 것으로 생각할는지요?

내 생각에는 심의에서 뜻을 취하는 것은 애초에 베 폭의 넓고 좁음에 있는 것이 아니니, 체격에 따라 넓게 하거나 좁게 만들더라도 안 될 것이 없습니다. 선유(先儒)들의 설도 자못 상고할 만합니다만, 《예기주소(禮記註疏)》로부터 《가례의절(家禮儀節)》에 이르기까지

34 박장과……소식 : 문맥을 살펴볼 때 이희조와 박세채가 만났다는 뜻인 듯하다.

모두 상의의 몸통 부분은 7자 2치이고 아랫단은 1장 4자 남짓이라고 하였습니다. 저들도 사람의 체구가 다르다는 것을 모르지 않았을 터인데 매양 확정적으로 말을 하여 마치 정해진 법식이 있어 바꿀 수 없는 것처럼 한 것은 또 어째서입니까? 형께서 모름지기 다시 생각해 보시고 분명하게 가르침을 주십시오.

비록 옛 법식에 한정된 치수가 있으나 형께서 보여 주신 방법의 편리함만 못합니다. 그러니 지금 대략 옛 법식의 대체를 본뜨면서 아울러 시의(時宜)를 참작하여 자기 몸에 편리하게 하는 것이 또한 좋지 않겠습니까? 형의 지촌(指寸)[35]과 신장(身長)과 복사뼈의 모양을 인편을 통해 보내 주시면 혹 주선할 수 있을 것입니다. 상의의 몸통 부분을 재단하는 법은 구씨(丘氏)가 이야기한 마름질해 나가는 법[36]을 따라야겠습니까? 형께서는 반드시 이에 대해 들은 내용이 있을 것이니 알려 주시기 바랍니다.

35 지촌(指寸) : 《가례(家禮)》에 따르면 심의(深衣)를 재단할 때 심의를 입는 사람의 가운데 손가락의 가운데 마디를 1치로 삼아 재단한다고 되어 있다.

36 구씨(丘氏)가……법 : 구준(丘濬)의 《가례의절(家禮儀節)》에 "마름질할 때는 한쪽 가에서부터 마름질을 하기 시작하여 4자를 잘라 내고 1자 2치를 남겨 두며, 점차 비스듬하게 마름질을 하여 가장자리 쪽에 가까워지면 길이를 변동시키지 않는다. 마름질을 하기 시작한 곳에 비하여 가장자리 쪽은 4치 정도를 길게 남겨 둔다. 뒤쪽에 있는 두 닢은 매 닢마다 길이가 2자 3치이다. 또한 한쪽 가에서부터 마름질을 하기 시작하여 1치를 잘라 내고 1자 2치를 남겨 두며, 점차 비스듬하게 마름질을 하여 가장자리 쪽에 가까워지면 길이를 변동시키지 않는다. 마름질을 시작한 곳에 비하여 가장자리 쪽은 1치가량 길게 남겨 둔다.〔裁時, 從一邊脩起, 除去四寸, 留一尺二寸, 漸漸斜脩, 至將近邊處不動, 比修起處, 留長四寸. 在後兩葉, 每葉長二尺三寸, 亦從一邊脩起, 除去一寸, 留一尺二寸, 漸漸斜脩, 至將近邊處不動, 比修起處, 留長一寸.〕"라고 하였다.

이동보께 답함 임자년(1672, 현종13)

答李同甫 壬子

지난달 인편을 통해 서찰 한 통을 부쳐 올렸습니다. 이미 받아서 살펴보셨을 것이라 생각합니다. 이번 인편에 보내 주신 서찰을 받고서 지난 무더위에 모친을 모시고 학문하는 체후가 더욱 좋으시다는 것을 잘 알았습니다. 후련하고 위안이 되는 마음 한량없습니다. 그리고 보내 주신 서찰의 절절한 말씀에서 형께서 스스로를 깊이 경책하심을 잘 알 수 있었습니다. 어찌 나의 어리석은 말이 형에게 도움이 되었겠습니까. 본디 고명한 형께서 일취월장하는 용맹함이 이와 같았을 뿐입니다. 이미 감분(感奮)하고 책려함이 이처럼 주밀하고 절실하니, 일상에서 말하거나 침묵하거나 행동하거나 고요히 있거나 사물을 응접하거나 사학(思學)[37]할 때에 드러나는 것들이 반드시 지난날에 비해 크게 다른 점이 있을 것입니다. 한스러운 것은 형을 직접 만나 공부하면서 날마다 관감(觀感)의 이로움을 받을 길이 없다는 것입니다.

과업(科業)은 공부에 방해가 되기는 하나, 진실로 잠시라도 이 이치를 떠날 수 없고 잠시라도 이 뜻을 느슨히 해서는 안 됨을 스스로가 참되고 실답게 알기만 한다면, 자연히 병행하여도 어그러지지 않게 됩니다. 삼가 생각건대 형께서는 이러한 부분에 분명 홀로 터득하여

37 사학(思學) : 학문할 때의 행위를 가리키는 말로 생각하고 배우는 것을 뜻한다. 《논어》 〈위정(爲政)〉에 공자가 말하기를 "배우기만 하고 생각하지 않으면 소득이 없고, 생각하기만 하고 배우지 않으면 위태롭다.〔學而不思則罔, 思而不學則殆.〕"라고 하였다.

날로 면려하는 점이 있을 것입니다. 그리고 나의 용렬하고 우둔함을 밝은 형께서 살펴보신다면 응당 바로잡고 타일러 줄 부분이 한량없을 것입니다. 그런데도 끝내 한마디 말씀을 아끼시는 것은 어째서입니까? 아마도 내가 우둔하고 불민하여 형에게 가르침을 청하는 것을 게을리 했기에 형의 곧고 신실한 가르침을 불러들일 길이 없어서 그러한 것이 아니겠습니까. 부끄럽고 후회되는 마음을 가눌 수 없습니다. 간절히 바라건대 이제부터 보내 주시는 서찰에 통렬히 책망하여 내가 큰 허물에 빠져들지 않게 해 주십시오. 이는 붕우 간에 일상적인 일이니 겸양하지 마시고 정성을 미루어 힘써 가르쳐 주시기 바랍니다. 간절히 바라고 간절히 바랍니다.

나는 지난달 중순부터 군의 서쪽에 있는 깊은 산에 와 있는데, 아침 저녁으로 한가로이 거니노라니 충분히 즐거운 점이 있습니다. 다만 우리 동보 형과 더불어 이것을 함께하지 못하는 것이 한스럽습니다. 심의(深衣)로 쓸 베는 알려 주신 대로 해서 보낼 계획입니다. 헤아려 보건대 이숙(李叔)의 짧은 서찰이 자못 조리가 있습니다. 오늘날 붕우 가운데 예학(禮學)으로는 마땅히 이숙을 꼽는데, 모르겠습니다만 한결같이 공부하고 있는지요? 형께서도 항상 힘써 권면하여 이숙이 공부를 놓아버려 실추시키는 일 없이 반드시 깊은 경지에 이를 것을 기약하게 한다면, 지극히 좋을 것이고 지극히 좋을 것입니다.

대개 사람이 학문을 할 적에는 모름지기 자신의 자질이 밝은 부분과 공부가 많은 부분에 시종일관 힘을 써야 바야흐로 성취가 있는 것입니다. 십철(十哲) 이하로 이미 이러한 뜻이 있었으니, 한갓 박학(博學)과 잡학(雜學)에 힘써서 끝내 실제로 터득하는 것이 없게 만들어서는 안 됩니다. 모르겠습니다만 형의 생각은 어떠한지요?

다만 지금 보여 주신 이숙의 짧은 서찰이 비록 조리가 있으나 대번에 따르기는 어려울 듯합니다. 나는 매번 이와 같은 일들에 대해 생각할 때마다, 조금이라도 새로운 설을 만드는 데 가까워졌다 하면 곧장 움츠러들고 겁이 납니다. 이것은 부유(腐儒)가 으레 하는 행태이니 또 괴이쩍게 생각할 것은 없습니다.

나머지 많은 말들은 인편을 만나 바쁘게 적느라 차서(次序)를 이루지 못하였습니다. 덕을 진전시키시고 자중자애하시기를 바랄 뿐입니다.

이동보께 답함

答李同甫

옛사람이 이르기를 "텅 빈 골짜기에 숨어 사는 사람은 저벅저벅 걸어오는 사람의 발자국 소리만 들어도 기뻐한다."라고 하였거늘,[38] 하물며 오랜 벗이 보낸 정겨운 서찰의 사의(辭意)가 정중하여 마치 마주 대하여 말하는 것과 같은 경우이겠습니까. 몹시도 위안이 되는 나의 마음을 그려 볼 만할 것입니다. 현재《대학》을 보시면서 의심나고 어렴풋한 데가 많다는 것을 서찰을 통해 잘 알았습니다. 이 또한 좋은 소식입니다. 그러나 의심나고 어렴풋하다는 것이 과연 무슨 뜻인지요? 자못 답답합니다. 지난번에 우리 동보 형께 내가 권하기를 "의심나는 부분이 있으면 서찰로 논변할 수 있을 것이다."라고 하였습니다. 나의 이런 뜻은 우연한 것이 아닌데 형께서는 어찌하여 끝내 받아들이지 않습니까? 대면하였을 때는 말로 논변하고, 떨어져 있을 때는 서찰로 논변하는 것은 본래 붕우 간의 일상적인 일입니다. 그런데 무엇을 꺼려서 의심나는 것을 논변하지 않으십니까?

또 마음속에 의심나는 것이 있는데 그것을 딱 꼬집어 낼 수 없을 때에 말이나 글로 형용하려고 하면, 반드시 막혀서 설명해 내지 못하는

38 옛사람이……하였거늘 :《장자(莊子)》〈서무귀(徐无鬼)〉에 "텅 빈 골짜기에 숨어 사는 사람은 족제비가 다니는 좁은 길마저 명아주와 콩잎이 막고 있는 터라, 빈 골짜기에서 홀로 걷다가 쉬다가, 저벅저벅 걸어오는 사람의 발자국 소리만 들어도 기뻐한다. 〔夫逃虛空者，藜藋柱乎鼪鼬之逕，踉位其空，聞人足音跫然而喜矣.〕"라고 하였다.

부분이 생기는 법입니다. 지금 시기는 참으로 더욱 완미하고 사색하기 좋을 때이니 응당 질문하지 않고서도 저절로 깨우치는 찰나가 있을 것입니다. 또 피차간에 차분하게 사색하여 서로 반복하면 또한 바쁘게 대면하여 이야기하면서 말을 다 풀어내지 못하는 것보다는 나을 것입니다. 어찌 생각하는지요, 어찌 생각하는지요?

다만 스스로 의심을 풀지도 못하고 상대에게 가르침을 청하지도 못하면서 전적으로 형에게만 책임을 돌리니, 또한 다른 사람을 책망하는 것은 무겁게 하고 자기 자신을 책망하는 것은 박하게 하는 것이라 이를 만합니다. 이 점도 부끄러워할 만합니다.

나는 지금 《근사록(近思錄)》을 읽고 있는데 대체로 희미하게나마 짐작하는 것이 있습니다만 참으로 의심은 하지만 실제로 터득한 것은 없습니다. 격식을 갖추지 못했습니다.

이동보께 답함

答李同甫

요즘 학문하고 있는 형의 체후 건승하신지요? 그립고 위안이 되는 마음 지극합니다. 지난번에 장문의 답서를 받았으니, 천근한 말도 버리지 않는 성의(盛意)에 깊이 감사드립니다. 진실로 이 마음을 미루어 나간다면 어디를 가든 성취하지 못하겠습니까. 다만 나의 비루한 말이 거칠고 엉성하여 별달리 적실(的實)한 깊은 뜻은 없으니 그저 그 대의(大意)만 살피고 취사(取捨)하시는 것이 좋을 것이요, 굳이 한 가지 일을 찾아내어 해당시킬 것은 없을 듯합니다. 이와 같이 하면 도리어 얕고 다급해져서 구원(久遠)한 맛이 없게 될 것입니다.

그러나 나도 이를 통해 스스로를 성찰하는 부분이 있습니다. 비루한 나의 성품이 혼매하고 늘어져서, 일을 만날 때마다 항상 흐리멍덩하게 대처하는 병통이 있고 자못 명백하게 분석해서 결단하는 용맹함은 없습니다. 이 병통은 더욱이 일을 하는 데 해를 끼치기 때문에 통렬하게 바로잡아 다스리고자 하는 마음이 간절하였으나 어떤 식으로 힘을 써야 하는지 몰랐습니다.

대개 명백하게 분석하는 데 지극한 공력을 들이고서, 또 스스로 만족하지 않고 다시 여지를 두어야 바야흐로 분수를 따라 자립할 수 있을 것이요 진보하는 부분도 있을 것이니, 진실로 자연히 병행하여도 어긋나지 않을 것입니다.[39] 그러나 이는 단지 안배(按排)하려는 생각일 뿐,

39 진실로……것입니다 : 《창계집》 권12 〈이동보께 답함 임자년〉에 "과업(科業)은

일을 행할 때 성대하게 드러난 실제 모습은 실로 없으니, 모두 헛소리입니다. 어이하겠습니까.

보내 주신 서찰에서 나를 크게 칭찬하여 장차 더불어 책선(責善)할 만한 사람인 것처럼 말씀하시니, 감히 감당하지 못할 말입니다. 감히 감당하지 못할 말입니다. 또한 평소 마음속으로 배우기를 원했던 바이니, 감히 한결같이 스스로 면려하지 않을 수 있겠습니까. 다만 나에게는 진덕수업(進德修業)의 실제가 없어서 끝내 내가 지금껏 해 오던 행태대로 남을 면려하게 될 것이니, 또한 무엇이 유익하겠습니까. 각자 모름지기 스스로 공부하여 날로 새로워지고 또 새로워지는 것이 바로 성기성물(成己成物)[40]의 첫 번째 방법이니, 그 외에는 모두 지엽적인 것일 뿐입니다. 모르겠습니다만 어찌 생각하는지요?

공부에 방해가 되기는 하나, 진실로 잠시라도 이 이치를 떠날 수 없고 잠시라도 이 뜻을 느슨히 해서는 안 됨을 스스로가 참되고 실답게 알기만 한다면, 자연히 병행하여도 어그러짐이 없게 됩니다."라고 하였는데, 여기에서도 과거 공부를 병행하여도 어긋나지 않을 것이라는 맥락으로 이해된다.

40 성기성물(成己成物) : 자신을 완성하고 그것을 바탕으로 미루어 나아가서 주변의 사람과 사물을 완성하게 하는 것을 말한다. 《중용장구》 제25장에 "성은 스스로 자기만을 이룰 뿐 아니라 남을 이루어 주니, 자기를 이룸은 인이요, 남을 이루어 줌은 지이다. 이는 성의 덕이니, 내외를 합한 도이다. 그러므로 때로 둠에 마땅한 것이다.〔誠者, 非成己而已也, 所以成物也. 成己仁也, 成物知也, 性之德也, 合內外之道也, 故時措之宜也.〕"라고 하였다.

이동보께 드림

與李同甫

어제 내 글에서 수정할 부분을 회답해 주셨는데 모두 어리석은 나의 생각과 맞아떨어졌습니다. '광박(廣博)' 한 조목은 논의를 받들어 개정하기를 기다리겠습니다.[41] "정제하여 엄숙히 각고면려하여 내외가 한결 같았다.〔整肅刻厲 內外如一〕"라고 한 것은, 당초에 단지 "내외가 한결 같았다.〔內外如一〕"라고 했던 것보다는 참으로 낫습니다. 그러나 이는 어세(語勢)가 헐후(歇後)할 뿐만 아니라, 기세(氣勢)도 "내외가 한결 같았다."라고 하는 것과는 조금 다르다고 생각합니다. 이는 돌아가신 선덕(先德)에게 표리(表裏)가 서로 호응하지 않았다는 혐의를 만드는 것이 아니겠습니까. 지금 다시 고쳐서 '내외를 정제하여 엄숙히 하고 엄격하게 각고면려하였다.〔內外整肅嚴苦刻厲〕'로 하려고 하는데 어떻게 생각하는지요? '엄고(嚴苦)' 두 글자는 주자(朱子)께서 나 선생(羅先生 나종언(羅從彦))을 두고 일컫는 말에 나옵니다. 내 글이 본디 볼만한 것이 아닌데 이처럼 반복해 가면서 마치 한 글자도 구차하게 쓰지 않으려는 듯하니, 도리어 부끄럽고 가소롭습니다. 그러나 이미 단서를 꺼낸 터에 이와 같이 하지 않을 수 없습니다.

41 광박(廣博)……기다리겠습니다 : 《창계집》 권16 〈정관재 이공의 행장과 연보의 뒤에 붙인 서〔靜觀齋李公狀譜後序〕〉에 "반드시 널리 흘러 통하는 경지에서 초연히 자득하기를 구하였다.〔必冀有以脫然自得乎廣博流通之域〕"라는 대목이 있는데, 혹 이를 두고 한 말이 아닌지 모르겠다.

그리고 어리석은 내게 삼가 망녕된 견해가 있는데, 지극히 자잘한 일이지만 감히 입을 닫고 침묵할 수 없습니다. 지난번에 형이 입고 계신 옷을 보니, 그것이 비록 옛 제도이고 선배들도 진실로 평상복으로 많이 입던 옷이라고는 하나, 장자(長者)가 입기에는 마땅하지만 연소한 사람이 입기에는 마땅치 않으며 고요한 곳에서 입기에는 마땅하지만 성안에서 다른 사람을 응접할 때 입기에는 마땅하지 않은 듯합니다. 또 옷이 자못 화려하여 더욱이 걸맞지 않으니 잠깐 벗어 두고 후일을 기다려야 하지 않겠습니까? 비록 그것이 옛것을 좋아하는 성벽에서 나온 줄은 알겠으나 자고로 실다운 마음을 지닌 사람은 이처럼 외면을 향하는 일에 급급해하지 않았으니, 모르겠습니다만 어찌 생각하는지요? 내 말을 시속(時俗)의 비루한 논의로 취급하시지는 않을는지요?

이동보께 답함

答李同甫

방금 가르쳐 주시는 말씀이 담긴 서찰을 받아 보니 사의(辭意)가 간절하고 상세하여 참으로 위안이 되었습니다. 다만 창환(瘡患)으로 번민을 면치 못하고 계시다는 사실을 알았으니 염려되는 마음 매우 큽니다. 다만 소자(邵子 소옹(邵雍))의 말에 "눈앞의 우환이 산보다 크지만 이 또한 인간 세상에 항상 있는 일이네.〔眼前憂撓大於山 亦是人間常式事〕"[42] 라고 하였으니, 어리석은 내가 질환으로 번민할 때마다 묵묵히 이 뜻을 생각하노라면 자못 흉금이 탁 트이고 쇄락(灑落)해져서 소소한 기혈(氣血)의 병증과 구구한 사물의 변화가 모두 우환이 될 수 없었습니다. 우리 형께서 이것을 잠시 생각해 보시는 것이 어떻겠습니까?

보내 주신 서찰의 말씀을 보니 몹시 위축되고 절박한 듯했습니다. 그래서 나도 범에게 상한 적이 있는 사람[43]이므로 참람하고 경솔함을 피하지 않고 문득 내가 경험한 것을 말씀드린 것입니다. 그러나 또한 정말로 바른 이치에 부합하는지는 모르겠습니다.

42 눈앞의……일이네 : 소옹의 《격양집(擊壤集)》 권11 〈선환음(鮮歡吟)〉에 나오는 구절인데, 《격양집》에는 '眼前'이 '誰云'으로 되어 있다.

43 범에게……사람 : 현재 이희조(李喜朝)가 겪고 있는 근심을 창계 역시 겪어 보았다는 뜻이다. 《근사록(近思錄)》 권7에 "옛날에 일찍이 범에게 부상당한 자가 있었는데, 다른 사람들은 범을 말할 때에 비록 삼척동자라도 모두 범이 무서운 줄을 알았으나, 끝내 범에게 부상당한 적이 있는 자의 진정으로 몹시 두려워하는 마음과 얼굴빛과는 같지 않았다."라고 하였다.

서문(敍文)에서 수정할 부분에 대해서는, 형의 고아한 뜻을 잘 알았습니다. 훗날 서로 만났을 때 어찌 다시 논의할 만한 것이 없겠습니까마는, 지금은 일단 놔두는 것이 좋겠습니다.

전에 올린 소지(小紙)는 비록 어리석은 나의 충정에서 나온 것이지만, 비루한 나의 안목이 매우 좁으니 어찌 감히 스스로 반드시 옳다고 여기겠습니까. 장님이 색깔을 논하는 것과 자못 같으니, 반드시 고명한 형에게 비웃음을 받을 것이라 생각했습니다. 그런데 이렇게까지 지금 마음을 열어 받아들여 주고 위무하셨으니, 형의 성대한 마음이 속류들과는 현격한 차이가 있음에 깊이 감탄하게 됩니다. 또 어진 형께서 작은 일에도 반드시 삼가시어 애초에 우연히 그렇게 한 것이 아님을 알았으니, 부끄럽고 감복하게 되고 부끄럽고 감복하게 됩니다. 어리석은 내 당초 생각은 단지 속된 견해로 헤아린 것이요, 형의 드넓은 의론과 상세한 고증이 이미 이와 같을 줄은 생각하지도 못했습니다.

다만 요즘 형께서 입기에 마땅한 옷은 도포(道袍)가 아니면 바로 평상시에 입는 표의(表衣)가 형의 본분에 자연히 맞는 옷이니, 굳이 이 옷을 만들어 입을 일은 아닌 듯합니다. 내 말은 대개 요즘 사람들이 입는 평상복이 올바른 예법을 얻었다고 생각하는 것이 아니라, 이 옷은 예가 아니므로 입지 않으셔야 한다는 말입니다.

삼가 바라건대 우리 형께서는 근본과 실질을 숭상하고 실속 없고 화려한 것은 덜어 내고서 내면의 공부에 전일하게 힘쓰십시오. 형께서 참으로 이 마음에 힘쓰신다면 자연히 이런 옷을 만들어 입을 겨를이 없게 될 것입니다. 또 이 옷이 심의(深衣)와 같은 것이라면 어리석은 내가 이런 말을 할 필요도 없습니다. 비록 그 옷이 옛 제도라고는 하지만 성현들께서 지은 경전에 실려 있는 내용과 비교한다면 어찌 간극이 없겠습니까. 어리석은 내 말이 몹시 용렬하고 비루한 듯하지만 그 뜻은 삼가 선진(先進)을 따르는 것에 스스로 비기고자 하는 것이요,[44] 감히 지금의 군자들이 예법에 맞지 않는 옷을 입고 있다는 뜻은 아닙니다. 대체로 이 일이 작은 일이기는 하지만, 이미 의론을 시작하였으므로 부득불 그 견해를 전부 다 말씀드렸습니다. 그러니 피차간에 애초 터럭만큼도 고집하고 기필하려는 뜻이 없음을 살펴 알 수 있을 것입니다.

"길이 탄식하고 개탄한다.〔長吁永慨〕"라는 말씀은 여러 번 반복해서 읽어 보니 마음이 송연해집니다. 나이가 한창이고 높은 재주를 가진 형도 오히려 이런 탄식이 있는데, 하물며 나처럼 어리석은 사람으로 이미 나이도 더 많으면서 졸렬함과 게으름이 남들과 비교했을 때 가장 하치인 사람이야 말해 무엇하겠습니까. 옛사람이 "식과 같은 사람은 장차 어이한단 말인가?〔軾輩將若之何〕"[45]라고 한 말이 바로 이 경우를 이르는 것입니다. 격식을 갖추지 못했습니다.

44 선진(先進)을……것이요 : 창계가 주장하는 내용이 볼품없고 이희조가 주장하는 내용이 세련된 듯하지만, 실은 창계의 주장이 성현들의 옛 법도에 맞다는 뜻이다. 선진은 선배와 같은 말이다. 공자가 이르기를 "선진이 예악에 야인이요, 후진이 예악에 군자라고 하나니, 만일 예악을 쓴다면 나는 선진의 것을 쓰리라.〔先進於禮樂, 野人也; 後進於禮樂, 君子也, 如用之, 則吾從先進.〕"라고 한 말을 빌린 것이다. 《論語 先進》

45 식(軾)과……말인가 : 중국 송(宋)나라의 소식(蘇軾)이 한 말이다. 유창(劉敞)이 문장을 주관하는 관서인 사액(詞掖)에 있을 때에 구양수(歐陽脩)가 서찰을 보내어 입각(入閣)에 관한 일로 여러 가지 질문을 하였는데, 유창이 이에 대해 상세하게 답변해 주고는 뒤에 사사로이 친한 사람에게 말하기를 "훌륭한 구양수가 문장은 매우 잘하지만 독서를 깊이 하지 않은 것은 애석하다.〔好個歐九極有文章, 可惜不甚讀書.〕"라고 평가하였다. 이 말을 전해 들은 소식이 그렇다면 자신처럼 한참 모자란 사람은 어떻게 해야 하느냐는 뜻으로 한 말이다. 《古今事文類聚 別集 卷1 惜歐不讀書》

이동보께 답함

答李同甫

보내 주신 서찰을 통해 요즘 근황이 어떠한지 모두 알게 되었으니 소식이 막혀 그리워하던 내 마음에 자못 위안이 되었습니다. 말씀해 주신 내용들은, 자신을 장중하게 지키려는 마음이 너무 심하고 사색을 지나치게 수고롭게 하여 기혈과 정신 모두가 펴지지 못해 마침내 이러한 병통이 생긴 듯합니다. 비록 옛사람이라 할지라도 바야흐로 학문이 성숙하지 않았을 때에는 어찌 이와 같은 때가 없었겠습니까. 오늘날의 이 병통은 나쁜 소식이 아닌 듯합니다. 그런데 마침내 이 병통을 고치느라 문득 다시 방기(放棄)하고 고식적으로 행동한다면 뒷날 억지로라도 조금 힘을 내서 공부를 해 보려고 할 때 이 병통이 예전처럼 도질 것입니다. 모르겠습니다만 고명한 형께서 여기에 대해 또 어떤 방편을 써야 하겠는지요?

정자(程子)의 말씀에 "또한 모름지기 우선 여기에서부터 해 나가야 하니, 덕이 성대해진 뒤에는 자연히 좌우에서 그 근원을 만나게 된다."[46] 라고 하였습니다. 내가 일찍이 이 한 말씀을 아끼고 좋아하여 후생들이 마음을 가지고 공부하는 표준으로는 이 말을 대체할 것이 없다고 여겼

46 또한……된다 : 명도(明道) 정호(程顥)가 한 말로, 《이정전서(二程全書)》에 실려 있으며 《근사록(近思錄)》 권4 〈존양(存養)〉에도 뽑혀 있다. 창계가 인용한 대목은 다소 축약이 있다. 원래 구절에 근거하면, 여기에서부터 해 나간다는 말은 너무 급박하게 마음을 조장하지 않고 편안하게 가지는 것을 뜻한다.

습니다. 모르겠습니다만 이 말이 그대의 뜻에 부합되는지요? 다만 형의 이 병통이 진실로 나같이 유유범범하고 게으르며 황폐한 사람의 행태보다는 나으나, 끝내 정도가 지나치니 오래 지속할 수 있는 방도는 아닌 듯합니다.

내가 일찍이 그러한 병통이 생기게 된 내력을 생각해 보니, 이는 평소의 공부가 전일하지 못해서, 마음이 해이해질 때는 줄곧 해이해져 버리고, 의사(意思)가 있고 서책을 가까이하고 신심(身心)을 검속할 때는 빨리 성취하고자 하는 마음이 일어남을 면치 못한 것입니다. 그리하여 앞에는 잘못을 후회하고 엄격하게 자신을 질책하는 생각이 있고 뒤에는 공효(功效)를 기대하는 마음이 있어서 이리저리 헤매며 번잡스러워져서 내버려 두지 못하니, 이 마음에 마침내 다시는 여유롭고 상쾌하며 공평한 부분이 없게 되는 것입니다. 이와 같다면 어찌 병통이 생기지 않겠습니까.

형의 이 뜻이 근실하고 애를 쓰는 것처럼 보이지만 그 근본은 나태함에서 나온 것이요, 선한 생각처럼 보이지만 그 실제는 사사로운 뜻일 뿐입니다. 가령 애초에 공부에 태만함과 간단(間斷)이 없고 마음을 세우는 것이 급박하고 조급하지 않았다면, 자연히 공부의 과정이 순숙(純熟)해지고 의사가 상쾌해져서 허다한 수고와 어지러움이 없었을 것입니다.

대저 사람이 학문을 할 적에는 거경(居敬)과 궁리(窮理) 두 가지 길이 있을 뿐입니다. 거경은 기운을 일으켜 애쓰는 일이 아니요, 단지 자신의 마음을 스스로 성찰하여 자신의 몸에 보존하여 두는 것을 이릅니다. 궁리 또한 현묘(玄妙)한 데로 마음을 치달려 정신을 쏟아 억지로 캐내어서는 안 되는 것이요, 내 앞에 있는 사물과 이미 있는 선현들의 말에 대해 마음을 비우고서 미루어 궁구하여 자득하기를 기다려야 하는 것일 뿐입니다.

공부하는 절도(節度)를 논해 보면, 모두 각각 평평정정(平平正正)하고 적실하며 참으로 합당한 부분이 있으니, 진실로 집착하여 억지로 끌어다 맞춰서 기운을 움직여 병통이 생겨나게 해서는 안 됩니다. 더군다나 자신이 학문을 하는 뜻은 본디 천리(天理)와 성분(性分)에서 나온 것이어서 그 일이 지극히 크고 그 마음이 지극히 공정한 것인데, 어찌 그 사이에서 사사로운 뜻으로 계교(計較)하고 안배하여 대공(大公)한 본체에 해를 끼칠 수 있겠습니까. 이와 같이 한다면 마음 기르는 것을 배운다는 것이 도리어 마음을 해치는 꼴이 될 것입니다.

옛날의 성현은 비록 종일토록 먹지 않고 밤새도록 잠들지 않으면서[47] 맹렬히 시름하고 통렬히 이해하며 분발하고 각고의 노력을 기울였으되, 그 마음속은 반드시 허령하고 고요하며 여유롭고 편안하여, 위축되고 절박하며 수고롭고 어지러운 병통이 없었습니다. 대개 사람의 마음은 지극히 허령하고 지극히 밝으니, 오직 허령하기 때문에 밝을 수 있는 것입니다. 만약 공부에 힘을 쓰는 것이 정도를 지나쳐서 기운을 움직이는 데에 이른다면 곧 허령하지도 않고 밝지도 않아 병통이 생길 것입니다. 이렇게 되면 마음을 다스리고 기운을 기르는 것 모두에 어찌 해를 끼치지 않겠습니까.

지금 형의 병통이 생기게 된 내력은, 내가 생각하기로는 혹 여기에

47 종일토록……않으면서 : 《논어》 〈위령공(衛靈公)〉에 공자가 "내가 일찍이 종일토록 밥을 먹지 않으며 밤새도록 잠을 자지 않고서 생각하니, 유익함이 없었다. 배우는 것만 못하였다.〔吾嘗終日不食, 終夜不寢, 以思, 無益, 不如學也.〕"라고 하였다.

있는 듯합니다. 그러나 어리석은 내가 어찌 감히 딱 잘라서 반드시 그렇다고 말할 수 있겠습니까. 이는 또한 현명한 형께서 뜻을 기울여 스스로를 돌이켜 보는 데 달려 있을 따름입니다. 나도 근년에 이런 병통이 있었는데, 그대로 꾸준히 공부하지 못하여 마침내 자신의 과오를 깨닫는 데 어두운 지경이 되어 버렸습니다. 그리하여 지금까지 한스럽고 후회스러우나 돌이킬 수가 없습니다. 그러므로 형이 한 말에 삼가 느끼는 점이 있어 문득 이렇게 세세하게 말하면서 내 말이 지리멸렬하다는 것도 깨닫지 못하였으니, 참람하고 경솔하였고 참람하고 경솔하였습니다. 그러나 우리 벗이 너그러이 포용해 주는 마음이 두텁고, 하문함이 근실함을 믿지 않았다면, 내가 아무리 어리석고 식견이 없다고 한들 이런 망발을 하지는 않았을 것입니다. 너그러이 용서하고 허물하지 마시기 바랍니다. 격식을 갖추지 못했습니다.

이동보께 드림

與李同甫

지금 모친을 모시고 학문하는 체후 편안한지요? 내가 앞서 했던 말이 도리어 형을 그르치게 하였으니 부끄럽고 후회스러우나 돌이킬 수가 없습니다. 학문의 강론은 비록 붕우들과의 논변에 의지하지만, 긴요한 의리의 대체는 반드시 자기 자신이 실제로 공부해서 터득해야 합니다. 그래야지 바로 실제로 터득한 것이 되고 참맛이 있어서 오래갈 수 있으니, 그저 입으로 말하고 귀로 듣는 피상적인 선상에서 탐구해서는 안 됩니다. 더구나 자신과 수준이 비슷한 사람이나 자기보다 못한 사람과 억지로 논변을 벌인다면 어찌 유익하겠습니까. 형께서는 이제부터 더욱 전일하게 내면에 마음을 기울여 공부에 크게 힘써서 반드시 스스로 터득함이 있기를 기약하시기 바랍니다. 소소한 문의(文義)를 가지고 서로 서신을 왕복하며 논의하는 일도 무방하니, 쓸데없는 사설을 늘어놓는 것보다야 낫지 않겠습니까. 그러나 급급해할 일은 아닙니다. 형께서 오랫동안 나의 말을 수용하지 않은 것은 아마도 이런 이유 때문이겠지요.

지금 만약 《대학》을 읽는다면, 선각(先覺)께서 이미 이 책은 덕으로 들어가는 문이라고 하셨으니,[48] 형께서는 지극한 정성과 한결같은 마음으로 그 문을 구해야 합니다. 그렇게 해야 바른 법이요, 이외에는 모두 쓸데없는 일입니다. 내가 들으니 옛사람의 말에 "성인의 도는 그

48 선각(先覺)께서……하셨으니 : 《대학장구》의 첫머리에 있는 정자(程子)의 말이다.

문을 얻지 못하는 것이 근심일 뿐이다. 그 문을 얻을 수 있다면 멀어서 도달하지 못할 경지는 없다."[49]라고 하였습니다. 지금 과연 그 문을 얻는다면 성현의 경지에 이르는 것을 기약할 수 있으니, 이 어찌 인생에 있어 하나의 큰 기쁜 일이 아니겠습니까. 그런데 만약 책을 펼쳐 보면서 대충대충 읽고 말 뿐이라면, 공업을 크게 이룩할 수 있는 방법이 아닌 듯합니다. 어찌 생각하는지요, 어찌 생각하는지요?

여기에 맛 좋은 음식이 있는데, 이번에 그 음식을 보고 감탄하면서 먹으려고 하다가 다시 먹으려 하지 않고서 나중에 먹으려고 하고, 나중에 그 음식을 보고서는 감탄하면서 먹으려고 하다가 다시 먹으려 하지 않고서 또 나중에 먹으려고 하니, 이처럼 시간만 끈다면 언제 음식의 맛을 알겠습니까. 우리들이 성현의 글을 읽는 것이 딱 이 모양이니, 깊이 성찰하여 용맹하게 잘못을 고치지 않아서는 안 됩니다. 모르겠습니다만 형께서는 어찌 생각하는지요? 인편에 임해 바쁘고 급하여 격식을 갖추지 못했습니다.

49 성인의……없다 : 《성리대전(性理大全)》 권34에 실려 있는 쌍봉 요씨(雙峯饒氏) 요로(饒魯)의 말을 축약한 것이다.

이동보께 드림
與李同甫

앞서 보내 주신 서찰에서 "전날의 의론에 조금 견해가 다른 부분이 있다."라고 하신 것은 아마도 가장 마지막에 논의했던 '설욕〔復雪〕' 한 부분을 두고 하신 말씀이겠지요. 당시 이야기를 나눌 때, 자못 논의하는 순간에 맞춰 근거 없이 억측으로 말하고 논쟁에서 이기려고 하는 병통이 있었습니다. 비록 나도 부끄럽고 후회스러운 생각이 없지 않으나, 형께서 답답하게 생각하고 그런 병통에서 건져 주려 하신 것도 당연하다 하겠습니다.

비루한 나의 본래 의도는, 설욕은 바로 당세(當世)에 가장 중요한 명제이니 진실로 천덕(天德)과 왕도(王道)의 실현을 자임하는 선비라면 그것이 어려운 일인지 쉬운 일인지 오랜 시간이 걸리는 일인지 가까운 시간 안에 해낼 수 있는 일인지를 논할 것 없이 진실로 마땅히 이 일을 표준이자 궁극적인 법으로 삼아야 합니다. 그러나 그 마음을 세울 때는 반드시 간절함과 성실함을 지극히 하여 터럭만 한 허위나 과장된 생각이 있어서는 안 됩니다. 그 일을 추진할 때는 반드시 주밀함과 신중함을 지극히 하여 터럭만 한 경솔함이나 남을 떠보려는 행동이 있어서는 안 됩니다. 비루한 나의 본래 의도는 이와 같을 따름입니다.

조정에서 성상께 아뢰는 일로 말하자면, 비록 성상을 처음 면대하였을 때 곧바로 아뢸 필요는 없겠지만 에둘러서 숨기고 피하면서 반드시 어떤 계기가 마련될 때까지 기다렸다가 아뢰려고 해서도 안 됩니다. 전날 나의 견해는 이 부분에 대해 참으로 밝게 알지 못하였습니다.

이 점은 형께서 이미 간파하셨으리라 생각하니, 매우 다행스럽고 매우 다행스럽습니다.

아뢴다는 것은, 또한 성실하고 신중하게 마음을 세우고 일을 추진해야 한다고 성상께 말씀 올리는 것에 불과할 뿐 애초 다른 방법이 없습니다. 그리고 성상을 처음 면대하였을 때 곧바로 아뢸 필요가 없다는 것은, 또한 차분하고 점진적으로 하는 방도일 뿐 처음 면대하였을 때는 결코 아뢰어서는 안 된다는 말은 아닙니다.

다만 스스로 임금을 바로잡고 나라를 위할 만한 계책이 없으니, 이 점이 가장 절박하고 참으로 오늘날 크게 두려운 점입니다. 그러나 스스로를 다스리는 방법은 더욱 내면을 가까이하여 자기 자신에게 핍진하게 해서 기질이 변화되기를 구하지 않아서는 안 됩니다. 조금이라도 유유범범하고 외면을 향해 치달리는 병폐가 있으면 끝내 일을 성취할 수 없습니다. 수기치인(修己治人)에 있어서도 스스로를 속이고 남을 속이는 지경에 쉽사리 빠져들게 될 것입니다. 이 점은 서로 날로 면려하여 구차함이 있어서는 안 될 것입니다. 모르겠습니다만 형께서는 어찌 생각하는지요?

이동보께 답함 계축년(1673, 현종14)

答李同甫 癸丑

오늘 드디어 출발하는지요? 어제 나에게 소회를 펴게 하신 것은 옛사람이 길을 떠날 때 좋은 말을 선사하던 의리를 본받은 것이니, 이 뜻은 매우 훌륭합니다. 그러나 내가 허술하고 범속한 사람임은 명철한 우리 벗께서 깊이 헤아려 알고 계신 사실입니다. 여러 해를 교유하는 동안 내밀한 속내까지 모두 다 드러낸 처지이니, 내게 어찌 상대를 개발(開發)해 줄 만한 말이 조금이라도 있겠습니까. 어제 반나절 동안 함께 있으면서 우리 벗의 요청에 스스로 힘을 다하지 않을 생각은 아니었습니다. 그러나 끝내 우물쭈물 아무 말도 하지 못한 채 돌아왔으니, 진실로 나에게는 벗의 요청을 이어 받들 만한 실제가 없었던 것입니다. 그런데 우리 벗께서 이 점을 헤아리지 않고 나의 어리석은 말을 청하셨으니, 자신만 못한 사람에게 묻는 것을 부끄러워하지 않는 뜻이 매우 좋습니다. 다만 내가 그 뜻을 어찌 감히 감당하겠습니까. 감히 감당하지 못할 뿐만 아니라 감당해 낼 능력도 없습니다.

이런 상태에서 지금 만약 몇 줄의 의미 없는 말로 애오라지 책임을 때운다면, 훌륭한 우리 벗에게는 무익한 일이 되고 나는 한갓 망녕된 말을 한 죄를 얻게 될까 실로 두려웠습니다. 이 때문에 감히 억지로 하지 않았던 것이니, 단지 손님을 응대하느라 번다하고 질병이 생겼기 때문만은 아닙니다.

또 생각건대 우리 벗께서는 총명하고 젊으며 기력도 강건하니 무슨 일인들 하지 못하겠습니까. 그리고 이미 바른길로 발걸음을 내딛은 데다 한창 대로(大老)를 스승으로 모셔서 의귀(依歸)할 곳으로 삼았으니,[50] 생각건대 내가 그릇된 말을 하건 말건 어찌 그대에게 영향을 미칠 수 있겠습니까. 다만 바라건대 우리 벗께서는 원대하게 성취할 것을 스스로 기약하십시오. 그리하여 작은 성취에 구차하게 만족하고 외적인 성공을 지향하는 것을 명예로 여기는 세속의 천근한 생각이 터럭만큼이라도 마음에 머물지 않게 하십시오. 그리고 큰 뜻을 분발시키고 묵은 견해를 씻어 내는 데 더욱 힘쓰십시오. 그리하여 마음속에 만약 스스로 맹세하기를 "이번 길에 반드시 용맹하게 옛 기질을 고칠 것이다."라고 한다면, 자연히 가르침을 받아 진보할 터전이 생길 것입니다. 어리석고 비루한 나는 이미 다른 견해가 없고 다른 말씀을 드리고 싶지도 않습니다. 다만 우리 벗께서는 더욱 이러한 부분에 마음을 기울이시기 바랍니다.

또 생각건대 수학(受學)할 때는 진실로 뜻을 세우고 마음을 비우는 것을 첫 번째 일로 삼아야 하지만, 또한 모름지기 실제로 터득하여 스스로 믿는 것을 궁극적인 법으로 삼아야 합니다. 오늘날 배우는 자들은 제 스스로 자기 생각을 내세우지 않으면 반드시 남의 말을 억지로 믿는 병폐가 있습니다. 제 스스로 내세우는 자는 장자(長者)의 말을 듣고서 전혀 마음속으로 사고해 보려 하지 않고, 억지로 믿는 자는 단지 장자의 말이 진실로 이치에 부합한다고 믿고 다시는 마음을 다해 완미하고 사색하여 반드시 스스로 터득하는 것이 생기기를 바라지 않

50 한창……삼았으니 : 대로(大老)는 송시열의 존칭이다. 박필주(朴弼周)의 《여호집(黎湖集)》 권29에 실려 있는 〈지촌이선생행장(芝村李先生行狀)〉에 의하면, 이 무렵 이희조는 송시열을 찾아가 사제 관계를 맺었다.

습니다. 이 두 경우 모두 일을 성취하지 못합니다.

지금 우리 벗께서 이미 마음을 비우고 대로께 가르침을 청하였으니 스스로 내세울 우려는 없겠습니다만, 또 억지로 믿는 점이 생기는 것은 피하지 못할까 두렵습니다. 또한 바라건대 명철한 우리 벗께서는 세밀하게 살피고 상세하게 질문하십시오. 그렇지 않으면 당장은 시원스럽더라도 끝내 자신의 실제 일과는 상관이 없게 되어 이설(異說)에 의해 기존에 확립했던 생각이 변하지 않는 경우가 드물 것입니다. 참람하고 경솔한 말이 여기에 이르니 신중하지 못하고 가볍게 말하는 내 행동이 몹시 부끄럽습니다. 그러나 이는 별달리 의견을 내어 감히 옛사람이 길을 떠나는 사람에게 좋은 말을 선사하던 일을 바라는 것이 아니라, 우리 벗께서 이미 알고 계신 내용에 근거해서 면려하여 내 어리석은 생각을 피력한 것일 뿐입니다. 비록 바쁘고 경황이 없어 말이 안 되는 글이 되었으나, 행여 명철한 우리 벗께서 말이 안 되는 글이라 하여 이 안에 담긴 뜻을 곡해하지 않고 혹 이치에 들어맞는 내용을 수용하신다면, 또한 만에 하나라도 도움이 되는 점이 있을 것입니다. 황송하고 황송합니다.

또 내가 그대께서 대로에게 배우러 가는 것을 보고 삼가 느낀 점이 있습니다. 대개 내가 어릴 적부터 우리나라에 우암(尤庵) 선생이 계시다는 것을 들었는데, 당시에 그분의 도덕과 문장이 어떠한지 어찌 알 수 있었겠습니까. 오직 우암 선생이 당세의 현인이라는 얘기를 듣고 진실로 몸을 의탁하여 가르침을 청하고자 하였으나, 나에게 선을 지향하는 실제적인 마음이 없었기에 시간만 끌며 결행하지 못하였습니다. 그 뒤에는 환난을 겪어 더욱 사람들과 섞이고 싶지 않아 비록 선생장자(先生長者)의 문하라 하더라도 쉽게 현신(現身)하여 뵈려고 하지 않았습니다. 이 때문에 지금까지 일면식도 없으니 세간사(世間事)가 어찌 개탄스럽고 통한하지 않겠습니까. 선생 장자의 문하에서 온 사람들을 볼 때마다 그분의 의용(儀容)과 언어며 거동을 물어보고서 선생 장자를 앙모하는 나의 공허한 마음을 위안하지 않은 적이 없습니다.

지금 우리 벗께서 우암 선생께로 가니, 더욱 내 마음을 동하게 합니다. 이번 걸음에 만약 마음을 비우고 뜻을 겸손히 하고서 충분히 묻고 깊이 깨달아 돌아와서 몸소 그 가르침을 보여 주실 수 있다면, 선생 장자를 앙모하는 내 평소 마음에 또 얼마나 스스로 위안이 되겠습니까. 이에 공손한 자세로 우리 벗을 기다릴 뿐입니다.

나머지 많은 말은 새벽에 일어나 급히 쓰느라 제대로 적지 못하였습니다. 장도(長途)에 무사히 잘 다녀오도록 힘쓰십시오. 우암 선생께 들은 가르침은 반드시 책자에 자세히 기록하여 오시기를 간절히 바라고 간절히 바랍니다.

이동보께 드림

與李同甫

삼가 요즈음 모친을 모시고 지내시는 체후 어떠한지요? 그립고 그립습니다. 선친의 기일이 벌써 며칠 앞으로 다가왔으니, 처음 계획했던 대로 이미 우암 선생의 곁을 떠나 집으로 돌아와 좌재(坐齋)하고 계실 것이라 생각합니다. 모르겠습니다만 오랜 시간 장자(長者)의 문하에서 공부하는 동안 의취며 사업이 지난날과 달라진 점이 있는지요? 이 일은 지극히 드넓고 심원하니, 진실로 굳이 급박하게 짧은 시간 사이에 변화가 생겼는지 따질 것은 못됩니다. 그러나 만약 유유범범하게 시간을 보내면서 매양 뚜렷하게 진보하는 때가 없다면 어찌 두려워할 만하지 않겠습니까. 종국에는 반드시 스스로를 속이고 남을 속이는 지경을 면치 못할 것이니, 어찌 일생을 그르쳐 버리지 않겠습니까. 근래 이 일에 생각이 미치니 근심스럽습니다. 어이하겠습니까.

가장 근심스러운 점은, 사색함에 어떠한 첩경도 얻지 못하고 마음을 잡아 지킴에 있어 확실하게 자리 잡을 곳이 없어서, 이 때문에 끝없이 넓고 아득한 지경에서 마치 정박할 곳이 없는 듯하다는 것입니다. 그래서 간절하게 형과 같은 사람과 함께 이 일을 면려하고자 하지만 비루한 내 자질이 볼품없고 둔하여 떨쳐 일어나지 못하는 실정입니다. 형과 같은 사람은 또 지나치게 일찍 학업을 성취하여 의론과 견식에 다른 것을 받아들일 여지가 적은 듯하니, 마음을 비우고 겸손히 침잠하는 공부에 방해가 될 듯합니다. 이는 한 가지 일에만 해당하는 자잘한 병통과는 다르니, 이 부분에 깊이 마음을 기울이시기를 간절히 바랍니다. 나의 이러한 뜻이 비록 천근한 듯하지만, 형께서 만약 착실하게 받아들이신다면 반드시 학업에 정진하고 깊이 나아갈 때 큰 힘을 받을 것입니다. 모르겠습니다만 어찌 생각하는지요?

남이 하는 말을 듣고서 그 말을 한 사람의 수준에 따라 그가 한 말을 평가한다면, 그 즉시 그것은 성실한 마음이 아니니, 형께서는 어리석은 자의 말이라 하여 소홀히 여기지 마시기 바랍니다. 경솔한 뜻을 이렇게 펼쳐 놓고 보니 또 두서가 없는 듯합니다. 아울러 헤아려 주시기 바랍니다.

근자에 들으니 민씨(閔氏) 집에서 행한 변례(變禮)[51]를 가지고 성상께 아뢰어 죄를 청한 자가 있다고 하는데, 모르겠습니다만 끝내 어떻게 결말이 날 것이라 합니까? 이 일은 예문(禮文)에 부합되는지 어긋나는지 하는 문제 때문에 벌어진 것이 아닌 듯하니, 놀랍고 한탄스럽습니다. 당초에 논의를 정했던 분들이 반드시 스스로 편치 못할 것이니, 어찌 상소하여 변론하는 일을 하겠습니까. 대략적인 내용을

51 민씨(閔氏)……변례(變禮) : 고(故) 교관(敎官) 민업(閔業)의 아들 민세익(閔世益)이 광질(狂疾)을 앓았는데, 민업이 죽자 호상(護喪)하는 사람들이 민세익에게 광질이 있으므로 집상(執喪)을 감당할 수 없다 하여 민업의 손자 민신(閔愼)에게 민세익을 대신하여 승중복(承重服)을 입게 한 일이 있었다. 이는 송시열(宋時烈)의 의론을 따른 것이고, 민정중(閔鼎重), 박세채(朴世采), 김석주(金錫胄) 등에게 물어 행한 것이었다. 이후 송시열의 이러한 논의를 그릇되다고 비판하는 사람들이 생겨났고 마침내 국구(國舅) 김우명(金佑明)이 청대(請對)하여 이 일을 아뢰니 현종(顯宗)이 해당 부서에 명하여 이 일을 조사하게 하였다. 송시열 측에서는 예의 옳고 그름을 떠나 송시열을 미워하는 세력 측에서 이 일을 떠들썩하게 벌였다고 여겼다. 이 사건의 전말은《숙종실록(肅宗實錄)》즉위년 10월 15일 기사에 상세하다.

알려 주어 답답해하는 내 마음을 풀어 주시기 바랍니다. 지난날 형의 선친 문집의 갑진년(1664, 현종5) 봉사(封事)[52]를 보고 혹 지나친 부분이 있다고 의심하였는데, 지금에 이르러 사림에 매우 공이 있는 글이라는 사실을 깨달았습니다. 이 편지 내용이 바깥에 알려지면 시끄러워질 듯하니 남겨 두지 마십시오.

52 형의……봉사(封事) : 전후 내용을 미루어 볼 때, 《정관재집(靜觀齋集)》 권5 〈응지논시사소(應旨論時事疏)〉를 가리키는 듯하다. 이 소장에서 이단상(李端相)은 송시열을 예우하여 중용할 것을 논하면서 예송(禮訟)과 관련해서도 송시열의 입장을 변호하였다.

이동보께 드림

與李同甫

병증과 게으른 성격이 서로 일조(一助)하여 더욱더 방일해져서, 한번 잠이 들어 밤새도록 자고 다음 날 아침까지 스스로 일어나지 못하다가 존형께서 보내신 서찰이 도착하여 깨운 다음에야 일어나는 형편이니, 나의 기상(氣象)을 상상할 수 있을 것입니다.

서찰을 펼쳐 그 내용을 반복해서 읽어 보매 또 앞을 향해 나아가는 뜻에 대해 말씀하셨으니, 나의 혼매함과 게으름을 깊이 경계하신 것입니다. 스스로 생각건대 이 일을 해 나가는 사이에 실로 여러 번 분발하기도 하고 넘어지기도 하는 과정이 있었는데, 다른 사람의 눈으로 보자면 분발한 것 역시 넘어지는 것으로 비치었으리라는 점은 참으로 말할 것도 없습니다. 그러나 스스로를 증험해 보면 실로 앞을 향해 나아가려는 생각이 빈번하였음은 속일 수 없는 사실입니다. 지금은 이미 패주한 군대의 장수와 같은 처지인데, 철을 넘기고 달을 넘기도록 자그마한 의기(意氣)가 일어나는 것도 보이지 않고, 비록 의기가 일어나더라도 지극히 미미하여 일어났다가도 사그라져 버리는 지경입니다. 나의 근본이 이와 같으니 다시 무엇을 바라겠습니까.

옛사람이 "자주 돌아오는 일이 그치지 않으면 마침내 돌아옴을 잃어 버리는 데 이른다."[53]라고 한 것을 내가 이미 직접 저질렀으니, 앞으로

53 자주……이른다 : 유현(劉絢)이 한 말로, 《근사록》 권12 〈경계(警戒)〉에 실려 있다. 바른 길을 벗어났다가 다시 돌아오는 것은 좋은 일이지만 벗어났다가 돌아오는 일이 빈번하여 그치지 않으면 마침내 영영 돌아오지 못하게 된다는 뜻이다.

무슨 면목으로 감히 존형에게 경계하는 말을 하여 마치 자신에게 선한 점이 있어서 다른 사람에게도 그렇게 되기를 요구하는[54] 듯이 편안하게 하겠습니까. 다만 존형께서는 병들고 졸렬한 내가 저지른 과오의 전철을 깊이 지극한 경계로 삼아 이를 통해서 단서를 일으켜 퇴보하는 일이 없으시기를 바랍니다. 그리하신다면 보잘것없는 이 몸이 올린 어리석은 말들이 오히려 세 사람 가운데 한 사람이 스승이 되는 경우[55]가 될 수 있을 것입니다.

주자(朱子)께서 등공(滕珙)에게 이르기를 "전일하게 오랫동안 해야 성공할 수 있고, 두세 번이라도 간단(間斷)이 생기면 실패하게 된다."[56]라고 하였으니, 이 말에 유의해 보셨는지요? 퇴도(退陶 이황(李滉)) 역시 주자의 이 말씀으로 배우는 자를 지도하였으니, 감히 이 말을 두 번째로 중요한 말이라고 하지는 못하겠습니다. 나머지 많은 말들은 편지지가 좁아 우선 이렇게만 적습니다.

54 자신에게……요구하는 : 《대학장구》 전 9장에 "자신에게 선(善)이 있은 뒤라야 남에게 선을 요구하며, 자신에게 악(惡)이 없은 뒤라야 남의 악을 비난한다.〔有諸己而後, 求諸人; 無諸己而後, 非諸人.〕"라고 하였다.

55 세 사람……경우 : 《논어》 〈술이(述而)〉에 나오는 말로, 여기서는 창계 자신을 선하지 못한 자에 대입하여 자신의 잘못이 이희조에게 경계가 될 수 있을 것이라는 뜻에서 말한 것이다.

56 전일하게……된다 : 《회암집(晦庵集)》 권49 〈답등덕장(答滕德章)〉에 나온다.

이동보게 답함 갑인년(1674, 현종15)

答李同甫 甲寅

근자에 가뭄과 무더위가 혹심한데 모친을 모시고 지내시는 체후 어떠한지요? 그립고 그립습니다. 지난번에 보내 주신 서찰을 받고 곧장 답서를 올렸어야 마땅한데, 고달프게 지내면서 시간만 끌었으니, 지체해 버리고 만 것이 몹시 부끄럽습니다. 지난번의 정겨운 말씀은 비록 말씀이 없더라도 진실로 감히 망녕되이 남에게 전파해서는 안 되는 것인데, 하물며 이렇게까지 부지런하게 가르치심에 있어서이겠습니까.

법어장(法語章)[57]을 논하신 것은 참으로 정밀하고 상세하니 내가 다시 평론할 만한 것이 없습니다. 다만 여러 설의 대지(大旨)를 가져다가 그 득실을 고찰하여 논하지 않고 단지 구두와 문자의 층위에서 지적하여 말씀하셨기 때문에 논단할 때에 주된 뜻이 명확하지 못하였으니, 이 점이 조금 만족스럽지 못합니다.

내가 삼가 성인께서 하신 말씀의 본뜻을 상세히 살펴보건대, 애당초 단지 "인정(人情)의 공통된 근심은, 따르고 기뻐하는 것을 쉽게 하고 잘못을 고치고 실마리를 찾는 것을 어렵게 여기는 것 아님이 없으니,

57 법어장(法語章) : 《논어》 〈자한(子罕)〉에 공자가 "바르게 일러 주는 말을 따르지 않을 수 있겠는가. 잘못을 고치는 것이 중요하다. 완곡하게 해 주는 말을 기뻐하지 않을 수 있겠는가. 그 실마리를 찾는 것이 중요하다. 기뻐하기만 하고 실마리를 찾지 않으며, 따르기만 하고 잘못을 고치지 않는다면 나는 그러한 사람을 어떻게 할 수 없다.〔法語之言, 能無從乎? 改之爲貴; 巽與之言, 能無說乎? 繹之爲貴. 說而不繹, 從而不改, 吾末如之何也已矣.〕"라고 한 것을 가리킨다.

진실로 잘못을 고치고 실마리를 찾지 않는다면 비록 성인이라 할지라도 그 사람을 어떻게 할 수 없다."라고 말할 뿐입니다. 애초에 따르거나 기뻐하지 않는 자와 같은 경우는 세상에 진실로 그러한 부류의 사람이 있으니, 이 장에서 경계하는 대상의 바깥에 두어도 해로울 것이 없습니다.

"오히려 괜찮다.〔猶之可也〕"와 "책망할 만한 사람이 못 된다.〔不足責〕"라는 것은 바로 양씨(楊氏)와 진씨(陳氏)가 스스로 자기의 뜻으로 미루어 부연한 것[58]이니, 그 말의 어조는 비록 다르지만 바른 해석이 아니라는 점에서는 똑같습니다. 다만 양씨의 설은 잘못을 고치고 실마리를 찾지 못하는 폐해를 매우 분명하게 말하였으니 논설을 전개하는 사이에 성인께서 경계를 남기신 뜻이 이를 통해 더욱 명백해졌습니다. 그러니 양씨의 설은 성인께서 남기신 온축된 뜻을 잘 드러낸 것이라

58 오히려……것 : '오히려 괜찮다.'라는 것은 양시(楊時)의 설로 법어장(法語章)의 장하주(章下註)에 있는데, 다음과 같다. "바르게 해 주는 말은 맹자께서 왕도 정치(王道政治)를 시행할 것을 논한 것과 같은 것이 이것이요, 완곡하게 해 주는 말은 맹자께서 재물을 좋아하고 여색을 좋아함을 논한 것과 같은 것이 이것이다. 말해 주는데도 통달하지 못하거나, 또는 그 말을 거절하고 받아들이지 않는 것은 오히려 괜찮거니와, 혹시라도 깨달았다면 거의 자기의 잘못을 고치고 또 숨은 뜻을 찾기를 기대할 수 있는 것이다. 그런데도 겉으로만 따르고 기뻐하기만 할 뿐, 잘못을 고치거나 은미한 뜻을 찾지 않는다면 이는 끝내 잘못을 고치거나 은미한 뜻을 찾지 못할 것이니, 비록 성인인들 어떻게 할 수 있겠는가.〔法言, 若孟子論行王政之類是也. 巽言, 若其論好貨好色之類是也. 語之而不達, 拒之而不受, 猶之可也, 其或喩焉, 則尙庶幾其能改繹矣. 從且說矣, 而不改繹焉, 則是終不改繹也已, 雖聖人, 其如之何哉?〕" '책망할 만한 사람이 못 된다.'라는 것은 신안 진씨(新安陳氏) 진력(陳櫟)의 설로 법어장의 장하주 소주(小註)에 있는데 다음과 같다. "전혀 따르지도 않고 기뻐하지도 않는 자의 경우 이러한 등속은 책망할 만한 사람이 못 된다.〔全不從不說者, 此等不足責.〕"

이를 만합니다. 그러나 진씨의 설은 비록 남헌(南軒)의 "함부로 악한 짓을 하면서 거리낌이 없다."라는 말[59]에 근본한 듯하지만, 이 장에서 성인께서 경계를 남기신 뜻과는 도리어 딱 들어맞지 않아 약간 기세가 모자랍니다. 두 설 중에서 경전의 뜻에 매우 절실한 설을 택하여 바른 설로 삼는다면, 마땅히 진씨의 설이 그릇된 설이라는 점은 의심할 것이 없습니다.

그리고 보통 수준의 학인(學人)의 경우 거개가 잘못을 고치지 못하고 실마리를 찾지 못하는 병폐가 있으니, 그 귀착점을 궁구해 보면 실로 애초에 따르거나 기뻐하지 않는 자와 차이가 없고 그보다 심하게 그르치기도 합니다. 그러니 노선생(老先生)[60]께서 양씨의 설을 깊이 음미하고 진씨의 설이 잘못되었음을 곧바로 지적하시면서 특별히 그 부분을 들어 후생에게 하문하신 뜻이 또 심상하지 않은 듯하니, 문의

59 남헌(南軒)의……말 : 《논어》 〈자한(子罕)〉 법어장(法語章)의 소주에 남헌 장식(張栻)이 "법언은 의리를 밝혀 바르게 고해 주는 것이고, 손언은 완곡하게 말하여 개도해 주는 것이다. 함부로 악한 짓을 하면서 거리낌이 없는 자가 아니고서는 이런 말을 듣고서 앞에서 순종하고 마음으로 기뻐하지 않을 수 있겠는가. 그러나 선을 듣는 것은 장차 자신을 선하게 하려는 것이다. 만약 잠깐 기뻐하고서 그 습관을 고치지 않고 앞에서 순종하고서 그 잘못을 고치지 않는다면 또한 자신에게 무슨 유익함이 있겠는가.〔法言, 明義而正告之; 巽言, 委曲而開導之也. 自非肆於惡而無忌憚者, 其聞之, 能無面從與說意乎? 然聞善, 將以善其身也. 苟惟暫說而不改其故, 面從而不改其非, 則亦何有於己哉?〕"라고 한 것을 가리킨다.

60 노선생(老先生) : 《송자대전(宋子大全)》 권94 〈답이동보(答李同甫)〉에 "《논어》 〈자한〉 법어장의 양씨의 주석이 옳고, 아래 소주의 진씨의 설은 내 생각에 잘못된 듯하네. 그대의 고견은 어떠한가? 알려 주시게.〔論語子罕篇法語章楊氏註可也, 下小註陳氏說, 愚意恐誤, 高見如何? 示之.〕"라는 말이 있는 것으로 볼 때, 여기서 노선생은 송시열(宋時烈)을 가리키는 것으로 보인다.

(文義)만 강론하고서 곧바로 그 뜻을 알았다고 말해서는 안 될 듯합니다. 모르겠습니다만 형께서는 또 어떻게 생각하는지요?

처음에는 형의 성대한 논의가 미치지 못한 부분에 조금이나마 도움이 되고자 하였는데, 말이 명쾌하지 못하여 그저 번다하고 쓸데없게 되고 말았습니다. 나의 어리석음을 용서하고 잘못된 부분을 지적하여 알려 주시기를 바랍니다.

이씨(李氏)의 도서(圖書)[61]를 돌려 보여 주신 지극한 마음에 아울러 감사드립니다. 세 번째 그림이 자못 마음에 맞으니, 매우 다행이고 매우 다행입니다. 또한 한두 가지 생각해 볼 만한 점이 있으나 다만 작자의 의도가 깊은 부분을 헤아릴 수 없으니 가벼이 논하여 말하지 않으려고 합니다. 보내 주신 서찰과 도서는 아울러 돌려보내겠습니다. 최(崔)[62]와 왕복한 서찰은 그저 자잘한 문구에 대해 몇 줄 문답한 것일 뿐이니, 실로 전하여 보여 드릴 만한 것이 못되겠기에 찾아 보내지 않습니다. 우선 이렇게만 적고, 격식을 갖추지 못했습니다.

61 이씨(李氏)의 도서(圖書) : 무엇을 가리키는지 미상이다.

62 최(崔) : 누구인지 미상이다. 혹 최석정(崔錫鼎)을 가리키는 듯도 하다.

이동보께 답함

答李同甫

아침에 갔다가 만나지 못하여 서글픈 마음이 이제껏 깊었는데, 방금 보내 주신 서찰을 받으니 실로 몹시 위안이 됩니다. 말씀하신 일의 곡절은 박장(朴丈 박세채(朴世采))께 대략적인 내용을 듣자마자 이렇게 형께서 서찰을 보내 알려 주신 것이니, 뜻밖의 은혜에 진실로 감사드립니다. 이 일[63]은 일의 체모가 지극히 중대하니 진실로 감히 경솔히 해서는 안 될 점이 있습니다.

다만 생각건대 만약 일의 체모가 중대하다는 이유를 댈 것 같으면, 중국의 선유(先儒)를 문묘(文廟)에 종사하는 일을 아예 거론하지 않으면 그만이겠지만 지금 이미 몇몇 선생을 문묘에 종사할 것을 논청(論請)한 상황입니다. 그러니 이분들 외에도 종사해야 마땅한데 종사하지 않은 분과 출향(黜享)해야 마땅한데 출향하지 않은 사람을 똑같이 논청해야지만 바로 정당한 의론이 될 것입니다. 비록 일일이 다 논청하지 못한다 하더라도, 문묘에 종사하는 법을 바로잡을 것을 청하여 해당 부서에서 품재(稟裁)하기를 기다려 그 득실과 타당성을 천천히 논하는 것이 또한 순서인 듯합니다. 내 어리석은 견해는 일단 이와 같으나 중대한 일을 가벼이 낙착할 수 없습니다. 그러니 비록 내 말의 사리가

63 이 일 : 이희조(李喜朝)의 《지촌집(芝村集)》 권5 〈상우암선생별지(上尤庵先生別紙)〉의 내용과 본 서찰의 문맥에 근거할 때, 문묘에 양시(楊時), 이통(李侗), 나종언(羅從彦) 등의 중국 선유를 종사하는 문제를 가리키는 것으로 보인다.

올바르다 하더라도 모름지기 다시 살펴 처리하는 것이 어떠하겠습니까, 어떠하겠습니까?

얼핏 들으니 《월사집(月沙集)》에 이에 대한 논의가 실려 있고 그 외의 선배들도 이에 대한 논설을 했다고 하는데, 나는 모두 보지 못하였습니다. 형께서는 상세히 고찰하셨으리라 생각하니, 선배들이 남긴 말을 자세히 조사하여 귀착점을 심사숙고해서 잘 처리하고 잘 처리해야 할 것입니다. 상중[64]이라 마음이 혼미하여 격식을 갖추지 못했습니다.

64 상중 : 갑인년인 1674년(현종15) 2월 창계는 부인 조씨(曺氏)의 상을 당하였다.

이동보께 드림

與李同甫

나는 엊그제 이미 집에 도착하였습니다. 즉시 찾아뵙고 내 의견을 말씀드리려고 하였으나, 지난번 서찰에서 부탁하신 뜻은 경솔하게 답할 수 없는 점이 있었습니다. 그래서 마음과 생각을 다하여 다시 우리 벗의 밝은 가르침을 기다리고 또한 충심을 다하려는 나의 뜻을 대략이라도 드러내 보이려고 하였습니다. 그러나 집에 도착하자마자 번다한 일이 생기고 피곤함과 게으름이 또한 심해져서 미처 그렇게 하지 못했습니다. 그런데 문득 우리 벗께서 먼저 위문해 주시니 몹시 위안이 되고 부끄럽기도 합니다.

근세에 붕우의 도리가 점점 옛날보다 못해져서, 세력과 이익으로 투합한 사이가 아니더라도 사사로이 서로를 돌아봐 주는 것을 항상 꺼리게 됩니다. 그리하여 마음이 있어도 감히 말로 다하지 못하고 허물을 보아도 통렬하게 지적해 주지 못해서, 서로 익숙하고 뜻을 함께하는 사이라는 것이 세속의 안면을 트고 지내는 사이와 거의 다를 바가 없습니다. 내가 이것을 문제라고 여기고 있었는데, 어제 보내 주신 서찰의 가르침을 받아 보니 나의 나약한 자질을 경계하고 길을 잃고 헤매는 사람에게 길을 가리켜 주시는 뜻이 모두 지극하였습니다. 이는 나에게만 다행이고 기쁨일 뿐 아니라, 혹여 옛적에 붕우끼리 선한 길을 충심으로 알려 주던 일을 오늘날에 다시 볼 수 있는 일이라 생각하니, 그 감탄스러움은 말로 형용할 수 있는 바가 아닙니다.

대개 나의 유약함과 고식적으로 행동하는 병폐는 부족한 이 사람도 항시 스스로를 점검해 보아서 또한 자각하고 있는 부분이 많습니다. 그렇기에 열심히 공부하여 통렬하게 잘못된 점을 고쳐 우리 벗께서 근실하고 간절하게 경계해 주신 뜻을 저버리지 않기를 간절히 바라고 있습니다. 다시 바라건대 일에 따라 나의 체면 같은 것은 생각하지 마시고 온 힘을 다해 가르침을 내려 주시되, 비록 내가 싫어하고 힘들어하며 꺼리고 노여워하는 때가 있더라도 모름지기 직언으로 통렬하게 분변하여 허물에서 건져 내 줄 것을 기약하는 것이 어떠한지요? 내가 스스로를 헤아려 보건대 나의 허물을 다스려 주는 붕우에게 유감스러운 마음을 품는 지경에는 이르지 않을 듯합니다.

출처에 대한 말씀은 또한 마땅한 말씀이나, 다만 이 부분은 나의 뜻을 다 살피지 못하신 듯합니다. 이 뒤에 마땅히 그 곡절에 대해 대면하여 토론해야겠습니다. 대개 한 번 나아가고 한 번 물러남의 대체(大體)는 이미 정해져 있지만 그 사이에 마음을 보존하고 처신하는 때에 있어서는 조금 다른 점이 있습니다. 이 점은 대화로 차분하게 의견을 나눌 수 있는 문제요, 굳이 급박하게 다시 번거로이 글로 적어서 변론할 것은 못 됩니다. 그러므로 일단 놔두고서 천천히 논의하려는 것이니 또한 구차하게 우물거리면서 변명하려는 것은 아닙니다.

자신의 뜻을 스스로 말하고 자신의 병폐를 스스로 드러내는 일에 이르러서는, 우리 벗께서 절실히 분발하고 정밀히 성찰하는 모습을 충분히 볼 수 있습니다. 다시 반드시 일상의 동정(動靜)과 은현(隱顯) 사이에서 정밀하게 살펴서 자신의 뜻이 성실한지 여부를 증험하고, 또다시 이 뜻을 면려하여 일상에서 성찰하는 근본으로 삼는다면, 다른 방법을 찾지 않더라도 자연히 확실하게 마음을 쓸 곳이 있게 됩니다.

대체적인 요지를 말하자면 학문을 할 적에는 지향을 바르게 하는 것이 급선무입니다. 지향이 성실하고 바르며 공부가 전일하고 독실해지면 오래도록 지속하기를 기약하여 저절로 도달하는 곳이 있게 됩니다. 다만 염려되는 것은, 겉으로는 비록 성현을 배운다고 해도 성현의 기상과 심사(心事)를 깊이 궁구하여 진실로 성현의 말씀에 감발되고 앙모하게 되는 단서는 없이 단지 좋은 경구 하나만 쥐고 있는 것이니, 이렇게 되면 실제로는 시속에서 보고 들은 것과 자신의 총명으로 얻은 것을 지선(至善)과 대도(大道)라고 인식하는 것에 불과합니다.

성현을 배우고 도를 추구하던 옛날의 선비들은 그 뜻을 면려하고 마음을 쓰는 것이 지극히 심원하였으니, 앞에서 말한 것처럼 얕고 평이하지는 않았을 듯합니다. 우리 벗께서 참으로 성현을 배우고자 하는 바람이 있다면, 어찌하여 성인께서 지은 육경(六經)과 후대의 현인들이 전술(傳述)한 사서(四書)를 마음을 비우고 인내하면서 지극한 정성과 한결같은 마음으로 깊이 궁구하여 실제로 체인하여 자득하기를 기다리지 않으십니까? 자질과 공력에 따라 얻는 바가 반드시 있을 것이니, 이로 말미암아 일생의 힘을 다 바쳐서 배운다면 하늘이 혹 그 성실한 마음을 인도하여 사도(斯道)의 작은 일부분에라도 참여하여 듣게 해 주시는 일을 혹 바랄 수 있을 것입니다. 그렇게 하지 않는다면 참으로 이 마음이 천리 바깥으로 치달려 나가는 것과 같을 것이니 끝내 성현의 경지에 도달할 가망이 없을 듯합니다.

비록 그러하나 나 또한 배우기를 좋아하는 사람이 아니니 어찌 지향하여 나갈 곳을 알 수 있겠습니까. 이와 같은 이야기는 단지 허탄하고 망녕된 죄만 늘릴 뿐입니다. 그러나 그 가운데 소견이 없지 않으므로 이처럼 간절하게 말씀드리는 것이니, 이는 단지 우리 벗께 숨기는 것이 없으려는 의리일 뿐입니다. 어찌 생각하는지요, 어찌 생각하는지요?

주제넘은 짓이라 송구스럽고 송구스럽습니다.

근자에 나의 어리석은 생각으로는, 이 학문은 지성이 없으면 할 수가 없으니 오직 '성(誠)'이라는 한 글자가 자기를 이루고 남을 이룰 수 있습니다.[65] 이 외에 간편하고 새롭고 묘한 첩경은 결코 없으니 전부가 모두 이와 같은 데 지나지 않습니다. 서찰을 받으러 온 하인이 서서 재촉하므로 어지럽게 대충 쓰느라 격식을 갖추지 못했습니다.

65 오직……있습니다 : 《중용장구》 제25장에 "성은 스스로 자기만을 이룰 뿐이 아니요 남을 이루어 주니, 자기를 이룸은 인이요, 남을 이루어 줌은 지이다.〔誠者, 非自成己而已也, 所以成物也, 成己, 仁也; 成物, 知也.〕"라고 하였다.

이동보께 드림
與李同甫

그저께 내가 형을 뵈러 갔는데 계시지 않았고 형의 서찰이 어제 도착했는데 내가 또 출타하고 없었으니, 인사의 엇갈림을 탄식할 만합니다. 근자에 형께서 학문하고 계시는 체후 더욱 좋으리라 생각합니다. 어제 보내 주신 서찰의 말씀은 잘 알았습니다. 형의 병고가 이미 이와 같으시니 학문에 전력하지 못하는 것은 형세상 어쩔 수 없는 일입니다. 형께서 다행히 세상의 우환은 피하셨으나 반드시 하늘이 내린 재앙이 생기니, 피할 수 없는 것이라고 이를 만합니다. 곤액이 어찌 이런 지경에까지 이르렀단 말입니까.

비록 그렇지만 "궁해도 더욱 견고해진다.〔窮且益堅〕"[66]라는 이 네 글자는 오늘날 가장 중요하게 붙잡고 있어야 할 말입니다. 만약 이러한 때 꺾이고 위축되어 그대로 다시 떨쳐 일어나지 못한다면 향후의 학문은 진실로 명예나 구하고 시속에 영합하는 도구가 될 것이니, 어찌 마음속으로 부끄럽지 않겠으며 어찌 천하 후세에 스스로를 드러낼 수 있겠습니까. 간절히 바라건대 더욱 스스로 분발하고 면려하여 비록 사소한 질병과 번다한 일이 있더라도 기운을 내서 벗어던지고서 앞을 향하여 나가서 은은하되 날로 스스로 새로워진다면[67] 오도(吾道)에 다

66 궁해도 더욱 견고해진다 : 왕발(王勃)의 〈등왕각서(滕王閣序)〉에 나오는 말이다.

67 은은하되……새로워진다면 : 이는 《중용장구》 제33장의 "군자의 도는 은은하되 날로 드러나고, 소인의 도는 선명하되 날로 없어진다.〔君子之道, 闇然而日章; 小人之道, 的然而日亡.〕"라는 말을 염두에 둔 것이다.

행일 것입니다.

형이 하신 말씀은 겸손함에서 나온 것인 줄을 잘 알고 있습니다. 나는 바라건대 형께서 비록 겸사를 하셨으나 또한 이처럼 물러나 움츠리셔서는 안 됩니다. 말이 움츠러들면 내면은 비록 그렇지 않더라도 오랜 시간 동안 그 말에 매몰된 나머지 내면과 외면이 곧바로 합치되어 버릴까 적이 두렵습니다. 다만 방일함을 면하지 못하는 내가 어찌 다른 사람을 권면할 수 있겠습니까. 격식을 갖추지 못했습니다.

이동보께 드림

與李同甫

어제 피곤하신데도 특별히 왕림해 주셨으니 위안이 되고 감격스러운 마음을 어찌 말로 할 수 있겠습니까. 다만 창졸간이라 차분하게 대화를 나누지 못한 것이 한스럽습니다. 밤사이 모친을 모시고 학문하시는 체후 어떠한지요? 나는 오늘 저녁에 응당 길을 나설 것인데, 특별히 하는 일도 없으면서 절로 분답한지라 형을 찾아가서 다소간의 심회를 펴지 못하였으니 더욱더 서글픕니다.

몸에 있는 병은 실로 성명(性命)에 관계된 것이니 진실로 마땅히 치료에 온 신경을 쏟아야 할 것입니다. 심지(心智)가 혼매하고 나약한 병통의 경우에는 더욱이 이번 생의 크나큰 우환거리입니다. 그런데 몸에 있는 병은 천리나 되는 먼 거리에서 의원을 찾고 마음의 병은 반생 만에 스스로 포기해 버렸으니, 어찌 중요한 것을 제쳐 두고 가벼운 것을 끌어안는 것이 아니겠습니까. 형에게는 속진에 찌든 썩어 빠진 선비의 속을 한번 씻어 줄 청량산(淸涼散) 한 제(劑)가 있겠지요? 목을 빼고서 기다립니다.

많고 많은 말을 어찌 다할 수 있겠습니까. 그저 형께서 몸소 대도(大道)의 경지를 체험하시어 뜻을 함께하는 나의 마음을 위로해 주시기를 바랍니다. 삼가 이렇게 써서 작별을 고합니다.

이동보께 답함 을묘년(1675, 숙종1)

答李同甫 乙卯

보내 주신 서찰에서 말씀해 주신 가르침은 잘 알았습니다. 어리석은 내가 보건대 이 문제는 너무 생각이 많아서 실수하는 것에 가까운 듯합니다. 오늘날 세도(世道)를 담당할 수 있는 학사대부(學士大夫)가 누구입니까? 또 세도를 담당한다는 것은 굳이 관직에 있는 사람이어야 되는 일이 아닙니다. "우리들〔吾儕〕"이라는 말씀과 "세도를 자임한다.〔世道自任〕"라는 말씀[68]은 모두 사문(斯文) 가운데 있는 사람을 가리킨 듯하니, 손을 거두고 관직에서 물러난 학사대부에 해당시킬 수는 없을 듯합니다. 모르겠습니다만 어찌 생각하는지요?

다만 전에 답서의 초본[69]을 보건대 또 지나치게 번다하게 쓴 듯하니

68 우리들이라는……말씀 : 송시열(宋時烈)의 《송자대전(宋子大全)》 권94에 을묘년(1675, 숙종1) 8월 19일에 쓴 〈여이동보(與李同甫)〉에 다음과 같은 대목이 있다. "대저 붕우 가운데 동보와 같은 사람이 세도를 자임한다면 나와 같은 사람은 단지 귀와 입을 닫은 채 형벌을 기다리는 것이 마땅할 따름이니, 어찌 구태여 이처럼 의리를 논설하여 시휘를 저촉해서 죄를 무겁게 하겠습니까. 또 생각건대 오늘날 주자를 공박하면서 스스로는 자신의 공이 우 임금보다 낮지 않다고 하는 자의 학설이 바야흐로 정도(正道)를 틀어막고 있는 상황인데 우리들이 이제 마음을 낮추고 머리를 조아린 채 투항한다면, 장차 금수와 이적이 되는 지경이 되고 나서야 그칠 것입니다. 제가 이 때문에 몹시 두렵습니다.〔大抵朋友中如同甫以世道自任, 則如我者, 只合閉離塞兌, 以待鼎鑊而已, 何苦而如此陳義說理, 以犯時諱而重其罪也? 且念今日攻朱子而自謂功不在禹下者, 其說方塞路, 而吾儕方且低心下首, 往委之禽, 則將至於禽獸夷狄而後已. 愚以是甚懼焉矣.〕" 창계의 본 서찰은 '우리들'과 '세도를 자임한다.'라는 부분을 포함하여 전체적으로 송시열이 이희조에게 보낸 을묘년 서찰의 논지와 관련이 있는 듯하다.

다시 조금 간략하게 하는 것이 좋을 것입니다. 주된 뜻은 전에 봤던 내용이 보내온 서찰의 뜻에 맞는 듯합니다. 대개 이쪽에 반드시 조정에 있는 사대부가 있어야 이단의 학설을 물리칠 수 있다면, 오늘날 관직에서 물러난 학사대부가 진실로 그 책임을 맡아야 할 것입니다. 만약 빈말로 이단의 치우친 학설을 막을 것 같으면 관직이 있고 없고가 무슨 상관이며 또한 그 자신이 조정에 나아갔거나 물러났거나 무슨 차이가 있겠습니까. 그 책임은 세도를 자임한 군자에게 있을 따름입니다.

그리고 어리석은 이 사람에게 또 한 가지 견해가 있습니다. 이는 바로 주자께서 "집에서 노여운 일을 저자에서 드러내는 것이니, 저쪽 편에 또한 어찌 정해진 견해가 있었겠는가?"[70]라고 한 것이니, 그 뜻은 편당(偏黨)을 짓고 상대방을 시샘하고 능멸하는 사사로움으로 공명을 이루고 영달하려는 계책을 실현하려는 데 불과합니다. 이쪽에서 사모하는 것을 저쪽에서는 곧장 업신여기고 이쪽에서 주(主)로 여기는 것을 저쪽에서는 곧장 천하게 여겨서 이견을 세워 스스로를 높이는 것일 뿐입니다. 이러한 자들과 어찌 함께 시비와 곡직을 따지면서 곧장 천리를 밝히고 이단을 물리치는 일로 자임할 만하겠습니까.

살펴보건대 주 부자(朱夫子)께서는 매양 상산(象山 육구연(陸九淵))의 학설을 세도의 근심거리로 여기면서도 임률(林栗), 호굉(胡紘), 한탁주(韓侂冑)[71]의 무리와는 시비와 곡직을 따진 적이 없으니, 또한 성

69 답서의 초본 : 이희조가 송시열에게 보낼 답서를 가리키는 것인 듯하다.

70 집에서……있었겠는가 : 《회암집(晦庵集)》 권27 〈답첨수서(答詹帥書)〉에 나온다.

71 임률(林栗), 호굉(胡紘), 한탁주(韓侂冑) : 주희(朱熹) 당대의 관리이자 학자들로, 주희와 학문 및 정견상의 이견을 보이면서 주희의 학문을 위학(僞學)으로 몰았다.

현(聖賢)이 어떻게 마음을 쓰는지를 알 수 있습니다. 이와 같고 보면 오늘날의 이 일은 학사대부이거나 사문 가운데 있는 사람이거나 할 것 없이 모두 굳이 힘들여서 이단의 학설을 물리치는 것으로 큰일을 삼을 것이 못 되니, 그 요점은 자신을 바르게 하는 데 있을 따름입니다. 맹자(孟子)께서 말씀하시기를 "오직 천명(天命)을 받든 사람이면 주벌할 수 있다.〔惟天吏則可以伐之〕"[72]라고 하였으니, 지금 걱정할 것은 단지 내가 행해야 할 도리에 진선(盡善)하지 못한 점이 있을까 두려워할 뿐, 저쪽 편의 근거 없는 말은 물리치기 어려울까 걱정할 것 없을 듯합니다. 어리석은 나의 견해가 이와 같으니, 또한 모르겠습니다만 어찌 생각하는지요?

72 오직……있다 : 《맹자》 〈공손추 하(公孫丑下)〉에 나오는 말이다. 《맹자》에는 '惟'가 '爲'로 되어 있다.

이동보께 드림
與李同甫

멀리 다녀오는 길에 신경을 쓰느라[73] 수고롭고 번거로이 날을 보내고 있었는데 홀연 손수 적어 보내 주신 서찰을 받고서 가슴속이 시원스레 탁 트였습니다. "고요히 거처할 때는 서간을 보는 맛이 있고 밖으로 나가면 올라가 내려다보기에 알맞은 산수가 있으니 사람이 살면서 이것 말고 다시 무엇을 구하겠는가. 비록 역사(役事)를 감독하는 수고로움과 시절에 상심하는 감상이 있지만 또한 어찌 나의 즐거움을 해칠 수 있겠는가."라는 말씀은 나로 하여금 부러워서 곧장 달려가 종유하고 싶게 만듭니다만, 그럴 수 없어서 한스럽습니다.

내가 경영하는 일은 아직 가닥이 잡히지 않았으나 계획은 이미 결정하였습니다. 요컨대 내달 초열흘에서 보름 사이에 동쪽 성문을 나갈 수 있을 것입니다. 이제부터는 이별하여 멀리 떨어져 있는 것이 응당 형이 말씀하신 대로 될 것이니, 비록 서로 함께하면서 절차탁마하여 위로는 어버이와 스승의 뜻을 성취하고 아래로는 평소의 바람을 이루

73 멀리……쓰느라 : 《창계집》 〈창계선생연보초(滄溪先生年譜草)〉에 따르면, 그동안 서울에서 거주하던 창계는 궁핍함이 심해져 남쪽 고향으로 돌아가려 하다가 남쪽에 소요가 있다는 말을 듣고 가지 않았다. 1675년(숙종1) 2월 영동(嶺東)으로 가서 거처할 만한 곳을 물색하다가 통천(通川)에 이르러 거처를 정하고 머물면서 농사를 지었으며 7월 서울로 돌아와 10월 부모를 모시고 일가와 함께 통천으로 들어갔다. 이 서찰 속에 다음 달에 동쪽으로 갈 것이라는 말이 있는 것으로 볼 때, 멀리 다녀왔다는 것은 2월에서 7월 사이 영동에 가서 거주지를 정했던 일을 가리키는 것으로 보인다.

고자 하더라도 어찌 그럴 수 있겠습니까. 하늘을 우러러보고 땅을 굽어 보매 서글픈 이 마음을 자못 감내하기가 어렵습니다. 다만 인사(人事)가 뒤바뀌고 모이고 흩어지는 것을 또한 어찌 예측할 수 있겠습니까. 혹여 끝내 한가로운 들판과 적막한 물가에서 농사지으면서 전원 속에서 경전을 끼고 학업을 강마할 수도 있을 것이니, 또한 이런 이치가 없다고는 할 수 없습니다.

보내 주신 기문(記文)은 응당 신경을 쓰겠습니다. 다만 근자에 번거로운 일에 얽매여서 정신이 없으니 빨리 처리하기는 쉽지 않을 듯합니다. 형은 한가로운 경계에 계신지라 글을 짓기가 참으로 좋을 것이니 나의 이번 길에 형께서 어찌 한마디 말도 없을 수 있겠습니까. 바라건대 서문을 지어 전송해 주어 나약하고 게으른 나를 격려해 주시는 것이 어떠한지요. 형께서 청하신 것은 뒤로 미루면서 먼저 베풀어 주시기를 바라니, 견책을 받지 않겠습니까. 황송하고 우습습니다. 격식을 갖추지 못했습니다.

이동보께 드림

與李同甫

성상의 체후는 근래 과연 어떠하십니까? 천신(賤臣)은 삼가 바닷가에 엎드려 지내면서 단지 구구한 근심을 품은 채 마음만 졸이고 있을 뿐입니다. 송산(松山)[74]에서 한밤에 나누었던 정겨운 대화는 자못 잊을 수가 없습니다.

나는 늙은 양친을 모시고 깊이 들어와 살면서 다행히도 달리 근심은 면하였고 몸의 병도 더 심해지지는 않았으니, 이는 실로 처음에 기대하지도 못했던 일입니다. 다만 이곳에 도착한 지 얼마 지나지 않았기 때문에 모든 일이 막막한 상태에서 곡식 값은 많이 오르고 수산물은 매우 귀하여 어버이를 모시고 식솔을 건사할 기반이 없으니 자못 사람을 민망하게 할 뿐입니다. 그러나 이는 예로부터 곤궁한 사람에게 늘 있는 근심이니, 어찌 유독 영해(嶺海)의 밖이라고 그러하겠습니까. 다만 올겨울만 잘 참아 넘기면 내년에는 마땅히 점점 나아질 터이니, 이런 생각으로 마음을 정할 따름입니다.

서령(西嶺)의 삼천(參天)[75] 아래에는 얼음과 눈이 높이 쌓여 있고

74 송산(松山) : 경기도 의정부시 송산동(松山洞)을 말한다. 창계는 1675년(숙종1) 10월 24일 양친을 모시고 서울을 출발하여 영동(嶺東)의 통천(通川)으로 향했는데, 송산은 그 경유지이다. 당시 이희조가 그곳으로 찾아가 이별의 정을 나눈 일이 있는 듯하다.

75 삼천(參天) : 하늘을 말한다. 《주역》 〈설괘전(說卦傳)〉에 "옛날 성인이 《역》을 지을 적에……하늘에서 3의 숫자를 취하고 땅에서 2의 숫자를 취하여 수를 붙였다.〔昔者聖人作易也……參天兩地而倚數.〕"라고 하였다.

창해(滄海)의 파도 소리가 밤새도록 귓전을 때리니, 적막한 물가에서 누구와 더불어 정겨운 얘기를 나누겠습니까. 동인(同人)[76]을 가슴에 품고 그리워하매 더욱 스스로 견딜 수가 없습니다. 오가기가 매우 어려워 만나기도 쉽지 않으니, 오직 서찰을 왕복하는 일만이 이 회포를 위로할 수 있을 뿐입니다. 그러나 단지 이처럼 서로의 동정만 소통하고 말 뿐이라면 또한 어찌 족히 깊은 위안이 되겠습니까. 반드시 날로 새로워지는 공부를 하여 혼자 외로이 사는 사람의 구차하고 게으른 성정을 일으킬 수 있어야 비로소 유익함이 있을 것입니다. 어떠합니까, 어떠합니까? 돌아가는 인편이 바삐 출발하는 바람에 대략 적느라 회포를 다 펴지 못하였으니, 우선 형께서는 혜량하시기 바랍니다.

76 동인(同人) : 서로 마음이 맞는 벗을 말한다. 《주역》 〈계사전 상(繫辭傳上)〉의 〈동인괘(同人卦)〉를 풀이한 말에 "두 사람이 한마음이면 그 예리함이 쇠를 끊고, 한마음에서 나오는 말은 그 향기가 난초와 같다.〔二人同心, 其利斷金, 同心之言, 其臭如蘭.〕"라고 한 데서 유래하였다.

이동보께 드림
與李同甫

이곳에 온 지 며칠 만에 돌아가는 인편이 있어 급하게 편지를 부쳤으니, 생각건대 한참 전에 이미 받아 보았을 것입니다. 요즈음 삼가 생각건대, 고요히 지내는 일상의 체후가 편안하고 건승하신지요? 그리운 마음을 참으로 잊기 어렵습니다.

나는 늙은 양친을 모시고 멀리서 우거(寓居)하매 모든 일이 대략 편안해졌으니, 이는 자못 부지런히 염려해 주신 덕분입니다. 대개 여러 가지 일이 점점 두서를 갖추어서 지금은 살림살이가 서울에서보다 확연히 나아졌고 윗사람과 아랫사람이 편안하고 즐거워하여 달리 근심스럽고 고생스러운 일은 없으니 매우 다행입니다. 이를 통해 살펴보면, 식솔을 거느리고 들어오는 것이 제일 어려운 일이고 이곳에 온 이후 경영하는 일은 오히려 두 번째의 어려움이라는 사실을 잘 알겠으니, 참으로 그대가 헤아리던 바와 같습니다.

그대는 근래에 날마다 어떤 책을 읽으며 무슨 공부를 하고 있는지요? 가만히 생각건대, 한가로이 지내며 하는 공부의 조예가 반드시 더욱 정밀하고 심오해졌을 터이니, 풍편을 통해 가르쳐 주어 궁벽한 곳에 사는 이 사람의 마음을 위로해 주기를 천만 바라 마지않습니다. 나는 여기서 지금 《맹자》를 읽고 주서(朱書)도 아울러 보고 있는데, 한두 곳 경계하고 반성할 만한 부분이 없지는 않지만 자못 집안일에 골몰하다 보니 마침내 공부를 절실하게 이어가지 못하고 있습니다. 대체로 일전에 하던 공부는 부범(浮泛)함을 면치 못했기 때문에 오히려 근본을 세워야 하는 곳에 확고하게 근거할 만한 실상이 없어서, 우연히 도에 배치되지 않는 한 가지 일이나 반구(半句)의 해석만 만나더라도 쇳덩이 속의 금과 같이 귀하게 여겼으니, 이제 와서 돌이켜 생각해 보면 부끄럽고 후회되어 스스로 벗어날 바를 모르겠습니다.

하고 싶은 말은 매우 많지만 이곳에는 남쪽 고을로 내려가는 인편이 많아서 여러 친족에게 보내는 편지를 쓰느라 피곤한 나머지 이만 줄입니다. 바라는 바는 학업에 정진하고 더욱 자애하시어 멀리서 그리워하는 나의 정성에 부응해 주는 것입니다. 삼가 편지를 올립니다.

근래 봉산(蓬山)의 소식[77]을 들었습니까? 늘 "임금의 명이 여기에 있으니 한 걸음이라도 감히 어길 수 없다.〔君命在此 一步不敢違〕"[78]라는 말을 읊을 때마다 사람으로 하여금 두려운 마음이 들게 합니다.

77 봉산(蓬山)의 소식 : 우암(尤庵) 송시열(宋時烈)에 대한 소식을 말한다. 봉산은 경상남도 장기(長鬐)의 별칭으로, 당시 송시열이 이곳에 유배되어 있었다. 송시열은 1674년(현종15) 효종의 비 인선왕후(仁宣王后) 장씨(張氏)를 위해 자의대비(慈懿大妃)가 대공복(大功服)을 입어야 한다고 주장하다 실각하여 1675년(숙종1) 1월 함경도 덕원(德源)으로 유배되었다. 이해 5월 청주(淸州) 유생 유필명(柳弼明)이 그를 옹호하는 상소를 올려 물의를 일으켜 생활 여건이 더 열악한 경상도 웅천(熊川)으로 이배(移配)될 뻔하다가, 죽음을 면하게 해 주라는 허적(許積)의 건의로 장기에 위리안치(圍籬安置)되었다. 《宋子大全 附錄 卷7 年譜6》《肅宗實錄 1年 1月 13日, 閏5月 15日·17日》

78 임금의……없다 : 1675년 9월 2일 송시열이 이희조(李喜朝)에게 보낸 편지에 보이는 구절로, 당시의 상황과 유배되어 있는 자신의 심경을 표현한 말이다. 《송자대전(宋子大全)》 권94 〈답이동보(答李同甫)〉에는 "임금의 명이 여기에 있으니 한 걸음인들 어찌 감히 어길 수 있겠는가?〔君命在此, 一步何敢違也?〕"로 되어 있다.

이동보께 답함 병진년(1676, 숙종2)

答李同甫 丙辰

어젯밤에 비로소 지난 섣달 열흘에 보낸 편지를 받아 보고 요즈음 모친을 모시고 학문하는 자세한 정황을 갖추 알게 되었으니, 위안이 되고 마음이 후련하기가 직접 만나 얘기하는 것보다 덜하지 않았습니다. 소식이 있은 후 신년(新年)이 되었는데, 삼가 생각건대 평소 학문하는 체후는 더욱 좋아졌는지요? 나는 양친을 모시고 지내는 형편이 지난날과 같습니다만, 다만 지난가을에 한 번 병을 앓은 이후로 기혈이 아직 완전히 회복되지 않았으니, 비록 청정 세계(淸靜世界)에 살고 있지만 평소의 학업에 진력할 수 없어서 늘 깊은 슬픔에 빠져 있습니다.

보내온 편지에서 이야기한 독송(讀誦)의 차례에 관한 말은 그대에게 바라는 나의 마음에 매우 위안이 됩니다. 대개 "글은 모름지기 암송해야 한다.〔書須成誦〕"라는 말[79]은 바로 횡거(橫渠)의 법문(法文)인데 주자(朱子)도 만년에 또한 배우는 사람들을 위해 그 말을 강조하였으니,[80] 이는 그 말이 절실하여 근거가 있음을 매우 칭송한 것입니다.

79 글은……말 : 횡거(橫渠) 장재(張載)가 일찍이 "글은 모름지기 암송해야 하고, 정밀하게 생각함은 대부분 밤중이나 혹 조용히 앉았을 때 깨달음이 있는 것이다. 기억을 못하면 생각이 일어나지 않으니, 다만 큰 근원을 관통하고 난 뒤에 글도 쉽게 기억이 되는 것이다.〔書須成誦, 精思多在夜中或靜坐得之. 不記則思不起, 但通貫得大原後, 書亦易記.〕"라는 말을 하였다. 《近思錄 卷3》《張子全書 卷6 義理》

80 주자(朱子)도……강조하였으니 : 주희가 67세 되던 해인 1196년 장원덕(張元德)에게 보낸 답장에서 "요사이 학자들과 강론할 때 횡거의 암송해야 한다는 말이 가장

성현의 말씀은 반드시 익숙히 암송하여 마음에 간직해야 바야흐로 능히 점점 그 의미를 알아 가서 일과 행동에 적용할 수 있습니다. 그렇게 하지 않으면 어떻게 성현의 말씀이 아득하여 근거 없는 것이 되지 않기를 바랄 수 있겠습니까. 이 말이 나의 졸렬한 방법처럼 들리겠지만 그 실상은 중대한 요체이니, 우리 벗께서 과연 능히 힘써 면려하여 게을리하지 않는다면 오래도록 공부를 유지해 나갔을 때 어찌 그 소득을 쉽게 헤아릴 수 있겠습니까.

대개 익숙히 암송할 수 있을 때가 되면 진실로 이미 그 대체적인 의취는 대략 터득하였을 것입니다. 그 후에 다시 능히 마음으로 이해하고 일에서 징험하여 단지 외워서 말하기만 하는 수준에 머물지 않는다면, 본원(本源)에 넉넉히 스며들어 심술(心術)을 변화시키는 그 효력이 어찌 다른 공부를 기다려 구할 것이 있겠습니까. 우리 벗께서는 스스로 말하기를 "비록 이 공부를 부지런히 하더라도 본원의 절실한 공부에 무슨 이득이 있겠습니까."라고 하였으니, 이는 실로 겸사로 하는 말이겠지만 또한 깊이 이 의미를 터득하는 데 이르지는 못한 것 같습니다. 비록 그렇더라도 어찌 이와 같을 뿐이겠습니까.

지경(持敬)의 방법에 대해서는 선유들이 이미 상세히 말했기 때문에 우리들이 모르는 것은 아니지만 다만 모두 인습에 사로잡혀 그럭저럭 시간만 보내고 과감하게 그 공부를 시작하지 못하였으니, 이는 하기

빠른 길이라는 것을 느끼고 있습니다.〔近與學者謠論, 尤覺橫渠成誦之說最爲徑捷.〕"라거나 "이에 횡거가 사람을 가르칠 때, 글을 읽을 때 반드시 암송하게 하려 했던 것이 진실로 학자들에게 가장 중요한 일임을 알았습니다.〔乃知橫渠敎人讀書必欲成誦, 眞是學者第一義.〕"라고 한 말이 보인다.《朱子大全 卷62 答張元德》

어려워서가 아니라 단지 게을러서 기꺼이 하지 않은 것일 뿐입니다. 이제부터 항상 경계하고 살피는 공부를 더하여 마음을 어둡고 게으르게 하지 않는다면 인(仁)을 구하고 학문을 하는 데 이보다 중요한 점은 없을 터이니, 이것이 또한 어찌 오늘날 우리들이 서로 경계하여 각자 진력해야 할 일이 아니겠습니까.

무릇 이런 이야기들은 나 역시 실로 행하지 못한 것이지만, 다만 지금 바야흐로 유념하고 있는 일이기 때문에 감히 우리들이 함께 공유하지 않을 수 없으니, 형이 아니면 실로 이렇게 말하지도 못했을 것입니다. 형 또한 이 뜻을 깊이 살피시어 강습하고 실행하는 사이에 진실로 얻는 바가 있으면 아까워하지 말고 보여 줌으로써 궁벽한 곳에 사는 나의 생각을 일으켜 주는 것이 어떻겠습니까, 어떻겠습니까?

시사(時事)가 갈수록 어려워져서 정녕 사람으로 하여금 두려움에 떨게 하니, 다만 뗏목을 띄우고[81] 멀리 바다로 나가서, 격렬하고 변화무쌍한 세간의 일들은 다시 듣고자 하지 않지만 그렇게 할 수도 없는 일입니다. 궁핍하다는 탄식은 실로 우리들의 본색이지만 막상 그 말을 듣고 보니 또한 매우 슬퍼집니다. 이곳 또한 반드시 힘을 모아 농사를 지어야 온 식구가 굶주리지 않기를 보장할 수 있거니와, 평소 성품이 소탈한 데다 이렇게 걸핏하면 병에 걸리니 아마도 사람들을 이끌고 부지런히 감독하여 풍성한 가을걷이가 있기를 바랄 수는 없을 듯합니다. 중화(仲和 김창협(金昌協))와 함께 강론한다는 사실을 알았으니, 멀

81 뗏목을 띄우고 : 도(道)가 행해지지 않는 세상에 대한 탄식을 말한다. 공자가 "도가 행해지지 않는지라 뗏목을 타고 바다에 떠서 가리니, 이때 나를 따라올 사람은 아마 중유일 것이다.〔道不行, 乘桴, 浮于海, 從我者, 其由與!〕"라고 하였다. 《論語 公冶長》

리서 그 강마(講磨)의 즐거움을 생각하건대 나도 모르는 사이에 마음이 그곳으로 날아 달려갑니다. 병과 게으름이 이와 같은 데다가 평소 아침저녁으로 보고 느끼는 유익함이 없으니, 이러하고도 어찌 성취하는 바가 있을 수 있겠습니까. 다만 부러워 탄식하는 마음 간절할 뿐입니다.

근래 박장(朴丈 박세채(朴世采))의 편지를 두 통 받아 보고 홍협(洪峽)의 계획을 또 이루지 못해서 바야흐로 부연(釜淵)으로 옮겨 우거하려 한다는 소식을 들었으니, 정착하지 못하고 객지를 떠도는 거취가 매우 안타깝습니다. 어찌하겠습니까, 어찌하겠습니까. 보내 주신 전약(煎藥)은 노인을 공경하는 지극한 뜻을 깊이 입었으니, 어떻게 감사의 마음을 전해야 할지 모르겠습니다. 마침 인편을 만나 급하게 답장을 보냅니다. 학업에 정진하여 아름다운 자질을 성취함으로써 천리 밖에서 기망(企望)하는 정성을 위로해 주시기를 바랄 뿐입니다.

이동보께 드림

與李同甫

오래도록 바닷가에 살다 보니 기운(機運)이 경계를 따라 고요해져서 세상사 모든 잡념은 사라졌거니와, 오직 나보다 나은 벗과 헤어지고 나를 경계해 주는 벗이 없는 한[82]만은 끝이 없으니, 이것이 비록 명리를 바라는 마음과는 다르지만 속세를 떠나 홀로 우뚝 선 사람의 비웃음을 사지나 않겠습니까, 아니면 절로 중용(中庸)의 도를 따르는 데[83] 해가 되지는 않겠습니까? 알 수 없는 일입니다.

지난번 군수의 행차 및 제 아우가 돌아갈 때 형이 보내 주신 편지를 연이어 받았는데 내용이 모두 종이에 가득 생동감이 넘쳐서 마치 얼굴을 대하고 얘기를 나누는 듯했으니, 그 기꺼운 마음은 스스로 제어할 수 없을 정도였습니다. 지금 엄동설한에 삼가 생각건대 모친을 모시고 생활하는 형의 체후는 더욱 다복한지요? 지난번에 말한 병환과 번거로운 일은 생각건대 이미 안정을 찾았을 터이니, 겨울 석 달 동안 글을

82 나보다……한 : 주희의 "해 들어 모든 잡념이 다 사라지고 오직 나보다 나은 벗을 사귀는 즐거움과 나를 경계해 주는 벗의 도움을 받는 즐거움이 무궁합니다. 언제 다시 조용히 모시고 이 뜻을 넓힐 수 있겠습니까?〔年來百念俱息, 唯覺親勝己資警益之樂爲無窮. 何時復奉從容, 豁此意耶?〕"라는 구절을 변용한 말이다. 《朱子大全 卷25 與呂伯恭書》

83 중용(中庸)의……데 : 《중용장구》 제11장에 "군자는 중용의 도를 따를 뿐, 세상에 숨어 살면서 누가 알아주지 않아도 후회하지 않나니, 오직 성자만이 이렇게 할 수 있다.〔君子依乎中庸, 遯世不見知而不悔, 唯聖者能之.〕"라는 말이 있다.

읽은 소득이 어떠한지요? 사서(四書)를 이미 다 읽고 다시 《시경》을 읽는다고 하니 책을 읽는 차례는 실로 마땅하거니와, 지금은 단지 익숙히 반복하여 정미로움을 이루는 한 가지 공부를 하는 것이 힘을 붙일 일이 될 뿐입니다.

나는 여름부터 《시경》을 읽었는데, 농가에 일이 많고 겸하여 집을 짓는 공역(工役)도 있었으며 게다가 병을 앓고 마음이 나태해지기까지 한 탓에 겨우 정소아(正小雅)[84]까지밖에 읽지 못하였습니다. 근래에는 책을 놓은 지 벌써 한 달여 지났기 때문에 전에 읽은 내용이 아예 읽은 적도 없는 것처럼 이미 아득하여 기억나지 않으니, 이처럼 장구(章句)를 읽어 가는 과정에서 한결같이 이어지지 못하고 게으름이 생기는데 그 나머지야 더 말할 것이 있겠습니까. 이 공부를 시작하는 첩경에 대해서는 오래전부터 대략 알고 있었지만 때로 점검해 볼 때 계속 이어가지 못하는 것을 늘 괴로워하고 있으니, 다시 어떻게 할 수도 없는 일입니다. 단지 그대 같은 사람과 함께 어울려 고요히 지내면서 바깥일은 모두 쓸어버리고 한결같이 서로 살펴보고 서로 규계(規戒)하며 몇 년을 보내서 조금이나마 진전이 있기를 바랄 뿐이지만 어떻게 그리할 수 있겠습니까.

근래의 일에 대해 가르쳐 주신 점은 참으로 후의에 감사드립니다. 하지만 그 사이의 시비에 관해서는 입에 담고 싶지 않습니다. 뒤숭숭한

84 정소아(正小雅) : 《시경》 〈소아(小雅) 녹명(鹿鳴)〉에서 〈청청자아(菁菁者莪)〉까지의 22편을 가리킨다. 또 〈대아(大雅) 문왕(文王)〉에서 〈권아(卷阿)〉까지의 18편은 정대아(正大雅)라 하고 이 둘을 합해서 정아(正雅)라 하는데, 이는 바로 왕도(王道)가 행해져서 정교(政敎)가 올바르게 베풀어진 때의 악가(樂歌)를 일컬은 것이다. 《詩經集傳 詩經集傳序》

사안들은 매년 있는 것이지만 조만간 반드시 한번 싹을 틔우는 일이 있을 터이니, 그대의 우려가 참으로 옳고 참으로 옳습니다. 만일 이곳으로 오신다면 감히 주림과 배부름을 함께하지 않을 수 있겠습니까마는, 주인과 손님이 함께 주리는 것은 무익한 일이니 형을 위해 미천한 살림살이이지만 힘써 경영해 보려 합니다. 혹 왕림할 기회가 있다면 실로 감히 잊지 않고 기다리겠습니다. 병으로 자리에 누워 있느라 평소의 회포를 다 펴지 못했습니다. 이만 줄이겠습니다.

이동보께 드림

與李同甫

원래는 그저께 찾아가려고 기약했으나 사소한 문제 때문에 이틀을 지체한 나머지 형께서 머무르며 기다리지 못하게 하고 말았습니다. 이는 곧 나의 허물이니 후회되고 한스러운 마음을 말로 표현할 수가 없습니다. 형문(衡門)[85]을 찾아왔을 때는 집안이 적막하여 밤에 앞마을로 가서 묵었던 관계로 함께 회포를 풀 수 없었습니다만, 이곳에서 지내는 정황을 어찌 말로 한 뒤에야 알 수 있겠습니까.

이번의 행차[86]는 고개를 넘는 여정이어서 짧은 시일 안에는 돌아갈 기약이 없을 듯하고 실로 다소간 직접 만나서 의논할 일이 있었기 때문에, 일정을 잠시 멈추고 돌아오시기를 기다리는 마음 간절하였습니다. 하지만 앞길이 눈에 막히기라도 하면 부모님께서 반드시 몹시 기다릴 터이니, 길을 떠나야겠다는 생각으로 마음이 매우 황망하여 잠시도 유숙할 수가 없었습니다. 어찌겠습니까, 어찌겠습니까? 그저 아우와

85 형문(衡門) : 나무를 가로질러 만든 보잘것없는 문으로, 안분자족(安分自足)하는 은자(隱者)의 거처를 뜻한다. 《시경》의 "형문의 아래여, 한가히 지낼 만하도다. 샘물이 졸졸 흐름이여, 굶주림을 즐길 만하도다.〔衡門之下, 可以棲遲. 泌之洋洋, 可以樂飢.〕"라는 구절에서 유래하였다. 《詩經 陳風 衡泌》

86 이번의 행차 : 《창계집》 〈창계선생연보초(滄溪先生年譜草)〉에 의하면 창계는 1675년(숙종1) 10월 양친을 모시고 영동(嶺東)의 통천(通川)으로 가서 우거하다가 1676년 10월 서울로 와서 계실(繼室)을 맞이하고 11월 아우 임정(林淨)과 함께 통천으로 돌아갔는데, 아마 이 당시의 노정을 말하는 듯하다.

함께 마주 앉아 혀를 차며 탄식할 뿐입니다.

처음 형의 방에 들어갔을 때 기송(記誦)하는 과정에서 작성한 차의록(箚疑錄)을 보니 황홀하여 마치 형의 얼굴을 직접 대하는 듯하였습니다만, 내용이 너무 소략하여 한스러울 따름이었습니다. 독서는 암송을 귀하게 여기고 궁리(窮理)는 회의(會疑)를 중요하게 여기는데, 이 두 가지는 모두 학문하는 데 매우 절실한 일이니 더욱 부지런히 하여 폐하지 않는 것이 곧 나의 깊은 바람입니다. 이 밖에 여러 가지 일은 일일이 다 말씀드리지 못합니다. 급하게 편지를 쓰느라 이렇게만 적습니다. 삼가 편지를 올려 작별을 고합니다.

이동보께 답함 무오년(1678, 숙종4)

答李同甫 戊午

지난해에 돌아오는 인편을 통해 삼가 형께서 보내 주신 장문의 답장을 받아 보고 마치 마주 앉아 얘기하는 것처럼 다정을 느꼈으니, 벗을 떠나 쓸쓸히 지내는 사람의 마음에 위안이 됨을 알 수 있을 것입니다. 봄이 돌아온 요즈음 삼가 생각건대 모친을 모시고 생활하는 형의 체후는 만복하며 학업은 날로 새로워지는지요?

나는 늙으신 부모님을 모시고 그럭저럭 지내는데, 멀리 고개 밖에서 나그네 생활을 한 지도 마침 4년이나 되어서 부모님께서 고향을 그리워하시는 생각이 날로 절실해지고 있습니다. 한두 명의 형제 역시 뿔뿔이 흩어져 지내며 같이 모여 살 기약이 없으니 감히 오래도록 머물 계획은 품을 수도 없거니와, 돌아갈 만한 곳을 얻지 못하여 늘 민망하게 생각하고 있습니다. 지난번 큰형님께서 편지를 보내왔을 때 남포(藍浦)로 나가 살기를 권했는데, 부모님도 이미 그렇게 결정하시어 그 시기를 중추(中秋)로 정하였습니다. 만약 형이 동교(東郊)에 머물기 어려우면 동쪽으로 올 수 있을 것이니, 그렇게 되면 일이 없을 때 절로 형과 더불어 종유할 수 있을 것이고 아울러 원성(原城)[87]과의 거리도 가까워서 실로 좋은 일이 될 것입니다. 그러나 일이란 대부분 생각처럼 되지

87 원성(原城) : 강원도 원주(原州)를 말한다. 1678년(숙종4) 1월 남계(南溪) 박세채(朴世采)가 원주의 장산(長山)으로 이주하였기 때문에 여기서는 그의 거처를 가리키는 말이다. 《厚齋集 卷44 文純公南溪先生行狀》

않는 법이니 말해 무엇하겠습니까.

동서남북 어디를 가더라도 몸을 닦고 학문을 할 곳 아님이 없으니, 이 의리를 모르는 것은 아닙니다. 그러나 수년 동안 밭 갈고 집 짓는 일에 골몰하여 우거하는 곳이 이제 조금 정해졌는데 다시 버리고 다른 곳으로 옮겨 가게 되었으니, 어느 때가 되어야 편안한 경계를 얻어서 전일하고 고요한 공부를 할 수 있을지 모르겠습니다. 지금은 실로 공부에 전일한 맛이 없는데 형께서는 편지 가운데에 매번 이런 내용을 적으시니, 생각건대 형 또한 나의 형편과 역량을 깊이 알지 못하는 것입니까? 지난여름부터 《시경》을 읽었지만 지금까지도 다 읽지 못했으니, 이것만 보아도 현재 나의 지리멸렬한 실상을 알 수 있을 것입니다.

근래 생긴 일의 곡절 및 최공(崔公) 집안에 대한 일은 상세히 알려 주셔서 매우 감사합니다. 최공의 거조가 이런 지경에 이른 것은 매우 놀라운 일이니, 형께서 측은하게 여기고 안타까워 탄식하면서도 절교하지 않을 수 없었던 것은 아주 적절한 대응인 듯합니다. 그 사람은 나에게도 배항(輩行)을 낮추어 강론을 청한 일이 있었는데, 지금 이렇게 행동했다는 말을 들으니 안타까운 생각이 들어 며칠 동안 마음이 편치 못했습니다. 일생토록 고심하며 경전을 공부하고도 결국 이렇게 이치에 어긋나고 좋지 못한 행동을 하고 말았으니, 사람은 진실로 알기 어려운 것인가 봅니다. 학문을 또한 쉽게 말할 수 있겠습니까.

적어 보내 주신 세 가지 설에 대해서는 별지로 받들어 아뢰었으니, 정밀하게 검토한 다음 다시 가르쳐 주시기 바랍니다. 나 역시 착오가 없을 것이라고는 감히 보장할 수 없습니다. 차의록(箚疑錄)을 거절하지 않고 보여 주시니 너무도 감사합니다. 현강(玄江 박세채(朴世采)) 어른이 앞서 보내 주신 편지가 있거든 나에게도 보여 주기 바랍니다.

봉산(蓬山)의 소식[88]은 근래 어떠한지요? 무릇 보고 들은 의론이 있거든 대략 알려 주시는 것도 나쁘지 않겠습니다. 형께서는 물이 흐르듯 글솜씨가 유려하니 아마 그리 힘이 들지는 않을 듯합니다. 그래서 감히 번거롭게 부탁하는 것입니다. 이 밖에 여러 가지 일은 인편을 세워 두고 바삐 적느라 일일이 다 말씀드리지 못합니다. 편지의 격식을 갖추지 못했습니다.

88 봉산(蓬山)의 소식 : 206쪽 주77 참조.

창계집

제13권

書서

서 書

이동보께 답한 별지

答李同甫別紙

적어 보내 주신 세 가지 설(說)[1]은 삼가 내 생각으로 헤아리건대 모두 미진한 듯합니다. 율곡(栗谷)의 설에 "이(理)는 소리나 냄새가 없어서 미묘하여 보기 어려운 것이기 때문에 은미〔微〕하다고 말한다."라고 하였습니다. 이는 미(微)를 소리나 냄새가 없다는 뜻으로 본 말이니 곧바로 도심(道心)을 이(理)로 여긴 것입니다. 도심이 비록 성명(性命)에 근원하지만 이미 허령 지각(虛靈知覺)이 있고 보면 완전히 이는 아닙니다. 어떻게 소리나 냄새가 없는 것이라고 말할 수 있겠습니까.

사계(沙溪 김장생(金長生))의 설에는 "도심은 발현되는 것이 적기 때문에 은미하여 보기 어렵다."라고 하였는데, 이 말 역시 그렇지 않습니다. 인심(人心)이 발현되는 것은 은미한 데에서부터 성(盛)한 데에 이르기까지 선악이 다 그러하니, 반드시 도심의 발현이 유독 적은 것만은

1 세 가지 설(說) : '도심유미(道心惟微)'에 대한 율곡(栗谷) 이이(李珥)와 사계(沙溪) 김장생(金長生), 그리고 구봉(龜峯) 송익필(宋翼弼)의 설을 말한다. 자세한 내용은《구봉집(龜峯集)》 권4 〈답희원심경문목서(答希元心經問目書)〉에 실려 있다.

아닙니다. 또 그는 맹자(孟子)께서 사단(四端)의 확충을 불과 샘물에 비유한 말[2]을 인용하여 증거로 삼았는데, 불이 처음 타오르고 샘물이 처음 나올 때는 실로 은미하다고 할 수 있겠지만 이미 타오르고 이미 나오고 나면 은미하다고 할 수 없습니다. 예컨대 '도심유미(道心惟微)'와 같은 경우는 시종을 통틀어 그 체단(體段)을 말하는 것이니, 그 의미가 실로 같지 않습니다.

구봉(龜峯 송익필(宋翼弼))의 설에는 "이(理)가 원래 은미한 것이 아니라 기(氣) 가운데 있으므로 은미한 것이니, 성인에게 있어서는 은미한 적이 없었다."라고 하였는데, 이 설은 더욱 온당하지 못합니다. 이가 원래 은미하므로 도심 역시 은미한 것입니다. 비록 형기(形氣)에 가려져서 때로 더욱 은미해지는 경우가 있긴 하지만 '도심은 원래 은미하지 않은데 형기로 인하여 비로소 은미해지는 것'이라고 말해서는 안 됩니다. 이는 거의 '미(微)' 자에 미묘의 의미도 있다는 사실을 살피지 못하고 단지 미매(微昧)의 '미' 자로만 간주하였기 때문에, 이미 도심은 원래 은미하지 않다고 여기면서도 다시 성인의 도심은 마땅히 은미하지 않아야 한다고 말했던 것입니다. 이와 같다면 '도심유미'는 단지 중인(衆人)의 도심을 말한 것일 뿐이고 순(舜) 임금과 우(禹) 임금은 전적으로 다른 사람을 위해서만 염려하고 다시 자신의 일은 이야기하지 않았다는 말이 되니, 이는 이(理)를 살피는 것이 정미롭지 못할

2 맹자(孟子)께서……말 : 《맹자》 〈공손추 상(公孫丑上)〉에 "무릇 나에게 있는 사단을 다 넓혀서 채울 줄 알면, 마치 불이 처음 타오르며 샘물이 처음 나오는 것과 같을 것이니, 만일 능히 이것을 채운다면 족히 사해를 보호할 수 있고, 만일 채우지 못한다면 부모도 섬길 수 없을 것이다.〔凡有四端於我者, 知皆擴而充之矣, 若火之始然, 泉之始達, 苟能充之, 足以保四海, 苟不充之, 不足以事父母.〕"라고 하였다.

뿐만 아니라 순 임금과 우 임금께서 주고받은 말뜻을 심히 살피지 못한 것입니다. 이 세 가지 설은 이처럼 미진한 점이 있습니다.

내 생각에 '미(微)'는 '미묘(微妙)'의 의미이니, 곧바로 도심의 체단을 가리키는 것입니다. 도심의 체단을 '미묘'라고 말하는 이유는 이렇습니다. 무릇 사람이 가진 의리의 마음을 굶주림과 추위 그리고 분노와 욕망에 대한 생각에 비유해 보면 그 체단이 자별(自別)해지니, 이 경우에는 정미롭고 저 경우에는 거칠며 이 경우에는 조금 자취가 있고 저 경우에는 자취가 드러나는 것입니다. 오직 정미롭고 미묘하기 때문에 항상 쉽게 드러나지 않는 근심이 있는 것이니, 성인으로부터 중인에 이르기까지 대개 모두 그러합니다.

만일 '어찌하여 미묘한 것인가?'라는 문제를 논해 본다면 대개 도리의 미묘함에 근본하기 때문입니다. 도리는 형체가 없어서 지극히 오묘하므로 그 말미암아 발현되는 바가 절로 미묘하여 보기 어려운 것입니다. 이것이 바로 항상 쉽게 드러나지 않는 근심이 있는 까닭이니, 그 체단이 진실로 그러한 것입니다. 또한 이 도심이 이미 형기의 가운데 뒤섞여 있으므로 더욱 쉽게 드러나지 않는 바가 있는 것입니다. 그러므로 사람이 실로 형기의 부림을 받게 되면 그 미묘한 체단이 더욱 미매(微昧)해지는 것이니, 진실로 유정유일(惟精惟一)의 공부에 전력하여 형기에 의해 가려지지 않으면 그 체단이 비록 원래 미묘하여 보기 어렵다지만 또한 일찍이 광명 성대하지 않을 때가 없는 것입니다. 대개 도심의 은미함은 그 체단의 본말이 대체로 이와 같으니, 이로써 헤아려 보건대 도심의 은미함은 실로 이(理)에 근원하는 것입니다.

만일 "이는 소리나 냄새가 없어서 미묘하여 보기 어려운 것이기 때문에 은미하다고 한다."라고만 할 것 같으면 이는 곧바로 도심을 이로 여기는 것이니, 도(道)와 기(器)[3]의 경계가 조금 뒤섞임을 면하지 못하게 됩니다. 이는 진실로 미진한 말이니, 생각건대 기록하는 과정에서 생긴 오류라고 여겨집니다. 또 이른바 '미(微)'란 바로 도심의 체단을 통틀어 가리키는 말입니다. 만일 발현되는 바가 적을 때를 가리켜 은미하다고 말한다면, 이는 도심이 처음 발현될 때는 은미하다 말할 수 있고 만일 전체의 체단을 논할 때는 은미하다고 말할 수 없다는 것입니까? 이 또한 미진한 말입니다. 도심이 때로 더욱 은미해진다는 말은 진실로 형기에서 비롯된 것입니다. 만일 "도심은 원래 은미하지 않은데 오직 형기에 가려진 연후에 은미하게 되는 것이다."라고 말한다면 이 또한 한갓 그 말단만을 거론하고 근본은 얻지 못한 말입니다. 이미 도심을 원래 은미하지 않다고 여겼기 때문에 또 부득이 성인은 은미하지 않았다는 논의를 하여 그 실수가 더욱 커졌으니, 또한 미진할 뿐만이 아닙니다.

이미 멀리서 질문하는 편지를 받았기 때문에 감히 어리석은 생각을 다 말하지 않을 수 없어서 선배들의 의론을 문득 나의 생각으로 판단하였으니, 실로 참람하고 송구한 마음이 깊습니다. 존형께서 이 설들을 적어 보여 주신 데에는 반드시 이 의리에 깊이 계합하는 점이 있었기 때문일 터이니, 원하건대 자세히 가르쳐 주시기 바랍니다.

3 도(道)와 기(器) : 도는 무형의 추상적인 도리를 뜻하고, 기는 유형의 구체적인 사물을 뜻하는 중국 철학 용어이다. 《주역》 〈계사전 상(繫辭傳上)〉에 "형이상의 것을 도라 하고, 형이하의 것을 기라고 한다.〔形而上者謂之道, 形而下者謂之器.〕"라고 하였다.

이동보께 드림

與李同甫

지난달에 답장을 적어 인편에 부치려 했는데 인편이 마침내 출발하지 못하여 편지도 결국 부치지 못했으니, 통문(通問)을 하지 못한 지 어느새 해를 넘기고 철을 보내고 말았습니다. 삼가 생각건대, 요즈음 모친을 모시고 학문하는 체후는 만복한지요?

나는 이달 2일 집안에 실화(失火)가 발생하는 변을 당했는데, 한낮에 불이 나서 다행히 인명이 상하는 근심은 없었지만 마침 큰 바람이 불어 기둥 15개의 집이 서까래 하나도 남지 않고 모두 타 재가 되어 버렸습니다. 당시에 연로한 부모님께서 깜짝 놀란 것을 어찌 말로 다 표현할 수 있겠습니까. 집 안에 가까이 두고 읽던 서책이 근 100여 권 있었는데 그 가운데 80여 권을 꺼내지 못하였고, 보관해 오던 벗들의 서찰과 아직 훼손되지 않은 졸고(拙藁)도 남김없이 타 버렸습니다. 이는 실로 궁박한 운명의 소치이니 말해 본들 무슨 소용이 있겠습니까. 현재는 촌사(村舍)에 붙어 지내며 아침저녁으로 사람들에게 양식을 얻거나 꾸어서 위로 연로한 부모님과 아래로 어린 아이들을 부양하고 있으니, 그 곤궁하고 고된 생활을 짐작할 수 있을 것입니다. 아마 그대가 이 소식을 들으면 반드시 매우 안타까워하고 측은하게 여길 것입니다.

가을 즈음에 서쪽으로 옮겨 갈 계획이 이미 결정되어 있었으니 집이야 크게 절실하거나 중요한 문제가 되지 않고, 한동안 입을 옷과 먹을 양식도 분수에 따라 공급할 수 있으니 역시 말할 것이 못됩니다. 가장 안타까운 점은 화재로 사라져 버린 서책에 대한 정을 잊을 수 없음이니, 좀 더 일찍 부지런히 읽어서 책 상자에 보관하듯 내 뱃속에 넣어 두지 못한 것이 한스러울 뿐입니다. 서쪽으로 옮겨 가는 일은 계획대로 될 수 있을지 모르겠습니다. 역량이 미치지 못해서 우선 집안사람들의 의견을 따랐으니 잠시 일이 어긋난 점은 일상적인 일이기에 근심할 필요가 없지만, 두려운 바는 하루아침에 우환이 생겨서 식구들을 안전하게 보호할 계책이 없다는 점이니 이것이 매우 염려스러울 뿐입니다. 애초의 의도는 몇 년 동안 이곳에 살면 세상의 변화를 살필 수 있을 것이고 어수선한 상황이 대략 정리되고 나면 또한 편히 앉아 독서할 수 있으리라 여겼는데, 일의 형편이 이미 그렇게 할 수 없게 되었고 뜻밖의 화재마저 있었으니 어찌 품부받은 분수가 이처럼 기구하단 말입니까. 비록 한가로운 경계의 인사(人事)라 하지만 또한 장차 원하는 대로 될 수는 없는 것입니까. 마주 앉아 다소간의 막힌 회포를 한번 토로할 길이 없으니, 서쪽을 바라보고 그리워하는 마음을 금할 수 없습니다. 천만 원하건대 학문의 진전이 날로 새로워져서 우러러 바라는 나의 마음을 위로해 주시기 바랍니다. 편지의 격식을 갖추지 못했습니다.

이동보께 드림

與李同甫

지난번에 매음(梅陰)의 인편을 통해 편지를 부쳤으니 생각건대 이미 읽어 보았을 것입니다. 요즈음 화창한 날씨에 모친을 모시고 학문하는 체후는 편안한지요?

근래 듣건대, 오랑캐가 크게 패하여 세력이 약해졌다고 하니 천하가 안정되는 일은 반드시 오래 걸리지 않을 것입니다. 중국 땅의 생령들이 다시 하늘의 해를 보게 되었으니, 내 몸은 비록 바다 건너에 있지만 이 소식을 듣고 기쁜 마음이 실로 깊습니다. 다만 우리나라는 유독 그 일에 참여하지 못하고 도리어 남만(南蠻)과 북융(北戎)의 아래에 살고 있으니 다시 무슨 면목으로 천하 사람들을 볼 수 있겠습니까. 나라의 흥폐가 염려스러울 뿐만 아니라, 이로부터 천만세를 이어 온 동국이 장차 다시 예의의 나라가 되지 못해서 천하 사람들이 오랑캐보다 더 심하게 볼까 두려우니, 이것이 크게 한심한 일입니다. 어쩌겠습니까, 어쩌겠습니까?

우리 집이 떠날지 머물지의 여부는 또한 가을 겨울 간의 사세(事勢)를 살펴본 뒤에 결정하려고 합니다. 성중(城中)의 자질구레한 쟁탈에 관한 일은 듣지 않아도 무방하지만, 오직 오랑캐와 중국에 대한 조정 의론의 향배(向背) 가운데 들을 만한 말이 있거든 때로 알려 주시는 것이 어떻겠습니까? 당로(當路)에 있는 사람들은 끝내 무슨 일을 주장(主掌)하고 있습니까? 하늘이 장차 동국을 버려서 천하의 악국(惡國)이 되게 하려는 것인지요? 편지를 쓰다 보니 뜻밖에 말이 길어졌습니다. 읽어 본 뒤에는 불태워 버리십시오. 나머지 말들은 바빠서 이만 줄입니다. 편지의 격식을 갖추지 못했습니다.

이동보께 답함
答李同甫

지난날 돌아오는 인편을 통해 삼가 답장을 받아 보니, 장문의 긴 편지에 자세하게 소회를 다 이야기하시어 사람으로 하여금 매우 위안이 되고 마음이 후련하게 하였습니다. 요즈음 혹심한 가뭄과 괴로운 무더위에 모친을 모시고 학문하는 형의 근황은 어떠한지요? 경기 지역의 농사에 가뭄이 특히 심하다고 하니 국가의 재정을 염려하는 백성의 근심을 실로 잊을 수 없거니와, 가장 걱정되기는 우리 동보 형의 농사일이 더욱 절실하게 마음에 걸립니다. 모르겠습니다만, 크게 훼손되는 상황은 능히 면하여 가을에 수확이 있기를 기대할 만하겠습니까?

나는 벗들을 떠나 쓸쓸히 지낸 세월이 이미 오래되어 심지(心志)는 날로 방종(放縱)해지고 허물과 후회는 날로 불어나기만 하니, 고명한 그대가 충고해 주는 도움을 깊이 생각하지만 그렇게 할 수도 없습니다. 오직 선현들이 역설했던 '경(敬)'이라는 한 글자로 시험 삼아 하루의 공부를 더함이 있을 뿐이니, 그렇게 하면 도리를 부지하는 날이 없지는 않을 것입니다. 강학(講學)이 근면한지 나태한지, 실천이 신중한지 경솔한지의 여부는 그 기미가 전적으로 여기에 있을 뿐이니, 진실로 종사(從事)함에 태만하지 않을 수 있다면 홀로 학문하더라도 오히려 완전히 황폐해지는 지경에 이르지는 않을 것입니다. 그러나 지금 나는 기실 그렇게 하지 못하는 것을 병통으로 여기고 있을 뿐입니다. 모르겠습니다만, 어떻게 생각하는지요? 나머지 많은 이야기들은 바빠서 두서없이 적느라 일일이 다 말씀드리지 못합니다.

중화(仲和)[4] 존형은 지금 어느 곳에 있으며, 학문의 진보는 어떠한지요? 그의 막내아우[5]는 듣건대 또한 점입가경(漸入佳境)의 경지로 접어들었다고 하니, 지금은 과연 어떻습니까? 바라는 바가 가볍지 않습니다. 원컨대 형이 계신 곳으로 인하여 그 진학 수신(進學修信)의 공정(功程)에 대해 들을 수 있기를 바랄 뿐입니다.

4 중화(仲和) : 김창협(金昌協, 1651~1708)의 자(字)이다. 본관은 안동(安東), 호는 농암(農巖)·삼주(三洲), 시호는 문간(文簡)이다. 이조 좌랑, 예조 참의, 대사간 등을 역임하였고 청풍 부사(淸風府使) 시절 기사환국(己巳換局)으로 부친 김수항(金壽恒)이 사사(賜死)되자 벼슬에 뜻을 접고 은거하면서 학문에 매진하였다. 저서로 《농암집(農巖集)》 등이 있다.

5 그의 막내아우 : 김창협의 막내아우 김창립(金昌立, 1666~1683)을 가리킨다. 자는 탁이(卓而), 호는 택재(澤齋)이다. 18세에 요절하였다.

이동보께 드림

與李同甫

세상일이 이미 말로 할 수 없는 지경에 이르고 말았는데, 우리들은 이런 시절을 만나 오직 서로 삼가 괄낭(括囊)의 경계[6]를 지켜야만 하니, 다시 무슨 말을 하겠습니까, 다시 무슨 말을 하겠습니까. 하늘의 재앙과 사물의 변괴는 인심과 국론에서 비롯되는 것입니다. 기근과 도적으로 이미 궁극의 처지에까지 몰려 떨어져서 이전의 역사에 비추어 보아도 그 가운데 울분을 토할 만한 일과 한심스러운 일을 일일이 다 목격하였는데, 간혹 다시 이전의 역사에서 볼 수 없는 일마저 있었습니다. 사람이 태어나서 이런 운명을 만나고 말았으니 어찌해야 하겠습니까, 어찌해야 하겠습니까.

우리에게는 절로 의리와 분수가 있는데, 이미 엄한 주벌(誅罰)이 기다리는 자리에서 극언을 하지도 못하고 어렵고 위태로운 시절에 힘을 바칠 길도 없어졌으니, 이미 아무 쓸모없는 사람이 되고 말았습니다. 오직 학문 수양에 정진하기를 더욱 전념하고 면밀히 해서 사문(斯文)의 한 줄기 명맥이 은미하고 위축된 가운데에서도 가만히 불어나고 암중에 자라나게 하기를 오히려 면려해야 할 뿐인데, 이 또한 그렇게

6 괄낭(括囊)의 경계 : 자신의 재지(才智)를 감추고 침묵을 지켜야 하는 암울한 시대의 경계를 말한다. 괄낭은 주머니의 끈을 졸라맨다는 뜻으로, 곧 말을 조심한다는 의미이다. 《주역》 〈곤괘(坤卦) 육사(六四)〉의 "주머니 끈을 묶듯이 하면 허물도 없고 칭찬도 없을 것이다.〔括囊无咎无譽〕"라는 말에서 유래하였다.

할 수 없으니 더욱 부끄럽고 한탄스럽습니다. 생각건대 존형도 나와 같이 이런 회포를 품고 있겠지만, 부끄럽고 한탄스러운 일단(一端)의 마음이야 반드시 이처럼 심한 지경에 이르지는 않았을 것입니다.

이동보께 답함
答李同甫

매촌(梅村)의 인편이 이르렀을 때 형이 보내 주신 편지 3폭과 별지 2폭을 받아서 급히 한 차례 죽 읽어 보니 다정한 뜻이 밝게 드러나 있었습니다. 보통 사람들은 비록 얼굴을 마주하고 이야기하더라도 반드시 이처럼 세심하게 마음을 쓰지는 못할 터이니, 옛사람이 "마음이 열리고 눈이 밝아진다."라고 한 말이 바로 이와 같은 경우를 말하는 것이겠습니까. 다만 근래에 비통한 상사(喪事)와 근심스러운 병환의 고통을 겪었다는 사실을 알았으니 사람으로 하여금 탄식을 금치 못하게 합니다.

알려 주신 곡절에 대해서는 그 지극한 뜻을 잘 알겠습니다. 여기서도 요즈음 대략 전해 들은 말이 있지만 보내 주신 편지의 내용처럼 상세하지는 못했습니다. 다만 별단의 글을 보니 오히려 의심스러운 점이 있습니다. 기억하건대 을묘년(1675, 숙종1) 가을 사이에 사신의 왕래로 인하여 제주(題奏)로 보고한 내용을 얻어 보니, 이미 "오삼계(吳三桂)[7]

7 오삼계(吳三桂) : 1612~1678. 명말 청초의 무장으로 자는 장백(長白)이다. 산해관의 진장(鎭將)으로 청나라 군대를 방어하다가, 1644년 틈왕(闖王) 이자성(李自成)이 북경으로 쳐들어와 성이 함락되고 숭정제(崇禎帝)가 자살하자, 산해관을 열고 청군과 결탁하여 틈왕을 격퇴하였다. 이후 청나라의 중원 정벌에 혁혁한 공을 세워 1662년 운남(雲南)을 봉지로 평서친왕(平西親王)에 봉해져 광동(廣東)의 상가희(尙可喜), 복주(福州)의 경정충(耿精忠)과 함께 삼번(三藩)으로 불리며 거의 독립국가의 체제를 유지하였다. 1673년 강희제(康熙帝)가 삼번을 철폐하라는 명을 내리자, 상가희, 경정충과 함께 반란을 일으키고, 1678년 형양(衡陽)에서 스스로 황제라 칭하며 국호를 '대주(大周)'라 하고 연호를 '소무(紹武)'라 개원(改元)하였으나 바로 병사하였다. 《淸史稿

의 병력이 양평(陽平)의 관문을 나와 섬서(陝西)에 당도하였다."라고 하였습니다. 그 뒤에 또 진격하여 태원(太原)에 당도하였다는 소식을 들었으니, 이는 오삼계의 병력이 한중(漢中)을 거쳐 나왔다는 말입니다. 남방에서부터 곧장 중원을 취한 자들은 을묘년의 소문에 의하면 이미 형주(荊州)와 호주(湖州) 및 양주(襄州)와 등주(鄧州) 사이에 있고, 동남쪽에 있는 자들은 바로 정금(鄭錦)[8] 집안의 수군으로 또한 이미 온주(溫州)와 태주(台州)에 당도했다고 들었습니다. 그런데 이번에 다녀온 사행(使行)이 얻은 제주에 의하면 서로(西路)의 병력이 아직 한중을 떠나지 않았다고 하니, 전날 들은 "양평을 나와 섬서 및 태원에 당도하였다."라는 말과는 매우 어긋납니다.

패군(敗軍)이 장수를 죽였다는 보고[9]에 대한 생각은 다음과 같습니다. 대저 반군들은 모두 광동(廣東)과 광서(廣西) 및 복건(福建) 등의 지역에 있으니 이는 연경(燕京)에서 만 리나 떨어진 오령(五嶺)의 남쪽에 있다는 말입니다. 그리고 조금 북쪽에 있는 병력도 불과 형주의

卷474 吳三桂列傳》 청의 중원 정복에 큰 공을 세워 각각 운남, 광동, 복건(福建)을 지배하고 있던 삼번이 주동하고 대만의 정금(鄭錦)을 비롯한 반청 세력이 합세하여 복명(復明)을 명분으로 삼번의 난을 일으켰다. 청은 삼번의 난으로 위기에 몰렸으며, 국내에서도 윤휴(尹鑴), 허적(許積) 등 남인을 중심으로 북벌론이 다시 제기되었으나, 청이 삼번의 난을 진압하고 1680년 남인이 실각함에 따라 실행에 옮겨지지는 못하였다.

8 정금(鄭錦) : 명(明)나라 사람으로 청(淸)나라에 대항하여 싸우다가 바다 건너 대만(臺灣)으로 들어가 웅거하였는데, 삼번의 난 당시 오삼계의 병력과 호응하여 청나라 동남쪽으로 진격하였다.

9 패군(敗軍)이……보고 : 1679년(숙종5) 3월 7일 복평군(福平君) 이연(李梗) 등이 중국의 사정을 염탐하고 올린 별단에 의하면, 청나라에서 1678년 8월 17일 무령현(撫寧縣)에 오삼계를 죽였다는 방(榜)을 붙였다고 한다. 《肅宗實錄 5年 3月 7日》

경계 가운데 있을 뿐이니, 이 어찌 늘 승리하며 깂숙이 몰아붙이던 형세가 4, 5년 만에 도리어 이렇게까지 퇴각하여 위축될 리가 있겠습니까. 과연 이와 같다면 북인(北人)들이 어찌 저렇게까지 두려워하겠습니까. 사행도 역시 겁이 나서 바쁘게 돌아왔으니, 또한 무엇을 보았겠습니까. 정금의 병력이 바야흐로 흥주(興州)와 화주(化州) 사이에서 교전하고 있으니, 오삼계가 죽었다는 것은 너무 근거가 없는 말입니다. 이런 말들은 비록 문서가 있지만 모두 믿을 수 없고 오직 혹자가 전한 설이 형세로 미루어 볼 때 가장 실정을 얻은 듯하니, 비록 상고할 만한 문서가 없더라도 이것이 믿을 만한 말일 뿐입니다. 이와 같다면 북인들이 의당 두려워할 터이고 우리나라에 파급될 근심이 또한 머지않았으니, 더욱 두려워할 만합니다. 어떻게 하겠습니까, 어떻게 하겠습니까.

오삼계가 황제라 자칭했다는 설은 그 허실을 또한 알 수 없으니, 대개 이번에 다녀온 사행이 얻은 문서가 엉성하고 오류가 있기 때문입니다. 삼가 생각건대, 그간에 속임수가 없지 않았으니 이 말이 관군(官軍)의 형세를 저지하고 멀리 있는 사람들의 바람을 끊으려는 생각에서 나오지 않았다고 어찌 보장하겠습니까. 국호를 세우고 황제라 참칭했다는 설은 전날 사신이 돌아왔을 때 이미 이런 말이 있었으니, 당시 전하는 말에 "어떤 사람은 참람하게 국호를 세웠다고 하고, 어떤 사람은 대명(大明)의 뒤를 이어 일어나 국호를 주(周)라 하였다고 하였다."라고 하였습니다. 그 당시 참람하게 국호를 세웠다는 말을 전해 들었을 때부터 이미 이 말과 같았는데, 지금 이 제주에서 곧 "5월 13일에 국호를 세워 주라 하였다."라고 하였고 보면 이전에 전해 들은 것이 또한 예지(預知)의 말에 가까우니, 이것이 첫 번째로 의심되는 점입니다. 소무(紹武)라 개원(改元)하였다는 말도 처음 건국하는 나라의 연호는 아닌 듯한데, 모르겠습니다. 명철한 그대의 입장에서 볼 때 또한 이것이 의심스럽지는 않은지요? 오삼계가 만일 황제라 칭했더라도 경정충(耿精忠)과 정금의 입장에서는 기꺼이 마음으로 복종하려 하지 않을 듯한데, 지금 이 제주 가운데 오히려 결탁하였다는 말이 있는 것은 더욱 이해할 수 없습니다. 여기서 전하는 말이 과연 거짓이 아니라면 천하가 안정되는 것은 그 언제가 될지 또한 모를 일이니, 군사를 파견하는 데 관한 물음은 형세로 볼 때 마땅히 조금 늦추어야 할 것입니다. 그 말을 끝내 신뢰할 수 없는 데다가 몽고(蒙古)의 오랑캐들 또한 별종의 긴밀한 근심거리이니 이러한 때 안으로 두려워하는 것은 실로 마땅합니다. 그러나 한갓 겁내기만 하고 환란을 막을 조치가 있다는 말을 듣지 못했으니, 이 점이 매우 걱정스럽습니다.

오늘날의 일은 모름지기 포은(圃隱)과 율곡(栗谷) 이상의 분들이라야 부지(扶持)하고 극복함에 그 정도(正道)를 잃지 않으리라고 바랄 수 있을 것입니다. 금세에는 우옹(尤翁 송시열(宋時烈)) 한 분뿐이니 조정에서 만일 이분의 말을 따르고 믿는다면, 비록 동서의 방비와 임기응변에 대해 미리 헤아릴 바는 아니지만, 중국과 오랑캐 사이에서 향배(向背)와 순역(順逆)의 시비에 관련한 대체는 아마 분명하게 처리하여 의심이 없었을 것입니다. 그런데 세상 사람들은 지금 그를 죽이고자 여념이 없으니 '따르고 믿는다.〔聽信〕'라는 말을 어디서 살펴 알 수 있겠습니까. 진실로 이른바 "이것이 괴롭고 가슴 아픈 일이다."[10]라는

10 이것이……일이다 : 주희가 한 말로, 소인을 과감히 물리쳐 화근을 미리 잘라 내지 못하면 반드시 후일의 근심이 생길 터이니, '이 괴롭고 가슴 아픈 일〔此事苦痛〕'은 어디에도 호소할 길이 없다는 의미이다. 《朱子大全 卷28 與張元善書》

경우에 해당하니, 어이해야 하겠습니까. 어이해야 하겠습니까? 자고로 국가가 비록 망해 가는 위급한 때를 만났더라도 그사이 뜻있는 선비와 충성스러운 신하 가운데는 쇠한 명운(命運)을 일으켜 폐단을 보완하고 패망을 구하여 보전하기를 도모하는 계책이 없지 않았습니다. 그런데, 지금은 도리어 당로(當路)에 있는 일시의 방자한 군소배들에 의해 이러한 충심이 파괴되어 가만히 앉아 패망하는 상황을 지켜보면서도 손을 쓸 곳이 없게 되었으니, 생각건대 그 원통하고 절박한 마음은 천년이 지나도 오히려 서글픈 탄식이 나올 것입니다. 붓을 잡고 정에 치우쳐 나도 모르는 사이에 말이 번거로워졌거니와, 대개 이 뜻은 형이 아니면 말할 만한 곳이 없고 또한 형께서 보여 주신 근고(勤苦)함에 감격하여 애오라지 이상과 같이 반복하였습니다.

나랏일은 말해 봐야 유익할 것이 없고 우리들 가운데에서 끝까지 따져야 할 일도 아닙니다. 오직 저의 집안일은 현격하게 차이 나는 이해를 분명히 알지만, 역량이 미치지 못하여 우선은 순응하여 따르면서도 항상 남몰래 속을 태우고 있습니다. 이러한 즈음에 지금 명백하게 이끌어 주시는 말씀을 들었으니, 어찌 받들어 주선하려 하지 않겠습니까. 다만 연로한 부모님의 뜻이 오랜 나그네 생활을 불안해하시고 집안 사람들의 의견은 속히 나오라고 다투어 권하는지라, 환란을 염려하는 나의 말이 고통스럽지 않음이 없었습니다. 이 말은 나온 지가 이미 오래되었지만 지금까지 아무런 징후가 없었기 때문에 비록 사세가 더욱 급한 때를 만나더라도 오히려 대수롭지 않은 말처럼 들릴 것입니다. 또 당초 이곳으로 들어올 때는 집안의 형제들이 차례대로 와서 모일 계획이 있었지만 지금은 이런 계획이 없기 때문에 사세가 매우 어려워졌는데도 반드시 억지로 머무는 듯하니, 한집안의 화기(和氣)를 상하게 하는 것이 두려울 뿐만 아니라 연로한 부모님의 마음도 틀림없이 불안할 것입니다. 그래서 부득이 이렇게 경솔하게 움직이게 되었습니다.[11] 그렇지 않았으면 지난해 식솔을 데리고 들어오기가 자못 어려웠을 테고 오늘 그대로 머물기는 매우 쉬웠을 것입니다. 이미 근심 걱정이 처음 싹트던 날보다 어려운 일도 했는데, 어찌 화란이 처음 일어나던 때보다 매우 쉬운 일을 하려 하지 않겠습니까.

거취의 사이에 화복이 가볍지 않고 마음으로 잘못된 계획임을 알면서도 힘써 말리지 못하였기 때문에 가슴속의 근심 병이 갈수록 깊어졌는데, 돌아갈 날이 차츰 임박하고부터는 더욱 편안한 날이 없었습니다. 이처럼 녹초가 되어 지내는 사이 구토가 나고 기운이 역행하여 고달프게 자리에 누워 날을 보내고 있으니, 마음이 나약하고 역량이 편협한 실상을 잘 알겠습니다. 그러나 단지 혼자 병통으로 여길 뿐 일에는 보탬이 되지 못하고 있으니, 실로 스스로의 감정을 억제하지 못하겠습니다. 이러한 뜻을 비록 집안사람들은 반드시 다 알지 못하겠지만, 생각건대 형은 골육을 나눈 친형제처럼 서로 염려해 주는 사이이니 감히 숨기지 못하겠습니다. 형 혼자만 알고 계시고 비록 집안에서라도 혹 이야기하는 사이에 발설해서는 안 될 것입니다.

정황이 이미 이와 같은 데다가 병을 앓아 눈앞이 어질어질하여 서책 공부를 접어 둔 지 이미 오래되었으니, 앞의 편지에서 스스로 슬퍼한

11 부득이……되었습니다 : 《창계집》 〈창계선생연보초(滄溪先生年譜草)〉에 의하면 창계는 1678년(숙종4) 가을 시국이 조금 안정되기도 하고 우거하고 있는 통천(通川)이 선영과 친척들로부터 너무 멀리 떨어져 있어서 통천을 나갈 계획을 세웠는데, 이해 9월에 부친 임일유(林一儒)가 가족을 데리고 먼저 호서(湖西)의 부여(扶餘) 조계촌(藻溪村)으로 옮겨 갔고 창계는 11월에 뒤따라가서 모셨다고 한다.

말에 어찌 조금이라도 지나친 겸사가 있었겠습니까. 우리 형께서는 정신과 식견이 절로 비상한 사람이니, 만일 경서를 궁구하고 사서(史書)를 보아 근본을 배양하는 공부를 더한다면 앞으로의 조예를 어찌 쉽게 엿볼 수 있겠습니까. 그런데 편지를 보내올 때마다 늘 유유범범하게 지낸다고 탄식하니, 이것을 보면 진정 옛사람의 말대로 천하의 일은 마음에 꼭 맞는 일을 얻기가 지극히 어려움을 알 수 있습니다. 나처럼 비루하고 용렬한 사람은 비록 이야기할 만한 점이야 없지만 만일 달리 질병과 우환이 없어서 맡은 바 사업에 전력을 기울일 수 있다면 마침내 하우(下愚)[12]가 되는 일은 면할 수 있을 것입니다. 그러나 이럭저럭 시간만 보내다가 퇴보하여 나이 서른에 곧 이러한 사람이 되고 말았으니, 이 또한 애석한 일입니다.

편지의 말미에 말한 내용은 또한 잘 알겠습니다. 이곳의 들 가운데 수전(水田)으로 만들 만한 황무지는 수십 섬 남짓 벼를 심을 만한 곳에 대해 일찍이 판조(版曹 호조)의 계안(契案)이 나왔고 아는 사람 한두 명과 함께 물을 대어 수전을 만들자고 약속했습니다. 그리고 일이 성사되면 그 가운데 반을 나누어 형을 받들고 화란에 대비할 바탕으로 삼으려 하니, 이런 내용으로 지난겨울에 보낸 편지에서 이미 대략 말을 꺼낸 적이 있었습니다. 그러나 이미 이렇게 골짜기를 나왔으니 그 일을 성사시킬 수가 없게 되었습니다. 계안을 정납(呈納)하는 일과 같은

12 하우(下愚) : 변화시킬 수 없는 지극히 어리석은 사람을 가리킨다. 공자(孔子)가 "오직 지극히 지혜로운 자와 지극히 어리석은 자는 변화시킬 수 없다.〔唯上知與下愚不移〕"라고 하였는데, 상지(上知)는 이미 선(善)의 극치에 이르렀으므로 더 변화할 수 없고, 하우는 선을 믿지 않고〔自暴〕 선을 행하지 않으므로〔自棄〕 변화해 갈 수 없다는 말이다. 《論語 陽貨》

경우는 매우 어렵지 않았습니다. 다만 반드시 내를 막아 물을 댄 뒤에야 밭을 갈아 먹을 수 있을 텐데, 종복들만 보내서는 형세로 볼 때 필시 이렇게 준비하지 못할 듯합니다. 그 밖에는 토질이 좋고 노는 땅을 보지 못했습니다.

원래 부친 편지는 며칠 전에 경중(京中)에서 바로 왔습니다. 나머지 많은 회포는 병을 치료하며 어렵게 적느라 다 기록하지 못하였습니다. 오직 묵묵히 이해하시기 바랍니다. 삼가 답장을 올립니다.

부모님의 행차는 원래 14일에 길을 떠나려 하다가 마침 구애되는 일이 있어서 오늘 비로소 출발하였습니다. 먼 길에 사람과 말이 건강하지 못하니 산 넘고 물 건너는 고된 여정에 대한 걱정이 어떻겠습니까만, 홀로 남아 있는 심정 역시 말로 하기 어렵습니다. 나는 관채(官債)를 다 갚은 뒤에 떠나려 하니 1, 2월 사이에 낙하(洛下 한양(漢陽))를 지날 듯합니다. 그때 혹 열흘 남짓 만나서 정담을 나눌 수 있겠습니까? 부모님의 행차가 4일에 출발하려 했기 때문에 3일에 번거로운 일을 제쳐 두고 답장을 작성했습니다만, 미처 봉제(封題)하지 못했습니다. 그래서 지금 다시 대략 미진한 뜻을 언급하였지만 다하지 못한 말이 오히려 많으니, 만나서 이야기할 날만 기다릴 뿐입니다.

이동보께 드림 기미년(1679, 숙종5)

與李同甫 己未

오늘은 바로 돌아가신 선생님의 휘일(諱日)입니다. 잠깐 사이에 세월이 바삐 흘러 홀연히 일기(一紀)[13]가 되고 보니 느껍고 상심되는 뜻을 어느덧 금하기가 어렵습니다. 보잘것없는 나는 당시 기대와 사랑을 유독 많이 받았는데 지금 이처럼 유업(遺業)을 실추하고 말았으니, 이승과 저승을 돌아보매 두렵고 부끄러워 더욱 마음을 가눌 수가 없습니다. 오직 다행스럽기는 집안에 그대처럼 훌륭한 아들이 있어서 그 학문을 잘 계승하고 있으니, 이 점이 뒤에 죽을 사람의 마음에 위안이 됩니다. 그러나 한스러운 점은 어긋난 길을 가고 있는 내가 스스로 소식이 막히는 단서를 제공하고 또 강마(講磨)의 유익함을 자뢰하지 못하는 것이니, 그대를 그리워하며 느끼는 비감이 대개 또한 평상시에 슬퍼하는 것과는 비할 바가 아닙니다.

초여름에 일찍이 짧은 편지를 보냈으니 아마 바로 살펴보았을 것입니다. 이제 가을이 다 지나가려 하는데, 삼가 생각건대 모친을 모시고 생활하는 체후는 다복하며 학업은 날로 새로워지는지요? 월전(月前)에 박 선생의 거처를 경유하는 길에 우암 선생을 수행하며 참방(參訪)[14]

13 일기(一紀) : 12년을 달리 표현하는 말인데, 보통 10여 년 정도를 가리킨다. 이해가 창계의 스승인 정관재(靜觀齋) 이단상(李端相, 1628~1669)이 세상을 떠난 지 11년째 되는 해이기 때문에 이렇게 말한 것이다.

14 참방(參訪) : 원래는 승려가 여러 곳을 돌아다니면서 도를 탐구하고 수행하는 일을 말하는데, 여기서는 선생 장자(先生長者)를 수행하며 공부하는 일을 가리킨다.

하는 그대의 근황을 듣고 안승(安勝)함을 상상할 수 있었습니다. 그러나 당시에는 일정이 급박하여 여러 가지 상황을 자세히 물을 여가가 없었으니, 지금 상세히 답장해 주시기를 청합니다. 무릇 근래에 진덕수업(進德修業)하는 곡절 및 사우 간의 강론 가운데 들을 만한 것을 특별히 보여 주어 일 년 동안 그리워하는 이 회포를 위로해 주신다면 변함없이 서로 사랑하는 마음에 감사할 따름이겠습니다.

올해 경기 지역에 또 크게 흉년이 들었는데, 모친을 봉양하는 모든 일은 장차 어떻게 꾸려 갈 계획인지요? 대략이라도 알려 주어 그대를 향한 근심을 풀어 주시기 바랍니다.

내가 지금까지 스스로를 믿지 못하는 까닭은 단지 용맹하고 과감한 의지가 없기 때문입니다. 평소 윤리를 살피고 도를 체득하려는 생각이 매양 목전의 자잘한 사물에 몰두하다 보니 이 때문에 쌓이는 회한이 날마다 늘어만 갑니다. 초심에 비춰 보면 매우 부끄러워 스스로 견딜 수가 없습니다. 종전에 만일 도움이 되는 훌륭한 벗을 얻어 서로 지키며 유지하였다면 지금 필시 이런 지경에까지 이르지는 않았을 터이고, 집에 있으면서 홀로 학문하더라도 집안일에 구애되지 않고 별실(別室) 하나를 얻어 아침저녁으로 거처하면서 학문에 전념했다면 또한 이런 지경에 이르지는 않았을 것입니다. 두 가지 일을 이미 그렇게 하지 못하였고 마음속에 심어진 근본이 또한 홀로 서서 도를 이루기에는 부족했기 때문에 이럭저럭 시간만 보내다가 점차 물들어 결국 이런 지경이 되고 말았습니다. 기왕의 세월을 이제 와서 돌아보면 참으로 헛되이 지내 왔으니, 인생을 수습하는 노경(老境)이 되었을 때 혹 반쯤이라도 거두어들일 수 있을지 모르겠습니다. 이 일의 긴요한 곳은 또한 많은 담론에 있는 것이 아니고 단지 전일하게 노력하여 간단(間斷)이 없도록 하는 데 달려 있을 뿐이니, 이렇게 하면 비록 갑자기 깊은 조예가 생기기를 바랄 수는 없더라도 거의 소인(小人)으로 돌아가는 데에서는 속 시원히 벗어나게 될 것입니다. 지금 삼가 스스로 면려(勉勵)하고 있기는 하지만 또한 그런 경지에 이르지는 못하였습니다.

살림살이의 형세는 이곳에 온 뒤로 백형(伯兄)께서 주선하며 부모님을 봉양하는 덕분에 나는 더 이상 살림을 꾸려 나가는 일이 없지만, 다만 몸이 병들고 성정은 게을러 학문에 정진하지 못하고 있습니다. 근래에는 작은 집을 짓는 일로 인해 왕래하며 간검(看檢)하느라 처음에는 자못 일이 많았습니다. 그러나 집이 완공된 뒤에는 부모님을 모시고 안부를 살피는 여가에 물러나 쉬며 공부할 장소가 생길 것이기에 빨리 완공되기를 간절히 바라고 있지만 힘이 부족하고 겨울이 이미 임박하였으니, 요컨대 내년 봄이나 여름 사이가 되어야 비로소 완공할 수 있을 듯합니다. 집을 짓는 곳은 바로 한 바위 골짜기인데, 앞에는 큰 내가 흘러 집 아래에서 강물과 합쳐집니다. 골짜기는 매우 협소하여 겨우 집 한 채를 지을 만하고 길은 사방으로 막혀 있습니다. 곁의 벼랑에 돌 비탈이 있어서 비록 위태롭기는 하지만 사람이 걸어 다닐 만한데, 만일 배를 타고 강과 시내를 거슬러 오르면 바로 문 앞에 이를 수 있습니다. 또 기암(奇巖)이 봉우리를 이루어 시내 곁에 죽 벌여서 있어서 대체로 자못 그윽하고 고요한 흥취가 있으니, 물을 향하여 문을 낸 범상한 강가의 정자와는 비할 바가 아닐 따름입니다. 고향을 떠나 우거하는 가운데 곤액이 어느 곳인들 없겠습니까마는, 가는 곳마다 마음과 눈을 조금이나마 기쁘게 할 만한 강과 산이 있으니, 이것이 막다른 길에서 느끼는 하나의 행복이 됩니다. 원래는 중추에 여강(驪江)으로 가서 며칠 동안 만나 정담을 나누려고 계획하였는데, 끝내 집안일에 구애되어 가지 못했습니다. 지금은 원조(元朝)에 떠날 계획이지만 또한 끝내 갈 수 있을지 모르겠습니다. 실로 먼 길에 부디 천만 더욱 자신을 아끼고 더욱 학문에 정진하기 바랍니다. 편지의 격식을 갖추지 못했습니다.

이동보께 답함 경신년(1680, 숙종6)

答李同甫 庚申

방금 보내 주신 답장을 받아 보니 무척이나 마음에 위안이 됩니다. 이미 공성(共城)으로 왔는데 오늘 밤을 어찌 헛되이 보낼 수 있겠습니까. 성 서쪽에서 만나자는 약속은 매우 좋습니다. 다만 비록 모두 친한 벗들이지만 끝내 형과 나처럼 차분하게 문답하면서 자신의 생각을 자세히 피력할 수 있는 사이만 못하니, 형께서는 모름지기 나의 거처에 와서 묵어야 할 것입니다. 그런데 보내온 편지의 내용으로 볼 때 끝내 불편하게 느껴지는 것은 무슨 생각 때문에 그런 것인지요? 형적(形跡) 때문에 나를 이렇게 대하는 것입니까?[15]

이군보(李君輔)[16]는 과거에 서로 익숙하게 지내던 친분은 없었지만, 그 사람의 취향을 살펴보니 또한 매우 구차한 사람이 아니었습니다. 내가 이곳으로 온 뒤에 세 차례 방문해 주었는데, 처음 찾아왔을 때는

15 형적(形跡)……것입니까 : 서인(西人)이 노론(老論)과 소론(少論)으로 분열되던 당시의 정국(政局)에서 나타난 창계의 형적을 말한다. 1680년(숙종6) 경신환국 이후 정권을 장악한 서인들이 내부적인 인식의 차이로 끝내 분당(分黨)의 조짐이 드러나게 되고, 결국 1683년을 기점으로 서인의 영수이자 노장이었던 송시열(宋時烈)과 한때 그의 제자였던 윤증(尹拯) 및 박세채(朴世采), 남구만(南九萬) 등이 노론과 소론으로 갈리게 된다. 이러한 상황에서 당시 창계는 개인적인 친분이나 학문적 성향으로 볼 때 소론계로 분류되므로 이렇게 말한 것으로 보인다.

16 이군보(李君輔) : 군보는 이세필(李世弼, 1642~1718)의 자이다. 본관은 경주(慶州), 호는 구천(龜川), 시호는 문경(文敬)으로, 이항복(李恒福)의 증손이다. 형조 좌랑, 사복시 정 등을 역임하였다. 저술로는 《악원고사(樂院故事)》가 있다.

새벽까지 함께 담론하였습니다. 그런데 뜻밖에도 형께서 나를 대하는 것이 군보가 나를 친숙하게 여기는 것보다 못합니다. 어찌 감히 서운하게 여길 수야 있겠습니까마는 스스로 서글픈 마음이 절실할 뿐입니다. 오늘 밤에는 다만 자리를 깨끗이 청소한 뒤에 공손히 기다려야 하겠지만, 만일 형이 기꺼이 돌아보려 하지 않는다면 또한 내가 다시 어떻게 하겠습니까. 나는 형의 옛 친구가 아닙니까? 몇 해 동안 그리워하던 나머지 하룻밤 정겨운 담소를 나누는 것이 너무 촉급하다는 혐의는 없겠습니까? 이 정성을 대수롭지 않게 여기지는 마시기 바랍니다. 편지의 격식을 갖추지 못했습니다.

이동보께 드림

與李同甫

지난번에 중화(仲和 김창협(金昌協)) 씨 편에 편지 한 통을 부쳐 올렸으니, 생각건대 이미 살펴보았을 것입니다. 그 후에 중화 형을 통해 일찍이 며칠 동안 교외에 다녀왔다는 소식을 들었는데, 삼가 한적한 곳에서 강토(講討)하는 즐거움을 상상하니 부러운 마음이 생깁니다.

어제 연석에서 우의정이 돌아가신 선생님의 염퇴(恬退)의 지조와 식견의 고명함을 성상께 진달하고 특별히 한마디 포증(褒贈)의 말씀을 청하여 윤허를 받았습니다. 이 일은 사림에 매우 영광스러운 일이니, 어찌 다만 자제와 문생의 사적인 다행일 뿐이겠습니까. 지난날을 돌이켜 생각하면 오히려 더욱 가슴이 아픕니다.

나는 근래에 계속 입시하였는데, 어제는 《서전(書傳)》의 시강을 마치고 상례(常例)에 따라 응문(應文)할 때 성상의 예지(叡智)를 친절하게 계발(啓發)한 일이 조금도 없었으니, 늘 부끄러움으로 한숨이 나와 견딜 수가 없습니다. 모르겠습니다만 형과 중화 씨 같은 분들에게 그 일을 맡게 했다면 어떠하였겠습니까? 대개 요즈음 학문으로 향하는 성상의 뜻이 실로 절실하시어 오늘 또 소대의 명을 내렸는데 마침 다른 일로 인하여 우선 정지하였습니다. 이럴 경우 야대(夜對)나 다음 날의 소대에서 반드시 진강하게 하였으니, 만일 덕을 지키는 의지가 편안하고 확고하여 시종 바뀌지 않는다면 국가의 큰 경사가 될 것입니다. 그러나 내 입장에서 말하자면, 날마다 시강하는 것이 매우 영광스러운 일이기는 하지만 부끄러워 한숨이 나온다는 생각이 또한 스스로 깊습니다. 어찌하겠습니까, 어찌하겠습니까. 나머지는 어지럽고 번잡한 일들입니다. 편지의 격식을 갖추지 못했습니다.

이동보께 답함
答李同甫

격조하고 그리워하던 나머지 삼가 손수 적은 답장을 받아 보니, 위로되는 마음을 말로 다 표현할 수 있겠습니까.

근래 성상께서 마음을 가다듬고 전학(典學)[17]하는 의지는 실로 더욱 힘써야 한다는 말이 필요 없을 정도이니, 날마다 강연(講筵)을 열 뿐만 아니라 하루에 진강하는 양이 점점 많아지는데도 다음 날 강연할 때는 전수(前受)[18]의 내용을 매우 익숙하게 강론하여 문구 외에 또한 의취(義趣)에 대해 토론하는 일이 많습니다. 우옹(尤翁 송시열(宋時烈))이 《태극도설(太極圖說)》과 〈서명(西銘)〉을 진강한 뒤로는 배우고 싶어 하는 뜻을 더욱 절실하게 붙들어 두어 성의(誠意)가 지극하였으니, 족히 사람들을 감동시킬 만한 점이 있었습니다. 만일 날로 이 의지를 새롭게 다져서 시종일관 바꾸지 않는다면 종사와 생령의 다행을 이루 다 말로 설명할 수 있겠습니까. 나는 매양 한번 벼슬길에 나온 것이

17 전학(典學) : 항상 학문에 힘쓴다는 말로 전(典)은 상(常)의 뜻이다. 《서경》 〈열명 하(說命下)〉에 "가르침은 배움의 절반이니, 처음부터 끝까지 늘 학문에 뜻을 두면 그 덕이 닦여짐을 자신도 깨닫지 못할 것이다.〔惟斅學半, 念終始典于學, 厥德修罔覺.〕"라는 말에서 유래하였다.

18 전수(前受) : 전수음(前受音), 즉 전날 강연(講筵)에서 진강(進講)받은 내용을 말한다. 수음(受音)은 임금이 경연에서 강관(講官)으로부터 글의 독법(讀法)을 배우는 일을 가리킨다. 《순암집(順菴集)》 권16 〈임진 계방일기(壬辰桂坊日記)〉에 "전날 과정을 정하여 읽은 것을 전수음이라 하고, 당일에 강하는 내용을 신수음이라 한다.〔前日課讀, 謂之前受音, 當日所講, 謂之新受音.〕"라는 말이 보인다.

잘못되었다고 후회했는데, 다행히 이때에 참여하여 성대한 일을 보게 되었으니 자못 완전히 잘못된 일만은 아닙니다.

《태극도설》과 〈서명〉은 성상께서 우상(尤相 송시열)에게 명하여 대문(大文)의 문의(文義)를 해석하게 하시고 나에게 명하여 통해(通解)를 해석하게 하셨습니다. 그런데 오늘 《시경》 서문(序文)을 진강할 때는 나에게 문의를 해석하게 하시고 우옹에게 그 미진한 함의를 말하게 하셨습니다. 소대를 마치고 승정원에서 좌직(坐直)하느라 바빠서 이만 줄입니다.

이동보께 드림

與李同甫

바야흐로 형의 처소로 달려가 묵을 생각이라고 이미 중화(中和 김창협(金昌協)) 형에게 통보하였는데, 갑자기 보내온 서찰을 통해 그 집에 일이 있어서 함께 모여 묵기 어렵다는 사실을 알게 되었으니, 매우 놀랍고 애석합니다. 이곳은 산중에 있는 것처럼 격조해서 만일 오늘 밤을 놓치면 뒷날의 모임을 또한 기약할 수 없으니, 어찌하겠습니까, 어찌하겠습니까.

나는 매일 밤 홀로 초당(草堂)에서 지내기에 고요하고 적막하기가 산방(山房)과 다름이 없으니, 형께서 왕림해 줄 수 없겠습니까? 이에 사람과 말을 보내어 삼가 맞이하는 바이니, 만일 내치고 버리지 않으신다면 원컨대 바로 오시기 바랍니다. 옛날에 일두(一蠹 정여창(鄭汝昌))가 매번 말을 보내어 한훤(寒暄 김굉필(金宏弼))을 초대하였으니, 우리가 비록 감히 망녕되이 선현들의 일을 흉내 낼 수는 없지만 이 또한 어찌 좋은 일이 아니겠습니까. 삼가 자리를 청소하고 기다리겠습니다.

이동보께 답함

答李同甫

어느 날인들 잊을 수 있겠습니까마는, 돌아보건대 전가(田家)에 한가한 노복이 없어서 데리고 있던 노복과 말을 경사(京師) 안으로 들여보냈기 때문에 한번 심부름꾼을 보내 안부 묻는 일을 또한 오래도록 하지 못하였습니다. 이런 즈음에 지금 특별히 서군(鋤軍)을 보내 편지로 정중히 안부를 물어 주는 은혜를 받으니, 감격스럽고 위안되는 나머지 형처럼 곡진하게 정을 나누지 못하는 나의 형편이 더욱 부끄럽습니다.

오랫동안 병으로 칩거하였더니 뜻이 자못 전일하고 고요해져서 비록 병고(病苦)로 인해 힘을 붙여 글을 읽지는 못하지만 간혹 책을 뒤적뒤적 찾아보는 일이 있으면 왕왕 감발(感發)하는 곳이 없지 않으니, 바쁜 와중에 지나 보낸 세월이 참으로 안타깝고 애석함을 비로소 알겠습니다. 예전 관직을 맡지 않았을 때도 늘 집안의 사적인 일로 번거로움이 있어서 명색은 비록 고요히 거처한다고 하지만 실상은 한가롭게 지내지 못했으니, 오직 근래의 상황이 가장 편하고 한적하다는 것을 깨닫겠습니다.

자신에게 돌이켜 안으로 반성한다는 뜻은 자못 긴절함이 적은 듯합니다. 다만 굳건하게 앉아 이런 여유와 한가함을 보전하면서 자못 스스로 간단(間斷)이 없게 해야 하는데, 하루아침에 다시 분잡한 경계에 들어가게 되면 그 일에 골몰하고 빠져들어서 더 이상 이런 의사(意思)가 없게 될까 매우 두렵습니다. 옛사람의 시에 "비록 분잡함과 한적함이 같다는 것을 알지만, 끝내 고요함 속에 여유가 있음을 깨닫네.〔雖知

等閙寂 終覺靜理優]"[19]라고 하였으니, 이런 일은 옛사람에게 있어서도 오히려 그러했는데 더구나 나와 같은 사람들이야 더 말할 것이 있겠습니까. 이로써 말하건대, 실로 다시 성중(城中)에 들어가고 싶은 생각이 없습니다. 다만 연로한 양친께서 기대하는 간절함이 날마다 하루만큼 더해 가서 자못 쉽게 처신할 수 없는 점이 있고 이 몸 역시 오래도록 쉬고 머물 곳이 없으니, 정처 없이 떠도는 몸이 마침내 어떻게 될지 모르겠습니다.

우천(牛川)이 실로 더욱 고요하고 편한 곳이지만 다만 집안에 자용(資用)을 공급하는 일이 어려울 것입니다. 지금의 형세로 볼 때 당장은 이 몸이 돌아가 안정할 곳을 모르겠는데, 며칠이 지나면 거의 논의가 정해질 듯합니다. 이곳은 장석(丈席) 및 형의 처소와 거리가 모두 많이 멀지 않아서 처음에는 계속 종유할 수 있을 것이라 생각하였습니다. 하지만 형에게는 한 번도 찾아가지 못했고 장석은 간혹 찾아뵙기는 했지만 또한 열흘이나 보름 사이에 겨우 한두 번 갔을 뿐이니, 이는 병들고 태만한 나의 죄입니다. 허물과 후회를 어떻게 변명할 수 있겠습니까. 우선 이렇게 답장을 올립니다.

19 비록……깨닫네 : 송(宋)나라 학자 장식(張栻, 1133~1180)이 지은 장편 시 〈제용계각(題榕溪閣)〉의 한 구절이다. 《남헌집(南軒集)》에는 '閙'가 '喧'으로 되어 있다. 《南軒集 卷3 題榕溪閣》 장식의 자는 경부(敬夫)·흠부(欽夫)이고 호는 남헌(南軒)으로, 이학(理學)에 뜻을 두어 호굉(胡宏)에게 배웠고 주희(朱熹)와 사귀었다.

이동보께 드림 신유년(1681, 숙종7)

與李同甫 辛酉

가뭄의 기세가 이렇게까지 심해져서 백성들의 목숨이 경각에 달려 있으니 사람으로 하여금 매우 걱정스럽게 합니다. 무더위도 감당하기 어려운 일인데 이런 시절에 노모를 모시고 학문하는 체후는 건승한지요? 그리운 마음 견딜 수 없습니다. 나는 한가한 가운데 연로한 부모를 모시며 지내고 있으니 모든 일이 조금은 편안합니다. 비록 각고의 노력으로 공부하지는 않지만 한양에 있을 때에 비하면 조금 나아져서 날로 스스로 다행이라 여기고 있었는데, 뜻밖에 관직에 제수하는 명이 계속 더해져서 갈수록 낭패가 심해지니 사사로운 근심이 어떠하겠습니까.

앞의 편지에서 보여 주신 가르침은 우러러 깊이 염려해 주시는 마음이 구차하지 않다는 것을 잘 알겠습니다. 원래는 받들어 주선하려고 했다가, 오히려 사직 상소를 올려 사정과 병세의 실상을 대략 진달하고 나면 비록 왕명을 따르지 못하더라도 조금은 편안해질 수 있을 것이라고 생각했습니다. 하지만 그 사직 상소를 미처 들여보내기도 전에 다시 전조(銓曹)의 직임으로 옮겨 제수되어[20] 더 이상 거듭 사직을 호소할 길이 없어졌는데 어제 또 사관(史官)의 일로 특별히 소명을 받았으니, 이러한 상황에서 소장을 올리지도 않고 나아가지도 않는다면 형적(形跡)의 사이에 과연 너무도 편안하기 어려운 점이 있을 것입니다. 따라

20 전조(銓曹)의……제수되어 : 창계는 1681년(숙종7) 10월 16일 정사(政事)에서 이조 좌랑에 제수되었다. 《肅宗實錄 7年 10月 16日》

서 형세로 볼 때 모름지기 한번 움직여야 하겠습니다. 다만 마지막에 가서 귀향(歸鄕)하려는 계획에 서로 차질이 생길까 두려우니, 중요한 점은 형들이 곁에서 경계하여 기회를 잃지 않게 해 주는 데 달려 있을 뿐입니다. 중화(中和 김창협(金昌協)) 형의 한마디 말은 간략하고도 타당하다 할 수 있습니다. 이 형이 만일 기꺼이 나를 위해 힘을 써서 사국(史局)에서 벗어날 수 있게 해 준다면 향후의 거취가 마땅히 조금은 가볍고 편안해질 수 있을 터인데, 끝내 어떻게 될지는 알지 못하겠습니다. 현강(玄江 박세채(朴世采)) 어른께서 승자(陞資)된 일은 진실로 사림의 광영이지만 다만 실로 보내온 편지의 말처럼 진퇴가 점점 어려워져 가니, 나 역시 이 점이 깊이 우려가 됩니다.

물어 온 《혹문(或問)》의 본체(本體)와 본연(本然)의 두 설이 타당한지는 나 또한 어찌 확실한 견해가 있겠습니까. 다만 이미 마음의 본체라고 해 놓고 반드시 의리(義理)의 본체로 말을 하니 주장(主張)하거나 피하려는 뜻이 있음을 깨닫겠습니다. 따라서 문의가 자연스럽지 못한 듯합니다. 어떻습니까, 어떻습니까? 이른바 '아직 발하기 전의 본체〔未發之本體〕'라는 말에 이르러서는 대체로 의리를 얻었습니다. 다만 비록 응접(應接)할 때라도 사물에 얽매이지 않는다면 또한 그 본체를 잃지 않았다고 이를 만하니, 이와 같고 보면 본체와 본연은 또한 용처(用處)를 겸하여 말할 수 있을 듯합니다. 모르겠습니다만, 이 뜻이 어떻습니까?

편지에 임하여 붓 가는 대로 언급하다 보니 정미한 생각이 부족하지나 않았는지 더욱 걱정입니다. 또한 모름지기 조만간 보내는 편지에서 다시 가르침을 주시기 바랍니다. 이조(吏曹)의 사람이 돌아와서 바쁘게 대략 적습니다. 격식을 갖추지 못했습니다.

이동보께 드림 임술년(1682, 숙종8)

與李同甫 壬戌

앞서 보낸 편지는 생각건대 이미 살펴보았을 것입니다. 나는 원래 오늘 길을 나서려 했으나 마침 실제 병이 있어서 더위를 무릅쓰고 떠나는 먼 길을 감당할 수 없었습니다. 게다가 말을 가지고 남쪽으로 간 노복이 월초에는 돌아오리라 생각했는데 지금까지 돌아오지 않고 있으니, 딱히 몸에 병이 없더라도 걸어서 가기는 어려울 것입니다. 이 때문에 길을 멈추고 사람을 시켜 정장(呈狀)하게 했는데, 처분이 어떻게 내려질지는 알지 못하겠습니다.

보잘것없는 나의 생각은 다만 앞서 보낸 편지에서 말한 바와 같고 지금도 별다른 의견이 없어서 이 때문에 지체하였던 것이니, 대개 질병과 사세가 마침 그러하여 생긴 일일 뿐입니다. 병든 몸을 이끌고 말을 빌려 타고 가는 지경에까지 몰리지 않았던 이유는 대개 또한 지난날 올린 사직 상소가 성상께 보고되었음을 대략 믿어서였으니, 전혀 시비를 분간하지 못하고 공연히 물러나 앉아 있는 사람과 비교하면 혹 차이가 있기 때문입니다. 사국(史局)에 관한 일은 만일 체차를 허락받는다면 실로 좋겠지만, 그렇게 되지 못하면 또한 마땅히 처음 계획대로 올라가서 몇 개월 동안 사관(史官)의 직임에 봉직해야 할 것입니다. 여러 곳의 전최(殿最)에 모두 참석하지 못했으니 삼사(三司)와 전조(銓曹)에는 다 쓸모가 없고, 오직 부수찬 한 자리가 오히려 할 만한 직임에 속합니다. 하지만 조정에 부족한 관직이 어찌 부수찬 한 자리이겠습니까. 만일 이러한 때에 호중(湖中)의 고을 하나를 얻어서 천천히 세월을 보낸다면 진퇴를 결정하고 형적(形跡)을 바꾸는 사이에 실로 편안할 터이고, 사관의 일을 익힘으로 인해 여가를 내어 독서하는 것도 여러 관직을 두루 역임하게 하여 인재를 배양하는 조정의 도리에 방해가 되지 않을 것입니다. 그래서 바야흐로 전조의 관료에게 편지로 간청하였지만 이 사람들이 매번 심하게 일을 미루기만 하는데, 만일 재상의 한마디 말을 얻을 수 있으면 전조에서도 반드시 일을 미루지는 못할 것입니다. 이러한 생각을 중화(中和)에게 번거롭게 청하고 싶지만 보잘것없이 미천한 내가 감히 장자(長者)의 도용(陶鎔)[21]을 바랄 수 없어서 직접 언급하지 못했으니, 형께서 시험 삼아 중화와 상의한 다음 혹시 할 만하다고 여겨지면 속히 주선하게 해 주는 것이 어떻겠습니까?

옥류(玉流)에 우거하려던 계획은 모르겠습니다만 과연 성사되었는지요? 비록 이쪽에서 공부해 가는 의리와는 조금 차이가 있는 듯하지만, 과연 때와 장소에 따라 진실한 공력을 들일 수 있다면 도하(都下)에 우거하며 세월을 보내는 것도 무슨 방해가 되겠습니까. 다만 사람의 마음은 대부분 경계에 따라 옮겨 가기 마련이니 이것이 매우 근심스러운 일입니다. 나는 처음 도착했을 때 마음이 자못 좋았는데, 근래 오래지 않아 앉은 자리를 떠나야 해서 일간의 사업도 감히 오래도록 도모할 수 없게 되었습니다. 모르겠습니다만, 이러한 일을 다시 얼마 동안이나 해야 한단 말입니까. 매우 가련하고 슬플 따름입니다. 이번에 갔다 온 뒤에는 실로 굳건히 앉아 있을 생각이지만 모든 일은 미리 헤아리기가 매우 어려우니 또한 어떻게 예정(豫定)할 수 있겠습니까. 일을 미리

21 도용(陶鎔) : 가마에서 도자기를 굽고 용광로에서 쇠를 녹이는 것처럼 인재를 배양하여 육성한다는 뜻이다.

헤아리기 어려운 것이 아니라 바로 자신에게 식견과 역량이 없어서 그러한 것일 따름이니, 더욱 두려워할 만합니다. 나머지 많은 말들은 바쁘게 편지를 쓰느라 다 갖추지 못했습니다.

말씀하신 '경이직내(敬以直內)'는 퇴도(退陶)의 전문(全文)을 보지 못해서 그 본래의 의미가 과연 어떠한지 자세히 알지는 못하지만, 나는 평소에 늘 '내(內)' 자와 '외(外)' 자는 단지 '심(心)' 자와 '사(事)' 자와 같으니 비록 '의(義)' 자와 '방(方)' 자와 상대하여 말한 것이지만 또한 전적으로 '정(靜)'에 소속시킬 수는 없다고 생각했습니다. 《단서(丹書)》[22]의 "공경이 태만함을 이기는 자는 길하다.〔敬勝怠者吉〕"와 "의리가 욕심을 이기는 자는 순하다.〔義勝欲者從〕"라는 말로 살펴본다면 또한 그 내력과 취지를 볼 수 있습니다. 모르겠습니다만, 이 뜻이 어떠한지요?

"드러난 현상을 겸하였다.〔兼顯〕"와 "외면의 일을 겸하였다.〔兼外〕"라는 퇴도의 설은 "움직임을 겸하였다.〔兼動〕"라는 뜻을 추연(推衍)하여 이와 같이 입언(立言)한 것인 듯합니다. 하지만 자세히 상고해 볼 것 같으면 미묘하게 말에 병통이 있는 듯한데, 모르겠습니다만 명철한 형께서는 과연 어떻게 생각하는지요? 내 의견은 퇴도의

22 단서(丹書) : 주(周)나라 때에 붉은 새가 물고 왔다는 글인데, 그 글에 "공경이 태만함을 이기는 자는 길하고, 태만함이 공경을 이기는 자는 망하며, 의리가 욕심을 이기는 자는 순하고, 욕심이 의리를 이기는 자는 흉하다.〔敬勝怠者吉, 怠勝敬者滅, 義勝欲者從, 欲勝義者凶.〕"라는 내용이 있었다고 한다. 무왕(武王)이 즉위할 때에 강태공(姜太公)에게 《단서》의 이런 내용에 대해서 묻고, 주변의 온갖 기물에 명(銘)을 지어 새겨 경계로 삼았다고 한다. 《小學 敬身》《心經 敬以直內章》

생각과 또 달라서 생각건대 형의 생각과 더욱 서로 배치될 듯하니, 다시 가르쳐 주시기 바랍니다. 원래는 상세하게 논의하려 했지만 인편이 바빠서 그 대체적인 생각만 거론하였으니, 너그러운 마음으로 살펴보시기 바랍니다.

이동보께 답함 계해년(1683, 숙종9)

答李同甫 癸亥

별지(別紙)로 보여 주신 뜻은 매우 자세하고 밝아서 마음이 열리고 위안됨이 참으로 많습니다. 우매하고 미혹된 나는 더 이상 바깥일에 생각이 없지만 오직 근래의 사회(事會)는 실로 종국(宗國)의 흥망과 사림의 휴척(休戚)에 관계되는 일이니, 한 줄기 목숨이 사라지기 전에는 또한 실로 잊을 수 없는 점이 있습니다. 지금 보내온 편지를 살펴보니 염려하는 곡절이 명확하게 조리가 있어서 모두 타당하였습니다. 다시 바라건대, 더욱 생각을 더하고 항상 정성을 미루어 좌우로 면밀히 주선해서 파탄 나는 일이 없게 한다면 세도에 도움 되는 바가 어찌 작겠습니까. 관직에 제수하는 명이 마침 이때에 내려왔으니[23] 참으로 다행한 일입니다. 존형의 출처의 의리에 이르러서는 예전에 이미 스스로를 위한 계책이 자세하게 세워져 있다는 것을 알았거니와, 근래에 생각건대 다시 여러 어른과 충분히 강론하여 정했을 터이니, 다시 어찌 그 사이에서 의논할 것이 있겠습니까.

나는 화변(禍變)[24]을 만난 이래로 늘 "자식이 봉양하고 싶어도 어버이는 기다려 주지 않는다."라는 옛사람의 말[25]을 생각할 때마다 슬픈

23 관직에……내려왔으니 : 박필주(朴弼周)가 지은 이희조(李喜朝)의 행장에 의하면, 이희조는 1683년(숙종9) 천거과(薦擧科)에서 천거를 받아 전설사 별검(典設司別檢)에 제수되었다. 《黎湖集 卷29 芝村李先生行狀》

24 화변(禍變) : 《창계집》 〈창계선생연보초(滄溪先生年譜草)〉에 의하면 창계는 1683년(숙종9) 1월 12일 35세 때 모친상을 당했는데, 이 일을 가리킨다.

눈물이 줄줄 흘러내려서 더욱 마음을 진정할 수가 없습니다. 존형께서는 노모의 봉양을 위해 녹사(祿仕)[26]하려는 뜻이 평소에 이미 정해져 있었으니 어찌 다시 매번 머뭇거리기만 해서야 되겠습니까. 세간의 훼예(毁譽)와 우열이야 모두 마음에 담아 둘 일이 아니고, 오직 이 일이 유독 큰일인 것입니다. 어떻습니까, 어떻습니까?

우리 집은 이곳에 우거함에 의지하여 힘입을 만한 연고가 없습니다. 그러나 오히려 몇 칸의 집이 있어서 근근이 들어가 살 만하고, 또 몇 이랑의 포전(浦田)이 있어서 바야흐로 농사지어 먹고 있는데, 만일 이것들을 버리고 서울로 들어가면 밭도 없고 집도 없으니 어떻게 살아갈 수 있겠습니까. 보내온 편지에서 입경(入京)할 계획을 세우라는 말은 비록 서로 깊이 사랑하는 마음에서 나온 것이지만 받들어 시행하기 어려운 점이 있습니다. 마침 눈병을 앓아서 지금 글자를 쓰기가 어려우니 이만 줄여야겠습니다.

25 자식이……말 : '풍수(風樹)의 탄식' 즉 어버이의 상을 당하여 슬퍼하는 자식의 마음을 가리킨다. 춘추 시대 때 고어(皐魚)라는 사람이 길에서 슬피 울고 있기에 공자(孔子)가 그 까닭을 물었더니, "나무는 고요하고자 하여도 바람이 그치지 않고 자식이 봉양하고 싶어도 어버이는 기다려 주지 않는다.〔樹欲靜而風不止, 子欲養而親不待.〕"라고 하고는, 서서 울다가 말라 죽었다고 한다.《韓詩外傳 卷9》

26 녹사(祿仕) : 녹봉을 위한 벼슬이라는 뜻으로, 한유(韓愈)의 〈쟁신론(爭臣論)〉에 "벼슬은 가난 때문에 하는 것이 아니지만 가난 때문에 해야 하는 경우도 있다고 옛사람이 말했는데, 이러한 벼슬을 녹사라고 한다.〔古之人有云, 仕不爲貧, 而有時乎爲貧, 謂祿仕者也.〕"라고 한 데서 유래하였다.

이동보께 답함
答李同甫

지난번 형 집의 종사군(從使君)[27]이 행차하는 편에 보내 주신 서찰을 받아 보고 바야흐로 색우(色憂)[28]가 있다는 사실을 알았으니, 우러러 염려되는 마음이 매우 깊었습니다. 그런데 방금 귀성(貴星)[29]이 옴으로 인해 다시 손수 적은 편지를 받아 보고 세세하게 보여 주신 뜻을 갖추 잘 알았으니 매우 고맙고 위안이 됩니다. 다만 삼가 듣건대, 모친의 병환이 아직 쾌차하지 않았다고 하니 근심스러운 마음을 더욱 금할 수 없습니다.

나는 근래에 질병의 고통이 심하지 않아 일상생활이 거의 평소와

27 형 집의 종사군(從使君) : 이희조(李喜朝)의 동생 이하조(李賀朝, 1664~1700)를 말하는 듯하다. 자는 낙보(樂甫), 호는 삼수헌(三秀軒)으로, 1682년(숙종8) 사마시에 입격하여 진사가 되었다. 그러나 대과(大科)를 단념하고 형 이희조를 따라 공부하다가 송시열(宋時烈)의 문인이 되어 성리학에 몰두하였는데, 1694년 음보(蔭補)로 세자익위사 세마(世子翊衛司洗馬)가 되고 이어 사복시 주부, 공조 좌랑을 지냈다. 1698년에는 부평 현감으로 나가 치적이 높았으나 37세에 죽었다. 저서로는 《삼수헌고(三秀軒稿)》가 있다.

28 색우(色憂) : 어버이의 병환을 간호하는 자식의 근심을 이른다. 《예기(禮記)》 〈문왕세자(文王世子)〉에 "문왕이 세자로 있을 때에……왕계(王季)가 편치 않은 때가 있으면 내시가 문왕에게 알렸는데, 문왕은 얼굴에 근심하는 기색을 띠시고 걸음을 똑바로 걷지 못하였다.〔文王之爲世子……其有不安節, 則內豎以告文王, 文王色憂, 行不能正履.〕"라고 하였다.

29 귀성(貴星) : 상대방의 인편을 말한다. 한유(韓愈)의 종 이름이 성(星)이었던 데서 유래하였다.

다름없었는데, 갑자기 이달 10일 사이에 마침 감기를 앓은 뒤로 두통과 어지럼증 및 염식증(厭食症)과 구토증이 일제히 발작하여 지금 대략 15일 남짓이 되도록 조금도 차도가 없습니다. 바람이 무서워 문도 열지 못하고 종일 가만히 누워서 서책(書策)이 곁에 있어도 펴 보지 못하고 있으니, 이곳에서의 고통스러운 회포를 어떻게 말로 할 수 있겠습니까. 여러 가지 가르침은 비록 모두 받들어 보았지만 질병으로 인한 괴로움이 이와 같으니, 단지 요점만 대략 말씀드리겠습니다.

보내온 편지에서 내가 성명(性命)의 이치에 대해 아는 것이 밝게 갖추어졌다고 한 말은 필시 분별하는 정도가 조금 나은 곳에 나아가 대체적으로 말한 부분일 터이니, 실로 유심히 살펴볼 필요는 없습니다. 그러나 끝내 실언(失言)으로 돌아가고 만다면 이는 크게 서로 알지 못하는 일이 될 뿐만 아니라, 성명의 이치에 대해서도 크게 알지 못하는 것입니다. 사람이 성명의 이치에 대해 비록 그 정미한 곡절을 자세히 보지는 못하더라도 진실로 자신에게 있는 실체를 조금이나마 알 수 있다면, 하나의 언동(言動)과 하나의 의념(意念)에서부터 처세(處世), 접물(接物), 출처(出處), 의론(議論)에 이르기까지 한결같이 성명의 이치를 준수한다는 생각을 마음으로 삼아야 할 것입니다. 이와 같이 하면 그 수립하는 바가 반드시 절로 세상의 일반적인 정서 밖에 우뚝하여 무릇 밖에서 이르는 영욕(榮辱)과 훼예(毁譽)가 모두 자신의 내면을 움직일 수 없을 터입니다. 이것을 어찌 쉽게 말할 수 있겠습니까. 나 같은 사람은 조금 안다고 해도 또한 불가한 말인데, 더구나 아는 것이 밝게 갖추어졌다고 하는 경우야 더 말할 것이 있겠습니까. 바라건대 이 점에 대해 시험 삼아 더욱 깊이 살펴본다면 사람을 살피고 이치를 살피는 즈음에 의사(意思)가 자별(自別)해질 뿐만 아니라, 자신에게 돌이켜 본성을 회복하는 공효에도 혹 도움이 없지는 않을 것입니다.

예학(禮學)의 경우는 예전부터 더욱 공부하지 못했던 것이 참으로 보내온 편지의 말과 같습니다. 근래에 과연 예서(禮書)를 읽을[30] 생각이 있었습니다만, 쇠약하고 게을러서 겨우 《소대례(小戴禮)》[31] 1, 2권을 읽고는 그대로 병을 빙자하여 그만두고 말았으니 한스러운 일입니다. 하지만 조만간에 반드시 다 읽으려 하거니와, 또한 그 정도에 그치고 말아서는 안 될 것입니다. 그러나 반드시 자신의 성분(性分) 위에서 대의(大意)를 견득(見得)하여 귀숙(歸宿)할 곳을 알고 그런 뒤에 삼백 가지 경례(經禮)와 삼천 가지 곡례(曲禮)[32]의 절문(節文)이 가진 본말을 서로 참고하고 융합하여 하나로 만들어야, 모든 것이 인(仁)을 구하고 의리를 정밀하게 살피는 일로 돌아갈 것입니다. 그렇게 하지 않고 단지 진부한 말을 승접(承接)하고 명목을 구별하는 일만으로 성명(性

30 예서를 읽을 : 자신이 거상(居喪) 중에 있었음을 의미하는 말이다. 《예기(禮記)》 〈곡례 하(曲禮下)〉에 "장사 지내기 전에는 상례를 읽고, 장사 지낸 뒤에는 제례를 읽는다.〔未葬讀喪禮, 旣葬讀祭禮.〕"라고 한 데서 유래하였다. 《창계집》 〈창계선생연보초(滄溪先生年譜草)〉에 의하면 창계는 이 편지를 쓴 해인 1683년(숙종9) 1월 12일 모친상을 당하였다.

31 소대례(小戴禮) : 《예기》를 말한다. 한(漢)나라 때 금문 경학가(今文經學家)인 대덕(戴德)이 그의 조카인 대성(戴聖)과 함께 후창(后蒼)에게 예(禮)를 배웠는데, 뒤에 대덕이 전한 《예기》 85편을 《대대례(大戴禮)》라 하고, 대성이 전한 《예기》 49편을 《소대례》라고 하였다. 이 가운데 《소대례》가 현존하는 《예기》이므로 이렇게 말한 것이다.

32 삼백……곡례(曲禮) : 《예기》에 실려 있는 예학에 관한 온갖 학설을 말한다. 《예기》 〈예기(禮器)〉에 "삼백 가지의 경례(經禮)와 삼천 가지의 곡례가 그 근본은 성경(誠敬) 한 가지일 뿐이다."라고 하였다.

命)의 이치를 아는 것이라 여긴다면, 예학을 배우는 이유가 고문(古文)을 연구하고 어려운 질문에 대답하는 일이 되는 데 지나지 않을 것입니다. 내 입장에서 말하자면, 이것은 오히려 잘하기 어려운 일이지만 우리들이 또한 이 뜻을 몰라서는 안 됩니다. 어떻습니까, 어떻습니까?

근래의 일에 대한 동정은 비록 대략 들어 알고 있지만 늘 하나의 단서만 전해 들을 수 있을 뿐 이미 합하여 듣고 아울러 살피지 못했으니, 어찌 그 득실을 억지로 판단할 수 있겠습니까. 다만 생각건대, 우리가 미봉책으로 보합세를 유지하려는 뜻이 좋지 않은 것은 아니었지만, 다만 한두 가지 밖으로 드러나는 의론도 이미 모두 일치하게 하지 못했는데 이에 일치하지 않는 점을 보지 못했다고 말한다면 비록 다시 입이 아프도록 힘들게 이야기하더라도 사람들이 어찌 그 말을 믿겠습니까.

요컨대 의론이 일치하지 않을 때 마땅히 자기 마음에 편안하고 사리로 보아 의심이 없는 점에 나아가서 자신의 정견(定見)을 확립하고, 그런 뒤에 성심을 다해 밝게 분변하고 힘써 그 차이점을 규계하여 의론이 일치하도록 권면해야 합니다. 이렇게 하고도 일치하게 하지 못하면 사람을 향해 말하기를 "옛날 군자가 사람을 논하고 일을 논할 때 반드시 모두의 의론이 일치하기를 기약하지 않았던 것은 바로 제각기 마음을 다하게 하는 일이었으니, 의론의 차이와 득실을 가지고 그 사이에서 향배(向背)하고 저앙(低昻)하는 구실로 삼아서는 안 될 것이다."라고 할 것이니, 그렇게 하면 거의 일이 밝아지고 뜻이 바르게 되어서 사람들이 또한 쉽게 믿을 것입니다. 만일 그렇지 않고 모두 일치하게 하지 못한 의론에 대해 일치하지 않는 점을 보지 못했다고 억지를 부린다면, 사람들이 반드시 믿지 않을 뿐만 아니라 스스로 정견을 확립하고 성심(誠心)을 배양하는 도리가 아닙니다. 모르겠습니다만, 어떻습니까?

이는 우선 보내온 편지에서 언급한 내용으로 인해 대략 나의 의견을 말한 것일 뿐이니, 만일 "행하고도 얻지 못함이 있거든 자신에게 돌이켜 원인을 찾아야 한다."[33]라는 군자의 의리를 기준으로 세밀하게 스스로 점검한다면 반드시 또 이 정도에서 그치지 않는 점이 있을 것입니다. 그리고 가령 한때 일에 임하여 심한 차질이야 없더라도 만일 평소의 소양이 혹 사람 사람에게 족히 믿음을 얻지 못한다면 이 또한 마땅히 스스로를 허물해야 합니다. 그런데 지금 예전부터 자신을 위한 공부를 도모하지 못했다고 심하게 후회하고 있으니, 이는 너무 격분해서 하는 말이지 다시 증익(增益)하려는 의사가 아닌 듯합니다. 원컨대 다시 내외와 경중의 구분을 면밀히 살펴 자신에게 있는 원인을 더욱 면려하고, 다른 사람이 알아주고 알아주지 않음에 따라 스스로 저상되거나 고무되는 일이 없도록 하는 것이 모르겠습니다만, 어떻겠습니까?

거취에 대한 논의에 이르러서는 또한 스스로 마음이 편안한지 불안한지, 언제 떠날지 언제 나아갈지를 살펴서 평소의 생각을 저버리지 않도록 하는 것이 옳을 것이니, 어찌 원외(遠外)에서 두서없이 사는 사람이 매번 함께 논의할 만한 일이겠습니까. 다만 어리석은 내 생각으로 말하자면, 녹봉으로 어버이를 봉양하기 위해 하는 벼슬은 세상에 도의를 행하기 위해 하는 벼슬과는 달라서 실로 어수선한 시의(時議) 때문에 진퇴를 결정할 필요가 없으니, 이번의 일에는 떠나야 할 만한 의리가 없는 듯합니다. 다만 형의 근심은 녹봉을 위한 벼슬에 종사하는 데 있는 것이 아니고 문호가 너무 성대한 데 있습니다. 인척이나 친속들이 공경 대관(公卿大官)이 아니면 곧 명사 요인(名士要人)이기에 녹

33 행하고도……한다 : 《맹자》 〈이루 상(離婁上)〉에 보인다.

사(祿仕)하는 관직이 서울에 있으면 자연히 이들과 함께 주선하지 않을 수 없어서 옛날의 포관격탁(抱關擊柝)[34]하던 사람과는 처지와 형세가 현격히 다르니, 근래의 어수선한 처지가 반드시 여기서 비롯되지 않았다고 할 수 없을 뿐만이 아닙니다.

가만히 생각건대, 자신의 심경이 또한 속세에 숨어 지내고 금마문(金馬門)에서 세상을 피하는 기상[35]이 아닌데도 이런 처지를 염려한다면 이렇게 헤아려 봐도 어떻게 할 방법이 없습니다. 단지 그 가운데 나아가 다시 더욱 경계하고 반성하여 스스로 규계를 세운 다음 이미 거두어 물러난 상태에서 다시 더욱 자취를 거두고 속세를 피해서 항상 한적하고 안정(安靜)한 경계에 몸을 둔다면 또한 거의 그렇게 할 수

34 포관격탁(抱關擊柝) : 관문을 지키고 딱따기를 치는 낮은 관리를 가리키는 말로, 벼슬에 욕심이 없는 현자(賢者)가 부모를 봉양하기 위해 부득이 벼슬을 할 경우 맡을 수 있는 낮은 직책을 의미한다. 《맹자》 〈만장 하(萬章下)〉의 "높은 자리를 사양하고 낮은 자리에 처하며, 녹봉이 많은 것을 사양하고 적은 것에 처함은 어떻게 하여야 마땅한가? 관문을 지키고 목탁(木柝)을 치는 일이다.〔辭尊居卑, 辭富居貧, 惡乎宜乎? 抱關擊柝.〕"라는 말에서 유래하였다.

35 속세에……기상 : 세상을 피하여 은거하지 않고 속세에서 사람들과 함께 섞여 사는 대은(大隱)의 기상을 말한다. '속세에 숨어 지내다'의 원문은 '육침(陸沈)'인데 《장자(莊子)》 〈칙양(則陽)〉의 곽상(郭象) 주(註)에 "육침은 사람들 속에 사는 은자를 이른다. 그가 하는 말은 모두 세상의 이야기이지만 마음은 세상 사람과 다르다. 비유하면 물이 없이 육지가 가라앉은 것과 같다."라고 하였고, 금마문(金馬門)은 한대(漢代)의 궁문으로 학사(學士)들이 대조(待詔)하던 곳인데 궁문 옆에 동마(銅馬)가 있었기 때문에 이렇게 불렀다고 한다. 한 무제(漢武帝) 때 낭관(郎官)으로 있던 동방삭(東方朔)이 술이 거나할 때면 "속세에 숨어도 지내고, 금마문에서 세상을 피하기도 하네. 궁전 안에서도 세상 피하고 몸을 온전히 할 수 있는데, 왜 굳이 깊은 산속의 띳집 아래에 숨어 살겠는가?〔陸沈於俗, 避世金馬門. 宮殿中可以避世全身, 何必深山之中蒿廬之下?〕"라고 노래하였다고 한다. 《史記 卷126 滑稽列傳》

있을 것입니다. 만일 사우(士友)들이 논의하는 사이에 파란(波瀾)을 부추기거나 조력하는 일이 있으면 일체 관여하여 듣지 않고, 관여하여 듣지 않을 뿐만 아니라 반드시 힘닿는 대로 부지런히 해명하여, 우리가 처음부터 힘써 화합을 주장하며 치우친 적이 없었던 본심(本心)을 시종 변함이 없게 하고 갈수록 더욱 절실해지게 한다면, 저 어수선한 말들은 원래 모두 교분이 친밀한 사람들 사이에서 나온 것이니 어찌 끝내 서로 간에 믿음을 주지 못할 이치가 있겠습니까.

병들고 어리석은 나는 원래 이런 갈등이 생기는 것을 견디지 못하기에 붓을 들고 적어 가다 보니 모르는 사이에 이처럼 두서없이 말을 하고 말았는데, 말은 비록 취할 만한 것이 없더라도 형을 향한 고심은 볼 수 있을 것입니다. 어떻습니까, 어떻습니까? 그러나 이는 모두 우리가 단지 본분에 나아가서 마땅히 해야 할 바에 힘써야 하는 일일 뿐이고, 지금의 세도와 인심 같은 경우는 한두 명의 미약한 힘으로 만회할 수 있는 일이 아닌 듯하니, 대책 없이 지붕만 쳐다보며 길게 한숨을 지을 뿐입니다. 백년 동안 이어진 당화(黨禍)에 온 나라의 절반이 이미 구렁에 깊이 빠져들어 돌이킬 수 없는 지경이 되어 버렸습니다만, 지금 한편의 사람들 가운데에는 위로 대료(大僚)에서부터 아래로 포의(布衣)에 이르기까지 그 사이에 명망과 재행(才行)이 환히 드러난 이가 일찍이 얼마나 많았습니까. 그런데 갑자기 또 일이 없는 가운데 일이 생겨나서 서로 분열되어 뿔뿔이 흩어지고 갈수록 사이가 틀어져서 이쪽에서 저쪽을 비방하지 않으면 곧 저쪽에서 이쪽을 헐뜯어 세상에 거의 온전한 사람이 없게 되었으니, 참으로 한탄스럽고 안타까운 마음 절실하여 스스로 견딜 수가 없습니다. 어떻게 해야겠습니까, 어떻게 해야겠습니까?

부의(賻儀)로 보내 주신 정목(正木) 1필은 잘 받았습니다. 우리의 곤궁한 처지와 힘으로 어찌 반드시 이런 예의를 차리시는지요? 그러나 그 돈독한 정의(情誼)는 더욱 사람으로 하여금 슬픈 마음이 들게 합니다. 연로한 부친의 기력은 다행히 조금 나아져서 별지에서 안부를 물어 주신 뜻은 바로 고해 드렸습니다. 그 밖에 나머지 일들은 병을 무릅쓰고 어렵게 대략 적느라 일일이 언급하지 못했으니, 다만 밝게 살피시기를 바랄 뿐입니다.

이동보께 답함

答李同甫

앞서 답장을 보낼 때 병고(病苦)로 혼매하여 자못 빠뜨린 부분이 있었는데 뒤에 보내온 편지를 받아 거듭 읽어 보고 비로소 그 사실을 깨달았으니, 여기서 요즈음 쇠약해진 나의 정력을 알 수 있습니다. 이런 즈음에 형의 종형(從兄)께서 다시 형의 서찰을 가지고 와서 보여 주어 그 지의(指意)를 갖추 알았으니, 사람으로 하여금 매우 염려스럽게 합니다. 형이 스스로 생각하는 점은 대개 전날 내가 보낸 편지에서 "무릇 파란(波瀾)을 부추기거나 조장하는 데 관계되는 일은 일체 서로 간섭하지 말도록 하십시오."라고 한 말과 대체로 근사합니다. 지금 나에게 다시 무슨 다른 의견이 있겠습니까. 다만 생각건대, 세상일이 점점 어지러워져 가는 듯해서, 서울에서 잘 처신하는 데 대해 비록 권면해 드린 적이 있긴 하지만, 실로 쉽게 판단할 수 없는 점이 있을까 두려우니 더욱 염려되는 마음이 절실합니다.

또 조정의 의론을 듣건대, 서울에 사는 권세가의 자제들이 기꺼이 재랑(齋郞)이 되려 하지 않고, 반드시 별좌(別坐)나 도사(都事)가 되어 이것을 벼슬에 나아가는 첩경(捷徑)으로 삼으려 한다고 말하는 사람이 있다는데, 비록 그 의도가 전적으로 청렴한 선비라면 혐의를 멀리해야 한다는 의리에서 지적한 것은 아니지만 또한 편안히 있기는 어려울 듯하니, 이 점으로 인혐(引嫌)하여 초연하게 처음의 뜻을 이루는 것이 어떻겠습니까? 노모의 봉양을 위해 벼슬하는 지극한 정성이 일신을 위해 벼슬하는 경우와 비할 바는 아니지만 이는 염우(廉隅)와 관계된 일입니다. 또 이러한 시기의 처신은 갈수록 더욱 어려운 점이 있을 터이니, 이 일로 인하여 그만두는 것이 혹 마땅할 듯합니다. 다시 심사숙고해서 처신하기 바랍니다.

나는 집안의 화변(禍變)[36]을 겪은 뒤로는 무릇 붕우 간에 일상적으로 안부를 묻는 일에도 제때 답장을 하지 못했는데, 유독 형에게 이처럼 거듭하여 번민하는 이유는 대개 형의 처한 상황이 특히 곤란할 것이라 생각되어 깊이 염려하지 않을 수 없었기 때문입니다. 그러나 이렇게 편지를 왕복하는 사의(事意)는 형 혼자만 묵묵히 헤아려 버리거나 취하시고 아무리 친하고 미더운 사이라 하더라도 절대 조그만 단서도 밖으로 드러내지 않는 것이 좋겠습니다. 대개 여기서 논의한 내용은 단지 우리들이 스스로 처신하는 의리에 관한 것이지 애초에 이러쿵저러쿵 공연히 바깥일을 언급한 것이 아니기 때문입니다.

오늘날의 뒤숭숭한 분위기는 평상시와 크게 달라서 모든 일에 매우 신중하지 않을 수 없으니, 다시 생각을 더하시기 바랍니다. 만일 혹시라도 그렇게 하지 않는다면 이는 곧 이렇게 고심하고 있는 내 심정을 헤아리지 못하는 일이 되고 우리가 교제하는 정의(情誼)에 있어서도 크게 신의를 저버리는 일이 될 것입니다. 그렇게 되면 나 같은 필부의 마음은 반드시 개연한 생각을 품고서 감히 더 이상 일언반구의 서신도 왕래하지 못할 것입니다. 서로 깊이 사랑하는 형의 정과 일을 두루 염려하는 형의 신중함으로 볼 때 내가 말하지 않아도 무겁게 비밀을 지켜야 한다는 것을 잘 알겠지만, 그럼에도 불구하고 이처럼 간곡하게

36 집안의 화변(禍變) : 창계는 1683년(숙종9) 1월 12일 모친상을 당하고 1684년 1월 22일 부친상을 당하였다.

부탁하는 이유는 형이 이 점에 대해 더욱 경계하시기를 바라기 때문입니다. 이 밖에 다른 일들은 병고로 혼매하여 다 갖추지 못하고, 삼가 답장을 올립니다.

이 일을 권해 드리는 것은 앞서 말씀드린 "이 일이 유독 큰일입니다."[37] 라는 말과 상반됨을 면치 못하게 되었으니, 내 마음도 매우 서글퍼집니다. 다만 옛사람이 이르기를 "어버이를 위해 벼슬하는 것과 자신을 위해 벼슬하는 것은 단지 한 가지 일일 뿐이다."라고 하였으니, 지금의 일은 의당 이와 같이 해야 할 듯합니다. 그래서 감히 천한 노파심에서 말씀드리는 것이니, 돌아가 동쪽 산비탈을 지키며[38] 숙수(菽水)의 기쁨[39]을 다하고 마음을 씻고서 즉시 공부에 착수하여 더욱 대업(大業)에 힘쓴다면 그 정경(情境)을 예상해 볼 때 내 마음도 절로 개운해집니다. 그렇게 하는 것이 서울에서 벼슬에 얽매여 좌우로

37 이 일이……일입니다 : 《창계집》 권13 〈이동보께 답함〔答李同甫〕〉에서 노모의 봉양을 위해 녹(祿)을 받고 벼슬하는 것이 큰일이라며 출사(出仕)하기를 권했던 일을 가리킨다.

38 동쪽 산비탈을 지키며 : 벼슬길에 나아가지 않고 은거한다는 의미이다. 후한(後漢)의 주섭(周燮)이 벼슬길에 나아가지 않자 그의 종족이 "선세(先世)로부터 공훈과 총애가 줄을 이었는데 그대만 어찌 유독 동쪽 산비탈을 지키는 것인가?"라고 하였다는 고사에서 유래하였다. 《後漢書 卷53 周燮列傳》

39 숙수(菽水)의 기쁨 : 가난한 생활 속에서도 어버이를 극진히 봉양하는 자식의 기쁨을 말한다. 공자의 제자 자로(子路)가 집안이 가난해서 효도를 제대로 못한다고 탄식하자, 공자가 "콩죽을 끓여 먹고 물을 마시더라도 기쁘게 해 드리는 일을 극진히 행한다면, 그것이 바로 효이다.〔啜菽飮水盡其歡, 斯之謂孝.〕"라고 위로했던 고사에서 유래하였다. 《禮記 檀弓下》

구속되다가 마침내 혹 현읍(縣邑) 하나를 빌어 잠시 노모를 봉양하는 것보다는 훨씬 나을 듯합니다. 모르겠습니다만, 어떻습니까?

이동보께 답함

答李同甫

초가을에 병든 몸으로 말을 타고 새로 조성한 무덤에 가서 성묘한 다음 그대로 석역(石役)을 경영하느라 몇 개월 동안 머물러 있다가[40] 이달 중순에야 비로소 구우(舊寓)로 돌아왔습니다. 저곳과 이곳을 왕래할 때 슬픔과 괴로움을 견디기 힘들어서 실로 살아 있는 것이 좋은 일인지 몰랐는데, 세월이 얼마 지나지도 않아 연기(練期 소상(小祥))가 눈 깜박할 사이에 또 다가왔으니 이것이 무슨 인간사란 말입니까. 원통하게 부르짖어도 미칠 수 없어 천지간에 망극하기만 하니, 어이하겠습니까, 어이하겠습니까.

지난번 산려(山廬)에 있을 때 형께서 보내 주신 답장을 받았지만 길이 멀고 인편이 끊어져서 답신을 보낼 방법이 없었는데, 이곳으로 와서 또 이달 8일에 보낸 편지를 받아 보고 전후로 말뜻을 소상하게 다 알았으니, 이른바 "붓 끝으로 하는 말이 천리 간에 마주 보고 이야기하는 것과 같다."라는 말이 이 경우에 해당하는 것입니다. 감사하고 위안됨이 어찌 한량이 있겠습니까.

선생의 유집(遺集)은 특별히 1본을 보내 주시는 은혜를 입었으니,

40 초가을에……있다가 : 《창계집》 〈창계선생연보초(滄溪先生年譜草)〉에 의하면 창계는 1683년(숙종9) 1월 12일 모친상을 당했는데, 이해 3월 함평(咸平) 선산에 장사 지내고 혼백을 모시고 부강(扶江)으로 돌아왔으며, 7월 성묘하러 갔다가 계속해서 4개월간 머물면서 석역(石役)을 끝내고 돌아왔다고 하였으니, 아마도 이 당시의 일을 말하는 듯하다.

나를 비루하게 여기지 않는 성의에 깊이 감사드립니다. 이어 삼가 그 내용을 살펴보매 마치 친히 음지(音旨)를 받드는 것처럼 황홀하였으니, 슬프고 한탄스러운 나머지 후학의 마음에 깊이 위안이 되었습니다. 다만 비루한 내 이름과 졸렬한 내 발문(跋文)이 그 속에 실려 유집을 더럽히고 있어서 마주하매 나도 모르게 부끄러워 땀이 흐르니, 짐짓 칭술(稱述)할 때 스스로 성의를 다하지 못한 것이 한스럽습니다. 그러나 송구스러워하고 개탄해 본들 어이하겠습니까. 전후로 이야기한 가르침들은 모두 상세하게 답장을 드려야 하겠지만 가는 인편이 매우 급하다는 말을 듣고 대략 적어 답장을 올리느라 대체적인 내용만 말씀드릴 뿐입니다.

지난날 논의한 거취의 의리에서 큰 골자를 한마디로 말해 보면 "어버이를 봉양하기 위해 뜻을 굽혔다.〔爲親屈〕"라고 표현할 수 있으니, 그 은의를 적절하게 헤아리는 사이에 반드시 절로 온당한 곳을 볼 수 있습니다. 지난번에 내 생각을 부득이 말한 적이 있었지만 형이 처한 정세(情勢)를 생각해 보면 이 마음이 또한 자못 서글퍼지는데, 형께서 이처럼 자처하고 있다는 말을 들으니 오히려 위안이 되고 다행이라 여겨집니다. 다만 반드시 미처 생각하지 못한 일까지 협의하여 피할 것은 없다고 구실을 삼는다면 오히려 실상을 은폐하는 데 관계되어 혹 명백(明白)하고 측달(惻怛)한 본령에 해가 없을 수 없을 터이니, 원컨대 다시 점검하여 일에 따라 더욱 경계하고 반성하는 것이 어떻겠습니까, 어떻겠습니까?

내가 보낸 편지에서 신중하고 주밀하게 이야기했던 뜻은 과연 지나친 염려이고 보내온 편지의 말이 참으로 그러하니, 사람으로 하여금 부끄럽게 할 따름입니다. 어린아이들이 하는 일에 관해서는 매번 일이 지난 뒤에 소문을 듣거니와, 피차간의 곡직을 막론하고 그들의 분수에 있어서는 문을 닫고 고요히 칩거하는 것이 곧 제일 중요한 의리이니, 비록 원외(遠外)에 있더라도 어찌 이 뜻을 언급하지 않을 수 있겠습니까. 그러나 어수선하게 고무되어 일어나는 것이 마침내 이런 지경에 이르렀으니, 이 어찌 부형들이 듣기를 원하는 소문이겠습니까.

보여 주신 어구와 같은 경우는 당초 자세히 듣지 못했을 때는 이러한 단서가 있을 수도 있겠지만 반드시 그 사이에서 다시 상고해 본다면 결코 이처럼 천루(淺陋)하지만은 않을 것입니다. 또 그 대의(大意)가 실로 고요히 칩거하는 데 있지 않은 적이 없었지만 이제는 효력이 없는 빈말이 되고 말았으니, 세상에서 어찌 이 뜻을 알아주는 사람이 있겠습니까. 다시 말할 필요 없이 그만두는 것이 좋겠습니다.

보내온 편지에서 "좋은 점에 나아가 싫은 점을 알고 잘못된 점에 나아가 옳은 점을 알아서 공정하게 듣고 아울러 살피며 피차를 참고하여 부합되게 한 뒤에야 진정한 시비를 알 수 있습니다."라고 한 말은 참으로 절실하고 지극한 논의이니, 감히 받들어 힘쓰지 않을 수 있겠습니까. 다만 자신의 마음이 다 공정하기가 쉽지 않고 식견이 다 명백하기가 쉽지 않고 보면 비록 이미 피차간에 참고하여 부합되게 하더라도 과연 호오와 시비의 정당함을 얻기 어려울까 걱정이 되니, 이 점이 우리가 각자 노력해야 할 부분입니다. 알지 못하겠습니다만, 형의 뜻은 어떻습니까? 나머지 많은 말들은 편지로 어찌 다할 수 있겠습니까. 우선 이렇게 답장을 올립니다.

이동보께 답함 갑자년(1684, 숙종10)

答李同甫 甲子

이달 초하루에 홀연 진안(鎭安)의 인편을 통해 5월 23일에 보내 주신 형의 편지를 받았으니 위안되고 감사한 마음을 말로 다할 수 있겠습니까. 이어 요즈음 노모를 모시고 벼슬하며 학문하는 체후가 만복하다는 사실을 알았으니, 기쁘고 후련한 마음이 더욱 절실합니다. 완악한 목숨을 끊어 버리지 못하고 어느새 깊은 가을을 맞이했는데, 멀리서 서리와 이슬이 내린 구원(丘原)을 상상하니[41] 더욱 슬프고 괴로운 회포를 견딜 수 없습니다. 부강(扶江)의 옛 거처도 지금 이미 막혀서 잡초만 무성할 터이니, 천지간에 남겨진 나머지 인생은 이런 생각이 들면 서글픈 마음이 일어나 목숨은 비록 붙어 있어도 살고 싶은 뜻이 사라져 버립니다. 궁박한 운명 때문이니 말한들 어이하겠습니까.

이전에는 질병을 앓아 스스로 정신을 차릴 수가 없었는데, 온갖 고초를 겪으면서 부지런히 조리한 덕분에 이제는 위중한 상태를 벗어났습니다. 그러나 즉금의 증세도 가볍지만은 않습니다. 담열(痰熱)이 상승

41 서리와……상상하니 : 돌아가신 어버이 생각이 불현듯 치밀어 오른다는 뜻으로, 《예기》〈제의(祭義)〉의 "가을에 서리와 이슬이 내리거든 군자가 그것을 밟아 보고 반드시 슬픈 마음이 생기나니, 이는 날이 추워져서 그런 것이 아니다. 또 봄에 비와 이슬이 내려 땅이 축축해지거든 군자가 그것을 밟아 보고 반드시 섬뜩하게 두려운 마음이 생겨 마치 죽은 부모를 곧 만날 것 같은 생각이 들게 된다.〔霜露旣降, 君子履之, 必有悽愴之心, 非其寒之謂也; 春雨露旣濡, 君子履之, 必有怵惕之心, 如將見之.〕"라는 구절에서 유래한 말이다. 구원(丘原)은 선영(先塋)을 뜻한다.

살아남은 이 모진 목숨은 병을 앓으며 궁벽한 산속에 엎드려 있어서 비록 형체는 남아 있지만 심지(心識)는 거의 소진되었고 장구(章句)나 외우던 옛 학업도 이미 포기하였으니, 어떻게 의견을 내고 글로 드러내어 사문(斯文)의 큰 의론에 영향을 끼칠 수 있겠습니까. 생각건대 형께서는 한갓 망녕되이 이야기하여 말이 많던 예전의 구습만 기억하고 곤궁하고 용렬하게 위축되어 있는 오늘의 실상을 알지 못해서 과분하게도 이렇게 부지런히 가르쳐 주신 듯합니다. 더구나 생각건대, 작년에는 조정의 의론을 서로 간에 전혀 언급한 적이 없었는데도 이후에 오히려 뜻밖의 근심거리가 있다는 말을 들었으니, 오늘의 이 논의가 또한 사림의 한만한 강론 같은 것이 아니고 보면 비록 혹 마음속으로 가만히 헤아리는 점이 있더라도 더욱이 어찌 감히 쉽게 입을 놀릴 수 있겠습니까. 서로 깊이 염려하는 형의 입장에서 반드시 의중의 은미한 뜻을 알고자 한다면, 또한 어리석은 내 말을 기다리지 않고도 나의 처지를 헤량할 수 있을 것입니다.

오늘날 박장(朴丈 박세채(朴世采))께서 양측의 가운데에 서서 반드시 공정한 마음과 밝은 변별력으로 이 의론을 수습하려 하고 있으니, 내가 어찌 그 밖에 다른 의견이 있겠습니까. 나는 여름 사이에 일찍이 한 번 박장에게 편지를 보낸 적이 있는데, 그 당시에 이미 이런 일이 있다는 소문을 들었지만 또한 감히 곧바로 내 생각을 말씀드리지는 못하고 오직 정론(定論)의 글을 부쳐 달라고만 청하였습니다. 그러나 지금까지 답장을 보지 못하고 있으니, 바야흐로 이 때문에 마음이 답답할 뿐입니다. 그러나 나는 스스로 면려하는 점이 또한 있습니다. 한쪽으로 치우치는 폐단을 통렬히 경계하고 시비의 진실을 알고자 해서 감히 스스로를 속이지 않는다면 거의 큰 허물은 면할 수 있을 터이니, 이것이 바로 나의 의중에 있는 은미한 뜻입니다. 이런 뜻을 가진 상태에서 다시 장자(長者)의 서론(緖論)에 나아가 바로잡는다면 오히려 서로 사랑하고 염려해 주는 우리 벗 같은 사람에게 죄를 얻는 일이 없지 않겠습니까. 형께서 정성스럽게 물어 주었는데 내가 질언(質言)을 하지 못해서 마치 숨기는 것이 있는 것처럼 마음속이 불안하지만, 분수를 헤아리고 혐의를 멀리하자면 끝내 그렇게 하지 않을 수 없습니다. 그러니 나의 처지를 이해하는 마음으로 살펴보시고, 이 별지는 또한 즉시 없애 버리기 바랍니다.

이동보께 답함

答李同甫

보내온 편지에서 매번 깊이 원대한 사업으로 기약하시니, 내가 비록 지극히 비루하기는 하지만 또한 일찍이 이 일은 사람들이 모두 면려해야 하고 애초부터 자기 분수 밖의 일이 아니라는 말을 들었습니다. 다만 실제로 이 일을 하지 못하는 이유는 실제로 이 일을 하지 못할 뿐만 아니라 정히 실제로 이런 뜻을 가지지 못했기 때문이니, 지금 비록 억지로 힘써 이 일을 희구하여 거의 만분의 일이나마 해내더라도 게으른 마음과 나약한 기운으로는 끝내 스스로 떨쳐 일어나지 못할 것입니다. 그러니 늘 가르치고 면려하는 글을 읽을 때마다 부끄러운 마음만 더해지고 이어 서글픈 생각이 일어날 뿐입니다.

나의 병은 대체로 마음의 질환이니, 힘써 생각하고 꿋꿋하게 바로잡아야 하는 공업은 실로 쉽게 해낼 수 없습니다. 그러나 마음을 비우고 고요함을 위주로 하여 이미 알고 있는 의리를 함영(涵泳)하는 데 이르러서는 정력이 미칠 수 있을 뿐만 아니라 반드시 병을 요양하는 데에도 유익할 것입니다. 이 뜻을 모르지는 않지만 늘 그렇게 하지 못하는 것을 괴로워하다가 이처럼 쇠잔하게 쓰러져서 고칠 수 있는 약이 하나도 없는 상태가 되고 말았으니, 이 일을 장차 어이하겠습니까.

근래 병으로 신음하는 틈틈이 간혹 사서(史書)의 글을 보며 적적함을 달래고 마음을 위안하는 바탕으로 삼곤 하는데, 정신과 생각이 멍해져서 책을 덮기도 전에 번번이 읽은 내용을 잊어버리니 참으로 책을 보지 않은 것과 다를 게 없습니다. 그러나 때로 마음에 맞는 곳이 있으면 그때마다 그 내용을 늦게 본 것을 한스러워하고 있으니, 비로소 경전(經傳) 외에 고금의 여러 역사도 익숙하게 읽지 않아서는 안 된다는 사실을 알겠습니다. 대저 역사서를 읽는 것은 실로 옷을 입고 밥을 먹는 것과 같습니다. 사람들이 누가 그 사실을 모르겠습니까마는 그 소득의 깊고 얕음은 자신이 얼마나 부지런히 읽었는지에 달려 있을 뿐이니, 실로 일률적으로 가지런히 하기는 어렵습니다. 그러나 학문을 하면서 섭렵하지 못한 것이 많으면 또한 어떻게 우리가 미칠 수 있는 바의 지식을 채울 수 있겠습니까.

내 생각에 학문을 강론하고 편지를 왕복하는 것은 오히려 부차적인 일에 해당하니, 먼저 모름지기 순서에 따라 사서(四書)를 읽은 다음 여러 경전에 미치고 또다시 낙민(洛閩)[44]의 여러 서적을 읽은 후에 《춘추좌씨전(春秋左氏傳)》과 《자치통감강목(資治通鑑綱目)》 같은 책에 이르되, 충분히 읽고 두루 통관(通貫)해서 조금도 새 나가는 곳이 없게 하는 것이 곧 오늘날의 가장 중요한 급무라고 여겨집니다. 세세하고 은미한 문의(文義)를 연구하는 일과 같은 경우는 비록 또한 분수에 따라 유익함이 없지는 않지만 오히려 자잘하고 미약하여 크게 이로운 점이 없을까 염려가 됩니다. 알지 못하겠습니다만, 형의 생각은 어떻습니까? 다른 날 편지를 보낼 때는 바라건대, 근래의 독송 과정을 보여 주시어 사랑하고 우러르는 이 마음을 위로해 주는 것이 어떻겠습니까?

44 낙민(洛閩) : 중국의 지명으로, 낙양(洛陽)과 민중(閩中)을 합칭한 말이다. 낙양에 정호(程顥)와 정이(程頤) 형제가 있었고 민중에 주희(朱熹)가 살았기 때문에 일반적으로 송대(宋代)에 이루어진 정주학(程朱學)을 뜻하는 말로 쓰인다.

이동보께 답함 을축년(1685, 숙종11)

答李同甫 乙丑

가을을 맞아 정서(情緖)가 배로 서글프고 처량한데 병으로 서책마저 폐하고 있으니 더욱 스스로를 위안할 거리가 없습니다. 이러한 즈음에 나도 모르는 사이 멀리 바라보며 사람을 그리워하는 생각이 들었는데 어디선가 날아온 정겨운 편지가 홀연 면전에 떨어져서 바삐 펴서 읽어보고 황홀하게 다정한 말을 접하게 되었으니, 쏟아지는 듯한 이 회포를 어찌 말로 표현한 뒤에야 알 수 있겠습니까. 다만 지난번 곤중(昆仲)에게 아울러 자식이 요절하는 슬픔이 있었다는 사실을 알게 되어 매우 놀랍고 애석했는데 다시 삼가 노모의 기거가 이로 인해 또한 편치 못하다는 것을 알게 되었으니, 하정(下情)은 지극히 염려되는 심정을 더욱 견딜 수 없습니다. 근래 자못 전에 없이 서신이 뜸하여 늘 그리워하는 마음이 깊었지만 또한 처지와 형세로 볼 때 절로 그렇게 해야 한다고 여기고 있었는데, 그사이 이렇게 슬프고 근심스러운 일이 있었을 줄 누가 생각이나 했겠습니까. 사람으로 하여금 점점 염려되는 마음이 더해지게 합니다.

나는 예전에 앓던 병이 올여름에는 지난여름에 비해 실로 차도가 있습니다. 하지만 6월부터 크고 작은 창종(瘡腫)이 계속 돋아 고통스러운 데다 근래에는 또 눈썹 끝에 독종(毒腫)이 나서 하룻밤 사이에 온 얼굴로 번졌는데, 증세가 위중하여 거의 살 수가 없을 지경입니다. 쑥뜸을 많이 놓아 겨우 머리는 돌릴 수 있게 되었지만 지금도 여독이 완전히 사라지지 않았으며, 이 밖에 중하지 않은 곳에 돋은 창양(瘡瘍)

도 아직 사라지지 않고 있습니다. 이런 증세들이 비록 생명과 관계되는 위급한 병은 아니지만 떨쳐 버릴 수 없는 고통은 또한 다 말씀드리기 어려우니 어찌하겠습니까. 한 몸 안에 온갖 고통이 번갈아 일어나는 바람에 자연히 더 이상 다른 일에 신경 쓸 수 있는 마음이 없어져서 방종하고 자포자기하는 마음이 날로 심해져만 가니, 더욱 서글프고 한탄스럽습니다.

근래에는 백발이 점점 많이 생겨나서 오늘 아침에도 어린아이들이 또한 한 가닥씩 흰머리를 뽑아 주었으니, 이는 비단 마음이 근심스럽고 몸이 병들어서 쇠약함과 백발을 재촉하는 것일 뿐만이 아닙니다. 스스로 나이를 돌아보았을 때 실로 이런 현상을 보이는 것이 마땅하니, 앞으로 남은 날이 다시 얼마나 되겠습니까. 근심하고 슬퍼하고 병을 앓은 나머지 뜻이 있어도 이루지 못하고 있으니, 장차 헛되이 살다가 부질없이 죽는 사람이 됨을 면치 못할 것입니다. 크게 탄식한들 어찌하겠습니까. 세간의 온갖 훼예(毁譽)와 모든 영욕(榮辱)은 다 중요한 일이 아니고 다만 이 이치와 이 마음을 철저하게 이해하는 것만이 지금 우리가 해야 할 하나의 큰일입니다. 이러한 경지가 되면 바야흐로 드러나고 드러나지 않은 것을 궁구하고 고금의 일을 통찰하여 더 이상 마음속으로 의심하여 숨기거나 혐의하여 부끄러움이 없게 될 것이니, 어찌 심기가 쾌활하지 않겠습니까. 그러나 스스로의 정력을 헤아려 보건대 이런 경지에 이를 가망이 없을 듯하니, 오직 재지(才智)가 높고 앞으로 살날이 많은 우리 형과 같은 분께서는 일찍 스스로 노력하고 심신을 수습해서 한갓 상심하고 비통스럽게 지내는 이 사람같이 살지 않기만을 바랄 뿐입니다. 알지 못하겠습니다만, 고명(高明)께서는 어떻게 생각하는지요?

앞으로 이 지역과 가까운 곳에 고을 수령으로 나올 수 있으면[45] 거의 죽기 전에 다시 서로 종유하던 예전의 인연을 이을 수 있으리니, 이것이 어찌 다만 사사로이 종유하는 좋은 인연이 될 뿐만이겠습니까. 만일 힘을 쓸 수 있다면 유의하여 잊지 않기를 바랍니다. 하등(夏等)의 고적(考績)을 포폄하는 자리에 나아가지 않은 것은 일의 형편이 과연 이렇게 하는 것이 합당하였는지는 모르겠습니다만, 사람이 살면서 벼슬하는 것은 그저 구차한 일일 뿐이니 물러나 자득하며 지내는 것도 여유가 있는 일입니다. 또한 어찌 깊이 계교할 필요가 있겠습니까. 편지를 전해 온 사람이 서서 기다리고 날도 저녁이 되었기에, 격식을 갖추지 못하고 삼가 답장을 올립니다.

45 앞으로……있으면 : 《한국문집총간해제》 4집에 수록된 〈지촌집(芝村集)〉의 해제에 의하면, 이희조는 1685년(숙종11) 의금부 도사에 제수되고 공조 좌랑을 역임한 뒤에 진천 현감(鎭川縣監)으로 부임하였다.

이동보께 답함 병인년(1686, 숙종12)

答李同甫 丙寅

오래도록 우러러 생각하던 차에 홀연 편지 한 통이 낙하(洛下 한양(漢陽))에서 먼 길을 돌아 도착하였으니, 벗의 부지런한 뜻을 참으로 잘 볼 수 있습니다. 나는 거듭된 재앙[46]을 만나고도 죽지 못한 채 문득 종제(終制)[47]까지 지내고 보니, 천지간을 방황하매 더 이상 의지할 곳이 없어서 홀로 궁벽한 산속에 앉아 단지 마음만 병들어 있을 뿐입니다.

보여 주신 학정(學政)은 잘 닦여 있으니 이는 근세에 처음 듣는 일입니다. 무릇 보고 듣는 처지에 있는 사람들이 누군들 삼가 찬사를 보내지 않겠습니까. 더구나 나같이 용렬한 사람은 또한 일찍이 과분하게도 종유하는 말석에 참여하였으니, 그 다행스러움과 기쁨이 또 어찌 다른 사람들과 비교할 수 있겠습니까. 원컨대 더욱 면려하고 시종 게을리하지 말아서 유자(儒者)의 공효를 세상에 크게 드러나게 한다면 또한 훌륭한 일이 아니겠습니까. 돌아보건대 지금 선비들의 취향이 다양하여 순박한 기풍이 날로 사라져서 한쪽으로 치우쳐 고무되어 일어나는 버릇이 있고 공평하게 생각하여 물러나 사양하는 뜻은 없으니, 이것이 매우 염려스럽습니다. 이런 버릇을 제거하지 못하면 여러 경전에 다 통달했다 하더라도 학문을 잘한다고 말하기 어려우니, 생각건대 말을 하여 알려 줄 때 반드시 먼저 이 의리에 유의해야 할 것입니다. 어떻습니까, 어떻습니까?

46 거듭된 재앙 : 모친상과 부친상을 당한 것을 말한다. 271쪽 주36 참조.

47 종제(終制) : 창계는 1686년 1월 부친의 대상(大祥)을 치렀는데, 이 일을 가리킨다.

이곳에서의 거처는 진안현(鎭安縣) 치소(治所) 남쪽 10리에 있는 마이봉(馬耳峯)의 동쪽으로 정하려 하는데, 선산이 오히려 멀고 객지의 정황에 괴로움이 많아서 과연 거처로 정할지는 아직 모르겠습니다. 이 세상에서 남은 생애는 더욱 바깥일에 대한 생각이 없는데, 어찌 갑자기 서울로 가는 일을 논의할 수 있겠습니까. 형의 편지에서는 이 일을 가리켜 뒷날의 기약으로 삼자고 하셨지만, 장차 다정하게 만나서 얘기할 날이 어찌 없겠습니까. 사람으로 하여금 비통한 마음을 금치 못하게 할 따름입니다.

군보(君輔 이세필)가 전한 말은 자못 내가 원래 말한 의미를 시원스럽게 설명한 것입니다. 요컨대 전적으로 사랑하고 깊이 바라는 나의 작은 정성을 혜량할 만도 한데, 형께서는 어이하여 조금도 고려해 보지 않고 도리어 그렇게 말한 것입니까? '유감〔憾〕'이라는 말을 어떻게 형과 나의 사이에서 쓸 수 있단 말입니까. 만나서 토론할 길이 없으니 오직 때로 덕음(德音)이 담긴 서찰을 보내 주시어 궁곤하고 비루한 내 마음을 위로해 주기 바랍니다.

부쳐 주신 간폭(簡幅)은 잘 받았습니다만, 우리들이 서로 위문하면서 또한 어찌 이렇게 하겠습니까. 한번 가서 관리가 된 것이 곧 수령이 되어[48] 공간(空簡)[49]을 보내지 않으려 했기 때문입니까? 우스운 일입니다. 멀리서 편지를 주고받느라 담론을 많이 나누지 못했습니다.

48 수령이 되어 : 《한국문집총간해제》 4집에 수록된 〈지촌집(芝村集)〉의 해제에 의하면, 이희조(李喜朝)가 1685년(숙종11) 진천 현감(鎭川縣監)으로 부임하였다.

49 공간(空簡) : 사례의 물품 없이 보내는 편지를 말한다. 당시 수령이 된 사람이 예의를 차려야 할 사람에게 편지를 보낼 때는 사례의 물품을 보내는 관례가 있었던 것 같은데, 자세한 내용은 미상이다.

이동보께 답함

答李同甫

새 군수의 행렬이 장차 형이 있는 곳을 지난다고 전해 들었기에 형의 편지를 얻을 수 있으리라 생각했는데, 과연 받아 보니 말로 다 표현하기 어려울 정도로 위안이 되었습니다. 다만 지난번에 중제(重制)[50]를 만나 종씨(從氏)의 상주들이 몸을 가누기 어려울 정도로 애통해한다는 소식을 듣고서 그 절실한 슬픔을 상상할 만하니, 사람으로 하여금 점점 염려하는 마음을 더하게 합니다. 또 듣건대, 관장(官長)과의 혐의를 피해 머지않아 해임되어야 한다고 하니,[51] 노모를 봉양할 수 있게 되어 기쁘지만 학문의 교화가 장차 이루어지려는 시점에서 갑자기 훌훌 털고 떠나게 된 것을 생각하면 공적으로나 사적으로나 허전한 마음을 또한 이루 말할 수 있겠습니까.

나는 새로운 거처[52]로 들어온 지 이제 한 달 남짓 되었습니다. 이곳은 경계가 확 트여 깊은 골짜기 같지 않고 마이봉(馬耳峯)의 빼어난 경관이 오래도록 창가에 있어서 이 때문에 곤궁하고 외로운 마음이 자못 위안이 됩니다. 그러나 전에 없던 무더위로 온몸에 가득 땀방울이 맺혀 옷을 벗고 눈을 감고 있어도 날을 보내기가 힘들기 때문에 온갖 일에

50 중제(重制) : 대공(大功) 이상의 상제(喪制)를 가리키는 말이다.

51 관장(官長)과의……하니 : 《한국문집총간해제》 4집에 수록된 〈지촌집(芝村集)〉의 해제에 의하면, 이희조는 1686년 충청도 방백(方伯)과의 친혐(親嫌)으로 체직되었다.

52 새로운 거처 : 《창계집》 〈창계선생연보초(滄溪先生年譜草)〉에 의하면 창계는 1686년 5월 진안(鎭安)의 반월촌(半月村)으로 거처를 옮겼다.

마음을 쓰지 못한 채 겨우 육신만 보전하고 있으니, 고민스럽고 고민스러울 뿐입니다.

고로여생(孤露餘生)은 위안거리 없고 반기는 사람 없는 곳에 사는 데다가 병세마저 고질이 되어 분주한 관직을 감당할 만한 사람이 아닙니다. 그래서 전후로 관직에 제수하는 은혜로운 명이 내려와도 모두 달려가지 못했으니, 비록 이것이 원래 정해져 있는 일이기는 하지만 늘 한번 은혜로운 명이 내려올 때마다 불안한 마음은 점점 깊어만 갑니다. 어찌하겠습니까. 심정이야 이러하지만 시종 굳게 물러나 있기를 반드시 기약할 수도 없고, 설사 굳게 물러나 있을 수 있더라도 나태하고 해이하여 아무 쓸모없는 일개 천한 사람일 뿐이니 또한 어떻게 사문(斯文)과 세도에 참여하여 논의할 수 있겠습니까.

체차되어 새로 부임하는 고을이 혹 남쪽 지역에 가까우면 그만한 다행이 어디 있겠습니까. 다만 가까운 고을을 두루 꼽아 봐도 마땅한 곳이 없으니 감히 바랄 수도 없는 일일 따름입니다. 어떻게 하면 서로 만나 가슴에 가득한 이 회포를 펼 수 있겠습니까? 그리운 마음이 깊어 꿈속에서 자주 보입니다. 방금 인편이 있다는 말을 듣고 급하게 적느라 생각을 다 말하기 더욱 어렵습니다.

유고문(諭告文)을 지었다는 사실을 알았으니, 조만간에 인편을 통해 적어 보내 줄 수 있겠습니까? 형께서 고을을 다스리는 것은 참으로 옛사람의 풍모가 있으니 매우 기뻐할 만합니다. 이 밖에도 혹 강의(講義)나 볼만한 공문(公文)이 있으면 아울러 보내 주시어 곤궁하고 비루한 내 마음을 위로해 주는 것이 어떻겠습니까? 나 같은 사람은 눈으로는 비록 고서(古書)를 보고 있지만 일을 만나면 매번 속습으로 흘러 따라가기만 하는데, 형께서 유고문을 지었다는 말을 들으니 더욱 탄복하고 우러르는 마음이 지극할 따름입니다.

나는 이전에 사직을 청하는 소장을 올렸는데 다만 병상(病狀)만을 이야기하였으니, 비록 이것이 실제 병을 아뢴 것이기는 하지만 성상과 신료들은 반드시 믿지 않을 것입니다. 방금 양산(楊山)의 장석(丈席)[53]께서 보내 주신 편지를 받아 보니 "좌의정 대감과 여러 공(公)이 연석(筵席)에서 진달하여 아뢰고 반드시 불러와야 한다고 청하였다."라고 하였으니, 뜻밖에 이 몸이 이렇게 좋지 못한 일을 만나고 말았습니다. 앞으로 혹 다른 양상으로 소명이 내려오기라도 하면 진퇴가 점점 어려워지는 것은 논하지 않더라도 그 낭패를 어찌 말로 형용할 수 있겠습니까.

탈상한 지 겨우 몇 개월이 지나 벼슬을 사직한 것은 한두 번뿐이었으나, 외부의 일로 사람들의 권유를 받는 번거로움이 이미 이와 같으니 매우 두려워할 만합니다. 나는 크고 작은 일에 원래 적확한 견해가 없어 매사에 즐겨 붕우들과 상의하였으니, 반드시 좋은 선택은 아니었지만 즐겨 묻는 태도는 곧 나의 본래 모습입니다. 그런데 지금은 깊은 산중에 앉아 있어서 만나는 사람은 산맹(山氓)과 야인(野人)뿐이니, 앞으로 일에 응하여 처신할 때 반드시 후회와 근심이 더욱 많아질 것입니다. 어찌하겠습니까, 어찌하겠습니까? 어떻게 하면 그대가 가까운 고을의 수령이 되게 할 수 있겠습니까? 편지로는 회포를 다할 수 없어 단지 근심하고 슬퍼하며 북쪽 하늘을 바라볼 따름입니다.

53 양산(楊山)의 장석(丈席) : 당시 양주(楊州)에 거주하고 있던 박세채(朴世采)를 가리키는 듯하다.

이동보께 드림 정묘년(1687, 숙종13)

與李同甫 丁卯

지난겨울에 보내 주신 편지는 과연 바로 받아 보고 마침 가는 인편이 있어서 즉시 답장을 보냈는데, 어찌하여 지금까지 살펴보지 못했는지요? 그 당시에는 실로 정신이 없어서 가슴에 품은 생각을 만에 하나도 다 말하지 못하였습니다만, 기억하건대 그 편지 속에 짧은 시 1수가 있었습니다. 지금 전문(全文)을 다 기억하지는 못하지만 대략 보철(補綴)을 더하여 "묻노니 벼슬 버리고 돌아온 지 얼마나 되었는가? 헌데 누가 인장(印章)을 걸고 다시 벼슬에 얽매이려 하는 것인가? 친구인 나는 절로 여강의 뜻을 알거니와, 다만 영지의 소식이 더딜까 염려하노라.〔投紱歸來問幾時? 誰將縣印又相縻? 故人自識廬江意, 只恐靈芝消息遲.〕"[54]라고 하였는데, 대개 보내온 편지의 봉지(封識 봉인(封印))를 보

54 묻노니……염려하노라 : 이 시에 대해서는 이희조(李喜朝)의 《지촌집(芝村集)》 권1에 〈임덕함재호남지진안……(林德涵在湖南之鎭安……)〉이라는 차운시(次韻詩)가 있다. 이희조는 1685년(숙종11) 진천 현감(鎭川縣監)으로 부임하였다. 여강(廬江)의 뜻은 노모의 봉양을 위해 자신의 평소 뜻을 꺾고 벼슬에 나아감을 이른다. 후한(後漢)의 여강 사람 모의(毛義)는 효자이자 은사로 유명했는데, 집안이 가난하여 노모의 봉양을 제대로 못하다가 한번은 부(府)에서 수령으로 임명하는 격문이 내려오자 기뻐하였다. 마침 그의 이름을 사모하여 방문했던 장봉(張奉)이 이 모습을 보고 마음속으로 비루하게 여겼는데, 그 후 노모가 세상을 떠나자 벼슬을 그만두고 나아가지 않는 것을 보고는 탄식하며 말하기를 "어진 이는 정말 헤아리기 어렵구나! 지난번 기뻐한 것은 어버이의 봉양을 위해 뜻을 굽힌 것이니, 이른바 집이 가난하고 어버이가 늙으면 관직을 가리지 않고 출사(出仕)한다는 것이다."라고 하였다. 《後漢書 卷39 劉平列傳》

니 문득 작은 영지(靈芝)의 표식이 있었기 때문에 말구(末句)에서 언급한 것이고, 또한 운당(篔簹)에서 거듭 한탄한 뜻[55]을 부쳤을 따름입니다. 짧은 시로는 충분히 말할 수 없었고, 그 사모하고 면려하는 뜻이 마침내 부침(浮沈)[56]되고 만 것이 애석하였기 때문에 편지지를 대하여 나도 모르는 사이에 먼저 언급하였을 따름입니다.

어제 중화(中和 김창협(金昌協)) 영형(令兄)께서 홀연 편지를 보내는 편에 이달 8일 보낸 형의 편지를 전해 주었는데, 봉함을 뜯어 급히 읽어 보매 세세하게 보여 주신 내용들이 마치 얼굴을 대하여 얘기하는 것 같았으니, 실로 적적하던 이 회포가 위안되고 후련해짐을 이루 다 헤아릴 수 있겠습니까. 남북으로 멀리 떨어져서 그 사이에 구름 봉우리

55 운당(篔簹)에서……뜻 : 이룬 것 없이 세월만 보낸 데 대한 한탄을 가리킨다. 주희(朱熹)가 젊은 시절 운당포(篔簹鋪)에서 쉬다가 그 벽간(壁間)에 "빛나는 영지는 일 년에 꽃이 세 번이나 피는데, 나는 유독 어찌하여 뜻만 있고 그것을 이루지 못한단 말인가?〔煌煌靈芝, 一年三秀, 予獨何爲, 有志不就?〕"라는 글이 쓰여 있는 것을 보고는 마음속으로 무척 동감하였다. 40여 년이 지난 뒤에 우연히 그곳을 다시 찾았을 때 그 글은 이미 없어졌으나, 지난 일에 감회가 일어나므로 "언뜻 지나는 백년 세월 그것이 얼마나 되랴? 세 번 꽃피는 영지는 무엇을 하려는고? 나이 늙도록 금단을 이루었다는 소식 없으니, 운당포 벽 위의 시가 거듭 한탄스럽네.〔鼎鼎百年能幾時? 靈芝三秀欲何爲? 金丹歲晩無消息, 重歎篔簹壁上詩.〕"라고 읊으면서 슬퍼하였다. 《朱子大全 卷84 題袁機仲所校參同契後》

56 부침(浮沈) : 서신이 제대로 전해지지 않았다는 의미이다. 진(晉)나라 은선(殷羨)이 예장군(豫章郡)의 태수(太守)로 있다가 임기를 마치고 떠날 즈음에 사람들이 100여 통의 편지를 주면서 경성에 전달해 줄 것을 청하자, 석두(石頭)까지 와서 이 편지들을 모조리 물속에 던지고는 "가라앉을 놈은 절로 가라앉고 떠오를 놈은 절로 떠오르겠지. 은홍교가 우편배달부 노릇을 할 수는 없다.〔沈者自沈, 浮者自浮. 殷洪喬不能作致書郵.〕"라고 말했다는 고사가 전한다. 홍교(洪喬)는 은선의 자이다. 《世說新語 任誕》

들이 얼마나 많은지 알 수도 없는데, 겨우 열흘이 지나 서찰 한 통이 그새 도착하였으니, 이로써 말해 보면 영지의 소식이 또한 더딘 것은 아닙니다. 이어 그 편지를 통해 요즈음 노모를 모시고 벼슬하며 봉양하는 체후가 만복하다는 사실을 알았으니, 사람으로 하여금 기쁘고 하례하는 마음 그지없게 합니다. 다만 담증(痰證)으로 고생하고 있다는 말을 들으니, 자못 염려되는 마음이 절실합니다. 산현(山縣)[57]에는 절로 인삼과 백출이 넉넉할 터이니, 다시 모름지기 약물(藥物)에 뜻을 더하시어 속히 완전히 회복하기를 기약하는 것이 어떻겠습니까? 병의 뿌리가 깊어진 뒤에는 의약으로 치료해도 효과를 보기 어려워서 마침내 폐인이 될지 또한 알 수 없는 일이니, 바로 지금 나의 상태가 이렇습니다. 이는 마땅히 나를 보고 타산지석의 경계로 삼아야 한다는 말이니, 소홀히 듣고 넘겨서는 안 될 것입니다.

내가 처한 병세와 정세(情勢)로 스스로를 헤아리고 시국(時局)을 헤아려 보았을 때 더 이상 나아갈 만한 길이 한 가닥도 없는데 소명은 연달아 내려오고 직명이 점점 높아져서 천지간에 두려운 마음을 품고 있으니, 이 회포를 이루 다 말할 수 있겠습니까. 지난번에 친구들이 분의에 대해 많이들 이야기해 주었으니 한번 사례하지 않을 수 없고, 내 생각에도 스스로 이에 대한 계획이 있습니다. 그러나 이 직임이 체차되기 전에는 짐짓 이 일을 의논할 수 없고 비록 이미 체차되었더라도 조정이 조금 안정되기를 기다려야 비로소 마음 편히 왕래할 수 있을 터이니, 지금은 아직 조만(早晩)과 유무(有無)를 점칠 때가 아닙니다.

57 산현(山縣) : 《한국문집총간해제》 4집에 수록된 〈지촌집(芝村集)〉 해제에 의하면, 이희조는 1686년(숙종12) 겨울 평강 현감(平康縣監)으로 부임하였다.

병든 몸이 어찌 강건할 때가 있겠습니까만, 노곤한 증세가 조금 나아지면 간혹 서책을 들춰 보기도 하는데 끝내 지리멸렬해져서 과정을 이루지 못하고 있으니, 총기는 더욱 사라지고 황폐함은 날로 심해져 갑니다. 그러니 무슨 공부를 해 나갈 수 있겠습니까. 다만 언제나 깊이 개탄하는 마음을 품고 있는 자신을 깨달을 뿐입니다. 늘 생각건대, 그대는 어릴 적부터 학문에 뜻을 두고 재주와 식견이 출중하여 종래로 사랑하고 축원한 것이 실로 다른 사람에 비할 바가 아니었지만 이렇게나 멀리 떨어져 있어서 근래 학문에 나아가는 과정을 자세히 물어 스스로 경계하고 반성할 수 있는 길이 없어졌으니, 평소 그리워하는 마음을 어느 날인들 있을 수 있겠습니까. 직분의 일과 시절에 대한 근심은 실로 또한 우리들이 처한 분수 안에 있는 일입니다. 그러나 내 뜻은 또 형이 내면을 향하는 한 가지 일에 더욱더 면려를 더하게 하려는 것이니, 이 뜻은 구차하게 나온 생각이 아니어서 지금 편지로 급하게 다 말할 내용이 아닙니다. 모르겠습니다만, 형께서는 이상의 대체적인 언급에 대해 기꺼이 의미를 두고 생각해 볼지를 결정하는 것이 어떠하겠습니까?

보내온 편지에서 영해(嶺海)에 있을 때의 일을 제기한 점은 나를 가슴 아프게 하였습니다. 인편을 구하기 어렵고 정력이 미치지 못하여 그 당시와 비교해 보면 이미 상황이 심하게 다른데, 형께서는 어찌 이 점을 헤량하지 못하고 갑자기 이렇게 세변(世變)에 대해 이야기하면서 우려하시는지요? 우리가 이런 말을 하더라도 천하에 누가 다시 우리 마음을 알아줄 사람이 있겠습니까. 차치하고 많은 말로 변론할 필요가 없는 것입니다. 또 여기 꼭 맞는 대답이 있으니, 천리 먼 곳에서 한번 웃을 거리로 삼을 만합니다.

지난번에 형께서 호읍(湖邑)으로 부임했을 때 일찍이 한 번도 안부 편지를 보내지 않아서 그 당시 어떤 사람이 형처럼 말한 적이 있었는데, 나는 이르기를 "사람이 관직에 부임했을 때는 지키는 신념이 각기 달라서 전적으로 간약(簡約)을 위주로 하는 사람도 있고 성품이 인사(人事)에 부지런한 사람도 있는데, 이 친구는 반드시 간약을 위주로 하는 사람인 듯합니다. 어찌 다른 생각이 있겠습니까."라고 하였습니다. 그런데 지금 보내온 편지에서 갑자기 이와 같이 말씀하시니, 어찌하여 나의 뜻과 그렇게도 다르단 말입니까. 별지(別紙)에 인용한 "친구인 나는 그대를 안다.〔故人知君〕"[58]라는 말은 과연 누가 의미를 두어 한 말인지 알지 못하겠습니다만, 어떻습니까, 어떻습니까? 우습고 우스운 일입니다.

이곳에서 늦은 나이에 다행히 아이를 얻었으니,[59] 위안이 되는 마음을 알 수 있을 것입니다. 다만 이런저런 질병이 끊이지 않아서 근심이 바야흐로 깊을 따름입니다. 어쩌겠습니까, 어쩌겠습니까. 나머지 많은 말들은 마침 고을의 인편을 만나 바삐 적느라 다 갖추지 못했습니다.

58 친구인……안다 : 후한 때의 학자 양진(楊震)이 동래 태수(東萊太守)로 부임하던 도중 창읍(昌邑)에 이르렀을 적에, 일찍이 양진에게서 무재(茂才)로 천거를 받았던 창읍의 현령 왕밀(王密)이 밤중에 찾아와서 황금 10근을 바쳤다. 그러자 양진이 말하기를 "그대의 친구인 나는 그대를 아는데, 그대는 나를 알지 못하니 이는 무엇 때문인가?〔故人知君, 君不知故人, 何也?〕"라고 하니, 왕밀이 "밤중이라 아무도 아는 자가 없습니다."라고 하였다. 이에 양진이 "하늘이 알고 귀신이 알고 내가 알고 그대가 아는데, 어찌 아는 자가 없다고 하는가?〔天知神知我知子知, 何謂無知?〕"라고 하고는 황금을 물리쳤던 고사가 있는데, 여기서 온 말이다. 《後漢書 卷54 楊震列傳》

59 늦은……얻었으니 : 《창계집》 〈창계선생연보초(滄溪先生年譜草)〉에 의하면 창계는 1687년(숙종13) 2월 39세에 둘째 부인 한산 이씨(韓山李氏)에게서 첫아들 임동(林董)을 얻었다.

보내온 편지에서 우의정 대감과 수작(酬酢)했다고 한 일은 지난번에 이미 중화 형 편에 들어서 내가 잘 알고 있습니다. 근래 사직 상소에서 비로소 이 뜻을 언급했습니다만, 조사(措辭)의 경중은 과연 타당한지를 알지 못하겠습니다. 나는 평소 소장(疏章)을 작성하면서 글을 쓰고 정을 드러내는 것이 매번 도리어 사사로이 왕복하는 편지에 미치지 못하니, 아마도 공경하고 삼가는 생각이 지나쳐서 그럴 것입니다. 반드시 흉금을 터놓고 소회를 다 이야기해야 하는 사사로운 편지라 하더라도 조금만 이처럼 말이 길어지면 조심스러운 부분에서는 또 도리어 사사로이 왕복하는 편지에 미치지 못합니다. 그러니 이 일에서 또한 나 같은 사람은 단지 세상과 어그러져서 산림에 사는 것이 적합하고 세상에 기여할 수 있는 사람은 될 수 없다는 것을 볼 수 있을 따름입니다. 어떻습니까, 어떻습니까?

풍악(楓岳)에서의 옛 유람이 꿈결처럼 아득하고 당시 동행했던 승려가 누구였는지 또한 기억나지 않았는데, 보내온 편지에서 알려 주시니 사람으로 하여금 마음이 개운해지게 합니다. 회양(淮陽)은 내가 실로 박하게 여기지 않았지만, 돌아보건대 간곡하게 부탁할 곳이 어디 있겠습니까. 또 나는 오활하고 게을러서 실로 백리 밖의 중임은 감당하지 못할 듯합니다. 또 생각건대, 주현(州縣)의 인사는 또한 산속 생활과 다르니, 혹 나란히 밭가는 것[60]과 반드시 꼭 같지도 않으

60 나란히 밭가는 것 : 산야(山野)에 은거하여 농사지으며 생활한다는 말이다. 춘추시대 은자(隱者)인 장저(長沮)와 걸닉(桀溺)이 공자가 지나가는 길 곁에서 나란히 밭을 갈고 있었다는 고사에서 차용한 표현이다. 《論語 微子》

면서 한갓 이후의 행동에 불편한 점만 생기게 되면, 단지 동쪽 산비탈을 지키는 것[61]만 못할까 염려스러울 따름입니다.

61 동쪽……것 : 벼슬길에 나아가지 않고 은거한다는 의미이다. 자세한 내용은 272쪽 주38 참조.

이동보께 답함

答李同甫

전에 형께서 보내 준 편지를 받아 본 지가 지금 이미 반년이 지났습니다. 가을이 된 뒤로 병 때문에 침체되어 평상시의 기력이 아니고, 또한 보내온 편지의 조리와 두서가 방대하여 간략하게 답장을 보내자니 마음에 미진한 점이 있고 자세하게 이야기하려니 정력이 미치지 못했기 때문에 그럭저럭 시간을 보내다가 지금까지 오래도록 답장을 보내지 못했습니다. 또 내가 편지를 왕복하는 데 쓰도록 형께서 보내 주시는 간폭(簡幅) 100장이 늘 종이가 모자랄 때쯤이면 도착하는데, 한만하게 수답(酬答)하는 용도로 마구 사용하다 보니 남은 종이가 이 답장을 쓰고 있는 몇 폭밖에 없습니다. 그래서 종이 1장을 사용할 때마다 형 생각이 나지 않은 적이 없었는데, 방금 인편을 통해 다시 형께서 보내 주신 편지를 받고 보니 감격스러운 나머지 부끄러운 마음이 더욱 깊습니다. 소식을 전해 온 지 벌써 한 달이 지났는데, 삼가 묻노니 노모를 모시고 벼슬하며 공부하는 여러 근황은 다시 어떠한지요? 그리운 마음 구구합니다.

나는 9월에 앓은 곽란병(癨亂病)이 10월 초까지 낫지 않아 거의 죽다가 겨우 살아났는데, 지금도 남은 증상이 오히려 떨어지지 않았습니다. 그사이 또 아이가 병들어 마음이 어수선하였고, 필경에는 혹심한 화재[62]

62 혹심한 화재 : 《창계집》 〈창계선생연보초(滄溪先生年譜草)〉에 의하면 창계는 1687년(숙종13) 겨울에 진안(鎭安) 반월촌(半月村)의 집이 화재로 다 타 버려서 읍내로 옮겨 가서 살았다.

를 당해 대충 지은 산속의 거처가 완전히 다 타 버려서 지금은 읍내에서 붙어살고 있으니, 근래에 겪은 곤액은 예전에 없던 일입니다. 어찌하겠습니까?

지방관에 제수하는 명은 보잘것없는 나에게 조금도 어울리지 않는다는 사실을 잘 알고 있거니와, 실제 병 때문에 억지로 하기도 어렵습니다. 그래서 처음에 소장을 올려 힘껏 사직을 청하였는데, 도리어 너그러운 비답을 받아[63] 어쩔 수 없이 다시 쌓인 정을 피력한 뒤에 체직되기를 바라고 있습니다. 그러나 성심(誠心)이 천박하고 소장의 어기(語氣)가 긴절하지 못하니, 또한 어찌 나의 간절한 마음이 반드시 성상께 전달되리라고 보장할 수 있겠습니까. 이 직임이 비록 외직이라고 하지만 결코 나처럼 오활한 사람이 감당할 수 있는 직책이 아니고 또 한번 나아간 뒤에는 수습하기가 더욱 어려워질 터이니, 어리석은 내 생각은 실로 나의 초심을 지키려 할 뿐입니다. 원근의 친지들의 논의가 모두 외직이라고 하면서 직임에 나아가라고 권하지 않는 이가 없는 것은 모르겠습니다만, 사리가 과연 이와 같은 것입니까. 만일 끝내 군이 사직하는 청을 허락받지 못하게 되면 또 스스로 처신할 바를 알지 못하겠으니, 실로 근심스러울 따름입니다. 어찌하겠습니까, 어찌하겠습니까. 한스러운 바는 서로 거리가 멀어서 모든 일을 깊이 논의할

63 지방관에……받아 : 《창계집》 〈창계선생연보초(滄溪先生年譜草)〉에 의하면 창계는 1687년(숙종13) 10월 황해도 관찰사에 제수되자 상소를 올려 사직을 청하였는데, 임금으로부터 "경의 문학은 경악(經幄)에 두어야 마땅하나, 이번에 황해도 관찰사로 임명한 것은 처리하기 어려운 복잡한 일에 뛰어난 재능을 시험해 보려는 것이다. 경은 굳이 사양하지 말고 속히 올라와, 임지로 가서 직임을 아름답게 행하라."라는 융중(隆重)한 비지(批旨)를 받았다.

방법이 없다는 것입니다.

앞의 편지에서 내가 권면했던 말은 무슨 내용인지 기억나지 않는데, 보내온 편지에서 자주 칭찬하시니 사람을 취하려는 성심(盛心)을 잘 볼 수 있습니다. 이곳에서의 생활은 병 때문에 침체됨이 이와 같아서 혼미함이 날로 심해지고, 게다가 거취를 결정하지 못하여 심사가 불안하므로 더욱이 서로 경계하고 계발할 만한 정황이 없습니다. 그래서 연달아 스스로 마음을 비우고 기꺼이 남의 말을 들으려는 훌륭한 내용의 편지를 받고도 끝내 답장을 올리지 못했으니, 더욱 부끄럽고 서글플 뿐입니다. 거듭 멀리서 편지를 보내셨기에 더 이상 답장 한 통을 미룰 수가 없었는데, 마침 서울로 들어가는 인편이 있어서 대략 이렇게 답서를 올립니다. 나머지 다소간의 일들은 자세히 적지 못했습니다.

풍악(楓岳)의 좋은 유람[64]이 사람으로 하여금 개연한 마음으로 상상하게 하였는데, 꿈속에서 함께하였다는 말은 또한 기이한 일일 따름입니다. 다만 모르겠습니다만, 이는 형께서 나를 생각하는 마음이 간절하여 꿈을 꾼 것입니까? 내가 형을 생각하는 마음이 깊어서 형의 꿈으로 들어간 것입니까, 아니면 형과 나 두 사람의 생각이 모두 선산(仙山)을 왕래하다가 마침 서로 투합하여 이런 꿈을 꾼 것입니까? 형께서는 여기에 대해 시험 삼아 일전어(一轉語)[65]를 주

64 풍악(楓岳)의 좋은 유람 : 《한국문집총간해제》 4집에 수록된 〈지촌집(芝村集)〉 해제에 의하면, 이희조는 1685년(숙종11) 금강산 유람을 다녀왔다.

65 일전어(一轉語) : 선가(禪家)에서 선승(禪僧)이 선기(禪機)를 드러내는 한마디 말로, 사람의 심기(心機)를 깨우치는 것을 가리킨다.

시는 것이 어떻겠습니까, 어떻겠습니까? 참으로 우습고 참으로 우스운 일입니다. 유록(遊錄)은 반드시 볼만한 내용이 있을 터이니, 조만간에 한번 흉금을 깨끗이 씻어 내게 해 줄 수 있겠습니까? 보내주신 시 절구 2수[66]는 정취가 가득해서 두세 번 반복하여 읽으니 더욱 그리움이 더해졌습니다. 그래서 졸구(拙句)를 엮어 화답해서 보내니 또한 천리 먼 곳에서 한번 즐거운 웃음거리로 삼을 만할 것입니다. 앞으로 만날 일은 모르겠습니다만, 마땅히 어느 날 어느 곳으로 정했는지요? 편지를 쓰자니 서글픈 생각이 들어서 더욱 스스로 견디지 못하겠습니다.

나는 이번에 이 직임에서 체차될 수 있으면 오는 봄에 가솔을 데리고 남쪽으로 돌아가서 선영 아래에서 지낼 생각이니, 이 일이 만일 성사되면 서로 간의 거리가 더욱 아득해질 것입니다.

66 보내……2수 : 이희조의 《지촌집(芝村集)》 권1에 〈임덕함재호남지진안……(林德涵在湖南之鎭安……)〉이라는 시가 있다.

이동보께 답함 무진년(1688, 숙종14)

答李同甫 戊辰

지난 섣달에 형의 두 번째 편지를 받아 보고 바로 대략 답장을 작성하여 인편에 부치려다가 마침 일이 있어서 부치지 못했습니다. 그런데 연초에 다시 섣달 전에 보낸 형의 편지를 받아 보니, 회포를 쏟아 내는 것이 더욱 지극하여 사람으로 하여금 감격스럽고 부끄러운 마음을 이기지 못하게 하였습니다. 근래 생각건대, 새봄을 맞아 노모를 모시고 정사를 돌보는 형의 근황은 더욱 만복한지요? 구구한 그리움이 어느 날인들 그칠 수 있겠습니까.

나는 살던 집이 이미 화재를 만났고 이로 인해 돌아갈 계획이 급히 결정되어 내일 가솔을 데리고 남쪽으로 돌아가려 하니, 이후로는 서로 바라보는 일이 더욱더 아득해질 것입니다. 오랜 병치레로 게으름이 습관이 되어 미련함이 날로 심해지니, 서찰 또한 스스로의 힘으로는 자주 주고받기가 어려울 것입니다. 슬퍼한들 어쩌겠습니까. 부디 천만 자중자애하여 멀리서 그리는 정성에 부응하기 바랍니다.

앞의 편지에서 누차 마음을 비우고 질문을 받았지만 병들고 혼매하여 대략이나마 어리석은 견해를 말하지 못했으니, 이것이 또한 한스러울 뿐입니다. 그러나 성현의 유훈(遺訓)에 표리(表裏)와 거세(巨細)가 모두 분명하게 구비되어 있으니, 다만 깊이 연구하고 힘껏 실천하는 데 달려 있을 뿐입니다. 우리들이 다시 무슨 새로운 말을 할 수 있겠습니까. 만일 그 요체를 논해 본다면 마땅히 인(仁)을 구하는 것을 큰 단서로 삼고 명예를 가까이하는 것을 지극한 경계로 삼아야 할 듯합니다. 모르겠습니다만, 형도 그리 생각하는지요?

편지로는 말을 다하지 못하고 말로는 생각을 다하지 못하니, 돌아보건대 어떻게 하면 외지고 한적한 곳을 찾아서 한 달이나 열흘 남짓 강습을 할 수 있겠습니까? 꿈속에서 자주 그리워한다는 것을 알았으니, 이 때문에 서글프고 한스럽습니다. 내가 오늘 어떻게 다시 안색을 펴고 있을 수 있겠습니까. 형께서는 꿈속에서나마 나의 본모습을 만났겠지만, 어떻게 현실에서 실제로 볼 수 있겠습니까. 편지를 쓰자니 더욱 한스럽습니다.

이동보께 답함

答李同甫

겨우 저인(邸人)[67]을 통해 편지 한 통을 부치고는 너무 늦게 보낸 것을 스스로 부끄러워하였는데, 홀연 이번에 형께서 보내 주신 편지를 받으매 이미 행차를 멈추고 영지(靈芝)의 소식[68]을 띄워 양강(楊江) 석실(石室) 사이의 만남을 기약한 사실을 알았으니 이 마음 모르는 사이에 완전히 감복하였고, 또한 돌아보고 사랑하는 정성이 형께서 생각해 주는 것보다 못해서는 안 된다고 다시 스스로 반성하였습니다. 어찌하여 만날 기약을 주선할 때면 매번 형께서 계획하여 통보해 주신단 말입니까. 이것이 자못 두려운 점입니다. 천천히 다시 점검해 보니, 이는 민첩하고 미련함에 차이가 있는 것이지 성의(誠意)의 차이 때문에 그런 것은 아닌 듯합니다. 어떻습니까, 어떻습니까? 참으로 우습고 참으로 우스운 일입니다.

이곳에서 낭패를 당한 곡절은 앞의 편지에서 대략 이야기하였습니다만, 다시 돌이켜 생각해 보니 매우 부끄러울 따름입니다. 모르겠습니다만, 이전에 이런 상황을 만난 사람이 있었습니까? 지금 인용하여 보여 주신 회옹(晦翁)의 말은 오늘날의 운수와 흡사하니, 거의 이른바

67 저인(邸人) : 서울에 머무르면서 고을의 사무를 연락하고 대행하는 이서(吏胥)로, 경저리(京邸吏) 또는 경주인(京主人)이라고도 한다.

68 영지(靈芝)의 소식 : 서로 간에 주고받는 편지를 의미한다. 창계가 정묘년(1687, 숙종13) 이희조(李喜朝)에게 보낸 편지에 의하면, 그가 편지의 봉인(封印)에 작은 영지의 표식을 하였기 때문에 이렇게 말한 것이다. 《滄溪集 卷13 與李同甫 丁卯》

"이것도 병법에 있다."[69]라는 말이 이 경우에 해당하겠습니까? 요컨대 한번 격렬히 담론할 상대를 만나지 않으면 가슴속에 맺힌 말을 쉽게 다 이야기할 수 없습니다. 즉시 기약한 장소로 달려가고 싶지만 며칠 동안 몸에 병이 있다가 지금은 가슴과 배가 아프고 속이 뒤틀리는 통증이 있어서 억지로 나설 수가 없으니, 마땅히 배를 타고 골짜기를 나가는 날을 기다려 동호(東湖)의 모처로 가서 만나야 하겠습니다.

나는 지금 반드시 체직되기를 원하지만 형세로 볼 때 쉽게 뜻대로 되지는 않을 듯하니, 버티면서 지체하는 사이에 필시 열흘이나 보름 정도 시간이 흐르고 말 것입니다. 그래서 비록 앞서의 기약이 있었지만 눈앞에서 이렇게 좋은 기회를 놓치게 생겼으니, 한스럽고 울적함을 어찌 말로 표현할 수 있겠습니까. 만일 한벽루(寒碧樓) 주인을 만나거든 가소로운 나의 종적을 전해 주고 함께 배를 타고 골짜기를 내려와 강한(江漢) 사이에서 한번 만날 수 있도록 주선해 주는 것이 어떻겠습니까? 나머지 많은 말들은 줄이겠습니다.

69 이것도 병법에 있다 : 한 고조(漢高祖) 때의 명장 한신(韓信)의 말이다. 한신이 조(趙)나라 군대와 싸우면서 정형구(井陘口)에서 배수진(背水陣)을 쳐서 크게 승리를 거둔 일이 있는데, 전투가 끝나고 연회를 벌일 때 장수들이 "병법에는 오른쪽으로 산을 등지고 왼쪽으로 물을 앞에 두고 싸우라고 했는데, 이번에는 물을 등지고 싸워서 마침내 크게 승리를 거두었습니다. 이것은 대체 무슨 병술(兵術)입니까?"라고 물었다. 그러자 한신이 "이것도 병법에 있는데, 단지 그대들이 살피지 못했을 뿐이다. 병법에서 '사지에 빠진 뒤에야 살 수 있고, 망할 처지가 된 뒤에야 보전할 수 있다.'라고 말하지 않았던가.〔此在兵法, 顧諸君不察耳. 兵法不曰: 陷之死地而後生, 置之亡地而後存?〕"라고 대답했던 고사가 있다.《史記 卷92 淮陰侯列傳》

이동보께 드림

與李同甫

근래 오래도록 소식을 전하지 못했는데, 모르겠습니다만 무더위에 노모를 모시고 정사를 돌보는 근황은 어떠한지요? 그리운 마음이 간절합니다. 나는 그럭저럭 시일을 끌면서 유숙하고 있던 즈음에 홀연 시사(時事)가 이런 지경에 이른 것을 보니 상심되고 근심스러워서 무슨 말을 해야 할지 모르겠습니다. 생각건대, 형께서는 반드시 그 곡절에 대해 들었겠지만 이야기가 너무 장황하여 여기서는 다시 번거롭게 거론하지 않겠습니다.

지난날 장문의 편지[70]를 보냈다는 말에 대해서는 사람들의 의견이 매우 분분하였습니다. 어떤 사람은 "유생들이 상소하여 신변(伸辨)해야 한다."라고 하였고, 어떤 사람은 "본가(本家)의 자손들이 해야 한다."라고 하였으니, 우리들이 비록 구구하게 논설하여 그 불가함을 극렬하게 말하더라도 힘이 미약하여 아마 진정시킬 수 없을 것입니다. 다행히 현장(玄丈 박세채(朴世采))께서 들어와 힘껏 변호해 주신 덕분에 마침내 다른 문제는 없었으니, 이후로는 염려할 만한 일이 없을 듯합니다.

70 장문의 편지 : 1687년(숙종13) 3월 회니시비(懷尼是非)에 관한 문제로 나양좌(羅良佐), 성지선(成至善), 조득중(趙得重) 등이 송시열(宋時烈)을 비난하는 상소를 올렸을 때 이희조(李喜朝)가 이를 변석(辨析)하는 내용으로 송시열에게 장문의 편지를 보낸 일이 있었는데, 그 편지를 말한다. 《지촌집(芝村集)》 권6에 〈상우암선생(上尤庵先生)〉이라는 제목으로 실려 있다.

또 한 가지 의론이 있어서 이 논의를 그대에게 언급하고자 하는데, 이는 실로 무른 땅에 말뚝을 박는 것처럼 쉬운 논의입니다. 형이 보낸 장문의 편지를 아직 보지는 못했지만 그 대체적인 내용은 들었습니다. 이미 우계(牛溪 성혼(成渾))에 대해 언급한 것이 한마디도 없었으면 비록 노장(魯丈)[71]에 관한 일이라 하더라도 한군(韓君)의 무리가 소장에서 공공연히 비난하여 배척을 더한 것과는 같지 않으니, 이미 사사로이 보내는 편지에서 발설해서는 안 된다는 의리로 대체를 진정시켰으면 오직 형이 논의하고자 했던 내용은 실로 의론거리가 되지 못했을 것입니다. 근래 한두 명의 동료들과 함께 반복하여 극력 의논해 보니 모두 "결코 논의해서는 안 된다."라고 하였습니다만, 그 사이에 또한 장석(丈席)의 서론(緖論)을 중요하게 여겼으니, 이 일은 또한 진정시킬 수 있을 듯합니다. 형께서 미처 자세히 알지 못하고 있을까 염려되어 대략 이렇게 따로 편지를 보내어 알려 드릴 따름입니다. 일이 비록 드러나지는 않았지만 사람들의 말이 이처럼 분분하니, 형의 괴로운 회포가 또한 상상이 됩니다. 내 생각은 형께서 차라리 우선 지동(芝洞)으로 돌아가 지내게 하려는 것이니, 이렇게 하면 거의 사람들의 말을 그치게 하기가 쉬울 것입니다. 또 일에 비록 혹 알 수 없는 점이 있겠지만 세상일에

71 노장(魯丈) : 윤선거(尹宣擧, 1610~1669)를 말한다. 자는 길보(吉甫), 호는 미촌(美村)·노서(魯西)·산천재(山泉齋), 시호는 문경(文敬)이다. 김집(金集)의 문인이다. 1636년(인조14) 청나라 사신이 입국하자 성균관의 유생들을 규합하여 사신의 목을 베어 대의를 밝힐 것을 주청하였고, 병자호란이 일어나자 강화도로 피신하였다가 평민을 가장하여 탈출하였다. 이 일로 훗날 송시열에게 비난을 샀으며, 유계(兪棨)와 공편한 《가례원류(家禮源流)》의 발문이 시비가 되어 노소(老少) 당쟁의 불씨가 되었다. 저서에 《노서유고(魯西遺稿)》, 《계갑록(癸甲錄)》 등이 있다.

구애되지 않고 한가로이 지낸 뒤에는 또한 스스로 처신하기가 쉬울 것입니다. 모르겠습니다만, 형의 생각은 어떠한지요? 지난번에 장석을 뵈었을 때 매우 절실하게 염려하면서 또한 일찍 돌아가는 것이 나을 것이라고 하셨습니다.

나는 애초부터 오래 머물 생각이 없었는데, 더구나 근래에야 더 말할 것이 있겠습니까. 바야흐로 우선 숨죽이고 칩거하다가 틈이 나면 즉시 떠나려 합니다. 그러나 시절의 근심이 오히려 수습될 기약이 없으니, 또한 마침내 어떻게 해야 할지 모르겠습니다. 나머지 많은 말은 병으로 혼매하여 어렵게 적느라 말이 되지 않습니다.

이동보께 드림
與李同甫

동교(東郊)에서 급하게 적어서 중화(仲和 김창협(金昌協)) 형에게 부탁하여 편지 한 통을 부치려 했는데, 중화 형이 이미 골짜기로 돌아가 버렸습니다. 이제 생각건대 행차가 선영(仙瀛)에서 막 지동(芝洞)으로 돌아왔을 터이니, 모르겠습니다. 과연 그렇습니까?

나는 한 번 소장(疏章)을 올린 뒤로 성상에게 근심이 날로 모인다는 소식을 듣고는 마침내 돌아와 숙배하는 자리에 나갈 수밖에 없었으니 종적이 더욱 부끄럽고 우습게 되었습니다. 또한 앞으로 다시 어떻게 수습해야 할지 모르겠으니 사람으로 하여금 지극히 근심스럽고 난처하게 할 뿐입니다. 조정으로 들어온 뒤에 다시 형 쪽의 일을 언급하는 한두 사람의 말을 들으니, 비록 완급의 차이는 있었으나 대체로 달리 염려할 만한 문제는 없을 듯하였습니다.

형께서 호연(浩然)히 돌아가고자 하는 뜻에 이르러서는 아마 결국은 계획대로 될 듯합니다만, 형께서 스스로 기약하는 바와 사람들이 형에게 바라는 바가 이미 속습을 따라 벼슬에 나아가는 자와는 같지 않기에 옳고 그름을 막론하고 여기저기서 수군거리는 사람들의 말이 그치지 않고 있으니, 이것이 고통스러운 일입니다. 어찌 허리를 꺾기 어려웠던 옛사람의 일[72]만이 그러할 뿐이겠습니까.

72 허리를……일 : 진(晉)나라 도잠(陶潛)이 팽택 현령(彭澤縣令)으로 있을 때 군(郡)에서 파견한 독우(督郵)의 시찰을 받게 되었는데, 아전이 의관을 갖추고 독우에게

내가 일찍이 사람들에게, 형이 불안하여 돌아가고자 하는 뜻이 있다고 언급한 적이 있었는데, 그럴 때마다 사람들은 나의 말을 믿지 못하고 "과연 돌아간다면 스스로 처신을 잘하는 것이지만, 반드시 그렇게 하지는 않을 것입니다."라고 하였으니, 이는 전혀 형에 대해 알지 못하는 말입니다. 어제 장석(丈席)의 편지를 받았는데 또한 형께서 체직되지 않을까 염려하였으니, 어찌 근래에 주고받은 새로운 의리가 있어서 그렇게 말한 것이 아니겠습니까. 나머지는 편지로 다 하기 어렵습니다.

인사해야 한다고 하자 도잠이 탄식하면서 "내가 쌀 다섯 말 때문에 허리를 꺾어 향리의 어린아이에게 굽실거릴 수는 없다.〔我不能爲五斗米, 折腰向鄉里小兒.〕"라고 하고는, 즉시 수령의 인끈을 풀어 놓고 고향으로 돌아갔던 고사를 말한다. 《晉書 卷94 陶潛列傳》

이동보께 답함

答李同甫

신민(臣民)들이 복이 없어서 자성(慈聖)[73]께서 마침내 예척(禮陟)[74]하셨으니, 중외(中外)의 사람들이 추모하는 통한을 어찌 말로 표현할 수 있겠습니까. 지난날 이미 형께서 저보(邸報)를 보고 바로 보내 주신 편지를 받아 보았는데, 얼마 지나지 않아 다시 형의 답장을 받아 보니 마치 얼굴을 마주 보고 이야기하는 것 같았습니다. 어제는 또 계형(季兄)[75]이 방문하여 피차간에 속마음을 거의 다 이야기했습니다만, 오히려 형을 만나 뵙고 논의를 다하지 못한 것이 한스럽습니다. 돌아갈 계획이 이미 정해져서 사장(辭狀) 올리는 일을 그만두지 않고 있으니, 그사이 체직되기까지의 시간이 빠를지 늦을지는 또한 어찌 깊이 헤아릴 것이 있겠습니까. 사람으로 하여금 이미 부러운 마음을 금치 못하게 하였습니다.

나는 지난번 체직되었을 때 실로 즉시 돌아갔어야 하는데, 겨우 엄한

73 자성(慈聖) : 인조의 계비였던 대왕대비(大王大妃) 장렬왕후(莊烈王后) 조씨(趙氏)를 말하는데, 1688년(숙종14) 8월 26일 묘시(卯時)에 창경궁(昌慶宮) 내반원(內班院)에서 승하하여 12월 16일 휘릉(徽陵)에 장사 지냈다.

74 예척(禮陟) : 제왕의 승하를 말한다. 《서경》 〈군석(君奭)〉에 "은나라 선왕(先王)이 예로써 올라가 하늘에 짝하여 나라를 향유한 세월이 오래였다.〔殷禮陟配天, 多歷年所.〕"라고 한 데서 온 말이다.

75 계형(季兄) : 이희조(李喜朝)의 아우 이하조(李賀朝, 1664~1700)를 가리킨다. 자세한 내용은 262쪽 주27 참조.

특지가 내리고 성상의 근심이 날로 심해져서 급하게 도로 들어왔다가 마침내 큰 슬픔을 만났습니다.[76] 현재의 거취는 지난번에 비해 더욱 어려워져서 허물을 후회함이 극심해졌으니, 밤낮으로 편치 못합니다. 예전에 앓던 복통과 새로 더해진 감기가 일시에 발병하여 문을 닫고 고통으로 신음한 지 이미 3, 4일이 지났으니, 이 사이의 괴로운 정황과 애타는 마음은 어찌 말로 다할 수 있겠습니까, 어찌 말로 다할 수 있겠습니까. 지금 계획으로는 오직 외직에 보임되면 속히 떠날 수 있겠지만 그 일은 실로 성사되기가 쉽지 않고, 과연 성사되더라도 오히려 뜻에 만족스럽지 못한 점이 있습니다. 한번 나아갔다가 일이 어긋나서 낭패가 더욱 심해졌으니, 이와 같이 우둔한 사람이 오히려 따로 인사를 논할 수 있겠습니까.

전날 알려 드린 뜻은 실로 장석(丈席)의 생각을 여쭤 보고 그에 따라 말한 것이니, 나처럼 식견이 좁은 사람이 일찍이 어찌 이런 논의를 언급한 적이 있었습니까. 아울러 혜량하는 것이 어떻겠습니까? 계형은 이전에는 단지 그 안온한 풍모를 사랑하였는데, 지금 이렇게 영특한 모습을 보니 매우 기쁜 생각이 듭니다. 산해(山海)에서 수창(酬唱)한 시들[77]을 또한 눈으로 직접 볼 수 있었으니, 청풍(淸風)[78]이 "동화문(東

76 나는……만났습니다 : 《창계집》 〈창계선생연보초(滄溪先生年譜草)〉에 의하면 창계는 1688년(숙종14) 7월 이조 참의, 승문원 부제조에 차임되었으나 패초에 나아가지 않아 엄한 특지(特旨)를 받고 파직되었는데, 당시 대왕대비의 병환으로 시약청(侍藥廳)이 설치되었기 때문에 곧바로 돌아가지 못하고 근교(近郊)에 머물며 기다리다가 8월 호조 참의에 제수되었으며, 이때 대왕대비가 승하하여 곡반(哭班)에 나아가 참여하였다.

77 산해(山海)에서 수창(酬唱)한 시들 : 《해산수창록(海山酬唱錄)》을 말한다. 강원

華門)으로 먼지를 일으키며 입조(入朝)하는 사람들[79]이 이 글을 읽으면 구규에 바람이 일 만하다.[80]〔東華塵土人, 讀此可以九竅生風.〕"라고 한 말이 거의 나의 오늘의 일을 가리키는 듯합니다. 부끄러워 웃음이 나고

도 평강 현감(平康縣監)으로 있던 이희조(李喜朝)가 1688년 5월 아우 이하조(李賀朝)를 대동하고 사창(社倉)의 곡물을 풀어 통천(通川), 흡곡(歙谷), 안변(安邊), 고성(高城) 등지의 백성을 구제하기 위해 보름 동안 각 고을을 순행하던 길에 금강산의 여러 명승지와 동해의 총석(叢石) 등을 두루 유람하였는데, 이때 이하조와 서로 주고받은 시를 모은 기행시집이다. 이희조는 70수, 이하조는 83수로 도합 153수이다. 농암(農巖) 김창협(金昌協)이 후서(後序)를 지었다. 《芝村集 卷19 海山唱酬錄序》《農巖集 卷25 題李同甫兄弟海山酬唱錄後》

78 청풍(淸風) : 김유(金楺, 1653~1719)를 가리킨다. 본관은 청풍(淸風), 자는 사직(士直), 호는 검재(儉齋), 시호는 문경(文敬)이다. 1683년(숙종9) 사마시에 입격하고, 1699년 증광 문과에 급제하였다. 박세채(朴世采)와 송시열(宋時烈)의 문인이고, 이관명(李觀命), 김간(金榦), 이희조 등과 교유하였다. 그가 1709년 이희조에게 보낸 편지에 "보여 주신 유록은 승경을 기록하는 오묘함과 만물을 형상화하는 공교로움이 곡진하고 섬세하니, 동화문(東華門)으로 먼지를 일으키며 입조(入朝)하는 사람들을 기다리지 않더라도 이미 구규에 바람이 이는 것을 깨닫겠습니다.〔蒙示游錄, 記勝之妙狀物之工, 曲盡纖悉, 不待東華塵土人, 已覺九竅生風也.〕"라고 한 말이 보인다. 《儉齋集 卷9 答李同甫》

79 동화문(東華門)으로……사람들 : 거마를 타고 먼지를 일으키며 조정에 출근하는 관원들을 말한다. 동화문은 송나라 궁성의 동쪽 문 이름으로, 백관들이 입조할 때 이 문을 이용하였다고 한다. 소식(蘇軾)이 "서호의 풍월이 동화문의 뿌연 먼지만 못하다.〔西湖風月, 不如東華軟紅土.〕"라는 전인(前人)의 희어(戲語)를 인용하여 지은 〈박박주(薄薄酒)〉에 "은거하여 뜻을 구함엔 의리만을 따를 뿐, 동화문의 먼지나 북창의 바람은 아예 계교치 않는다네.〔隱居求志義之從, 本不計較東華塵土北窓風.〕"라는 구절이 있다. 《蘇東坡詩集 卷14》

80 구규(九竅)에……만하다 : 온몸이 상쾌해진다는 의미이다. 구규는 사람의 몸에 있는 아홉 구멍, 즉 이(耳), 목(目), 비(鼻)의 각각 두 개씩 여섯 구멍과 구(口), 항문(肛門), 요도(尿道)의 세 구멍을 합해서 이르는 말이다.

부끄러워 웃음이 납니다. 계형이 나에게 한마디 말을 적어 달라고 했는데 부끄러워서 감히 말해 주지 못했으니, 어찌하겠습니까, 어찌하겠습니까? 이 밖에 긴 이야기는 멀리서 보내는 편지로 다할 말이 아닙니다. 병이 또한 이와 같아서 스스로의 힘으로는 여기까지 적을 수밖에 없습니다. 바라는 바는 깊이 진덕수업(進德修業)에 힘쓰시어 멀리서 그리워하는 마음을 위로해 주는 것입니다.

이동보께 드림 기사년(1689, 숙종15)

與李同甫 己巳

편지를 보내지 못한 지 홀연 한 해가 되었으니, 이는 평소에 없던 일입니다. 한탄한들 무슨 말을 할 수 있겠습니까. 세상사가 이런 지경에 이르러 사람이 살고 싶은 마음이 없어졌고 보면 내가 서찰에서 인사를 언급할 만한 마음의 여유가 없는 것은 유독 병을 앓아 쇠약해졌기 때문만은 아니니, 생각건대 또한 혜량하고 계실 것입니다.

어제 일이 없어 우연히 상자 속에 모아 둔 옛 편지들을 점검해 보았는데 마침 모두 영동에 있을 때 받은 형의 수찰이었으니, 나도 모르는 사이에 마음이 움직여서 느끼는 바가 한둘이 아니었습니다.[81] 종국(宗國)의 근심과 세도의 재앙을 지금의 시점에서 예전과 비교해 보면 참으로 백배나 더할 뿐만이 아닙니다. 아래로 우리들이 서로 안부를 묻는 부지런함과 함께 강학을 권면하는 소중함에 이르러서도 크게 이전에 미치지 못하니, 어찌 또한 말세의 습속에 따라 변한 것이 아니겠습니까. 이것이 또 무엇 때문에 그런 것이겠습니까. 천명에 관계되는 시운이야 내가 실로 어떻게 할 방법이 없지만, 오히려 자신의 문제에 속하는 일은 깊이 성찰하고 함께 닦지 않을 수 없을 듯합니다. 모르겠습니다만, 형께서는 어떻게 생각하는지요?

81 나도……아니었습니다 : 창계가 1675년(숙종1) 2월부터 1678년 11월까지 4년간 영동(嶺東)의 통천(通川)에서 우거하였는데, 당시 이희조가 가족을 이끌고 영동의 흡곡(歙谷)으로 들어가 은거했기 때문에 이렇게 말한 것이다.

가을이 이미 깊어 가는 계절에 삼가 생각건대, 노모를 모시고 학문하는 체후는 편안하고 건승한지요? 나는 앓던 병이 이미 고질이 되어 정력이 날로 쇠약해져 갑니다. 게다가 작년에 향리로 돌아온[82] 이래 오직 친척들과 노닐며 담소하고 과정을 정해 아이들을 가르치며 유유자적 날을 보내고 있을 뿐, 더 이상 한가한 때를 얻어 예전에 들은 내용을 복습하지 못하였으니, 어찌 이야기할 만한 새로운 공부가 있겠습니까. 그러나 분수에 따라 책려하여 스스로 헛되이 살다가 부질없이 죽음으로 돌아가는 결과를 면하고 싶다는 생각과 같은 경우는 일찍이 가슴속에 더욱 간절하지 않은 적이 없었습니다. 이는 아마도 나이가 많고 병이 고질이 되어 남은 날이 많지 않기 때문에, 궁벽한 오두막에서 지내는 감회가 자연히 점차 절실해져서 그런 듯합니다. 직접 만나 정담을 나누어서 스스로 깨우쳐 유익하게 될 길이 없기에, 사무치게 그리워하는 마음 날로 견딜 수 없습니다. 애오라지 인편을 통해 대략 이렇게 부칩니다. 편지의 격식을 갖추지 못했습니다.

82 작년에 향리로 돌아온 : 《창계집》 〈창계선생연보초(滄溪先生年譜草)〉에 의하면 창계는 1688년(숙종14) 2월 식구들을 데리고 진안(鎭安)에서 고향인 나주 회진(會津)으로 이주하였다.

이동보께 답함 경오년(1690, 숙종16)
答李同甫 庚午

오래되었습니다. 나의 말에 실속이 없습니다. 지난가을 편지를 보낼 때는 이렇게 문신(問訊)하고 강평(講評)하는 일을 계속 이어 가서 더 이상 지난날처럼 소식이 끊어져서는 안 된다고 스스로 생각했습니다. 그런데 어찌하여 형의 답장을 받은 이래 일 년이 지나도록 오히려 편지 한 통을 써서 다시 소식을 전하지 못하고, 도리어 앞의 편지에서 내가 직접 했던 말을 마치 다른 사람의 마음과 입에서 나온 것처럼 생각했단 말입니까. 이것이 무슨 일이란 말입니까. 실로 연래에 앓은 눈병이 더욱 심해져서 쑥뜸을 천 번이나 뜨도록 끝내 효과를 거두지 못하여 책을 몇 판 보고 글씨를 한 폭만 써도 그때마다 통증이 더해져서 며칠 동안 참을 수 없었기 때문에 근래에는 완전히 서책을 덮고 등한히 여겨서 매우 무료한 중에도 스스로 힘쓰지 못하였습니다. 편지를 왕복하는 일에 이르러서는 더욱 감히 마음을 먹지 못해서 마침내 형의 정성스러운 뜻을 오래도록 저버리고 스스로 앞의 편지에서 했던 말을 지키지 못했으니, 슬퍼하고 한탄한들 무슨 소용이 있겠습니까. 또 이러한 사정을 자세히 알려 드리려 했기 때문에 나도 모르는 사이에 더욱 쉽게 시일이 지체되어 이렇게 되고 말았습니다.

근래 아우의 편지를 받아 보고 형께서 참혹하게도 동상(東床)[83]의

83 동상(東床) : 동쪽 평상을 이르는 말로, 사위를 의미한다. 진(晉)나라 때 태위(太尉) 치감(郗鑒)이 왕도(王導) 집안의 자제들이 뛰어나다는 소문을 듣고 왕도의 집에 문생(門生)을 보내 사윗감을 구하게 하였다. 그 문생이 자제들을 두루 살펴보고 돌아가

상(喪)을 만났다고 들었으니, 놀랍고 한탄스러움을 말로 다 할 수 없습니다. 근년에 모든 일을 아득히 알지 못했으니, 모르겠습니다. 사위는 어느 집안의 자손이며, 무슨 질병 때문에 갑자기 요절하였는지요? 형이 처한 정경을 생각하니, 가슴 아픈 탄식을 그칠 수가 없습니다.

요즈음 서늘한 가을바람이 부는 계절에 삼가 생각건대, 한적한 가운데 노모를 봉양하며 학문하는 체후는 또한 다시 어떠한지요? 나는 눈병이 가장 일에 방해가 되고 복통이 또 가볍지 않으니, 노쇠한 나이에 많은 병들이 백방으로 공격하여 거의 버틸 수가 없습니다. 형과 함께 자세히 논의하고 싶은 것이 매우 많지만 앞으로 기약이 있을지 없을지를 알지 못하여 더욱 개탄스럽습니다. 일 년에 한 번 편지를 보내는 것이 바야흐로 세상에 아직 살아 있다는 소식이지만 질병으로 둔체(鈍滯)되어 또한 스스로 그 뜻을 다하기가 어렵습니다. 어떻게 하겠습니까, 어떻게 하겠습니까? 참혹한 상사(喪事)를 만났다는 말을 들으니 나도 모르는 사이에 마음이 움직입니다. 눈병이 근래에 조금 나아지는 듯해서 스스로의 힘으로 이렇게 편지를 작성하여 대략 소식이 막힌 가운데 회포를 서술하니, 모두 혜량하시고 살펴보기 바랍니다.

나는 눈병 때문에 전혀 책을 볼 수 없고 다만 때때로 《중용》과 《대

서 말하기를 "왕씨의 젊은이들이 모두 훌륭했습니다. 그러나 자기들 중에서 사위를 고른다는 소식을 듣고 다른 사람들은 모두 스스로 몸가짐을 단정히 하고 있었는데, 오직 한 사람은 동쪽 평상〔東床〕에서 큰 배를 드러내 놓고 밥을 먹으면서 홀로 그런 소식을 듣지 못한 것처럼 하였습니다."라고 하자, 치감이 그를 훌륭한 사윗감으로 여겨 마침내 사위로 삼았는데, 그가 바로 왕희지(王羲之)였다는 고사에서 온 말이다. 《晉書 卷80 王羲之列傳》

학》 두 책을 암송하며 스스로 궁벽한 곳에 사는 적막한 마음을 달래고 있는데, 이 또한 정숙(精熟)한 생각을 이어 가지 못하고 있으니 자못 힘을 얻을 곳이 없을 뿐입니다. 형께서는 한적한 가운데 무슨 공부를 하고 있는지요? 대략 알려 주시기 바랍니다.

도가에서는 단약을 만들 때 반드시 정기(鼎器)가 훼손되지 않는 것을 귀하게 여기는데, 나는 지금 질병이 깊고 심한 데다가 눈병은 더욱이 완치될 가망이 없어서 이른바 '정기'가 이와 같고 보면 금단(金丹)을 만들었다는 소식이 이생에는 없을 터이니, 뜻을 품고 있으면서 성취를 보지 못하는 점이 참으로 슬프고 민망합니다. 생각건대, 형께서는 총명과 정력이 오히려 공부해 나갈 만할 것이니, 원컨대 다시 때를 놓치지 말고 깊이 면려하여 도를 듣고 덕을 이루기를 기약하는 것이 어떻겠습니까, 어떻겠습니까? 자신이 먼저 이런 공부를 수행한 뒤라야 도를 자임하고 세상에 모범이 되는 일들이 바야흐로 구애되는 바가 없을 따름입니다. 모르겠습니다만, 형의 생각은 어떠한지요?

보내온 편지에서 내가 궁리(窮理)의 공부와 격물(格物)의 공부에 대해 가장 힘을 얻었다고 말씀하셨는데, 이는 나에게 과분한 말입니다. 내가 어릴 적부터 비록 "도리(道理)는 무궁하니 그 지극한 경지를 끝까지 궁구하지 않을 수 없다."라는 뜻을 대략 알고 있기는 했지만, 실로 만사와 만물에 따라 진실하게 공부하지는 못했습니다. 그러므로 매사에 주저하고 망설이면서 항상 물러나 핑계만 대고 있었으니, 이것이 바로 평소의 병통입니다. 근래의 일에 이르러서도 능히 일을 담당하여 변석하지 못했으니, 또한 이렇게 한결같은 병통이 매우 두려울 따름입니다. 그러나 세상에서 일을 담당하여 변석하는 사람들도 혹 의리의 극치를 진실하게 알지 못해서 경솔하게 스스로 단정을 내리고는 더 이상 여지를 남기지 않기도 하니, 또한 모두 더할 나위 없이 훌륭한 사람은 아닌 듯합니다. 요컨대 이치에 완전히 밝지 못한 점이 있고 마음에 완전히 공변되지 못한 점이 있으면 물러나 핑계를 대거나 그렇지 않은 경우를 막론하고 모두 일을 성취할 수가 없으니, 오직 자신의 몸에서 명덕(明德)과 극기(克己)의 공부를 급급하게 이해하는 것만이 가장 중요한 구경법(究竟法)[84]이 될 따름입니다. 어떻습니까, 어떻습니까?

〈와기(窩記)〉[85]를 지어 달라는 부탁은 내가 감히 감당할 수 없는 일이라는 사실을 잘 알고, 또 지금은 황폐함이 갈수록 심해져서 더욱이 부탁을 따르기 어렵습니다. 그러나 이렇게까지 은근하게 말씀하시니 또한 어찌 감히 꺼리고 어려워하면서 끝내 사양할 수 있겠습니까. 조만간에 반드시 졸렬한 솜씨로나마 기문(記文)을 작성해 보려 하니, 바라건대 당호(堂號)를 명명한 본래 취지[86]와 요즈음 공부하

84 구경법(究竟法) : 제법실상(諸法實相), 곧 만법(萬法)의 참된 모습을 뜻하는 불가(佛家)의 용어로, 최고 경지의 원리를 의미한다.

85 와기(窩記) : 〈농환와기(弄丸窩記)〉를 말한다. 정관재(靜觀齋) 이단상(李端相)이 영지동(靈芝洞)의 동북쪽 언덕에 태극정(太極亭)과 함께 농환와(弄丸窩)를 지으려 계획하고 송시열(宋時烈)과 함께 그에 대한 시를 지어 두기까지 했는데, 미처 뜻을 이루기도 전에 세상을 떠나고 말았다. 그의 사후 아들인 이희조(李喜朝)가 선친의 사업을 이어 태극정과 함께 농환와를 완공하고 창계와 김창협(金昌協)에게 기문을 부탁하였으나, 두 사람이 글을 완성하지 못하고 세상을 떠나는 바람에 소재(疎齋) 이이명(李頤命, 1658~1722)에게 부탁하여 기문을 지었다고 한다. 《疎齋集 卷10 弄丸窩記》《霽軒集 卷2 靈芝洞記》《宋子大全 卷2 靈芝洞八詠》

86 당호(堂號)를……취지 : 농환(弄丸)은 태극(太極)과 같은 구슬을 가지고 논다는

는 실제의 일을 다시 상세하게 보여 주시어 그 뜻에 의거하여 글을 구성하고 다시 바로잡을 자료로 삼게 해 주는 것이 어떻겠습니까. 어렵게 글을 쓰느라 소회를 다 펴지 못했습니다.

말로, 역리(易理)를 탐구하는 것을 가리킨다. 소옹(邵雍)의 《격양집(擊壤集)》 권12 〈자작진찬(自作眞贊)〉 말미에 "구슬을 가지고 노는 여가에, 한가로이 왔다 갔다 하노라.〔弄丸餘暇, 閑往閑來.〕"라고 하였는데, 그 자주(自註)에 "환(丸)은 태극이다."라고 하였다.

이동보께 드림 임신년(1692, 숙종18)

與李同甫 壬申

수년 이래 병이 더욱 심해지고 두 눈이 번갈아 아파서 서찰을 왕복하고 인사를 돌보는 일에서 완전히 손을 떼었더니, 이것이 다시 습관으로 굳어져서 비록 조그마한 틈이 생기더라도 스스로 힘을 쓸 수가 없습니다. 그 가운데 등한하게 소식을 주고받는 일은 그래도 억지로 할 수 있겠지만, 사연이 있는 서찰의 경우는 더욱더 작성하기 어려움을 깨달았습니다. 그래서 경오년(1690, 숙종16) 겨울 사이에 한 번 안부를 물은 뒤에 지금까지 소식을 전하지 못하고 있었는데, 그사이 영동에서 은거하고 있는 행적에 관한 소식을 전해 들으니 더욱 감회가 더해집니다. 내 아우가 때로 받은 서찰을 전해 주었는데 그때마다 서로 그리워하는 말이 있었고, 또 내가 영동에 있을 때 일찍이 받은 편지 한 통에서 호정(湖亭)의 제영(題詠)을 지어 달라고 했던 일[87]이 기억나니, 이것이 더욱 사람의 마음을 움직이게 합니다. 그러나 아득히 서로 소식을 주고

87 내가……일 : 1666년(현종7) 정관재(靜觀齋) 이단상(李端相)이 양주(楊州) 쌍수촌(雙水村)에 내려와 지낼 때 우연히 마을 서쪽 영지동(靈芝洞)의 집터를 얻어 그곳에 집을 짓고 여생을 보낼 계획을 하였으나 미처 완성을 보기도 전에 세상을 떠나고 말았다. 그 후 1676년(숙종2) 아들 이희조(李喜朝)가 그 자리에다 새로 집을 짓고 '영지초당(靈芝草堂)'이라 편액을 걸어 선친의 사업을 계승하였다. 당시 창계를 비롯해서 우암(尤庵) 송시열(宋時烈), 문곡(文谷) 김수항(金壽恒) 등 명사(名士)들이 그의 공을 치하하고 시를 지어 주었던 사실이 있는데, 이 당시의 일을 말하는 듯하다. 창계는 1675년 2월부터 1678년 11월까지 4년 동안 영동(嶺東)의 통천(通川)에서 우거하였다. 《靜觀齋集 續集 卷10 附錄 諸公詩》《退憂堂集 卷10 李甥同甫靈芝草堂上梁文》

받지 못한 것이 다시 해를 넘기고 말았으니, 비록 마음속에 잠시도 버려둘 수 없는 것을 품고 있더라도 형께서 또한 어떻게 양찰할 수 있겠습니까.

요즈음 세모의 시절에 삼가 생각건대, 노모를 모시고 학문하는 형의 체후는 신(神)이 도와 더욱 건승한지요? 나는 그리운 마음이 간절합니다. 퇴우(退憂)[88] 상공(相公)의 상기(喪紀)가 끝났는데 빙옥(氷玉)의 친분[89]이 돈독하여 보통 사람들에 비할 바가 아니었으니, 생전의 일을 생각하는 정의(情誼)를 세월이 오래될수록 더욱 잊기 어려울 것입니다. 나는 가난과 병 속에 유락(流落)하느라 길이 계서(鷄絮)의 의리[90]를 저버렸으니, 늘 서글픈 마음과 부끄러운 마음이 지극합니다.

88 퇴우(退憂) : 이희조의 장인인 김수흥(金壽興, 1626~1690)의 호이다. 본관은 안동(安東), 자는 기지(起之), 시호는 문익(文翼)이고, 영의정 김수항(金壽恒)의 형이다. 1648년(인조26) 사마시를 거쳐 1655년(효종6) 춘당대 문과에 급제하고 이듬해 동생 김수항과 함께 문과 중시에 급제한 뒤, 부교리, 도승지 등을 역임하였다. 1666년(현종7) 호조 판서, 1673년 판의금부사가 되었으며, 이후 우의정, 영의정 등의 관직을 역임하였다. 1689년(숙종15) 장기(長鬐)에 유배되고, 이듬해 배소(配所)에서 죽었다.

89 빙옥(氷玉)의 친분 : 장인과 사위 간의 친분을 의미하는 말로, 이희조가 김수흥의 딸에게 장가들었기 때문에 이렇게 말한 것이다. 빙옥은 빙청옥윤(氷淸玉潤)의 준말로 장인과 사위의 미칭인데, 진(晉)나라 악광(樂廣)이 위개(衛玠)를 사위로 맞아들였을 때 배숙도(裴叔道)가 "장인은 얼음처럼 깨끗하고 사위는 옥돌처럼 윤택하다.〔婦公氷淸, 女婿玉潤.〕"라고 평했던 고사에서 온 말이다. 《晉書 卷43 樂廣列傳》

90 계서(鷄絮)의 의리 : 제수(祭需)를 갖추어 죽은 이를 애도하는 의리를 말한다. 계서는 척계서주(隻鷄絮酒)의 준말로 변변찮은 제수를 의미하는데, 후한(後漢) 때의 명사인 서치(徐穉)의 고사에서 유래하였다. 그는 먼 곳에 조문(弔問)하러 갈 때면 늘 솜에 술을 적셔 볕에 말린 다음 그 솜에 구운 닭 한 마리를 싸 가지고 가서, 솜에 물을 적셔 술을 만들고 닭을 앞에 놓고 문상한 뒤에 돌아왔다고 한다. 《後漢書 卷53 徐穉列傳》

나는 오래도록 앓은 복통이 세월이 지날수록 심해지다가 올봄에 이르러는 더욱 심해졌는데, 다행히 쑥뜸이 효과가 있어서 중하(仲夏) 이후에는 일단 다시 발작하지 않았습니다만 완치까지는 아직 쉽사리 말할 수 없습니다. 눈병의 경우는 조금도 차도가 없어서 낮에는 눈을 뜨고 있는 일이 드물고 밤에는 등잔의 불빛도 견딜 수 없는 형편입니다. 그래서 서책 보는 일을 이미 소홀히 해서 심지(心志)가 더욱 황폐해졌고 이 때문에 모든 일이 갈수록 더 엉망이 되어 버렸으니, 서찰을 왕복하는 한 가지 일만 그러할 뿐이 아닙니다. 쉼 없이 흘러가는 세월 속에 노쇠한 병마저 그 틈을 타서 이제부터는 더 이상 규반(窺斑)[91]의 가망도 없을 듯하니, 지나온 평생을 돌아보매 또한 족히 슬퍼할 만합니다. 어쩌겠습니까, 어쩌겠습니까? 우리 형께서 연래로 학문에 나아가는 과정에는 반드시 들을 만한 점이 있을 터인데, 들을 수 있는 길이 없는 것이 한스럽습니다.

근래 가만히 생각건대, 세월이 덧없이 흘러 이미 옛사람이 말한 지명(知命)의 나이[92]에 가까워졌습니다만, 그 지학(志學)의 노정[93]에 있어

91 규반(窺斑) : 대롱 구멍을 통해 표범의 얼룩무늬를 엿본다는 뜻으로, 전체의 모습을 조관하지 못하고 겨우 사물의 일부분만을 보는데 그치는 아주 협소한 안목이나 소견을 비유하는 말이다. 진(晉)나라 왕헌지(王獻之)가 소년 시절에 도박 놀음을 옆에서 지켜보다가 훈수를 하자, 그 가운데 한 사람이 "이 아이도 역시 대롱으로 표범을 엿보면서 그 반점 하나만을 보는 식이다.〔此郎亦管中窺豹, 時見一斑.〕"라고 비웃었던 고사에서 온 말이다. 《世說新語 方正》

92 지명(知命)의 나이 : 나이 50세를 의미하는 말로 "나는 오십에 천명을 알았다.〔五十而知天命〕"라는 공자의 말에서 유래하였다. 《論語 爲政》 이해 창계의 나이는 44세였다.

93 지학(志學)의 노정 : 학문을 해 나가는 과정을 의미한다. 《논어》〈위정(爲政)〉에 "나는 15세에 학문에 뜻을 두었다.〔吾十有五而志于學〕"라는 공자의 말이 있는데, 그

서는 오히려 분명하게 자신하지 못하겠습니다. 대개 일전에는 단지 천박한 의견에만 의거하여 문득 "도리가 이와 같은 데 지나지 않는다."라고 생각해서, 비록 옛사람이 말한 명목(名目)과 도철(塗轍)[94]에 대해 왕왕 또한 비슷하게 헤아리는 것이 없지는 않았으나 시종 마음을 쓰는 것이 소홀하여 깊고 절실하게 탐구하지 못했습니다. 이렇게 범상하고 천근한 식견과 지취를 가지고 스스로 학문에 나아간다는 명목으로 삼았으니, 공부가 투철하지 못하고 거칠어서 마침내 아무것도 발명한 바가 없는 것도 당연한 일입니다. 이제 비록 다시 탐구할 만한 것이 있다는 사실을 대략 알기는 했지만 노쇠한 나이에 병까지 깊어져서 더 이상 공부할 수가 없으니, 단지 스스로 슬퍼하며 탄식할 뿐입니다. 인하여 생각건대, 우리 형께서는 총명함이 일찍 이루어져서 원래 범상한 사람과 비할 바 아니고 어릴 적부터 사우(師友) 간에 주선하여 직접

주석에서 "여기에서 말한 학문은 곧 《대학》의 도(道)이다. 여기에 뜻을 두면 생각하고 생각함이 여기에 있어서 하기를 싫어하지 않을 것이다.〔此所謂學, 卽大學之道也. 志乎此則念念在此, 而爲之不厭矣.〕"라고 하였다.

94 도철(塗轍) : 수레바퀴 자국에 따라 행하는 길〔軌道〕이라는 의미로, 아버지의 사랑이나 자식의 효도처럼 드러나지 않아도 이미 그 이치가 갖춰져 있는 도리나 법칙, 혹은 규범 등을 비유한다. 《근사록집해(近思錄集解)》 권1 〈도체(道體)〉에 "충막하여 조짐이 없을 때에도 만상이 삼연히 이미 갖추어져 있어서 응하지 않았을 때가 먼저가 아니고 이미 응했을 때가 뒤가 아니니, 마치 백척의 나무가 뿌리로부터 지엽에 이르기까지 모두 일관된 것과 같다. 상면에 한 가지 일이 형체도 없고 조짐도 없다가 도리어 사람이 곧바로 안배하여 끌어들이기를 기다려서 도철로 들어오게 한다고 말할 수는 없으니, 이미 이것이 도철이면 도리어 하나의 도철일 뿐이다.〔冲漠無眹, 萬象森然已具, 未應不是先, 已應不是後, 如百尺之木, 自根本至枝葉, 皆是一貫. 不可道上面一段事, 無形無兆, 却待人旋安排引入來, 教入塗轍, 既是塗轍, 却只是一塗轍.〕"라고 한 데서 온 말이다.

받은 교화와 보고 들은 것이 또한 이미 많았으니, 지금은 이룬 바가 거의 우러러 엿보기 어려울 정도의 수준에 도달하였을 것입니다. 다만 생각건대, 총명한 자질이 사리를 이해하기에는 용이하겠지만 일찍이 깊이 생각하고 익숙하게 사려하는 공부와 치밀하게 찾아 구하는 공부가 없으면, 처음 근본을 세우는 곳에 또한 나 같은 사람들과 대동소이함을 면치 못해서 오히려 십분 자신할 수 없지 않겠습니까.

옛사람이 입지(立志)의 방법에 대해 "학문〔學〕이다.", "도(道)이다.", "인(仁)이다."라고 말했지만 기실은 한 가지 일이고 그 가운데에서 '인(仁)'이라는 한 글자가 곧바로 '마음의 덕〔心德〕'을 가리키는 말이니, 근본을 세우는 곳에서 더욱 중요한 개념입니다. 이제 마땅히 방대한 도리 가운데 먼저 이 한 글자에 나아가 잠심(潛心)하여 완색(玩索)하고 성현이 말한 곳을 가지고 반복하여 체인(體認)해서 '유동하여 발생한다.〔流動發生〕', '함양하여 융회한다.〔涵育融漾〕', '이치에 합당하고 사심이 없다.〔當理無私〕', '만물이 일체이다.〔萬物一體〕' 등과 같은 말들을 일일이 마음에 생각하고 묵묵히 연구하여 모두 투철하게 한 다음 동정(動靜)의 때에 체득하고 표리(表裏)의 공(功)을 유지해야 하니, 이와 같이 학문을 하면 거의 근본을 세우는 데에 어그러짐이 없어서 오래도록 확충하고 축적하매 편협하고 고착되었던 조그마한 사심(私心)이 또한 그 사이에 용납될 곳이 없어질 것입니다. 내가 비록 더 이상 공부할 가망은 없지만 또한 여기에 대해 전혀 뜻이 없을 수는 없습니다. 모르겠습니다만, 고명께서는 또한 어떻게 생각하는지요? 이 뜻은 다만 전해 내려오는 상법(常法)이지 내가 생각해 낸 별도의 새로운 생각은 아닙니다. 서로 깊이 사랑하는 처지에 혹 이치를 발명하는 데 도움이 될 것이 있을까 해서 먼저 말하는 혐의를 피하지 않고 감히 사사로운 생각을 이야기하는 것이니, 비록 채택할 만한 점이 없더라도 이 어리석은 정성은 혜량하리라 생각합니다. 마음속의 생각은 자못 간절한 듯했지만 쏟아 내고 보니 도리어 맛이 없어졌으니, 인편에 임해 쓸데없는 일에 쫓겨서 그렇게 되었을 뿐만 아니라 가진 것이 천박하기 때문에 그런 것입니다.

〈농환와기(弄丸窩記)〉는 오래도록 명을 받들려고 하였으나 아직까지 짓지 못했으니, 부끄러운 마음 그지없습니다. 병 때문에 인사(人事)를 돌보지 못한 이래 서찰도 자력으로 왕복하지 못했는데, 더구나 이러한 문장을 짓는 일이야 더 말할 것이 있겠습니까. 붕우 간에 잘못 생각하여 이러한 일로 부탁하는 사람이 한두 명이 아니었지만 모두 부탁을 들어주지 못해서 비록 평소 믿음을 가지고 있는 사람이라도 불평하는 말을 하는 경우가 있으니, 이미 스스로 서글퍼하고 도리어 다시 한번 웃을 뿐입니다. 조만간 병에 차도가 있고 공부가 진보하면 감히 예전에 승낙한 일을 한번 실천하지 않을 수 있겠습니까.

지난해 나의 아우가 남쪽으로 돌아와 형이 거처하는 산수의 승경에 대해 신이 나서 말했으니, 이 때문에 서쪽을 바라보며 크게 탄식하고 있습니다. 이곳에서는 이번 여름에 또 강산이 자못 수려한 곳에다 작은 집을 한 채 지었지만, 서로 종유하며 의심나는 곳을 강론할 길이 없어서 한스러울 뿐입니다. 이 밖에 많은 말들은 병든 눈으로 어렵게 적어 가느라 다 말씀드리기가 어렵습니다.

편지의 말이 비록 사람을 번거롭게 하지 않을 수 없는 것 같지만, 내가 전혀 실제의 공부가 없는 상태에서 도리어 학문을 논하는 일을 담당하는 듯이 행동하는 것도 분수에 어긋나는 일이라는 점을 잘 알고 있습니다. 그러나 이는 충심을 바치려는 마음이 절실함으로 말미암아 스스로를 돌아볼 겨를이 없었기 때문입니다. 이런 사정을 깊이 혜량하시고 천만 다른 사람에게는 보이지 말기를 바랍니다. 영우(永寓)[95]에게 보내는 편지 한 통도 3년 동안 보내지 못하고 묵혀 두었던 것인데, 반드시 형을 통해 전해 주고자 하는 것은 또한 비밀을 유지하고자 해서입니다. 혜량하시기 바랍니다.

95 영우(永寓) : 당시 경기도 영평(永平)의 응암(鷹巖)에서 우거하던 김창협(金昌協, 1651~1708)을 가리킨다.

이동보께 답함 계유년(1693, 숙종19)

答李同甫 癸酉

전에 보내 주신 별지가 적조하던 회포에 매우 위로가 되었는데 근래 또 인편을 통해 연이어 짤막한 편지를 받고 보니, 이 뜻이 더욱 좋습니다. 어찌 이른바 인편이 있을 때마다 문득 소식을 전하는 편지라 하겠습니까. 형은 실로 붕우에게 바라는 것을 먼저 베푸는 사람[96]이라고 이를 만합니다. 나는 지난번 편지를 받은 뒤로 또한 이미 거듭 인편을 만났습니다만, 자세하게 답장을 작성하려 하다가도 두서없이 지내느라 그렇게 하지 못했으니, 지난번 형께서 짤막한 편지를 먼저 보내 주지 않았다면 이번에 인편을 찾아 이렇게 답장을 보낼 수 있었을지는 또한 알 수 없는 일입니다.

상패(喪敗)한 나머지 옛 근심으로 더욱 고통스러운 데다가 봄이 되고부터는 편안한 날이 점점 줄어들어서 서책을 보려는 마음이 거의 사라졌으니, 스스로 탄식한들 어이하겠습니까. 독송(讀誦)하는 글이 어찌 매우 많을 수 있겠습니까. 단지 《중용》과 《대학》 및 《논어》와

96 붕우에게……사람 : 남에게 바라는 마음으로 자신을 책하여 스스로의 도리를 다하는 사람을 말한다. 《중용장구》 제13장에서 공자가 "군자의 도가 네 가지인데 나는 그중에 한 가지도 능하지 못하니, 자식에게 바라는 것으로써 부모를 섬김을 능히 하지 못하며, 신하에게 바라는 것으로써 군주를 섬김을 능히 하지 못하며, 아우에게 바라는 것으로써 형을 섬김을 능히 하지 못하며, 붕우에게 바라는 것을 내가 먼저 베풂을 능히 하지 못한다.〔君子之道四, 丘未能一焉, 所求乎子以事父, 未能也, 所求乎臣以事君, 未能也, 所求乎弟以事兄, 未能也, 所求乎朋友先施之, 未能也.〕"라고 한 데에서 온 말이다.

《맹자》의 대문(大文)을 여러 해 전부터 대략 한 번 독송했을 뿐입니다. 병을 앓으며 슬퍼하고 상심하여 정력이 더욱 줄어들었으니 이제는 모두 아득한 일이 되었을 뿐입니다. 학문으로 말할 것 같으면 책을 읽는 것이 가장 근거가 있고 힘쓰기 쉬운 일이지만, 게으른 습관에다 병으로 쇠약해져서 또한 전혀 하지 못하고 있으니 다른 일은 말하지 않아도 짐작할 수 있을 것입니다. 어찌하겠습니까, 어찌하겠습니까?

앞서 이야기했던 구인(求仁)의 뜻 및 연평(延平)[97]을 스승으로 사모한다는 말은 단지 한때의 생각에 의거하여 함께 면려하고자 한 것일 뿐이고 애당초 먼저 실행했다는 말이 아니었으니, 어찌 볼만한 공부가 있겠습니까. 다만 노쇠한 나이에 병까지 깊어져서 물러나 핑계를 대는 폐단이 더욱 심해진 것은 과연 있습니다. 이는 실로 작은 근심이 아니니, 장차 어떻게 스스로 떨치고 일어나야 할지 모르겠습니다.

듣건대 영평(永平) 골짜기에 우거하는 중화(仲和 김창협(金昌協)) 형과 열흘 간 모임을 가졌다고 하니, 함께하지 못한 것이 한스럽습니다. 일찍이 책을 읽는 공력과 과정이 매우 조리와 두서가 있다고 들었으니, 이룬 바가 반드시 더욱 깊을 것이라 생각됩니다. 지금 편지 한 통을 부치려 하다가 바쁜 일 때문에 미처 편지를 작성하지 못했으니 마땅히 후일을 기다릴 뿐입니다. 무릇 사람은 스스로에 대해 말할 경우에는 지나치게 겸손하니 그 실상을 보기가 어렵습니다. 형께서는 오래도록

97 연평(延平) : 송(宋)나라 학자 이통(李侗)의 호이다. 자는 원중(愿中)이다. 나종언(羅從彦)에게 학문을 배우고 물러나 여산(廬山) 아래에서 40년 동안 오로지 정좌(靜坐)하여 천리(天理)를 체득하는 공부에 힘썼는데, 주희(朱熹)가 일찍이 그의 문하에 있었던 적이 있다. 《宋史 卷428 道學列傳2 李侗》《宋元學案 卷39》

서로 만나 이야기하여 반드시 소견이 있을 터이니, 대략 말해 주는 것이 어떻겠습니까? 그 사이 중점을 두고 강론하여 들을 만한 점이 있는 것도 알려 주시기 바랍니다. 나는 이 형에 대해서 크게 기대하고 우러르는 마음이 거의 다른 사람에 비할 바가 아니지만, 다만 편지를 왕래하며 소식을 주고받지 못하는 점은 대체로 다른 사람과 같을 뿐입니다.

말씀하신 "만장(挽章)을 지어 달라는 부탁은 잘 들어주면서 유독 기문(記文)에 대한 부탁에는 인색하다."라는 말은 참으로 그러하고 참으로 그러하니, 부끄럽기 그지없습니다. 이는 다른 생각이나 의리가 있는 것이 아니라, 다만 일이 작고 기한이 있는 글은 혹 스스로 힘을 쓸 수 있지만 마음속으로는 매우 어렵다고 여겨서 혹 천천히 구상해야 할 만한 글은 자연 시간을 지체하는 데 이르기가 쉽기 때문일 뿐입니다. 어찌겠습니까, 어찌겠습니까.

파주(坡州)의 함장(函丈)[98]께서 조섭하는 상황은 근래 어떻습니까? 사람으로 하여금 정성을 쏟게 함이 또한 평상시에 비할 바가 아닙니다. 산수 간에 사는 좋은 흥취는 피차간에 알 수 없으니, 과연 어떠합니까? 단지 서로 간에 거리가 멀어서 왕래할 방법이 없으니, 이것이 매우 개탄스러울 뿐입니다. 나머지 많은 이야기는 바빠서 다하기 어렵습니다. 다만 날로 덕과 학문을 새롭게 하여 깊이 바라는 나의 정성에 부응하시기를 바랄 뿐입니다.

98 함장(函丈) : 당시 파주에 거주하고 있던 박세채(朴世采)를 가리킨다.

창계집

제14권

書서

서 書

박대숙[1] 심 께 답함 경신년(1680, 숙종6)

答朴大叔 鐔 庚申

보내 주신 답장에서 소회를 쏟아 내는 말이 더욱 지극하였으니, 비록 모두 평소에 묵묵히 살피고 있던 점이기는 하지만 숨김없이 이야기해 주시는 형의 말을 한번 듣고 보니 성대하게 나를 도와주는 지극한 뜻을 더욱 잘 알겠습니다. 그러나 돌아보건대, 노둔하고 졸렬한 내가 이런 기대와 사랑을 감당하지 못할까 걱정스러울 뿐입니다. 별지에서 서로 권면하신 뜻은 더욱 중요하고 더욱 절실하였으니, 형이 아니면 어디서 이런 말을 들을 수 있겠습니까. 다만 이른바 5년의 규모와 7년의 규모에 대해서는 졸렬한 내가 원래 이처럼 명확한 식견이 없으니 어찌하겠습니까. 오늘날 다만 분수에 따라 마음을 다할 뿐입니다. 계속해서

1 박대숙(朴大叔) : 대숙은 박심(朴鐔, 1652~1707)의 자이다. 본관은 고령(高靈), 호는 지포(芝浦)로, 구당(久堂) 박장원(朴長遠)의 셋째 아들이다. 학행(學行)으로 일컬어졌고 영천 군수(榮川郡守)를 지냈다. 동생 박진(朴鎭)과 함께 명재(明齋) 윤증(尹拯)에게 수학하였다. 창계를 비롯하여 민이승(閔以升), 이세귀(李世龜), 정제두(鄭齊斗) 등과 교유하였다. 《西堂私載 卷9 芝浦朴公墓誌銘》《明谷集 卷8 送朴大叔之任榮川序, 卷30 吏曹判書久堂朴公諡狀》

생각하는 바가 있거든 보여 주시는 것도 무방할 것이니, 이것이 또한 붕우 간에 책선(責善)하는 길이기도 합니다.

'박문(博文)을 이루다.〔致博〕'[2]라는 말을 깊이 채납해 주셨고 보면 여기에서 그대가 책선을 받아들이는 정성이 다른 사람에게 책선하는 것보다 덜하지 않다는 것을 알 수 있으니, 더욱 감탄할 만합니다. 다만 나의 말에는 오히려 미진한 점이 있으니, 형께서는 오늘날 다만 번민을 참아 가며 박문을 이루는 것을 급선무로 삼아서는 안 될 것입니다. 한 권의 책과 하나의 이치에 나아가 말하건대, 이미 착실하게 사색하고 체험하는 공부가 없으면 반드시 그 실체와 참된 뜻을 깊이 깨달을 수 없을 것이니, 대개 형께서 반드시 지극히 선한 경지를 구하려는 뜻이 있더라도 그 견처(見處)를 논할 때는 비록 하나의 이치 안에서라도 그 명목(名目)의 사이에 오히려 반드시 명료하지 못한 점이 있을까 염려되기 때문입니다.

지금 마땅히 읽었던 《대학》 한 책에 나아가서 《주자어류(朱子語類)》에서 《대학》에 대해 논한 부분을 참고하되, 가장 처음 이른 바 "밝은 덕을 밝힌다.〔明明德〕"라는 말에서부터 치열하고 소상하게 연구하기를 지난날 내가 이야기해 주었던 뜻과 같이 하는 것이 가할 것입니다. '치박(致博)'과 같은 말은 대강(大綱)만을 말한 것이니 오늘의 대증

2 박문(博文)을 이루다 : 박문은 글을 보아 지식을 넓힌다는 말로, 널리 학문을 닦는다는 의미이다. 안연(顔淵)이 공자를 두고 말하기를 "부자께서 차근차근히 사람을 잘 이끄시어 문으로써 나의 지식을 넓혀 주시고 예로써 나의 행동을 요약하게 해 주셨다.〔夫子循循然善誘人, 博我以文, 約我以禮.〕"라고 하였는데, 그 주(註)에 "문으로써 지식을 넓혀 주고, 예로써 행동을 요약하게 함은 가르침의 차서(次序)이다.〔博文約禮, 教之序也.〕"라고 하였다. 《論語 子罕》

(對證)으로는 매우 절실하지 못합니다. 도리어 한순간 뱉은 말에 범연(泛然)한 실수가 생긴 것이니 그 정성스럽지 못한 도모가 매우 한탄스럽습니다. 모르겠습니다만, 형의 생각은 또한 어떠한지요?

형께서 이미 지극한 정성으로 허여해 주셨기 때문에 한마디 말로는 미진하고, 나 또한 깊이 스스로 편하지 못하여 다시 이렇게 누누이 말하는 것이니, 이것이 바로 이른바 "벗이 진실하면 자신의 성심(誠心)을 기를 수 있다."[3]라는 경우에 해당하겠습니까?

3 벗이……있다 : 《논어》〈계씨(季氏)〉에 "유익한 벗이 세 가지이고 해로운 벗이 세 가지이니, 벗이 곧고 벗이 진실하고 벗이 문견(聞見)이 많으면 유익하고, 벗이 편벽되고 벗이 아첨을 잘하고 벗이 말만 잘하면 해롭다.〔益者三友, 損者三友, 友直, 友諒, 友多聞, 益矣; 友便辟, 友善柔, 友便佞, 損矣.〕"라고 하였는데, 그 주에서 "벗이 곧으면 자신의 허물을 듣게 되고, 벗이 진실하면 성실(誠實)에 나아가고, 벗이 문견이 많으면 지혜가 밝아짐에 나아가게 된다.〔友直則聞其過, 友諒則進於誠, 友多聞則進於明.〕"라고 하였다.

박대숙께 답함

答朴大叔

지난번에 답장을 받은 뒤로 소회를 쏟아 내어 절실하게 경책(警責)해 주시는 뜻에 더욱 감사하고 있습니다. 다만 바야흐로 산집의 역사(役事)를 감독하는 일로 마음에 여유가 없었고, 지난달 중순 사이에 역사는 대충 마무리되었으나 연달아 근심스럽고 심란한 일이 생겨서 아직까지 사례하는 편지를 작성하지 못했습니다. 이는 대개 인편이 출발하는 것을 정확히 알고 있는 경우와는 차이가 있어서 그 형세가 실로 유념하지 못하고 시간을 보내기가 쉬웠습니다만, 소홀히 여겨 시일을 지체했던 허물은 바야흐로 자책하고 있습니다. 이런 즈음에 이씨(李氏)가 오는 편에 다시 은혜로운 서찰을 받고 보니, 나를 버리지 않고 곡진하게 감싸 주시는 정성에 감사하고도 부끄러운 마음을 참으로 금할 수 없습니다.

앞서 편지에서 이야기했던 진작(振作)하지 못하는 근심에 대해서는 지금 생각해도 일찍이 걱정해 주시는 지극한 뜻에 감복하지 않은 적이 없었으니, 대개 내가 비록 지극히 어리석지만 어찌 조금이라도 스스로 만족하는 마음이 있겠습니까. 그렇지만 각고의 노력을 기울이지 못하고 헛되이 세월을 보내고 말았으니, 또한 스스로 만족하는 자와 그 결과는 같습니다. 또 스스로 만족하는 것이 실로 불가하기는 하지만 오히려 반드시 대충이라도 소득이 있은 뒤에야 바야흐로 스스로 만족하는 뜻이 생기는 것입니다. 나처럼 전혀 이룬 것 없이 쓸모없는 사람은 비록 스스로 만족하고자 해도 억지로 할 수조차 없으니, 나태하여 무능하기가 이와 같고 보면 이 용렬함과 게으름을 더욱이 어찌하겠습니까. 부끄러운 마음 말로 할 수 없을 지경입니다.

이러한 즈음에 연이어 헛된 소문이 조정에 잘못 보고되어 출처와 진퇴의 사이에 모두 매우 난처한 점이 있고 그 말을 갑자기 편지에서 다 하기도 어려우니, 다만 황공하고 민망한 심정이 절실할 뿐입니다.

박대숙께 답함 계해년(1683, 숙종9)

答朴大叔 癸亥

인편이 이르렀을 때 삼가 두 차례 보내 주신 편지를 받고 보니 위안되는 마음이 어찌 한량이 있겠습니까. 편지에서 누누이 하신 말씀에 성대한 뜻이 잘 갖추어져 있으니, 비록 은근한 가르침이 은미하긴 하지만 평소의 뜻이 하루도 여기에 충실하지 않은 적이 없었다는 것을 잘 알고 있습니다. 더위와 장마가 유달리 심하고 겸하여 우환까지 있었으니, 어찌 멀리 나갈 수 있겠습니까. 이는 절로 일의 형세가 그러한 것일 뿐이니 실로 깊이 개의할 필요는 없습니다.

나는 모친상의 고통[4]을 겪고도 죽지 못해서 그런대로 목숨을 보전하며 부친을 모시고 있으니, 형께서 번거롭게 염려하실 것은 없습니다. 이전에도 겉으로 드러나는 큰 병이 있었던 것은 아니지만, 단지 피곤하면 눈앞이 아찔해지는 증상이 왕왕 심해졌다가 5일이나 10일이 지나지 않아 이내 차도가 있었습니다. 원래 늘 몸이 허약했으니, 지금 어찌 이 정도 증상이야 벗어났겠습니까. 또한 괴이할 것도 없는 일입니다.

보내온 편지에서 근래의 일에 대해 심도 있게 물었는데 그 뜻이 매우 범범하지 않았으니, 내가 어찌 감히 생각을 드러내지 않을 수 있겠습니까. 그러나 화변을 겪은 초기인지라, 한결같이 마음이 슬퍼서 더 이상 다른 생각이 없습니다. 수일 전부터 비로소 예서(禮書)를 읽으려[5] 했지

4 모친상의 고통 : 《창계집》 〈창계선생연보초(滄溪先生年譜草)〉에 의하면 창계는 1683년(숙종9) 1월 12일 모친상을 당했다.

만 무더위를 견디기가 매우 어려웠기 때문에 힘을 다해 과정을 맞추어 나가지 못하고 있을 뿐입니다. 마음으로 감동하여 분발하는 단서와 허물을 후회하는 생각에 이르러서는 실로 한두 가지가 아니지만 이는 편지에 다 적기가 어려우니, 다른 날 만나서 자세히 다 말하더라도 늦지 않을 것입니다.

매번 생각건대, 존형의 굳은 지조와 간측(懇惻)한 덕은 실로 유속(流俗)을 초월하는 점이 있으니, 사랑하고 그리워하는 정은 실로 우연히 생긴 것이 아닙니다. 총명과 생각만으로는 홀로 배워서 도를 이룰 수 없고 또 참되게 사우 간에 보익하고 참되게 절차탁마하는 일이 없으면 마침내 능히 정학(正學)을 성취하여 초심(初心)에 부합하는 일은 실로 또한 기필하기 어려울 터이니, 이것이 내가 간절하게 형을 그리워하는 나머지 늘 이어서 근심하는 점입니다. 모르겠습니다만, 형께서는 스스로 어떻게 생각하는지요? 또한 그렇다고 여기는지요? 이 일은 매우 용이하지 않습니다. 덕을 쌓고 학업에 나아가는 공정(功程)에 참으로 다소간의 상량(商量)할 점이 있을 뿐만 아니라, 처음 근본을 세우고 시작할 때부터 이미 정당(正當)함을 얻기가 어려우니, 스스로 성분(性分)의 실체에 대해 식견이 있지 않으면 자못 쉽게 말할 수 없습니다.

나는 18, 9세 때 요행히 도(道)의 그림자 정도는 대략 엿보았으나 소견이 참되지 못함으로 인해 있는 듯 없는 듯이 여기다가[6] 마침내

5 예서(禮書)를 읽으려 : 자신이 거상(居喪) 중에 있음을 의미하는 말로, 《예기(禮記)》 〈곡례 하(曲禮下)〉에 "장사 지내기 전에는 상례를 읽고, 장사 지낸 뒤에는 제례를 읽는다.〔未葬讀喪禮, 旣葬讀祭禮.〕"라는 구절에서 온 말이다.

6 있는……여기다가 : 어렴풋하여 자세하게 알지 못한다는 말이다. 《도덕경(道德經)》 41장의 "상등인은 도를 들으면 부지런히 행하고, 중등인은 도를 들으면 있는 듯

외물에 이끌리고 세속에 따라 옮겨져서 어두운 길을 함부로 내달리면서 문득 반생을 지나고 말았으니, 지난 일을 회상하며 반성해 보면 어느 것 하나 부끄럽고 두렵지 않은 일이 없습니다. 지금은 생활이 몹시 적적하고 담박함으로 인해 예전에 생각하던 것을 때로 찾을 만하지만 지력(志力)이 강하지 못하고 나이가 이미 많아져서 저어컨대 또한 더 이상 가망이 없을 듯하니, 스스로 슬퍼하고 탄식할 뿐입니다. 존형과 같은 경우에는 자질이 아름답고 생각이 고상하며 나이가 젊고 뜻이 굳건한 사람이니, 실로 깊이 고민하여 속히 도모하지 않을 수 없습니다. 어떻습니까, 어떻습니까?

무더위가 오히려 이와 같아서 비록 질병이 없더라도 갑자기 수백 리 밖으로 나가기는 어려울 듯합니다. 나는 다음 달 보름 사이에 이곳을 떠나면 17, 8일 사이에는 마땅히 태인(泰仁)을 지날 터이니, 만일 길 곁으로 왕림해 주신다면 또한 하룻밤의 정담을 나눌 수 있을 것입니다. 모르겠습니다만, 이렇게 하는 것이 어떻겠습니까?

없는 듯 여기고, 하등인은 도를 들으면 크게 웃는다.〔上士聞道, 勤而行之; 中士聞道, 若存若亡; 下士聞道, 大笑之.〕"라는 구절에서 온 말이다.

박대숙께 드림

與朴大叔

시산(詩山)[7]에서의 하룻밤 대화는 비록 가슴속에 가득 맺힌 답답한 심정을 다 하소연하지는 못했지만, 오히려 형이 멀리 찾아와서 상대해 주지 않았다면 이 또한 어찌 그렇게 할 수 있었겠습니까. 이별한 이래로 서글픈 느낌을 지울 수 없습니다. 모르겠습니다만, 어버이를 모시고 서울로 돌아간 이후에 여러 가지 정황은 어떠한지요? 생각건대 지금은 틀림없이 강각(江閣)이나 산사(山寺)에 있을 테니, 모르겠습니다만 고요한 가운데 공부하는 과정은 과연 날로 진보하는 실사(實事)가 있는지요? 나는 그리운 회포를 실로 잠시도 잊을 수 없습니다.

나는 몇 개월 동안 함평(咸平)에 머물면서 대략 석역(石役)[8]을 마무리하고 지난달 10일 이후에야 비로소 돌아와 부친을 모실 수 있었습니다. 그러나 지난번에는 나라의 근심[9]으로 마음을 졸이며 날을 보냈고

7 시산(詩山) : 전북 정읍시 태인면의 옛 이름이다. 혹은 정읍시 칠보면 시산리에 있는 산이라고도 한다.

8 석역(石役) : 선비(先妣)의 무덤에 대한 석역을 말한다. 《창계집》 〈창계선생연보초(滄溪先生年譜草)〉에 의하면 창계는 1683년(숙종9) 1월 12일 모친상을 당하고 3월 함평(咸平)의 선산에 장사 지낸 뒤 혼백을 모시고 부강(扶江)으로 돌아왔다. 7월 다시 성묘하러 함평으로 갔다가 4개월 동안 그곳에 머물면서 석역을 끝내고 돌아왔다.

9 나라의 근심 : 숙종의 병환을 말한다. 《숙종실록》에 의하면 1683년 10월 18일 숙종이 천연두에 걸려서 21일 창경궁(昌慶宮)의 내병조(內兵曹)로 약방(藥房)을 옮겨 설치하고 22일에는 사옹원(司饔院)에다 시약청(侍藥廳)을 설치하였는데, 27일 밤에 병세가 심해졌다가 28일 밤에 차도가 있었으며 11월 1일이 되어서야 비로소 회복되었다.

근자에는 또 연제(練祭)를 지내느라 서글픈 정을 견디기 어려워서 자연히 다른 생각을 할 수 없었습니다. 그래서 마침내 인편을 찾아 서찰을 보내지 못하고 대략 소식만 전하였으니, 사람으로 하여금 매우 그리워지게 합니다. 형께서는 근래 무슨 책을 읽고 있는지요? 늘 생각건대, 형의 지조는 지금 사람 가운데 미칠 사람이 드물 뿐만이 아니지만, 학문을 하는 방법에서 아직 명확한 입두처(入頭處)를 찾지 못한 듯하니, 비록 내가 스스로 슬퍼하고 후회하기에 겨를이 없지만 때때로 한번 생각이 미치면 또한 형을 위해 염려하지 않을 수 없습니다.

읽는 책은 절실하게 순서에 따라 조리가 있어야 합니다. 반드시 한 책을 막힘없이 다 읽어서 표리(表裏)가 난숙하고 남김없이 포괄하기를 기다린 뒤에야 바야흐로 다시 다른 책을 읽을 것이니, 이것이 바로 독서의 큰 요점입니다. 나는 지금 병이 들어 그렇게 하지 못하고 있지만, 형께서는 또한 특별히 마음을 쓰지 않아서는 안 될 것입니다. 만일 그저 마음이 가는 대로 해서 한만하게 한두 권을 읽다가 혹 버려두고 다른 책을 읽는다면, 이는 날을 보내는 데야 좋겠지만 결코 학문이 진보하는 도리가 아닙니다. 모르겠습니다만, 형의 생각에도 그렇게 여기는지요? 책을 읽으며 의심을 가지기가 실로 어렵고 의심이 있을 때 기탄없이 질문하기가 더욱 어려운 일인데, 세상 사람들 중에는 경솔하게 스스로를 높이고 자기보다 못한 사람에게 묻기를 부끄러워해서 종신토록 이렇게 암담함을 받아들이는 자가 매우 많습니다. 이는 학문이 진보하는 데 방해가 될 뿐만이 아니라 마음의 덕에 누가 됨이 더욱 깊고도 무거우니, 우리들이 더욱 깊이 경계하지 않아서는 안 될 것입니다.

마침 급한 인편을 만나 황망하게 이 편지를 적느라 말한 내용이 자못 조리와 순서가 없습니다. 그러나 이는 스스로 반성하고 형에게 규계하려는 생각 아님이 없으니, 부디 더욱 깊이 생각하시어 다음 편지를 통해 이야기해 주시기를 바랍니다.

편지를 적은 뒤에 살펴보니, 마지막에 했던 한마디 말은 범범하게 보면 도리어 하문하고자 하는 혐의가 있는 듯하지만, 나의 본래 의도는 곧 형께서 깊이 생각하고 의심을 가져서 붕우와 지구(知舊)들 간에 널리 묻고 자세하게 강론하도록 하려는 생각일 뿐입니다. 나 같은 사람은 전에 이미 형의 질문을 받고도 깊이 서로 계발하지 못해서 바야흐로 스스로 부끄러워하고 부족하게 여기고 있으니, 어찌 다시 이런 생각을 할 수 있겠습니까. 양찰하시기 바랍니다.

박대숙께 답함 갑자년(1684, 숙종10)

答朴大叔 甲子

지난번에 편지 한 통을 작성하여 최 부제학(崔副提學)[10]에게 부탁해서 받들어 올리게 하였으니, 생각건대 침체(沈滯)되는 데 이르지는 않았을 것입니다. 방금 읍중(邑中)의 인편을 통해 5월 2일에 보낸 형의 편지를 받았는데, 종이 가득 누누이 하신 말씀이 정취가 가득하여 두세 번 반복하여 읽으매 거의 손에서 놓고 싶지가 않습니다. 이 편지를 통해 지난번에 백씨(伯氏)의 묘소를 천조(遷厝 이장(移葬))하고 슬픔으로 몸이 상한 데다가 근심과 질병까지 서로 이어졌다는 것을 알았으니, 그 소식을 듣고는 탄식하였습니다. 이제는 모두 이미 지나간 일이 되고 조행(操行)이 바야흐로 편해져서 심신을 수습하고 서책을 가까이하매 선(善)한 단서가 발현되는 것을 스스로 체행할 수 있다고 하니, 우리들 가운데 이보다 좋은 소식이 어디 있겠습니까. 사람으로 하여금 위안이 되어 끊임없이 일어나는 그리움을 더욱 이기지 못하게 합니다. 소식을 받은 후 홀연 다시 몇 개월이 지났는데, 모르겠습니다만 한결같이 공부

10 최 부제학(崔副提學) : 최석정(崔錫鼎, 1646~1715)을 말한다. 본관은 전주(全州), 초명은 석만(錫萬), 자는 여화(汝和)・여시(汝時), 호는 존와(存窩)・명곡(明谷), 시호는 문정(文貞)이다. 남구만(南九萬), 이경억(李慶億)의 문인이고, 박세채(朴世采)와 종유(從遊)하였다. 1666년(현종7) 진사시에 장원으로 급제하고 1671년 정시 문과에 급제하였으며, 사헌부 대사헌, 좌의정, 영의정 등을 역임하였다. 저서로《예기유편(禮記類編)》,《명곡집(明谷集)》등이 있다.《숙종실록》에 의하면 최석정은 1684년(숙종10) 9월 3일 부제학에 제수되어, 이후 10개월가량 해당 직임을 수행하였다.

를 더해 감에 간단(間斷)하는 근심은 없는지요?

마음을 수습하는 방법은 옛 교훈에 상세합니다. 지금 확실하게 착수하는 곳에 반드시 스스로 체득한 방편이 있을 테니, 알려 주실 수 있겠습니까? 서책 역시 순서에 따라 힘을 쏟고 있습니까? 근래 읽고 있는 글은 과연 무슨 책입니까? 편지를 통해 아울러 상세하게 보여 주시어 과루(寡陋)하고 혼매한 사람으로 하여금 경계하고 반성하여 흥기할 수 있게 해 주신다면 매우 다행이고 매우 다행이겠습니다.

말세 후학의 공통된 근심은 대체로 궁행(躬行)이 독실하지 못한 데에 많이 있습니다. 그러므로 간혹 말만 잘하는 사람이 있으면 매번 혹 앵무새의 기롱[11]을 면치 못하기도 합니다. 우리 형께서는 조행이 이미 독실하고 지상(志尙)이 또한 원대하여 절로 얻기 어려운 아름다운 자질을 가지고 있으니, 만일 이 학문에 있어서 과연 그 문로(門路)를 얻어 들어가서 끊임없이 나아간다면 순수하고 빛나는 경지에 이르는 것이 또한 어찌 불가능하겠습니까. 이 때문에 늘 자기 몸이 전혀 이르지 못한 점을 점검하기에도 겨를이 없어야 하는데, 문득 책면(責勉)하는 말을 해서 마치 자신의 몸에 선이 있어서 다른 사람에게 선을 요구하듯이 하였으니, 때로 남몰래 스스로 웃고 또 스스로 부끄러워할 따름입니다.

우매하고 완악한 목숨이 끊어지지 않아서 문득 신추(新秋)를 맞이하

11 앵무새의 기롱 : 입으로 말만 잘하고 실천에 힘쓰지 않는 사람에 대한 기롱을 말한다. 송나라의 학자 사양좌(謝良佐)가 "명리의 관문을 통과해야만 바야흐로 조금 쉴 수 있는 곳이니, 지금의 사대부들은 어찌 족히 말할 것이 있겠는가. 말만 잘하는 것이 참으로 앵무새와 같도다.〔透得名利關, 方是小歇處, 今之士大夫, 何足道? 能言眞如鸚鵡也.〕"라고 한 데서 온 말이다. 《心經附註 卷4》

고 보니, 정사(情事)가 슬프고 괴로워 더욱더 망극합니다. 어찌해야 하겠습니까? 나의 병은 큰 형세에는 차도가 있은 지 실로 오래되었지만 병근(病根)이 깊은 고질이 되어 갑자기 완쾌되기는 어렵습니다. 현재는 늘 정신과 기력이 매우 미약함을 느껴서 하루 이틀 조금만 힘을 쓰면 문득 크게 피곤하여 자리에 누워 신음하며 며칠 동안 일어나지 못하기도 합니다. 처음에는 자못 심지가 굳건하지 못하여 그런 것이라고 스스로 의심했는데, 근래 누차 점검해 보니 뜻이 실로 확립되지 못한 것으로, 요컨대 병기(病氣)가 빌미가 되었을 따름입니다.

지난번 처사 황군(黃君)을 따라 병을 논하고 약을 물었을 때 황군이 대체로 깊이 염려하였는데, 그 사람이 불행히도 세상을 떠났으니 지금은 더 이상 물을 만한 곳이 없습니다. 약은 구백(舊伯)이 때때로 구하여 도와주었는데 지금은 역시 돌아가 버렸으니, 이제부터는 병든 몸이 더욱 치료할 형세가 없어서 단지 분수에 따라 조리하며 어떠한지 살펴볼 수밖에 없을 따름입니다. 종전에 감히 형에게 약물을 부탁하지 못했던 것은 대개 형에게 서로 구제해 줄 만한 여력이 없음을 알았기 때문인데 지금 보내 주신 편지를 받아 보고 지극한 마음에 깊이 감격하였으니, 이제부터는 말씀하신 대로 부탁하겠습니다. 또한 생각건대, 나는 거처에 대해서는 아직 정해진 계획이 없습니다. 대개 사람이 살면서 정착하는 장소는 대부분 고향 집이 있는 곳으로 나아가는데, 이 몸은 중외(中外)의 남북에 집이 없는 데다 농장(農莊)도 없으니 이 때문에 이리저리 떠돌면서 돌아가 정착할 곳을 알지 못할 따름입니다.

골짜기에서는 인사가 고요하고 적막하여 그대로 살고 싶지만, 신세가 외로워져서 형제가 뿔뿔이 흩어진 뒤로는 홀로 체류하는 것이 고민스럽습니다. 함평(咸平)의 선산 아래로 돌아가 선영에 의지하여 살고

자 계획하고 있지만 아직 결정하지는 못했을 따름입니다. 이러한 일들은 형께서 번거롭게 염려하고 까닭을 물으시어 아울러 언급하였으나, 멀리서 주고받는 편지로는 실로 그 곡절을 다 말하기 어렵습니다.

진덕수업(進德修業)의 공정(功程)의 경우는 만일 실제의 공부와 실제의 효험이 있으면 어찌 감히 스스로 형에게 숨기겠습니까. 단지 유유범범하게 생활하다 보니 한마디도 드릴 말이 없습니다. 어찌해야 하겠습니까? 대개 책을 볼 때 가끔 좋은 생각이 떠오르거나 고요히 있을 때 혹 체인(體認)하는 것이 있어서 일상생활 가운데 왕왕 생각을 더하는 곳이 있으면 전혀 드릴 말이 없다고는 할 수 없을 것입니다. 그러나 끝내 잠시 있었다가 바로 사라지고 잠깐 얻었다가 바로 잃어버려서 혹 공부를 하다가 혹 덮어 버리게 되었으니, 이런 것을 어떻게 갑자기 글로 드러내어 멀리서 읽는 형의 눈을 번거롭게 할 수 있겠습니까.

지난겨울에 한 번 역사서를 펼쳐 읽어 보았으나 지금은 그때 읽은 사적(事蹟)이 모두 아득해졌으니, 또한 말할 만한 식견이 어디 있겠습니까. 단지 스스로 부끄러워하고 서글퍼할 뿐입니다. 민 사문(閔斯文)은 서로 만나 보매 혹 얻어 들을 만한 어떤 관감(觀感)이나 논의가 있었습니까? 나머지 많은 말들은 날씨가 덥고 땀이 흘러서 회포를 다 펴지 못합니다. 부디 더욱 학문의 정진에 힘쓰시어 멀리서 그리는 나의 마음을 위로해 주시기 바랍니다.

박대숙께 답함

答朴大叔

옛사람이 "심사(心事)와 행적(行跡)은 판이하다.〔心跡判〕"라는 말을 한 적이 있는데, 선각은 이를 잘못된 말이라고 하였습니다.[12] 지금 내가 형에게 있어서 혹 때가 지나도록 글을 주고받지 못하고 행적 역시 소원하지만 가슴속으로 그리워하는 마음은 거의 하루도 동동(憧憧)[13]하지 않은 날이 없었으니, 이것이 또한 무엇이겠습니까? 실로 형께서는 응당 이 점을 혜량하시고 또한 서로 고하는 말을 기다리는 일이 없을 줄로 압니다.

근자에 읍중(邑中)의 인편을 통해 9월 그믐에 보낸 형의 편지를 받았는데 간절한 정의(情誼)가 행간에 넘쳐흘렀으니, 비록 골육을 나눈 지친이라도 어찌 이보다 더할 수 있겠습니까. 두 번 세 번 받들어 읽으매 서글픈 느낌을 말로 다 할 수 없었으니, 이것이 심사와 행적은 한가지라고 할 만한 점입니다. 심사는 비록 절실하더라도 행적이 심사에

12 옛사람이……하였습니다 : 옛사람은 수(隋)나라의 학자 왕통(王通)을, 선각(先覺)은 삼봉(三峯) 정도전(鄭道傳)을 가리킨다. 정도전의 〈불씨심적지변(佛氏心跡之辨)〉에 "왕통은 유학자이면서 또한 '심사(心事)와 행적(行跡)은 판이하다.'라고 하였으니, 대개 불씨의 설에 미혹되어 알지 못한 사람이다.〔王通, 儒者也, 亦曰心跡判矣, 蓋惑於佛氏之說而不知者也.〕"라고 하였다. 《三峯集 卷9 佛氏心跡之辨》

13 동동(憧憧) : 왕래가 끊이지 않는 모양으로, 그리운 마음이 끊이지 않고 일어난다는 의미이다. 《주역》 〈함괘(咸卦) 구사(九四)〉의 "왕래하기를 동동히 하면 벗만이 네 생각을 따르리라.〔憧憧往來, 朋從爾思.〕"라는 구절에서 온 말이다.

미치지 못하는 점이 있는 나 같은 사람은, 어찌 심사가 오히려 지극하지 못한 점이 있는 경우가 아니겠습니까. 참으로 부끄럽습니다. 그러나 궁벽하고 먼 곳에서 거상 중에 있는 사람은 그 형세로 볼 때 절로 이런 지경이 되기가 쉬우니, 또한 의당 형께서 혜량해 주시는 데에 달려 있습니다. 이전에 색우(色憂)[14]를 겪은 후 다시 연이어 온 집안사람이 병에 걸리는 우환이 있어서 고요한 곳에서 독서하지 못했다는 것을 알았으니, 구구한 나는 곱절로 깊이 염려가 됩니다. 소식을 전한 후 이미 두 달이 흘렀고 보면 지금은 우환이 이미 풀렸을 터이니, 바야흐로 고요한 가운데에서 공부하여 평소 하고자 하던 뜻을 이루었는지요? 사람으로 하여금 그리운 마음을 그치지 못하게 합니다.

우매하고 완악한 한 가닥 목숨이 또 세모가 가까워져서 상기(祥期)가 점점 다가와 겨우 한 달 뒤가 되고 보니, 봉양을 다하지 못한 애통함이 더욱더 새롭습니다. 어찌해야 하겠습니까? 나는 평소 나태하게 지내며 어버이 봉양하는 도리를 다하지 못하였고 지금은 또 늘 몸에 고질이 있기 때문에 집상(執喪)에도 스스로 정성을 바치지 못하고 있으니, 자식의 직분을 전혀 살피지 못하고 사람의 이치를 업신여긴 것입니다. 그래서 매번 이 일을 생각할 때마다 홀연 살고 싶지가 않았습니다. 책을 펼쳐 성현들이 효(孝)에 대해 말한 곳을 보면 더욱 마음을 가눌 수 없어서 왕왕 책을 덮고 슬피 울기도 하였습니다. 사람이 살면서

14 색우(色憂) : 어버이의 병환을 간호하는 자식의 근심을 이른다. 《예기(禮記)》 〈문왕세자(文王世子)〉에 "문왕이 세자로 있을 때 왕계(王季)가 편치 않은 때가 있으면 내시가 문왕에게 알렸는데, 문왕은 얼굴에 근심하는 기색을 띠시고 걸음을 똑바로 걷지 못하였다.〔其有不安節, 則內豎以告文王, 文王色憂, 行不能正履.〕"라고 하였다.

이런 지경에 이르렀으니 단지 스스로 슬퍼하고 가련해할 뿐입니다. 어찌하겠습니까, 어찌하겠습니까?

지난번 편지의 말뜻은 어떻게 이야기했는지 기억이 나지 않지만, 어찌 형에게 겸사로 말을 하였겠습니까. 단지 실상을 이야기했을 뿐입니다. 사는 곳의 좌우에 모두 서적들뿐이고 이 밖에는 또한 눈을 붙일 곳이 없지만, 다만 순서에 따라 정진하지 못하고 있으니 비록 책을 보아도 보지 않은 것이나 마찬가지입니다. 일간에 혹 새로 이해한 곳이 조금 있긴 하지만 예전의 생각이 또 대부분 아득해졌으니, 참으로 이득이 손실을 채울 수 없는 경우입니다. 어찌해야 하겠습니까? 오직 지난해에 논한 본성을 회복하고자 한다는 뜻을 때때로 일깨워서 완전히 실추하는 데 이르지는 않았지만, 눈앞의 학업이 이처럼 거칠고 졸렬하여 텅 빈 생각을 가지고 실제의 이치를 추구하고 있으니, 어찌 이런 일이 있겠습니까. 이는 다른 사람에게는 말하기 어려운 점입니다.

이곳에 만일 강습(講習)하고 관감(觀感)하는 유익함이 있다면 또한 조금이나마 진보할 수 있겠지만 어찌 쉽게 얻을 수 있겠습니까. 바라는 바는 중씨(仲氏)께서 조만간에 혹 가까운 읍의 수령으로 나가서 형과 더불어 서로 의지할 수 있게 되는 것인데, 이는 거의 희망에 가까운 일이니 어찌 반드시 이루어지리라고 바랄 수 있겠습니까. 보내온 편지의 말단에서 하신 말씀은 나를 비루하게 여기지 않는 마음을 잘 알겠습니다. 이 일은 피차의 득실을 막론하고 한집안에서 서로 다투는 것과 같으니, 세도에 불행이 됨을 어찌 말로 할 수 있겠습니까. 나는 이 일에서 단지 두려움과 슬픔을 느낄 뿐이니, 또한 어찌 그 사이에 한마디 말이라도 섞을 수 있겠습니까.

우리들이 오늘날 우선 자기가 하고자 하는 바에 힘써서 본심을 구하여 스스로 주재(主宰)가 되고 선현을 우러러 지향할 바로 삼아서 우뚝이 사사로운 생각에 미혹되지 않고 초연히 속습에 구애되지 않는다면 거의 자신의 도를 굽히는 사람은 되지 않을 것이니, 이 밖에 또 무엇을 알아야겠습니까. 모르겠습니다만, 형께서는 어떻게 생각하는지요? 이후로 거처할 곳에 대한 계획은 아직 어디로 정해야 할지 딱히 알지 못하겠습니다. 그러나 요컨대 남쪽으로 가는 것은 바꿀 수 없는데, 보내온 편지에서 그르다고 하시니 왜 그렇게 말씀하시는지 잘 모르겠습니다. 약료(藥料)를 보내 주신 은근한 은혜에 깊이 감사를 드립니다. 나머지 많은 말들은 다 갖추지 못했습니다.

박대숙께 드림 병인년(1686, 숙종12)

與朴大叔 丙寅

홀연 군보(君輔)[15]의 편지로 인해 삼가 슬프게도 거창(巨創)[16]을 만났다는 소식을 들었으니, 놀랍고 참담한 마음을 금할 수 없습니다. 모르겠습니다만, 무슨 병환 때문에 갑자기 세상을 떠나기에 이르렀는지요? 삼가 생각건대, 애형(哀兄)의 지극한 효성은 천성에서 나왔기에 망극한 슬픔으로 몸이 상하여 아마도 스스로를 보전하지 못하고 있을 터이니, 생각하매 슬픔이 절실하여 무슨 말을 해야 할지 모르겠습니다. 일찍이 들으니, 애형께서는 전상(前喪)을 치를 때 지극한 슬픔이 예제(禮制)를 넘어서 거의 목숨을 잃을 지경이 되었다고 하였는데, 이는 참으로 아름다운 자질과 훌륭한 행실입니다. 나처럼 우매하고 완악하여 어질지 못하고 효성스럽지 못한 사람은 실로 말할 것도 없고, 슬픔이 지나쳐서 혹 생명을 해치는 데 이르는 사람이라도 애형에 비하면 진선(盡善)함이 되지는 못할 것입니다. 애형께서는 학문에 종사한 지

15 군보(君輔) : 이세필(李世弼, 1642~1718)의 자이다. 본관은 경주(慶州), 호는 구천(龜川), 시호는 문경(文敬)이고, 이항복(李恒福)의 증손이다. 형조 좌랑, 사복시정 등을 역임하였다. 저술로는 《악원고사(樂院故事)》가 있다.

16 거창(巨創) : 부모상을 말하는데, 여기서는 박심(朴鐔)의 모부인(母夫人)인 해평 윤씨(海平尹氏)의 상을 가리킨다. 박심의 부친인 구당(久堂) 박장원(朴長遠, 1612~1671)의 행장에 의하면, 해평 윤씨는 감찰(監察) 윤원지(尹元之)의 딸이자 영의정 윤두수(尹斗壽)의 증손으로, 1612년(광해군4) 7월 13일에 태어나서 1686년(숙종12) 3월 14일에 졸하였다. 《久堂集 附錄 卷2 行狀》

가 또한 수년이 지났으니, 지금 큰일을 당하여 단지 기질에만 맡겨 두고 처신해서는 안 될 것입니다. 부디 바라건대 깊이 예의(禮意)를 상고하여 힘써 중도에 맞게 행하는 것이 어떻겠습니까, 어떻겠습니까? 천만 간절히 바라는 지극한 정성을 이기지 못하겠습니다.

옛사람 가운데 망녕된 생각으로 슬픔을 달래려 했던 분[17]이 있었습니다. 그러나 우리들은 평상시에 인식하는 것이 일찍이 이와 같지 않았으니, 하루아침에 슬픈 정을 억제하려고 억지로 다른 견해를 지으면 의리의 시비는 논하지 않더라도 단지 이 마음을 속일 수 없을 것입니다. 오직 '상리(常理)' 두 글자를 묵묵히 우리 마음에 간직해 두고서 스스로 해석한다면 혹 절제하고 억제하는 한 가지 일에 조금은 도움이 없지는 않을 것입니다. 이 뜻 역시 예법의 바른 이치가 아니어서 마땅히 해야 할 말은 아니지만, 오직 지극히 애통하고 곤궁해서 비록 절제하고 억제하여 스스로를 보전하려 해도 그렇게 할 수 없을 때 이렇게 이해하면 왕왕 자못 힘을 얻을 수 있을 듯합니다. 이미 몸소 겪은 일이기에 감히

17 망녕된……분 : 율곡(栗谷) 이이(李珥)를 가리킨다. '망녕된 생각으로 슬픔을 달래다.〔以妄塞悲〕'라는 구절은 원래 불가(佛家)의 말로, 사람이 죽었을 때 슬퍼하지만 말고 죽은 이를 위해 극락왕생을 기원해야 한다는 의미인데, 흔히 어버이의 죽음을 애도하여 입산(入山)하는 일에 비유한다. 율곡이 일찍이 어머니를 여의고 19세에 금강산에 들어가서 불도(佛徒)가 되었다가 20세에 다시 내려와 유학에 정진한 적이 있었는데, 1568년(선조1) 홍문관 부교리에 제수되었을 때 사직 상소에 "좋지 못한 시운(時運)을 만나 일찍 자모를 잃고는 망녕된 생각으로 슬픔을 달래려 하다가 마침내 불가의 서책을 탐독하고 그 학설에 침잠하여 미혹된 길로 빠져들었는데, 이 때문에 본심이 어두워져서 깊은 산으로 달려 들어가 선문에 종사한 것이 거의 1년이었습니다.〔生丁不辰, 早喪慈母, 以妄塞悲, 遂耽釋教, 膏浸水潤, 反覆沈迷, 因昧本心, 走入深山, 從事禪門, 迨周一年.〕"라고 자책하였다. 《栗谷全書 卷3 辭副校理疏》

우리 애형에게 숨길 수 없었고, 또 애형의 효성은 보통 사람들에 비할 바가 아니어서 더욱 반드시 스스로 억제하지 못하는 근심이 있을까 염려되었기 때문에 감히 먼저 겪은 일의 경계를 말씀드리는 것이니, 모르겠습니다만 어떻습니까, 어떻습니까? 애형 일가의 효성은 온 세상이 다 우러르는 바여서 나의 우려가 또한 우리 애형 한 사람에게 있는 것만은 아니지만, 다른 사람들은 모두 계분(契分)이 애형처럼 깊지 못하기 때문에 문득 예식(禮式) 밖의 이야기를 번거롭게 언급할 수 없었을 뿐입니다.

재앙의 형벌을 겪은 나머지 인생은 몸에 고질까지 있어서 연달아 관직에 제수하는 명을 받고도 앞으로 나아갈 수 없고 이 때문에 다시 달려가 위로할 인편이 없으니, 편지에 임하여 느끼는 비감을 더욱이 어찌 이길 수 있겠습니까.

박대숙께 답함

答朴大叔

5월에 급하게 적어 다시 안부 편지를 올렸는데, 생각건대 아직 전달되지 못했을 듯합니다. 새로 임명된 지주(地主)가 행차하는 편에 벗 이양숙(李養叔)[18]의 편지를 받았는데, 애형(哀兄)께서 손수 부친 답장이 그 가운데 있어서 개봉하여 속히 읽어 보니 더욱 슬픔이 절실하였습니다. 이 편지를 통해 반곡(返哭)[19]하고 나서 강가의 여막에 지내는 애형의 기후가 괜찮다는 것을 알았으니 구구한 내 마음이 위안됨을 실로 이루 다 말씀드리기 어렵습니다. 그리고 편지의 내용이 자세하여 입에서 나오는 대로 적어 보내 주신 것이 또한 모두 성대한 인의(仁義)의 말이었으니, 이것이 더욱 사모하는 내 마음에 위로가 되었습니다.

다만 삼가 듣건대, 큰일이 아직 완전히 정해지지 않았는데 장차 구산(求山)하려는 뜻이 있다고 하니, 이는 매우 어려운 일입니다. 모르겠습

18 이양숙(李養叔) : 양숙은 이이명(李頤命, 1658～1722)의 자이다. 본관은 전주(全州), 다른 자는 지인(智仁), 호는 소재(疎齋), 시호는 충문(忠文)이다. 조부는 영의정 이경여(李敬輿)이고, 부친은 대사헌 이민적(李敏迪)이다. 1680년(숙종6) 별시 문과에 급제해 홍문관, 사헌부, 사간원의 관직을 두루 거치고 강원도 관찰사, 대사헌, 양전(兩銓)의 판서, 우의정, 좌의정 등을 지냈다. 노론 사대신(老論四大臣)의 한 명으로 남해에 유배되었다가 목호룡(睦虎龍)의 고변으로 사사(賜死)되었다. 창계보다 9년 연하로, 1678년 창계가 부여(扶餘)의 조계촌(藻溪村)으로 거처를 옮겼는데, 이때 부여에 살면서 창계와 교유하였다.

19 반곡(返哭) : 안장을 마치고 신주를 모시고 묘지에서 조묘(祖廟)로 돌아와서 곡을 하는 것을 말한다.

없을 것입니다. 일간에 마땅히 때에 맞는 옷을 입고 약물로 혈기를 보해서 갑자기 찾아오는 질병을 막아야 할 것입니다. 모르겠습니다만, 일찍이 유의하고 있습니까?

박대숙께 답함
答朴大叔

지난번에 인편을 통해 6월 20일과 7월 26일에 보낸 애형(哀兄)의 편지를 받아 보고 이를 통해 당시의 기력이 괜찮았다는 것을 알았으니, 위안되는 마음을 말로 할 수 있겠습니까. 소식이 있은 뒤로 홀연 다시 세모가 되었는데, 삼가 생각건대 시절을 대하여 어버이를 그리는 사모의 정을 어떻게 스스로 견디는지요? 한가한 가운데 일 없이 지내면서 더욱 그리움이 배로 절실해짐을 느껴서 늘 보내온 편지를 펴 보며 벗을 떠나 쓸쓸히 지내는 마음을 위로하고 있는데, 편지의 모든 내용이 가슴 속에서 흘러나와, 효성의 지극함과 호학(好學)의 정성이 언표(言表)에 가득하고 벗과 사귀며 서로 권면하는 의리가 또한 그 사이에 간절하였습니다. 보잘것없는 나는 매번 경도되고 탄복하는 마음이 절실해져서 '이것이 바로 인의(仁義)와 충신(忠信)이니, 여기에서 체인하고 이것을 따라 확충하면 심덕(心德)을 온전히 할 수 있고 본성을 회복할 수 있어서 옛사람의 사업(事業)을 오늘날 볼 수 있을 것이다.'라고 생각하여 흠복(欽服)한 나머지 문득 기대하고 우러르는 마음이 더해졌으니, 대개 또한 선사(先師)께서 일컬은 "마음이 열리고 눈이 밝아진다.〔心開目明〕"라는 말[20]과 같을 뿐만이 아닙니다. 또한 스스로 부끄러운 것은

20 선사(先師)께서……말 : 여기서 선사는 주희(朱熹)를 가리킨다. 《주자대전(朱子大全)》 권32 〈답장경부(答張敬夫)〉에 "근래 동지들 중에 인재가 없지는 않지만, 갖가지 많은 일을 겪다 보니 이 도가 외롭다는 것을 깊이 느끼고 있습니다. 다만 하소연할

다른 일을 막론하고 단지 사모하는 성심(誠心)이 또한 간단(間斷)하는 때가 많이 있음을 느껴서 가만히 헤아려 보매 또한 애형이 나를 생각하는 마음에 미치지 못하는 듯했으니, 이 어찌 유독 그대에게만 부끄러운 일이겠습니까. 또한 본심인 측은지심(惻隱之心)의 본체가 오히려 가려지고 막힐 때가 많아서 그렇게 되었다는 것이 두려우니, 생각하매 모골이 송연하지 않은 적이 없었습니다.

이곳에서의 모든 일은 다 빈한하고 곤궁한 일이니, 억지로 이야기하여 한갓 멀리 있는 애형의 생각을 번거롭게 하고 싶지 않습니다. 근기 지역으로 이주하기를 권하는 말에 이르러서는 미혹된 사람을 깨우치는 정성스러운 뜻에 깊이 감사를 드립니다. 다만 이미 이곳에 집을 지어 놓고 또다시 다른 곳을 경영한다면 반드시 마음을 흔들고 힘을 허비하는 일이 있을 것입니다. 고난은 어디를 가나 모두 그러해서 비록 남쪽 고향으로 돌아가더라도 이곳에 사는 것과 차이가 없을 터이니, 오직 운명에 맡기고 분수를 편안히 여겨야 할 뿐입니다. 또한 어떻게 하겠습니까? 이곳에 비록 농사짓는 일과 산수의 승경은 없지만 사방의 구름 낀 산이 모두 사람의 뜻에 맞습니다. 가장 좋은 점은 마이산(馬耳山) 바위 봉우리가 고고(孤高)하고 수려하여 높은 하늘 사이에 험준하게 솟아 아침저녁으로 우러러보매 마치 엄사 외우(嚴師畏友)를 대하는 것과 같으니, 이것이 새로운 거처의 아름다운 경관일 따름입니다. 이런 말은 중요하지 않은 한담 같지만 모두 듣고 싶어 하리라 생각되었기

곳이 없어 항상 우울하게 지내고 있는데, 당신의 편지를 받을 때마다 문득 마음이 열리고 눈이 밝아질 따름입니다.〔比來同志, 雖不爲無人, 然更事既多, 殊覺此道之孤, 無可告語, 居常鬱鬱. 但每奉教喻, 輒爲心開目明耳.〕"라고 하였다.

때문에 언급하였습니다. 장진(奬進)하는 융성한 뜻과 기망(期望)하는 중한 마음은 비록 감당할 길이 없음을 알지만, 감히 스스로 면려하여 애형의 성대한 뜻을 받들지 않을 수 있겠습니까. 다만 "하나를 들으면 둘을 안다.〔聞一知二〕"라는 말[21]은 곧 안자(顔子)에 비해 한 등급이 낮은 일이니, 나의 용렬한 자질로 어찌 감히 이것을 바랄 수 있겠습니까. 생각건대 고명께서 또한 어찌 그것을 모르겠습니까마는, 특별히 나를 사랑하는 깊은 정 때문에 모르는 사이에 실언을 하였을 것입니다.

근래 앞을 향해 나아가는 뜻이 날마다 새로워지는 듯해서 책을 보고 사물을 접할 때 모두 궁극에 도달하려는 생각이 있고 지력과 사고가 미치는 바에 혹 뛸 듯이 기쁘고 즐거울 때가 없지 않습니다. 그러나 일상을 점검해 보니 이른바 "숨어 있을 때나 드러날 때나 한결같이 일치해야 한다."라는 말에 오히려 부끄러움이 없을 수 없었으니, 아는 바가 전혀 진실하고 절실하지 못하다는 것을 징험할 수 있습니다. 모르겠습니다만, 이생에 과연 깨우쳐 주신 바 '밝고 드넓은 경지'에 한번 이르러서 마침내 기뻐하고 흡족해하는 날이 있을 수 있겠습니까, 끝내 그런 날이 없겠습니까? 스스로 면려해야 하는 일에 항상 그 재주를 다하지 못하는 것을 괴로워하고 있으니, 어찌 성취를 바랄 수 있겠습니까. 심히 스스로 두려워할 따름입니다.

21 하나를……말 : 자공(子貢)이 스스로를 평가한 말이다. 자공이 자주 사람들을 비교하며 평가하자, 공자가 자공은 스스로를 어떻게 평가하는지 살펴볼 목적으로 "너는 안회(顔回)와 비교하여 누가 더 나으냐?〔女與回也孰愈〕"라고 물었는데, 자공이 "제가 어떻게 감히 안회를 바라보겠습니까? 안회는 하나를 들으면 열을 알고, 저는 하나를 들으면 둘을 압니다.〔賜也何敢望回? 回也聞一以知十, 賜也聞一以知二.〕"라고 대답하니, 공자가 "나는 네가 그만 못함을 인정한다.〔吾與女弗如也〕"라고 하였다. 《論語 公冶長》

보내온 편지에서 책을 읽는 것이 재미가 있지만 슬픔을 잊는 데 이를까 두렵다고 하면서 의심을 둔 내용이 있었으니, 여기서 애모(哀慕)의 정성이 독서하는 한 가지 일에 대한 생각을 없애 버렸으나 일찍이 잊은 적은 없었다는 것을 볼 수 있습니다. 이는 실로 학문의 근본이니 더욱 경탄스럽습니다. 다만 거상 중에 학문을 폐하는 것은 예전에도 그런 예(禮)가 없어서 주자(朱子)는 상중에도 강학을 거두지 않았으니, 애형께서는 어찌 여기에 의심을 두는 것입니까. 전상(前喪) 때 책을 읽지 않아서 지금 이미 후회하고 있으니, 다시 후회하는 데 이르러서는 안 된다는 것이 또한 명백합니다. 다만 사서(史書)는 급한 일이 아닌 듯하니, 다시 경서 가운데 나아가 공력을 더하는 것이 모르겠습니다만, 어떻겠습니까? 경서로 말하건대, 사서(四書)가 문득 절실하고 급한 일인 듯하니, 다시 모름지기 처음부터 정밀하게 생각하고 묵묵히 체인하여 한번 이해하는 것이 어떻겠습니까, 어떻겠습니까? 반드시 크게 유익한 점이 있을 터이니, 이는 터무니없는 말이 아닙니다. 이 책을 이해할 때《주자어류(朱子語類)》가운데 이 책을 논한 부분을 같이 보면 또한 반드시 개발하는 곳이 있을 것입니다. 어떻습니까?

나머지 말들은 종이가 다하여 이렇게만 적습니다. 단지 슬픔을 절제하고 부지런히 공부하여 멀리서 그리워하는 나의 정성을 위로해 주시기를 바랄 뿐입니다.

별지 別紙

보여 주신 절문(節文) 몇 조목은 모두 잘 알았습니다. 나는 도수(度數)를 따지는 학설에 대해서는 더욱 단점이 있습니다. 거상 중에《의례(儀

禮)》를 읽었지만 병으로 인해 중도에 그만두었고 지금은 더 이상 공부하지 않아서 이러한 일과 비슷한 부분은 실로 강구한 적이 없으니, 어찌 감히 경솔하게 대답할 수 있겠습니까. 원컨대 예를 아는 장자(長者)에게 자세히 물어보면 반드시 이야기가 있을 것입니다. 만일 우선 그 대의를 논해 본다면 보여 주신 '애(哀)'와 '경(敬)' 두 글자가 바로 그 본원의 핵심이 되는 곳인데, 이 두 글자가 절문의 사이에 베풀어진 것은 대개 번갈아 가며 주된 의미가 되어서 서로 간에 승기를 다투는 점이 있습니다. 다시 '애(哀)'와 '경(敬)'에 나아가 말하건대, 슬픔은 또한 거상의 근본이니, 공경이 남고 슬픔이 부족하기보다는 차라리 슬픔이 남는 것이 근본에 가까운 것만 못합니다.

이미 경질(潁絰)[22]로 바꾸고 난 후에 사(纚)[23]를 하거나 하지 않는 것은 예서(禮書)에 명문(明文)이 없습니다. 집안마다 실로 습속이 다르지만 사를 하는 것은 공경이 되고 사를 하지 않는 것은 슬픔이 되니, 차라리 사를 하지 않는 경우를 따르는 편이 나을 것입니다. 우리 집안의 습속은 원래 이와 같을 따름입니다.

우제(虞祭)와 연제(練祭), 상제(祥祭)는 대제(大祭)이고 강신(降神)은 또 그 대절(大節)이니 공경을 위주로 하기 때문에 곡(哭)을 그치

22 경질(潁絰) : 경(潁)으로 만든 질(絰)이다. 옛날 초상 시에 우제(虞祭)를 다 마치고 나서 복(服)을 바꿔 입을 적에 마포(麻布)로 된 질을 갈포(葛布)로 바꾸었는데, 갈포가 없으면 경으로 질을 만들었다고 한다. 경은 모시풀 비슷한 식물인데, 그 껍질로 베를 만들어 사용하였다. 《예기》 〈잡기 하(雜記下)〉에 "삼년상이 겹쳤을 경우에는 졸곡이 되어 경질로 바꾼 뒤에 전상(前喪)의 연제나 상제의 제사를 지낸다.〔三年之喪, 則旣潁, 其練祥皆行.〕"라고 하였다.

23 사(纚) : 머리카락을 묶는 비단으로 된 띠이다.

고, 삭전(朔奠)은 대제와 같지 않고 주향(炷香)은 또한 대절에 비할 바가 아니니 슬픔을 위주로 하여 곡을 그치지 않습니다. 예서에 곡을 그친다는 명문이 없는 것은 이 때문이 아니겠습니까?

하실(下室)에서 궤식(饋食)할 때는 예서에 또한 '지팡이를 든다.〔輯杖〕'라는 명문이 없으니, 어찌 또한 슬픔을 위주로 해야 하기 때문에 그런 것이 아니겠습니까? 내 생각은 이와 같습니다. 모르겠습니다만, 어떻습니까?

대개 예문(禮文)의 미세한 부분은 번쇄하여 이해하기 어려운 듯하지만 천천히 공력을 더하여 상고하고 징험해 보면 모두 의미가 있고 정연하게 조리가 있어서 어지럽힐 수 없으니, 여기에 나아가 강구해서 모두 철저히 하기에 힘쓰는 것이 바로 착실하게 궁구하는 방법입니다. 그러나 병으로 정력이 혼미해져서 쉽게 다시 미칠 수 없으니, 매번 깊이 슬퍼하고 탄식할 뿐입니다. 애형께서는 비록 사서(四書)를 읽어야 하겠지만 또한 항상 좌우에 예서를 비치해 놓고 때로 더욱 상고하여 오래 걸리더라도 다 보기를 기약해야 하니, 이것이 또한 학문에 정진하고 예의를 회복하는 한 가지 큰 공부일 듯합니다. 모르겠습니다만 어떻습니까, 어떻습니까?

박대숙께 답함 정묘년(1687, 숙종13)

答朴大叔 丁卯

염려되는 마음이 어찌 잠시라도 그칠 수 있겠습니까. 다만 질병으로 게을러져서 붓을 잡는 일이 매우 권태로웠기 때문에 매번 혹 인편을 만나면 억지로라도 애써 한두 통의 답서를 작성하다 보니 마음이 막히고 생각이 늘어져서 더 이상 여력이 없습니다. 그러므로 비록 애형에 대하여 늘 그리워하는 작은 정성을 품고 있으면서도 스스로 그 생각을 펴지 못했습니다. 이제 다시 몇 개월 동안 소식이 막힌 나머지 애형의 서찰을 받아 보고 이를 통해 연제(練祭)가 이미 지나 애모(哀慕)의 정이 바야흐로 새롭다는 것을 알았으니, 사람으로 하여금 더욱 슬픈 생각이 더해지게 하고, 또 근래 그럭저럭 시간을 보내느라 다시 편지 한 통으로 위로하지 못한 것이 스스로 부끄러워지게 합니다. 소식이 있은 후 홀연 다시 수십 일이 지났는데, 모르겠습니다만, 요즘 애형의 기후는 다시 어떠한지요? 염려되는 마음이 그치지 않습니다.

나는 근근이 병든 몸을 보전하고 있는 상황에서 근간에 연이어 관직에 제수하는 명이 있었는데, 현재 임명된 자리는 더욱 편안히 있기 어려운 자리임을 깨닫습니다. 그래서 이미 사직 상소를 올려 위태롭고 간곡한 심정을 대략 피력하였으니, 만일 체직되는 은혜를 입게 된다면 그 다행함을 어찌 말로 할 수 있겠습니까. 만일 체직되지 못한다면 오직 소장(疏章)을 올리거나 장계(狀啓)를 올려서 체직을 허락받을 수 있기를 기약할 뿐입니다. 스스로의 역량을 헤아리고 시세를 가늠해 보니 사사로운 정과 공적인 의리에 대개 이미 확고하여 더 이상 당세에 대한 생각이 없어졌습니다. 다만 본래 제수된 근시(近侍)의 직임은 산야에 있는 사람들과는 비할 바가 아니기 때문에 분수와 의리로 볼 때 보살펴 주시는 성상의 은혜에 한번 사례하지 않을 수 없습니다. 그러므로 조만간 한번 서울로 올라가려는 생각을 실로 가지고 있었습니다. 다만 지금 관명(官名)이 점점 높아져서 전후로 낮은 관직은 사양하고 높은 관직은 받으려 한다는 혐의가 없지 않고 세상의 분란이 갈수록 더해져서 깊이 숨어 초야에 묻히려는 생각이 배로 절실해지니, 단지 이번에 한번 서울로 올라가는 일을 또한 이룰 수 있는 때가 없을까 걱정입니다. 옛사람이 "견마의 외로운 충정을 표현할 길이 없습니다.〔犬馬孤忠 輸寫末由〕"라고 한 말[24]이 매우 슬퍼할 만한데, 평생 친하게 지낸 여러 벗이 우환 때문에 서로 만나지 못한 지 이미 여러 해가 되었고 함께할 기약이 없어서 그리워하고만 있으니, 이것이 또한 개탄하지 않을 수 없는 일일 뿐입니다.

이곳에서의 다행한 일은 2월 14일 신시(申時)에 아내가 분만하여 아들을 얻은 일입니다. 10년 동안 자식이 없던 사람이 하루아침에 이렇게 아들을 얻었으니, 이는 거의 선조의 영령께서 묵묵히 보우해 주신 덕분입니다. 그렇지 않으면 어떻게 이런 일이 있을 수 있겠습니까. 위안이 되는 한편 서글픈 마음이 더욱 절실하니, 어찌해야겠습니까, 어찌해야겠습니까? 일간에 비록 계속하여 공부하지는 못했지만 책을 보고 마음을 다잡는 때는 간혹 있었으니, 매번 의사(意思)가 좋을 때를 만나면 서로 멀리 헤어져 함께 입증할 길이 없는 것이 더욱 한스러울

24 옛사람이……말 : 율곡 이이가 대사간을 사직하는 상소에서 했던 말이다.《栗谷全書 卷6 辭大司諫疏》

뿐입니다.

애형께서 평소 각고의 노력으로 공부하는 것이 반드시 거칠고 졸렬하고 간단(間斷)이 있는 나와는 같지 않겠지만, 다만 의리의 좋은 맛을 흡족하게 느끼지 못하면 끝내 무미건조하고 난삽하여 도에 이르지 못하는 점이 있을까 염려가 됩니다. 오직 평일에 스스로 후회하고 책망하는 생각과 계교하고 먼저 얻으려는 뜻을 다 쓸어버리고 선각들이 지적한 바 큰 도리에 대해 마음을 비우고 완미(玩味)해서 물망물조(勿忘勿助)[25]의 사이에서 체인하고 이해하여 담당하는 바가 있을 수 있으면 덕이 이로부터 진보하고 공부가 이로부터 닦일 수 있을 것이니, 그 성취의 정도를 어찌 헤아릴 수 있겠습니까. 이는 내가 하지 못하는 일이니 말하자면 부끄럽지만, 오직 애형을 사모하는 마음이 절실하여 나도 모르는 사이에 대략 언급했을 따름입니다.

근래의 일에 대해서는 우려와 탄식을 어찌 말로 할 수 있겠습니까. 예로부터 어찌 이런 시절이 있었습니까. 사람으로 하여금 두려워서 더욱 스스로를 돌아보고 내면을 향하는 뜻이 생기게 할 뿐입니다. 지난해 내가 보낸 편지 가운데 "우선 내가 뜻한 바를 이루겠다.〔姑成吾所〕"[26]

25 물망물조(勿忘勿助) : 마음에 잊지도 말 것이며 뜻대로 되지 않는다 하여 조장(助長)하지도 말라는 뜻이다. 《맹자》 〈공손추 상(公孫丑上)〉에 "반드시 호연지기(浩然之氣)를 기름에 종사하고 효과를 미리 기약하지 말아서, 마음에 잊지도 말고 빨리 자라도록 억지로 돕지도 말아라.〔必有事焉而勿正, 心勿忘勿助長也.〕"라고 한 데서 온 말이다.

26 우선……이루겠다 : 어느 쪽에도 치우치지 않고 중립을 지키면서 자신의 소신을 지키겠다는 말이다. 정(鄭)나라 백유(伯有)가 술을 탐하다가 자석(子晳)에게 토벌되어 허(許)나라로 출분(出奔)했을 때, 어떤 사람이 정 자산(鄭子産)에게 정직한 사람을 가까이하고 강대한 사람을 도우라고 하니, 자산이 대답하기를 "저들이 어찌 나의 무리가 될 수 있겠는가. 국가의 화란을 종식할 사람이 누구인지 누가 알겠는가. 만약 국정을

라는 정 자산(鄭子産)의 말을 인용한 적이 있었는데, 모르겠습니다만, 이 의리를 지금 오히려 행할 수 있겠습니까? 만나서 회포를 다 이야기할 길이 없으니, 단지 그리움만 깊어 갈 따름입니다. 부디 슬픔을 절제하고 학문에 나아가서 그리워하고 우러르는 내 마음을 위로해 주기 바랍니다.

주관하는 자가 강직하였다면 화란이 생기지 않았을 것이니, 우선 내가 뜻한 바를 이루겠다.〔豈爲我徒. 國之禍難, 誰知所敝, 或主彊直, 難乃不生, 姑成吾所.〕"라고 한 데서 온 말이다.《春秋左氏傳 襄公30年》

박대숙께 답함
答朴大叔

이달 18일 홀연 지난달 21일 보내신 애형(哀兄)의 편지를 받아 펼쳐 읽어 보니 매우 위안이 되고 속이 후련하였습니다. 소식이 있은 후 달이 지나도록 무더위가 기승을 부리는데, 모르겠습니다만 이래로 애형의 기력은 다시 어떤지요? 그리운 마음을 견딜 수 없습니다. 나는 병든 몸으로 근래 독한 곽란을 앓았는데, 비록 병증은 떨어졌으나 비할 데 없이 몸이 고달프니 고민스럽고 고민스럽습니다. 갓난 아들은 다행히 다른 병은 없거니와 염려하여 물어 주셨기 때문에 아울러 언급하였습니다.

삼가 보내온 편지를 상고하건대 "점점 게으른 습관을 고쳐 간다."라는 말이 있었습니다. 우리 형께서는 원래 스스로 게으른 사람이 아니고 보면 만일 능히 다시 책려를 더하신다면 그 정진(精進)을 상상할 만하니, 사람으로 하여금 찬탄하고 기뻐하는 마음을 스스로 그치지 못하게 합니다. 학문의 방편은 다양할 뿐만이 아니지만 요점은 단지 근태(勤怠)의 사이에 달려 있을 뿐이니, 이 근태가 바로 승패를 결정할 수 있는 요소입니다. 근래 스스로 이 몸을 점검해 보니 하는 일 없이 잘못 지내 온 반평생이 또한 게을리 산 죄일 뿐이어서 절실하게 병통으로 여기면서도 고치지 못했는데, 형의 풍도를 들으니 또한 경계할 바를 조금 알겠습니다.

매번 보내온 편지를 볼 때마다 정성스럽고 도타운 뜻이 말 밖에 넘쳐 나서 평소 경탄하고 감복하였는데, 이번에 보여 주신 자신을 성찰하는 공부에 대한 말은 더욱 절실하게 체찰(體察)하는 점을 볼 수 있으니, 사람으로 하여금 더욱 경탄하는 마음을 금치 못하게 합니다. 다만 말뜻이 혹 명백하지 못하고 구비되지 못하기도 하며 순서와 곡절이 때로 단절되는 곳이 있었는데, 이는 사소한 일 같지만 또한 조예(造詣)의 천심(淺深)을 볼 수 있습니다. 옛날 성현으로부터 우리 동방의 퇴계(退溪)와 율곡(栗谷)에 이르기까지 문자와 언어가 명백하고 완비되지 않음이 없었으니 이분들은 실로 숭상할 만합니다. 이 밖에 능히 내면을 향해 공부할 줄 알았던 전후의 여러 공들도 그 말이 또한 평이하고 착실하여 조리가 있었으니, 이로써 스스로 돌아보아 또한 생각을 더해야 할 것입니다. 모르겠습니다만, 어떻습니까?

우리 형께서는 사서(四書)를 매우 좋아한 지 이미 오래되었는데, 아직도 이런 근심을 면치 못하였으니, 무엇 때문인지요? 어쩌면 송독할 때 단지 마음에 맞고 즐길 만한 말과 구절에만 뜻을 붙이고 처음부터 끝까지 그 정추(精粗)에 따라 마음을 비우고 완미해서 모두 완전히 꿰뚫어 흡족하게 하지 못했기 때문에, 그 마음과 생각에 보존되고 글과 말로 나오는 것이 또한 늘 무미건조한 병이 있고 더 이상 통투(通透)하고 활락(活絡)한 기미가 없어서 그런 것입니까? 우연히 이런 점을 보았기에 감히 숨기지 못했으니, 부디 시험 삼아 살펴보시기 바랍니다. 요즈음 공부하는 바는 모르겠습니다만, 과연 무슨 책인지요? 어리석은 내 생각은 형께서 독서할 때 다시 더욱 마음을 비우고 생각을 너그럽게 가지고서 구하게 하려는 것입니다. 모르겠습니다만 이 생각이 어떠한지요?

내가 일찍이 보매 형께서는 자신을 반성하는 생각이 매우 절실하였으니, 생각건대 독서할 때도 반드시 자신에게 절실한 말을 먼저 취하여 부지런히 생각을 더해야 할 것입니다. 이 뜻이 어찌 좋지 않겠습니까. 그러나 한 책 가운데에는 처음부터 끝까지, 비록 깊음과 얕음, 정밀함과 거침의 차이야 있겠지만, 도의 이치가 고르게 펼쳐져 있지 않은 곳이 없으니, 비유하자면 사람의 몸에 이목구비가 실로 일신의 중요한 곳이지만 사지와 온갖 뼈마디가 하나라도 갖추어지지 않으면 사람이 될 수 없는 것과 같습니다. 독서란 매우 중요한 곳을 취하는 것일 뿐이니, 또한 어찌 한 책의 전체를 자세히 다 이해할 수 있겠습니까. 그러나 이미 전체를 자세히 다 이해하지 못했으면 또한 매우 중요한 곳이 과연 매우 중요한지를 참으로 알 수는 없을 것입니다. 형께서 평소 독서하는 공정(功程)을 내가 자세히 알지도 못하면서 한갓 내 생각으로 억측하고 다시 문득 이처럼 찬조(贊助)하였으니, 전혀 걸맞지 않은 일이 아니겠습니까? 그러나 이는 보잘것없는 내가 충심을 바치고자 하는 뜻이니, 또한 살펴서 이해하시기 바랍니다.

내가 앞의 편지에서 "뛸 듯이 기쁘고 즐겁다.〔沛然悅豫〕"라고 한 말은 생각건대 단지 한때의 의사(意思)에 근거하여 말한 것일 뿐이니, 어찌 계속해서 확충하는 바가 있을 수 있겠습니까. 형이 지적하여 물어주시는 말을 듣고 보니 스스로 부끄러워질 뿐입니다. 대개 한가한 가운데 묵묵히 앉아 혹 때로 책을 펴 보매 또한 어찌 한때의 좋은 의사가 없겠습니까마는, 단지 잠깐 얻었다가 바로 잃어버려서 있는 듯 없는 듯이 여기며[27] 심히 두서를 이루지 못하고 있을 뿐이니, 필경에는 다만 일정한 투식을 안배하는 데로 돌아갈 것입니다. 이는 일간에 거경(居

27 있는……여기며 : 어렴풋이 그렇다고 여길 뿐 자세하게 알지 못한다는 말이다. 자세한 내용은 341쪽 주6 참조.

敬) 공부가 결여되었기 때문에 자잘한 식견들이 모일 바가 없어서 그런 것입니다. 옛사람이 "치지(致知)를 하면서 경(敬)에 있지 않는 경우는 없다."[28]라고 한 말이 진정 참으로 그러함을 느끼지만 하루라도 이곳에다 실제로 힘을 쓰지 못하니, 매우 근심스럽고 한탄스럽습니다. 어찌해야겠습니까, 어찌해야겠습니까.

실제에 힘써서 각고의 노력을 기울여야 한다는 경계는 흠복(欽服)하는 마음을 가눌 수 없지만, 사양하고 받는 절도는 실로 생각을 다해야 할 곳입니다. 현재는 비록 주현(州縣)에서 물품을 보내오는 일이 없지만, 오직 가깝게 지내는 한두 명의 지인이 수령으로 있는 곳에 때로 위급함을 호소하는 것을 면치 못하니, 이것이 또한 매우 마음에 차지 않습니다. 그러나 이렇게 하지 않으면 더욱 살아갈 방도가 없으니, 자못 고민스러울 뿐입니다. 금년에는 곤궁함이 또한 평년과 다르지만 농사에 조금 풍년이 든 뒤에는 또 어떻게 해야 할지 모르겠습니다. 요컨대 환곡을 받은 것이 많아서 상납(償納)하는 일이 쉽지 않으니, 이것이 가장 염려되는 점입니다.

이곳에서 우거하는 생활은 실로 고립무원하여 재미없으니, 형께서 정성스레 가르쳐 주신 말씀이 이유가 있었다는 것을 또한 알겠습니다. 다만 남쪽의 고향 땅이 이 근처에 있기 때문에 왕고(王考)께서 일찍이 용담(龍潭)에 우거를 정하셔서 지금 한두 서속(庶屬)들이 남아 구업(舊業)을 지키고, 종숙조(從叔祖) 판서공 역시 일찍이 무주(茂朱) 땅

28 치지(致知)를……없다 : 《근사록(近思錄)》 권4 〈존양(存養)〉에 "도에 들어가는 것은 경만 한 것이 없으니, 치지를 하면서 경에 있지 않은 경우는 없다.〔入道莫如敬, 未有能致知而不在敬者.〕"라는 정이(程頤)의 말이 보인다.

에 우거를 정하시어 지금도 강가의 정자가 남아 있으며, 선고(先故) 이래로 모두 일찍이 이 지방 근처에 자취를 남겼으니, 참으로 호남(湖南) 지역의 산수가 아름다운 고장이라도 이 지역보다 나은 곳은 없을 뿐입니다. 이 지역이 비록 수석(水石)의 승경은 없지만 지세가 시원스레 틔어 있고 유명한 마이산(馬耳山)이 울타리 밖에 우뚝 솟아 있어서 짐짓 계산(溪山)의 아름다운 곳을 왕래하며 소요하고자 하면 또한 없지는 않으니, 고요하고 마음 편히 칩거할 계획을 세우는 데 어울리는 장소가 아니라고 할 수는 없습니다. 다만 지금은 오직 아우와 함께 서로 의지하고 있는데 조만간 아우가 서울로 들어가고 나면 더욱더 외롭고 적적해질 터이니, 마땅히 중형(仲兄)을 불러 함께 살아야 하겠습니다. 근기(近畿) 지역은 일의 형세로 볼 때 결정하기 어려울 뿐만이 아니라, 또한 종적으로 보아 불편한 점이 있을 듯하니 어찌하겠습니까, 어찌하겠습니까. 보내 준 약물은 지극한 뜻에 깊이 감사드립니다. 무더운 날씨에 기운이 노곤하여 어렵게 쓰느라 편지의 격식을 갖추지 못했습니다.

별지 別紙

물어 오신 몇 조목은 자신만 못한 사람에게 묻기를 부끄러워하지 않는 성대한 마음을 볼 수 있으니, 감탄하고 우러르는 마음을 금치 못하겠습니다. 돌아보건대 거칠고 혼매한 내가 어찌 그 사이에서 개발(開發)하는 바가 있을 수 있겠습니까마는, 다만 성대한 뜻을 저버리고 욕되게 할 수 없기 때문에 대략 그 경개만 말씀드리겠습니다.

"성이 발현하여 정이 된다.〔性發爲情〕"라는 말과 "심이 발현하여 의가 된다.〔心發爲意〕"라는 말은 바로 운봉 호씨(雲峯胡氏)의 설이니,[29] 범범하게 보면 도리어 심과 성이 상호 간에 따로 발현하고 정과 의가 두 가지 갈래가 되어서 서로 간에 관섭(關涉)하지 않는 것처럼 보입니다. 그러나 성은 곧 심의 이(理)이고 정은 곧 심의 용(用)이니, 심이 바로 성과 정의 주인입니다. 천하에는 성이 없는 심이 없고 심에서 떨어진 성이 없으니, 성이 발현하여〔性發〕라고 하는 것이 어찌 성이 혼자 스스로 발현하여 심에 통섭(統攝)되지 않는다는 말이겠으며, 심이 발현하여〔心發〕라고 하는 것이 또한 어찌 심이 혼자 스스로 발현하여 성에 근본하지 않는다는 말이겠습니까. 단지 정은 자연스럽게 발현하여 나오는 마음이고 의는 정으로 인하여 계교하는 마음이기 때문에 자연스럽게 발현하여 나오는 것을 성에 소속시키고 정으로 인하여 계교하는 것을 심에 소속시키는 것이니, 애초에 정은 심과 무관하고 의는 성과 무관하다고 말한 것이 아닙니다. 이와 같으면 그 발현하는 것이 상호 간에 따로 하는 것이 아니고 그 갈래가 두 가지가 아니어서 그 뜻이 자연스럽게 서로 관섭하는 것을 알 수 있습니다. 어떻습니까.

29 성(性)이……설이니 : 운봉 호씨(雲峯胡氏)는 원(元)나라의 학자 호병문(胡炳文, 1250~1333)으로, 자(字)는 중호(仲虎)이고, 호가 운봉이다. 주자학에 정통하여 《주역본의통석(周易本義通釋)》, 《서집전(書集傳)》, 《춘추집해(春秋集解)》, 《예서찬술(禮書纂述)》, 《사서통(四書通)》 등의 저술을 남겼으며, 문집으로는 《운봉집(雲峯集)》이 있다. 운봉 호씨의 이 설은 《대학장구》 경(經) 1장의 소주(小註)에 실려 있는데, "그 발현하는 바를 인하여 드디어 밝힌다는 것은 성이 발현하여 정이 되는 것이고, 그 심의 발현하는 바를 성실하게 한다는 것은 심이 발현하여 의가 되는 것이다.〔因其所發而遂明之者, 性發而爲情也; 實其心之所發者, 心發而爲意也.〕"라고 하였다.

어떻습니까?

선(善)과 악(惡)의 나누어짐에 이르러서는, 이 정(情)과 의(意)를 따지지 않고 성(性)을 따르는 것이 선이 되고 성을 따르지 않는 것이 불선(不善)이 되니, 대개 천하에는 성 밖의 선이 없기 때문입니다. 만일 의의 선한 것을 이 정이 성에서 발현된 것이라 하고 의의 악한 것을 이 정이 흘러서 악이 된 것이라고 한다면 이때의 의는 성에 근본하지 못하여 단지 정에서 명을 들을 수 있을 뿐이니, 또한 의가 능히 정의 기용(機用)을 운용하는 경우는 보지 못했습니다. 어떻습니까, 어떻습니까? 만일 그 다르고 같은 때로 말하자면, 자연스럽게 발현하여 나온 경우와 정으로 인하여 계교하는 경우는 다름이 없음을 용납하지 않고, 심에 통섭되고 성에 근본하는 경우는 또 일찍이 같지 않은 적이 없었습니다. 만일 단지 일상에서 발현할 때는 반드시 다르고 같은 때가 없다고 말한다면, 이는 명목(名目)과 의사(意思)에 대해 미처 자세히 상고하지 못하고 한 말인 듯합니다. 대저 심과 성과 정과 의는 모두 형체가 없는 물건이기에 조그마한 차이에도 문득 득실을 다투게 되니, 실로 쉽게 말할 수 없습니다. 또 혹 진부한 말을 이어받아 조금 명분과 의리를 구별할 수 있더라도 만일 실체(實體)에 대해 참된 견해가 있지 않다면 분석하는 것이 비록 상세해도 무익할 뿐입니다. 원컨대 다시 성현의 말을 깊이 상고하고-주자(朱子)의 심통성정설(心統性情說) 및 율곡(栗谷)의 《성학집요(聖學輯要)》 가운데 심성(心性)에 대해 논한 곳이 가장 상세하여 완미할 만합니다.- 자신에게 돌이켜 구해서, 성이 우리 몸에서 어떤 물건이고 심이 어떤 물건이고 정과 의가 어떤 물건인지 실제로 견득(見得)하여 모두 가슴속에서 명료하게 할 수 있으면 서로 관섭하는지 관섭하지 않는지 및 선악과 동이(同異)의 구분을 모두 관통하여 의심이 없을 수 있을 것입니다. 어떻습니까, 어떻습니까? 직접 강구하지 못하고 참람하고 경솔하게 이런 말을 언급하자니 또한 두렵습니다.

밝은 덕〔明德〕은 단지 본심(本心)을 말한 것인데, 마음이 성(性)과 정(情)을 통섭하기 때문에 성과 정은 저절로 그 가운데 포함되어 있을 뿐입니다. 만일 심성(心性)이라고만 말한다면 만사에 응하는 것은 정이 아니고 무엇이겠습니까. 이는 그 지의(旨意)가 일찍이 명백하지 않은 적이 없었지만, 그 근심은 자신이 깊이 고찰하고 돌이켜 구하는 공부에 또한 지극하지 못한 점이 있는 데에 있을 뿐입니다.

반(班)은 소목(昭穆)의 반서(班序)이고 출주(出主)는 주신(主身)을 받들어 내는 것입니다. 창독(窓櫝)[30]은 《가례(家禮)》에 그 제도를 말하지 않았고 도판(圖版) 가운데 있을 뿐이어서 그 득실을 자세히 알 수 없으니, 다시 검토해 보고 만나서 강론하기를 기다려도 늦지 않을 것입니다. 서쪽의 감실(龕室)을 비워 두는 것은 고조, 증조, 조부, 부친이 절로 정해진 자리가 있기 때문입니다. 종법(宗法)은 그 설이 매우 장황합니다만, 만일 그 대의를 말해 본다면 이는 족인(族人)을 수합하여 종주(宗主)의 법이 있게 하는 것이니, 이른바 "종족을 거두고 풍속을 후하게 한다.〔收宗族厚風俗〕"[31]와 "사람들이 온 곳을 알게 된다.〔人

30 창독(窓櫝) : 신주를 모셔 두는 궤로, 전면에 두 쪽의 창(窓)을 단 것이다. 사마온공(司馬溫公)이 말하기를 "부군과 부인은 독을 같이한다.〔府君夫人, 共爲一櫝.〕"라고 하였다. 《家禮 卷4 喪禮 作主》

31 종족을……한다 : 이천(伊川) 정이(程頤)가 말하기를 "천하의 인심을 관섭하여 종족을 거두고 풍속을 후하게 하여 사람으로 하여금 근본을 잊지 않게 함은, 모름지기

知來處]”[32]와 “조정의 위세가 저절로 높아진다.[朝廷之勢自尊]”[33]라는 말이 모두 이 의리를 이야기하는 것입니다. 대개 사람이 종족으로 모여서 질서 정연하게 계통이 있으면 조정의 위세가 또한 어찌 더욱 높아지지 않겠습니까.

찾아온 인편이 서서 기다리는 바람에 바빠서 생각을 다 말하지 못했으니, 부디 용서하고 살펴보시기 바랍니다.

보계를 밝혀 세족을 거두고 종자법을 세움이니라.[管攝天下人心, 收宗族厚風俗, 使人不忘本, 須是明譜系收世族, 立宗子法.]”라고 하였다.《二程遺書 卷6》《近思錄 卷9》

32 사람들이……된다 : 횡거(橫渠) 장재(張載)의 말이다. 《장자전서(張子全書)》 권4에 “장자가 ‘종법이 만일 서면 사람들이 각각 온 곳을 알게 되어 조정에 큰 이로움이 있을 것이다.’라고 하니, 혹자가 ‘조정에 어떤 점이 이롭습니까?’라고 하였다. 그러자 대답하기를 ‘공경들이 각각 자기 집을 보전하면 충의가 어찌 서지 않을 리가 있겠는가. 충의가 이미 서면 조정이 어찌 견고하지 않을 리가 있겠는가.’라고 하였다.[張子曰: 宗法若立, 則人各知來處, 朝廷大有所益. 或問: 朝廷何所益? 曰: 公卿各保其家, 忠義豈有不立? 忠義旣立, 朝廷豈有不固?]”라는 말이 보인다.

33 조정의……높아진다 : 정이(程頤)가 말하기를 “지금은 종자가 없기 때문에 조정에 세신이 없으니, 만약 종자법을 세우면 사람이 조상을 높이고 근본을 소중히 여길 줄을 알 것이요, 사람이 이미 근본을 소중히 여기면 조정의 위세가 저절로 높아진다.[今無宗子, 故朝廷無世臣, 若立宗子法則人知尊祖重本, 人旣重本則朝廷之勢自尊.]”라고 하였다.《二程遺書 卷18》《近思錄 卷9》

박대숙께 답함 계유년(1693, 숙종19)

答朴大叔 癸酉

지난가을 사이에 화우(和友)[34]가 과연 형께서 4월에 보낸 편지를 전해 주었지만 그럭저럭 시간만 보내면서 답장하지 못했는데, 올봄에 또 인편을 통해 형께서 1월에 보낸 편지와 아울러 경오년(1690, 숙종16) 3월에 보낸 편지를 받아 보았습니다. 편지 한 통을 받을 때마다 개발되고 위로됨이 매우 깊었습니다만, 답장 보내는 것을 지체하여 걸핏하면 해를 넘겼으니 형의 마음도 반드시 답답하였을 것입니다. 나는 금년 이래로 병이 더욱 고질이 되어 춘초(春初)에서 중하(中夏)에 이르기까지 복통과 눈병이 자주 발작하였으니, 거의 편한 날이 없었습니다. 이번 두 달 동안은 배 속이 다행히 조금 편안하였는데, 이는 중완(中脘)에 뜸을 천번 뜬 힘인 듯합니다. 다만 눈병은 갑자기 병근을 떨쳐 버리기가 어려워서 책을 보고 글을 쓰는 데 가장 방해되니 매우 고민스럽습니다. 그동안 서찰을 오래도록 보내지 못한 것은 실로 대부분이 이 때문이었는데, 또한 전후로 보내온 형의 편지에서 문득 일삼는 바와 얻은 바를 물어 왔으니, 내 마음은 여기에서 매우 서글픈 생각이 들었습니다. 거의 차도가 생겨 스스로의 힘으로 조금 나아가서 거칠게나마 형의 정성스러운 뜻에 부응할 만한 점이 있게 된 뒤에 답장을 드리려

34 화우(和友) : 김창협(金昌協, 1651~1708)의 자(字)가 중화(仲和)이므로 이렇게 부른 것이다. 본관은 안동(安東), 호는 농암(農巖)·삼주(三洲), 시호는 문간(文簡)이다. 청풍 부사(淸風府使) 시절 기사환국(己巳換局)으로 부친 김수항(金壽恒)이 사사되자 벼슬에 뜻을 접고 은거하면서 학문에 매진하였다. 저서로 《농암집》 등이 있다.

했기 때문에 결국 안부를 주고받는 편지까지 아울러 전폐하기에 이르렀습니다. 어느덧 세월이 흘러 홀연 다시 가을이 되었는데 스스로 일상을 살펴보매 조금도 마음에 만족스러운 점은 없고 멀리 바라보며 사람을 그리워하는 정은 이에 더욱 간절해져서, 애오라지 다시 병든 몸을 애써 일으켜 이렇게 편지를 써서 급하게 답장을 보냅니다만, 이는 자못 처음의 계획이 아닙니다. 요즈음 날씨가 서늘해졌는데 생각건대, 한가한 가운데 학문하는 체후는 더욱 건승한지요? 바닷가 고을에서 우거하기에 위쪽 지역으로의 유람이 조금 멀어졌으니, 영원(鴒原)이 이삭(離索)하는 탄식[35]을 실로 상상할 수 있습니다. 그러나 고요하고 궁벽한 땅은 진덕수업(進德修業)에 마땅하고 이웃 어른을 찾아 종유하매 또한 한가히 지내는 유익함이 있을 터이니, 군자의 마음은 실로 어디에 있든 간에 스스로 얻는 바가 있을 것입니다.

나는 지난가을 집안의 식솔들을 데리고 고향으로 돌아와서[36] 살 집을 지을 계획을 세웠지만 마침내 빈곤하여 자뢰할 만한 것이 없었기 때문

35 영원(鴒原)이 이삭(離索)하는 탄식 : 형제간에 서로 헤어져 쓸쓸히 지내는 탄식을 말한다. 영원은 《시경》 〈소아(小雅) 상체(常棣)〉에 "척령이 언덕에 있으니, 형제가 급난을 구원하도다.〔脊令在原, 兄弟急難.〕"라는 구절에서 온 말이다. 척령(脊令)은 '척령(鶺鴒)'과 같다. 이삭은 이군삭거(離群索居)의 준말로, 벗들을 떠나 쓸쓸히 홀로 사는 것을 뜻한다. 《예기(禮記)》 〈단궁 상(檀弓上)〉에 자하(子夏)가 "내가 벗을 떠나 쓸쓸히 홀로 지낸 지가 오래이다.〔吾離群而索居, 亦已久矣.〕"라고 한 데서 온 말이다. 여기서는 형제를 떠나 홀로 지낸다는 의미이다.

36 지난가을……돌아와서 : 《창계집》 〈창계선생연보초(滄溪先生年譜草)〉에 의하면 창계는 1688년(숙종14) 2월 식구들을 데리고 진안(鎭安)에서 고향인 나주 회진(會津)으로 이주했는데, 1690년 3월 천연두를 피해 사교(沙橋)에 있는 중씨(仲氏)의 집에서 우거하다가 1692년 다시 회진으로 돌아와 창계초당(滄溪草堂)을 짓고 거처하였다.

에 뜻을 이루지 못하고 고향 땅에 우거하면서 친족들과 서로 의지하고 있으니 또한 낙으로 삼을 만합니다만, 불행하게도 종형 한 분이 초여름에 갑자기 세상을 떠났으니 슬프고 참담한 심정은 말씀드리기가 어렵습니다. 고향에서는 인사가 자못 번거로워 정양(靜養)하는 데 불편해서 근래 일가가 힘을 합쳐 강변에서 몇 리쯤 떨어진 곳에다 집을 몇 칸 지었는데, 강산과 암석의 승경이 매우 좋아서 때로 왕래하며 거처할 만하니 이것이 자못 평소의 마음에 흡족한 점입니다. 매번 짧은 노를 저어 물을 거슬러 오를 때와 한가롭게 창가에 조용히 앉아 있으면 형을 향한 그리움이 더해지지 않은 적이 없었으니, 축지(縮地)하여 맞이할 수 없는 것이 한스러웠습니다. 기억하건대 옛날 형과 화우의 집에 같이 모여서 노경에 서로 의지하자고 약속한 적이 있었습니다. 다만 지금 일의 형편이 다시 고향을 떠나 멀리 갈 방법이 없지만, 형의 뜻이 정성스러워서 매양 오히려 기망(期望)하는 말을 하시니 사람으로 하여금 한탄스럽고 상심되게 할 뿐입니다. 보내온 편지를 보건대, 《주역》을 읽은 다음에 다시 바야흐로 《논어》에 힘을 쓰고 있다 하니, 그사이에 반드시 긴절하게 수용한 곳이 있을 것입니다. 어떻게 하면 얻어 들어서 혼매하고 게으른 이 마음을 경계할 수 있겠습니까?

매번 생각건대, 형께서는 어린 시절부터 각고의 노력으로 공부하였고 반평생의 종적이 산암(山庵)의 적막한 곳에 오래 있어서 세간의 긴요한 서적을 읽음에 또한 거의 다 보아서 유추하여 통달했을 터이니, 또한 큰 성취에 가까워졌을 것입니다. 그런데 형께서 오히려 그렇게 할 수 없음을 병통으로 여기는 것은 내가 간절히 헤아려 보건대, 아마도 이는 순서에 따라 공부하는 선현들의 방법을 쓰지 않고 단지 일시적으로 뜻에 맞는 책을 편의에 따라 읽은 허물 때문인 듯합니다. 지금 읽은 서목(書目)으로 살펴보건대, 《주역》을 채 반도 읽기 전에 다시 《논어》를 본 것은 또한 이른바 순서가 아닙니다. 이것이 비록 거친 방법이지만 또한 대체(大體)에 관계되니, 형의 생각에 만일 그렇다고 여겨진다면 다시 모름지기 원대한 규모를 정립하여 순서에 따라 정신을 집중하는 것이 어떻겠습니까, 어떻겠습니까? 나는 비록 이렇게 하지 못했지만 내 생각으로 헤아리건대, 모름지기 이렇게 하는 것이 좋을 듯합니다. 모르겠습니다만, 어떻습니까?

나는 눈병을 앓은 후로 전혀 책을 보지 못하고 단지 예전에 읽은 《중용》과 《대학》을 가지고 때로 외우고 완미하기를 더했을 뿐인데, 인하여 《논어》와 《맹자》에 미치고자 했지만 《논어》는 책의 내용이 조금 많아서 정문(正文)만도 연달아 암송할 수 없었습니다. 멸렬(滅裂)하기가 이와 같으니 다시 무엇을 하겠습니까. 그러나 내 생각은 만일 차도가 있으면 죽기 전 남은 시간에 대략 선현들이 가르쳐 보여준 과정에 의거하여 선비라면 응당 읽어야 할 책인 경전의 큰 가르침에 한결같이 힘을 쏟아 보려 합니다. 그러나 항상 그 바람을 이루지 못할까 두려울 뿐입니다.

병든 눈으로 글을 쓰다 보니 오히려 힘들어서 하고 싶은 말을 갑자기 다 쓰지 못했습니다. 대저 수십 일 동안 함께할 기회를 가지지 못한다면 실로 깊이 맺힌 이 뜻을 다 이야기하기가 어렵습니다.

사앙(士仰)[37]은 함께 종유함에 반드시 강습의 즐거움이 있을 터이니,

37 사앙(士仰) : 정제두(鄭齊斗, 1649~1736)의 자이다. 본관은 영일(迎日), 호는 하곡(霞谷), 시호는 문강(文康)이고, 박세채(朴世采)의 문인이다. 우참찬, 세자이사(世子貳師) 등을 역임하였다. 처음에는 주자학을 공부하다가 후에 양명학에 심취하였고,

멀리서 그리움이 더해집니다. 원대한 학업을 부지런히 궁구하여 멀리 있는 정성을 위로해 주기를 간절히 빌 뿐입니다.

의약에 대한 가르침과 질병을 삼가라는 경계는 실로 살기를 바라는[38] 지극한 뜻에서 나온 말이니, 감히 복응(服膺)하지 않을 수 있겠습니까. 그러나 약물은 실로 얻기 어려우니 이미 더 이상 마음에 두지 않고, 오직 질병을 삼가는 한 가지 일은 자기 자신에게 속하는 것이므로 일찍이 스스로 면려하지 않은 적이 없었습니다. 다만 학문에 실제로 터득한 것이 없어서 주장하는 마음이 안정되지 못함으로 인해 왕왕 아침에 후회해 놓고 저녁에 다시 그렇게 하는 탄식이 또한 때로 있으니, 항상 절실하게 경계하고 성찰하지만 실로 초연히 벗어나서 스스로 새롭게 하지는 못하고 있습니다. 형이 주신 경계의 가르침을 받으니 두려운 마음이야 깊지만 또한 과연 다시 어떻게 될지 모르겠습니다. 대개 마음을 다스리고 병을 다스리는 것은 실로 두 가지 길이 아닙니다. 오직 이치를 터득하고 마음이 안정되어야 생기(生氣)를 상하게 하여 병을 이르게 하는 일이 비로소 없어질 것입니다. 옛사람이 "두려워하고 조심하여 깊은 연못에 임한 듯이 하고

이후 양명학파의 성립에 기반을 마련하였다. 송시열(宋時烈), 최석정(崔錫鼎), 민이승(閔以升), 박심(朴鐔) 등과 논변하였다. 저서로는 《학변(學辨)》, 《존언(存言)》, 《삼경차록(三京箚錄)》, 《하락역상(河洛易象)》, 《심경집의(心經集義)》 등이 있다.

38 살기를 바라는 : 나를 사랑하여 내가 살기를 바란다는 의미이다. 공자가 "사랑할 때는 살기를 바라고, 미워할 때는 죽기를 바란다. 이미 살기를 바라고서 또 그 죽기를 바라는 것이 의혹이다.〔愛之欲其生, 惡之欲其死. 旣欲其生, 又欲其死, 是惑也.〕"라고 한 데서 온 말이다. 《論語 顔淵》

얇은 얼음을 밟는 듯이 한다."라고 한 말[39]이 또한 어찌 거듭 깊이 생각해야 할 말이 아니겠습니까.

정사앙(鄭士仰)의 거처와는 거리가 얼마나 됩니까? 함께 종유한다고 들었으니, 아마도 강습의 즐거움이 있을 것입니다. 그래서 늘 그리움이 절실합니다. 그의 아우 사첨(士詹)[40]은 받은 처벌이 범상하지 않았으니[41] 들으매 당황스럽고 두렵습니다. 생각건대 사앙의 심정을 말로 할 수 없을 것입니다. 나는 사앙에 대해 비록 자주 왕래하며 익숙히 강습하지는 못했지만 호감을 느끼고 있은 지는 오래되었습니다. 근래 들으니, 양명학(陽明學)에 심취하여 신념이 매우 견고하다고 하니, 아마 스스로 터득한 것이 이미 깊어서 곁에 있는 사람들의 구설에 흔들리지는 않을 것입니다. 그러나 함께 종유할 때 또한 반복하여 평론한 일이 있을 터이니, 그 경개가 되는 의취(意趣)를 대략 보여 주실 수 있는지요? 그 사람은 양명의 말을 전부 옳다고 여기는 것입니까, 아니면 그 가운데 좋은 곳을 취하여 스스로

39 두려워하고……말 : 매사에 두려워하는 마음을 갖고서 신중하게 대처함을 말한다. 《시경》〈소아(小雅) 소민(小旻)〉에 내용이 보인다.

40 사첨(士詹) : 정제태(鄭齊泰, 1652~1698)의 자이다. 정상징(鄭尙徵)의 2남 1녀 가운데 둘째 아들로, 정제두의 동생이다. 1682년(숙종8) 춘당대 문과(春塘臺文科)에 급제하였고, 삼사(三司)의 관직과 이조 좌랑 등을 역임하고 1697년에 통정대부에 가자되고 광주 부윤(廣州府尹)에 제수되었다.

41 처벌이……않았으니 : 《숙종실록》 19년 10월 18일 기사에 "숙배하지 않은 병조 정랑 정제태의 관직을 삭탈하고 변방으로 유배하게 하다."라는 내용이 있는데, 이 일을 가리키는 듯하다.

유익하게 하는 것일 뿐입니까? 비록 양명의 말 가운데 좋은 곳을 취한다 하더라도 본령이 이미 편벽되었으면 비록 이른바 좋은 곳이라도 절로 끌려가는 병통이 있을 것이니, 또한 살피지 않을 수 없습니다. 모르겠습니다만, 형의 생각은 어떠한지요?

이군보[42] 세필 께 답함 병인년(1686, 숙종12)

答李君輔 世弼 丙寅

쌓인 눈이 녹아 진흙탕이 되었는데 고생스럽게도 험한 길을 건너 깊은 산 궁벽한 골짜기 속 곤궁한 사람을 위로해 주셨으니, 이 의리가 어찌 천리 길에 수레를 몰아 친구를 찾아갔던 옛사람의 일[43]보다 못하겠습니까. 이틀을 묵는 동안 가르쳐 주시는 말씀을 정성스레 받들었으니, 깨우쳐 유익하게 해 주시는 은혜가 이미 많았습니다.

나는 재앙의 벌[44]을 받고 병고에 시달리면서도 수년 동안 죽지 못했으니, 목숨은 비록 부지하지만 생각은 모두 사라졌습니다. 그런데 존형의 고아한 말을 접한 뒤로 비로소 조금 감격하여 분발하는 마음이 생겼습니다. 만일 열흘이나 보름 정도 서로 머무르면서 책을 잡고 토론할 수 있다면 그 이로움이 여기에 그치지는 않았을 것입니다만, 존형께서는 직무에 매여 있고 불초한 나는 천지 사방에 뜻이 없어졌으니 백년 안에 다시 몇 번이나 만날 수 있겠습니까. 이별한 이래로 망연자실하여 그리움이 점점 절실해지니, 용안(龍安)의 사민(士民)이 되어 날로 존형의 가르침을 받들지 못하는 것이 한스럽습니다.[45] 이는 모두 실제의

42 이군보(李君輔) : 군보는 이세필(李世弼)의 자이다. 354쪽 주15 참조.

43 천리……일 : 삼국 시대 위(魏)나라 여안(呂安)과 혜강(嵇康)이 상대방이 그리워지면, 그때마다 천리 길에 수레를 몰아 찾아갔다는 고사가 있다. 《世說新語 簡傲》

44 재앙의 벌 : 《창계집》 〈창계선생연보초(滄溪先生年譜草)〉에 의하면 창계는 1683년(숙종9) 1월 12일 모친상을 당하고 1684년 1월 22일 부친상을 당했는데, 바로 이 일을 가리킨다.

말이니 고명(高明)께서는 반드시 깊이 양찰하고 계실 것입니다.

돌아가신 후 사흘 만에 눈이 내리기 시작했는데, 노정을 계산해 보니 무사히 돌아가셔서 평온하게 잘 계시리라는 것을 알 수 있습니다. 이곳[46]에서는 그럭저럭 전과 같이 지내는데, 진안(鎭安)에 집을 짓는 일로 역사(役事)가 적지 않으니 자못 신경이 쓰일 뿐입니다. 나머지 많은 말들은 편지로 어찌 다할 수 있겠습니까. 부디 더욱 학문을 정진하는 데 힘써서 그리워하는 나의 마음에 부응하시기를 바랄 뿐입니다.

45 용안(龍安)의……한스럽습니다 : 당시 이세필이 용안 현감(龍安縣監)으로 있었기 때문에 한 말이다. 이세필은 1684년(숙종10) 용안 현감에 제수되어 기민(饑民)을 진휼하고 학정(學政)을 홍기하는 등 선정을 베풀었다. 《국역 국조인물고 속고5 이세필 시장》

46 이곳 : 《창계집》 〈창계선생연보초(滄溪先生年譜草)〉에 의하면 창계는 1684년(숙종10) 1월 부친상을 당하고 3월 선산에 장사 지낸 후 용담(龍潭) 조림촌(照林村)으로 거처를 옮겼다가, 1686년 5월 진안(鎭安)의 반월촌(半月村)으로 이주하였다.

이군보께 답함

答李君輔

보여 주신 강학(講學)에 대한 의론은 수년 이래로 들어 보지 못한 것이니 참으로 고루한 식견에 위안이 됩니다. 그러나 마침 길을 떠나게 되어 마음이 바빠진 관계로 상세하게 답장하지 못하겠으니, 우선 대체적인 내용만 거론하고 답신을 기다릴 뿐입니다. 존형께서 우암(尤庵 송시열(宋時烈)) 어른이 '격물치지(格物致知)를 인하여'라고 한 말[47]을 의심하여 "격물치지 이전에 다시 1건의 격물치지 공부가 있는 것은 용납될 수 없습니다."라고 한 것은 매우 명백한 말입니다. 다만 다시 소주(小註)의 득실에 대해 상세하게 말하지 않은 것은 또한 과연 무엇 때문인지요? 이는 고금의 사람들이 이러쿵저러쿵하는 말들에 대해 오히려

47 우암(尤庵)……말 : 《송자대전(宋子大全)》 권104 〈답이군보(答李君輔)〉에 "보내온 편지에서 인용한 바 보망장 '이지(已知)'의 '지(知)'는 그 글자의 의미가 무엇인가? 보망장 소주의 '이지'는 바로 상문의 '인심의 신령함은 앎이 있지 않음이 없다.'라고 한 말의 '지(知)'이니, 나는 늘 이 주(註)가 온당치 못하다고 생각하였다. 여기에서 이른바 '이지'란 대개 격물을 인하여 이미 아는 '지(知)'이고, 이른바 '인심의 신령함은 앎이 있지 않음이 없다.'의 '지'는 곧 지각(知覺)의 '지'이니, 두 '지' 자는 본래 같지 않다. 대개 이 지각의 '지'로써 사물의 이치를 알고, 이미 안 것이 있은 연후에 이 이미 아는 '지'를 인하여 더욱 궁구하는 것이다.〔來示所引補亡章已知之知, 此知字其意云何? 補亡章小註已知, 卽上文人心之靈莫不有知之知, 愚每謂此註未安也. 此所謂已知者, 蓋因格物而已知之知也; 所謂人心之靈莫不有知, 卽知覺之知也, 兩知字自不同. 蓋以此知覺之知而知事物之理, 旣有所知然後因此已知之知而益窮之也.〕"라고 한 내용이 보인다. 다만 송시열은 '격물을 인하여〔因格物〕'라고 했는데, 여기서 인용할 때는 '격물치지(格物致知)를 인하여〔因格致〕'라고 하였다.

그 뜻을 다 이해하지 못하였기 때문인 듯합니다. 모르겠습니다만, 어떻습니까?

내 생각은 다음과 같습니다. 본전(本傳)[48]의 뜻은 다만 격물 공부를 말하는 것이니, 마땅히 내가 이미 알고 있는 이치를 인하여 더욱 궁구함을 더해야 한다는 말일 뿐입니다. 만일 그 하나를 알고 그 둘을 알지 못하면 하나로 인하여 둘에 미치고, 그 얕은 이치를 알고 그 깊은 이치를 알지 못하면 얕은 이치로 인하여 깊은 이치에 미치는 것이니, 이것이 모두 이른바 '이미 알고 있는 이치를 인하여〔因其已知〕'라는 말[49]입니다. 대개 오늘 이 사물을 궁구하려고 하면 오늘 이전에 이미 알고 있는 이치에 혹 1, 2분(分)이나 혹 8, 9분을, 혹은 심령(心靈)이 자연히 아는 바나 혹은 견문과 사려를 통해 아는 바가 모두 이미 알고 있는 것이 되니, 반드시 이것을 인하여 미루어 궁구해서 극처(極處)에 도달하게 하는 것이 바로 격물일 뿐입니다. 애초부터 이전에 알고 있는 바를 분별하지 못한다면 무엇을 인하여 알 수 있겠습니까.

소주의 설은 단지 이 '지(知)'가 다른 '지'가 아님을 발명(發明)하고자 한 것인 듯하니, 바로 상문(上文)의 "사람은 앎이 있지 않음이 없다.〔人莫不有知〕"라고 한 말[50]의 '지(知)'에 근본하였을 뿐입니다. 만약 이처

48 본전(本傳) : 《대학장구》 전 5장 보망장(補亡章)의 "이것을 일러 지식이 지극하다고 하는 것이다.〔此謂知之至也〕"라는 구절을 이른다.

49 이미……말 : 《대학장구》 전 5장 보망장의 소주(小註)에 "이 때문에 대학에서 처음 가르칠 때에 반드시 배우는 자들로 하여금 모든 천하의 사물에 나아가서 그 이미 알고 있는 이치를 인하여 더욱 궁구해서 그 극에 이름을 구하지 않음이 없게 하는 것이다.〔是以大學始教, 必使學者卽凡天下之物, 莫不因其已知之理而益窮之, 以求至乎其極.〕"라고 한 말을 가리킨다.

럼 대강(大綱)만을 말한다면 도리어 병통이 없지만, 만일 본래 이 이미 알고 있는 것이 반드시 모두 심령이 자연히 아는 바이고 견문과 사려를 통해 아는 바는 반드시 그 가운데 포함되어 있을 수 없다고 일렀다면 크게 불가한 것입니다. 우암 어른 등 여러 현인의 의심이 어찌 소주의 설이 이와 같다는 것을 보고 그렇게 의심했겠습니까. 우암 어른이 "격물치지를 인하여"라고 말한 것은 이미 알고 있는 것을 발명하고자 한 것인 듯하니, 심령의 지각(知覺)뿐만 아니라 무릇 인사(人事)를 인하여 아는 것이 또한 이미 알고 있는 것이라고 말한다면 실로 좋을 것입니다. 만일 심령이 아는 바를 이미 아는 것이라 할 수 없다고 이른다면 실로 이미 한쪽으로 떨어진 것인데, 게다가 또 인사의 견문과 사려를 통해 아는 것을 다시 격물치지라고 이른다면 그 의심할 만한 것이 과연 존형의 논의와 같은 점이 있습니다. 무릇 이처럼 대강만을 거론해서 고명께 질정하니, 삼가 답신해 주시기를 바랍니다. 비록 대강만을 거론하였으나 장자(長者)의 설을 언급한 것이 이미 많으니, 미안하고 미안합니다.

본장(本章) 제5장의 소주(小註) 및 주서(朱書) 권6의 말은 모두 격물치지의 공정(功程)을 범범하게 논한 듯하니, 아무래도 오늘날 이러쿵저러쿵하는 말들의 증안(證案)이 될 수는 없을 듯합니다.

50 상문(上文)의……말 : 《대학장구》 전 5장 보망장의 소주에 "인심의 신령함은 앎이 있지 않음이 없다.〔人心之靈, 莫不有知.〕"라고 한 말을 가리킨다.

이군보께 답한 별지 정묘년(1687, 숙종13)

答李君輔別紙 丁卯

보여 주신 격물(格物)과 궁지(窮至)의 뜻[51]은 내 식견을 비루하게 여기지 않는 뜻에 매우 감사드립니다. 일찍이 형의 조카를 만나 이야기하였으니, 생각건대 혹 돌아가서 대체적인 내용을 고하였을 것입니다. 그 후 시간이 이미 오래 지났으니, 또한 고명께서 이미 절로 새로운 견해가 있을 것입니다만, 그러나 이미 부지런히 가르쳐 주시는 편지를 받았기 때문에 대략 내 얕은 식견을 말씀드리겠습니다.

내 생각은 다음과 같습니다. '격(格)' 자와 '지(至)' 자는 본래 같은 뜻일 뿐입니다. 다만 '지' 자는 오로지 말하면 '궁(窮)' 자의 의미를 겸하였지만, '궁' 자와 함께 아울러 말하면 대략 선후가 서로 갖추어지는 의미가 있을 뿐입니다. 《대학장구》의 상문(上文)은 정히 '격' 자를 해석하였으니 실로 마땅히 '지' 자를 오로지 말해야 하고, 하문(下文)은 '격물'의 공정(功程)을 상세히 드러내었으니 또한 반드시 '궁' 자와 아울러 말해야 합니다. 대개 상문에서 반드시 '지' 자를 오로지 말한 것은 "문조(文祖)의 사당에 나아가다.〔格文祖〕"[52]나 "왕(王)이 사당(祠堂)을

51 격물(格物)과 궁지(窮至)의 뜻 : 《대학장구》 경(經) 1장의 주에 "격은 이름이요 물은 사와 같으니, 사물의 이치를 궁구하여 그 극처에 이르지 않음이 없고자 하는 것이다.〔格至也, 物猶事也, 窮至事物之理, 欲其極處無不到也.〕"라고 한 말을 가리킨다.

52 문조(文祖)의 사당에 나아가다 : 《서경》 〈순전(舜典)〉에 "1월 1일 순이 문조의 사당에 나아갔다.〔月正元日, 舜格于文祖.〕"라고 한 말을 가리킨다. 문조는 요(堯) 임금의 시조이다.

둠에 지극하다.〔格有廟〕"[53]라고 할 때의 '격(格)'과 동일한 '격' 자이니 또한 '궁' 자의 의미를 띠고 말할 수 없기 때문입니다. 그러므로 그 자의(字義)를 해석할 때 '지' 자를 오로지 말하지 않을 수가 없는 것입니다. 또 하문에서 반드시 '궁' 자와 아울러 말한 것은 '지'라는 말은 단지 '지도(至到)'라는 의미일 뿐이니 '궁' 자와 아울러 말하지 않으면 사람들이 혹 '마침내 끝까지 이른다.'라는 의미로만 인식하고 그 말이 '지극하지 못한 것으로부터 미루어 지극한 곳에 이른다.'라는 의미임을 반드시 알지는 못하기 때문입니다. 그러므로 '격지(格之)'의 공(功)은 '궁' 자의 의미를 붙여 말하지 않을 수 없다고 말합니다. 비록 오로지 말하여 자의를 해석하였지만 이미 '격' 자를 '물(物)'에 더하여 '격물(格物)'의 '격'으로 삼았고 보면 '지'라고 말한 것은 실로 "이를 데를 알아 이른다.〔知至至之〕"[54]라는 말의 '지(至)'와 같으니 '지극하지 못한 것으로부터 미루어 지극한 곳에 이른다.'라는 의미는 이미 절로 그 가운데 갖추어져 있습니다. 또 비록 아울러 말하여 공정을 드러냈지만 '궁'은 '추궁(推窮)'이 되고 '지'는 '지도'가 되어 두 글자가 서로 갖추어져서 함께 '격지(格之)'의 공(功)이 되었고 보면 '궁'이라고 말한 것은 실로 '격' 자와 '지' 자의 온축한 뜻을 도와 나왔으니, 애초에 상문의 "'지'

53 왕(王)이……지극하다 : 《주역》 〈췌괘(萃卦)〉에 나오는 말로, 그 전(傳)에 "왕자가 천하를 모으는 도가 사당(祠堂)을 둠에 이르면 지극한 것이다.〔王者萃聚天下之道, 至於有廟, 極也.〕"라고 하였다.

54 이를……이른다 : 《주역》 〈건괘(乾卦) 문언(文言)〉에서 도를 아는 군자(君子)를 말하면서 "이를 데를 알아 이르는지라 기미를 알 수 있고, 마칠 데를 알아 마치는지라 의리를 보존할 수 있다. 이런 까닭에 윗자리에 있어도 교만하지 않고 아랫자리에 있어도 근심하지 않는다.〔知至至之, 可與幾也, 知終終之, 可與存義也. 是故居上位而不驕, 在下位而不憂.〕"라고 하였다.

자를 오로지 말한다."라고 했을 때의 '지' 자를 벗어나지 않습니다.

율곡의 설에 "'격' 자는 '궁'과 '지'의 두 가지 뜻이 있다.〔格字有窮至兩意〕"[55]라고 한 것은 참으로 의심이 없습니다. 다만 상문의 "'지' 자를 오로지 말한다."라고 했을 때의 '지' 자가 또한 '격' 자와 같은 뜻이고 또한 '궁'과 '지'의 두 가지 뜻을 겸한다는 것을 상세히 말하지 않았기 때문에 보내온 편지에서도 위의 '지' 자와 아래의 '지' 자를 한 가지 예로 간주해서 드디어 "하문의 '지' 자가 이미 '궁' 자와 상대되면 '궁' 자가 절로 '지' 자의 밖에 있고 이미 '지' 자의 밖에 있으면 또한 마땅히 '격' 자의 밖에 있다."라고 하고 심지어 궁리(窮理)를 격물(格物)의 앞에 두고자 하였으니, 이는 상문과 하문의 '지' 자에 절로 오로지 말하고 아울러 말하는 구별이 있는 것을 깊이 고찰하지 못했기 때문입니다. 내 생각은 이와 같으니, 모르겠습니다만 어떤지요?

또 '궁(窮)'과 '지(至)'를 아울러 말하면 실로 선후가 서로 갖추어지는 의미가 있습니다. 이 때문에 "'궁'이 '지'의 앞에 있다."라고 하면 가하니, 이른바 "끝까지 궁구하여 이른다.〔窮而至之〕"[56]라는 말이 이 경우입

55 격(格) 자는……있다 : 율곡(栗谷) 이이(李珥)가 《성학집요(聖學輯要)》에서 "'격' 자는 '궁'과 '지'의 두 가지 뜻이 있는데, 격물의 '격'은 '궁' 자의 뜻이 많고, 물격의 '격'은 '지' 자의 뜻만 있다.〔格字有窮至兩意, 格物之格, 窮字意多; 物格之格, 只是至字之意.〕"라고 하였다.《栗谷全書 卷19 聖學輯要 統說第1》

56 끝까지 궁구하여 이른다 : 퇴계(退溪) 이황(李滉)이 격물(格物)과 물격(物格)에 대한 속설의 의문점을 변론하여 정유일(鄭惟一)에게 답한 편지에서 "'격' 자는 끝까지 궁구하여 이른다는 뜻이 있습니다. 격물은 중점이 '궁' 자에 있기 때문에 '물을 격호매'라 하고, 물격은 중점이 '지' 자에 있기 때문에 '물에 격한'이라고 한 것입니다.〔格字有窮而至之義. 格物, 重在窮字, 故云物乙格乎麻是; 物格, 重在至字, 故云物厓格爲隱.〕"라고 하였다.《退溪集 卷26 格物物格俗說辯疑答鄭子中》

니다. 만일 보내온 편지에서 말한 것처럼 "'궁'이 '격(格)'의 앞에 있다." 라고 하면 자못 온당치 못할 듯하니, 대개 '격' 자는 실로 상문의 "'지' 자를 오로지 말한다."라는 뜻이어서 하문의 "'궁' 자와 상대하여 말한다."라고 했을 때의 '지' 자와는 그 의미가 구별이 없어서는 안 될 듯하기 때문입니다. 어떻습니까, 어떻습니까?

《대학혹문》의 뜻을 논하면서 "이치를 궁구함으로부터 사물의 이치를 궁구한다.〔自窮理而格物〕"[57]라고 말한 데 이르러서는 아마도 차이가 더욱 적지 않은 듯합니다. 정자(程子)와 주자(朱子)의 설 가운데 절로 격물과 궁리를 연이어 말한 곳이 있으니, 이런 설들은 또한 장차 어떻게 해석하겠습니까?

관리(觀理)와 궁리 역시 구별이 있는 듯하니, 대개 '관(觀)'은 단지 '고찰(考察)'의 뜻이기 때문입니다. '궁(窮)' 자가 비록 '지(至)' 자와 아울러 말하면 대략 선후가 서로 갖추어지는 의미가 있지만 기실은 절로 '처음부터 끝까지'라는 말일 뿐입니다. 그러므로 "이치를 살펴서 사물의 이치를 궁구한다.〔觀理以格夫物〕"라고 하면 가하지만 "이치를 궁구하여 사물의 이치를 궁구한다.〔窮理以格夫物〕"라고 하면 가하지 않습니다. 어떻습니까, 어떻습니까? 마음 가는 대로 미루어 말했지만 또한 옳은지 그른지 알지 못하겠으니, 부디 상세하게 다시 가르쳐 주시기 바랍니다.

57 이치를……궁구한다 : 《대학혹문》의 격물조(格物條)에 "지식을 지극히 하는 도리는 일에 나아가 이치를 살펴서 대저 사물의 이치를 궁구함에 있다.〔致知之道, 在乎卽事觀理, 以格夫物.〕"라고 하였는데, 이 말에서 '즉사관리(卽事觀理)'를 '궁리(窮理)'로, '이격부물(以格夫物)'을 '격물(格物)'로 볼 수 있기 때문에 이렇게 말한 듯하다.

남자문[58] 학명 께 답함 신해년(1671, 현종12)

答南子聞 鶴鳴 辛亥

서루(西樓)의 나무 그늘 가운데 있다는 것을 알고 나도 모르게 기꺼운 마음으로 가고 싶은 생각이 들었으나, 다만 누대가 관아의 정원[59]에 있으니 외부의 나그네가 갈 수 있는 곳이 아닌 듯합니다. 어찌하겠습니까. 부드러운 풀이 자라고 짙은 그늘이 드리워져 곳곳이 모두 그러하니, 다시 후일을 기다려 다시 다른 곳을 기약하는 것이 그대의 생각에 어떨지 모르겠습니다. 이미 다행스럽게도 좋은 초대를 받았는데 즉시 달려가지 못했으니, 한스러움과 두려움을 견디기 어렵습니다. 다만 편지에 기대어 너그러이 살펴 주시기 바랍니다.

58 남자문(南子聞) : 자문은 남학명(南鶴鳴, 1654～1722)의 자이다. 본관은 의령(宜寧), 호는 회은(晦隱)이고, 영의정을 지낸 남구만(南九萬)의 아들이다. 천거로 주부에 임명되었으나 나가지 않고 은거하며 학문 연구에 전념하였다. 저서에 《회은집(晦隱集)》·《회은잡지(晦隱雜識)》, 편저에 《와유록(臥游錄)》·《남판윤유사(南判尹遺事)》 등이 있다.

59 관아의 정원 : 함경도 관아를 말한다. 남학명은 당시 18세로, 1671년(현종12) 7월 함경도 관찰사가 된 부친을 배행하였기 때문에 그렇게 말한 것이다. 당시 창계는 23세로, 1669년 북관(北關)에 부임하는 부친을 따라 갔다가 그곳에서 지내고 있었다.

남자문께 답한 별지

答南子聞別紙

물어 온 문제는 나의 식견을 비루하게 여기지 않는 뜻에 매우 감사드립니다. 돌아보건대 비루하고 고지식한 나는 단지 그대가 포용하여 고구(故舊)의 범위 안에 있도록 허락해 준 것이 이미 다행한 일일 뿐이니, 어찌 족히 이렇게 강론하는 일로 번거롭게 할 수 있겠습니까. 매우 부끄럽고 매우 부끄럽습니다. 그러나 이미 성대한 질문을 받았으니, 이에 어리석고 얕은 식견을 헤아리지 못하고 말씀드리겠습니다.

편지를 통해 보내오신 가르침을 상고해 보니 그 대의는, 사례(射禮)가 번거로워 행하기 어려운 것을 병통으로 여기고 투호(投壺)가 간편해서 평상시에 설행할 수 있는 점을 사랑하여 드디어 고금의 마땅함을 절충하여 잠시 응접하는 사이에 사용하려는 것이니, 이 뜻이 매우 좋습니다. 어찌 이른바 "옛것을 좋아하여 일상에 적용한다."라고 하는 경우가 아니겠습니까.

내 처지에서 생각하건대, 사례와 투호는 비록 행함에 어렵고 쉬운 점이 있고 번거롭고 간편한 점이 같지 않지만 모두 옛사람이 남긴 예이고, 그 세대 본말(細大本末)을 논해 보면 사례가 또 주가 되니, 실로 이것을 펴고 저것을 굽힐 수는 없습니다. 그러나 쉽게 행할 수 있는 점으로 인하여 옛일을 상고하고 지금의 일을 증거로 들어 절문(節文)을 만들어서 항상 복습(服習)할 수 있게 한다면 실로 서로 병통이 되지 않고 또한 매우 유익할 것입니다. 다만 고금의 일을 참작할 때는 실로 적절하게 헤아리기가 매우 어려운 곳이 있습니다. 옛사람의 평소 예수

(禮數)는 본래 절로 정중하여 연희(燕戲)의 사이에 행하던 것 또한 주밀하고 삼가기가 이와 같았으니, 대개 성심에서 나온 것이지 겉모습을 속이고 마음을 꾸미는 것이 아니기 때문입니다. 지금 사람들이 이미 이런 근본이 없는 상태에서 하루아침에 사례와 투호의 일로 인하여 일일이 다 옛사람의 예제(禮制)를 법도로 삼고자 한다면 실로 행하기 어려울까 두렵습니다. 또 억지로 하게 한다면 또한 겉모습을 속이고 마음을 꾸미는 일이 될 뿐일 터이니, 우맹(優孟)이 초(楚)나라 재상이 되는 것[60]과 또한 어찌 큰 차이가 있겠습니까. 지금 만일 이것을 병통으로 여겨 조금 간약(簡約)하게 하고 쉽게 행하게 한다면 또한 숙손생(叔孫生)의 예악(禮樂)[61]에 가까워서 이른바 "매우 어렵다.〔極難〕"라는 말

60 우맹(優孟)이……것 : 근본이 없는 형식만을 가지고 세상을 속이는 데 대한 비유이다. 우맹은 춘추 시대 초(楚)나라의 악인(樂人)으로, 손숙오(孫叔敖)가 현인임을 알고 잘 대우하였다. 당시 초나라의 재상이었던 손숙오는 장왕(莊王)을 도와 패업(霸業)을 달성하게 하였는데, 그는 천성이 청렴결백했으므로 죽은 뒤에 처자(妻子)들이 곤궁하기 이를 데 없었다. 이에 우맹은 이들을 도울 요량으로 손숙오의 의관(衣冠)을 입고 행동거지를 모방하였는데, 한 해쯤 지나자 손숙오와 똑같게 되었다. 그런 뒤에 그가 장왕을 찾아가 손숙오가 다시 살아온 것처럼 하자, 장왕은 깜짝 놀라 그를 다시 재상으로 삼으려 하였다. 이에 우맹은 사양하면서 "초나라 재상 손숙오는 죽을 때까지 청렴했으나 지금 그의 처자식은 가난하고 곤궁하여 땔나무를 팔아 끼니를 때우니, 그 재상을 해서 무엇하리."라는 노래를 지어 불렀다고 한다. 《史記 卷126 滑稽列傳 優孟》

61 숙손생(叔孫生)의 예악(禮樂) : 폭넓은 고증과 익숙한 강론을 통하여 예악을 새로 제정하는 것을 의미한다. 숙손생은 한 고조(漢高祖) 때 조의(朝儀)를 제정한 숙손통(叔孫通)을 가리킨다. 그는 노(魯)나라 유생 30여 인을 불러들여서 그들과 함께 야외에서 예(禮)를 강론하였는데, 새끼를 둘러 조정(朝廷)을 표시하고 뻴기를 묶어 열을 지어서 관작(官爵)의 존비(尊卑)의 차례를 표시한 다음 예를 연습하고, 이를 통하여 한나라 조정의 의례(儀禮)를 새로 제정하였다고 한다. 《史記 卷99 叔孫通列傳》

이 그러하니, 스스로 예(禮)에 익숙하고 의(義)에 정미한 사람이 아니면 자못 쉽게 논할 수 없습니다.

4, 5년 전에 과연 이 의례(儀禮)에 대한 초안을 정한 적이 있었지만 그 뜻은 단지 집안사람들이 한때 사용하기 위해서였을 뿐이니, 만일 사우(士友) 간의 강습에 시행한다면 너무 소략합니다. 그러나 당시에 또한 이 뜻을 거칠게나마 엿보아서 이미 예(禮)를 폐하여 정(情)을 따르고자 하지 않았고 또 옛일에 얽매여 변통이 없게 하고자 하지 않아서, 드디어 옛 의례를 앞에 보존해서 뜻이 있고 옛일을 좋아하는 사람이 채택하기를 기다렸고 또 지금의 의례를 뒤에 드러내어 짐작하여 취사선택해서 무릇 이 일을 하는 사람으로 하여금 살펴서 하게 하였으니, 또한 하기 어려워서 두 가지를 다 보존할 수밖에 없었다는 것을 볼 수 있습니다. 실로 오늘 그대의 재량에 대비할 만한 일정한 설이 없기 때문에 감히 번번이 그대의 귀를 번거롭게 하지 못했는데, 보내온 편지로 인하여 대략 내 생각을 이와 같이 말하니, 대개 감히 스스로 숨길 수 없었기 때문입니다. 오직 현명한 그대는 정밀하게 상고하고 널리 조사하여 오늘에 마땅하고 옛일에 배치되지 않게 해서 마침내 통행할 수 있는 의례를 완성한다면 어찌 한 가지 다행한 일이 아니겠습니까.

이곳에 《향교례집(鄕校禮輯)》[62]이 있는데, 그 책에 향사(鄕射)와 투호 등의 예(禮)가 모두 실렸으니 바로 명(明)나라 사람이 편찬한 책입

62 향교례집(鄕校禮輯) : 명(明)나라 유학자인 도희영(屠羲英)과 황의(黃議) 등이 편찬한 책으로, 구준(丘濬)의 《가례의절(家禮儀節)》을 기본으로 하여 1권으로 편차하였다.

니다. 베껴 올려서 취사선택의 자료로 삼게 하려는 마음 간절하였으나, 병으로 게을러 겨를이 없었을 뿐만 아니라 그 책에는 예전(禮傳)만 실려 있고 달리 적용할 글이 없었기 때문에 마침내 베껴 보내지 않았습니다. 어떻습니까, 어떻습니까?

호(壺)를 동(銅)으로 만드는 것은 참으로 좋지만 이미 그렇게 할 수 없으면 나무를 깎아 만들더라도 어찌 방해가 있겠습니까. 그러나 끝내 마음이 내키지 않으면 능히 동호(銅壺)를 만들려고 도모해 보는 것이 더욱 좋습니다. 화살의 길이는 그 척수(尺數)가 자세하지 않으니 마땅히 어떤 척을 사용해야 하겠습니까? 다만 온공(溫公)의 〈투호신격서(投壺新格序)〉에 "화살의 길이는 2자 4치이다."[63]라고 하였으니, 만일 포백척(布帛尺)[64]을 쓰면 화살의 줄기가 너무 길지 않겠습니까? 주척(周尺)[65]이 혹 너무 짧다면 조예기척(造禮器尺)[66]을 쓰는 것이 모르겠습니다만, 어떻겠습니까? 이것이 지금 사용하는 화살과 비교했을

63 화살의……4치이다 : 사마 온공의 〈투호신격서(投壺新格序)〉에 "호구의 지름은 3치이고 귀의 지름은 1치이고 높이는 1자이며, 팥으로 속을 채운다. 호는 자리에서 화살 2개 반의 거리이고 화살은 12개를 사용하는데, 가지의 길이는 2자 4치이다.〔壺口徑三寸, 耳徑一寸, 高一尺, 實以小豆. 壺去席二箭半, 箭十有二, 枝長二尺有四寸.〕"라는 말이 있다. 《四庫全書 經義考 卷147 司馬氏投壺新格》《說郛 卷101上 投壺新格》

64 포백척(布帛尺) : 길이를 재는 척도(尺度)의 하나로, 포백의 치수를 측정하고 포목의 매매와 의복을 만드는 데 사용하였다. 침척(針尺)이라고도 한다.

65 주척(周尺) : 길이를 재는 척도의 하나로, 황종척(黃鐘尺)이나 영조척(營造尺), 조예기척(造禮器尺), 포백척 등보다 길이가 짧다.

66 조예기척(造禮器尺) : 조선 시대에 사용한 척도의 한 가지이다. 태종 때에 예기(禮器)를 규격에 맞게 제조하기 위하여 이 자를 만들어 쓰기 시작하였는데, 이 자의 8치 2푼 3리가 황종척의 1자와 같다.

때 취사선택이 될 만할 것입니다.

"몸을 돌려 절을 받지 않는 것이니, 이를 피한다고 한다.〔般還曰辟〕"[67]와 "날의 조만에 따른다.〔隨日早晩〕"와 "사행이 각각 7자이다.〔邪行各七尺〕"[68]와 "음악을 연주하고 시를 읊는다.〔作樂誦詩〕"는 모두 내가 말한 알맞게 헤아리기가 어렵다고 한 경우이니, 감히 경솔하게 의논하지 못하겠습니다. 대개 이러한 곳은 번번이 속세의 견해를 따라 망녕되이 산삭(刪削)하기보다는 차라리 옛일에 얽매이는 폐단을 감수하는 편이 나을 것이니, 시험 삼아 이 뜻으로 구해 보는 것이 어떻겠습니까? 이미 문세(文勢)가 명백하여 의심이 없고 사세(事勢) 또한 매우 행하기 어려운 점이 없다면 마땅히 옛일을 따르는 것이 옳을 듯합니다. 다만 혹 스스로 보아도 부끄럽고 웃음이 나오는 곳이 있으니, 이것은 다시 자세히 처리하는 데 달려 있을 것입니다.

최 내한(崔內翰)[69]의 처소에 미처 통의(通議)하기도 전에 그가 홀연

67 몸을……한다 : 《예기(禮記)》 〈투호(投壺)〉에 "빈이 재배하고 화살을 받거든 주인이 몸을 돌려 절을 받지 않는 것이니, 이것을 피한다고 한다. 주인이 조계의 위에서 절하고 화살을 보내거든 빈이 몸을 돌려 절을 받지 않는 것이니, 이것을 피한다고 한다.〔賓再拜受, 主人般還, 曰辟. 主人阼階上拜送, 賓盤還, 曰辟.〕"라는 말이 보인다.

68 사행(邪行)이 각각 7척이다 : 박태보(朴泰輔, 1654~1689)의 《정재집(定齋集)》 별집 권2 〈증손투호의절(增損投壺儀節)〉에 "호(壺)와 자리 사이가 화살 2개 반의 거리이니, 빈주 자리의 거리는 사행이 각각 6척이다.〔間以二矢半, 則去賓主席, 邪行各六尺也.〕"라는 말이 보이니, 이는 빈주의 자리 간격을 말하는 듯하다.

69 최 내한(崔內翰) : 내한은 한림(翰林)과 같은 말로, 예문관 관원을 의미하는데 여기서는 최석정(崔錫鼎, 1646~1715)을 가리키는 듯하다. 비슷한 시기 김수항(金壽恒, 1629~1689)의 문집인 《문곡집(文谷集)》 권3에 〈최 내한이 부쳐 준 시에 차운하다〔次崔內翰見寄韻〕〉라는 시가 보인다. 최석정에 대한 자세한 내용은 346쪽 주10 참조.

내간상(內艱喪)을 당하였으니, 통탄스럽고 통탄스럽습니다. 내가 전날 보낸 편지는 침체되지나 않았는지 모르겠습니다. 서로 사랑하는 후의(厚意)를 믿고 참람하게 어리석은 말을 하였으니 뒤미처 생각하매 송구합니다. 그러나 내 생각은 다시 현명한 그대가 긴밀하고 절실한 곳에 공부를 더하게 하려는 것입니다. 또 이러한 등의 일은 또한 진덕수업(進德修業)의 요법(要法)이 아닌 듯하니, 바라건대 다시 정밀하게 살펴서 먼저 할 바와 뒤에 할 바를 아는 것이 어떻겠습니까? 또다시 망발을 하였으니, 부끄럽고 송구하고 부끄럽고 송구합니다.

남자문께 드림

與南子聞

어제 외람되게도 영감께서 거마를 몰고 찾아와 송별해 주셔서 하정(下情)은 감격스럽고 슬픈 마음을 견딜 수 없었는데, 또 감사하게도 어진 벗께서 먼 길 가는[70] 나를 따라오셨으니 평소 돌보아 주고 사랑해 주신 지극하고 깊은 뜻을 더욱 잘 볼 수 있습니다. 용렬하고 비루한 내가 어떻게 이런 후의를 얻었단 말입니까. 지극히 다행스러운 일입니다. 다만 헤어질 때 서운한 마음을 더욱 금치 못하여 우리 형을 돌아보매 형께서 오래도록 물가에 우두커니 서서 돌아가지 못하고 있었으니, 아마도 애틋한 정이 나와 같았던 모양입니다.

나는 밤이 깊어 바야흐로 역촌(驛村)에 도착해서 투숙하였습니다. 도중에 광포(廣浦)를 바라보니 달빛이 실로 좋아서 금빛 물결이 일렁이고 있었는데, 그대의 고아한 흥취를 생각하매 스스로 억누를 수가 없었습니다. 새벽에 일어나 눈을 비비고 쓰느라 구구한 마음을 다 표현하지 못합니다. 오직 어버이를 모시고 학문하는 체후가 더욱 진중하기를 바랍니다.

70 먼 길 가는 : 《창계집》 〈창계선생연보초(滄溪先生年譜草)〉에 의하면 창계는 1670년(현종11) 별시 초시에 장원급제하고 1671년 겨울에는 정시(庭試)에 급제한 뒤, 1672년 가을 가주서가 되어 서울로 올라가 승정원에 들어가고 겸하여 승문원에서 면신례(免身禮)를 행하였는데, 아마 이 당시 서울로 올라가는 길을 말하는 듯하다.

남자문께 답함

答南子聞

보여 주신 정성스러운 가르침은 그대의 뜻에 스스로 면려하는 것이 매우 깊고 절실함을 잘 알겠습니다. 돌아보건대 거칠고 졸렬한 나는 바야흐로 스스로 다스리기에도 겨를이 없으니, 어찌 감히 말만 늘어놓으면서 번번이 선(善)을 권면하는 자[71]가 하는 것을 본받아 충고할 수 있겠습니까. 부끄럽고 탄복스럽고 부끄럽고 탄복스럽습니다. 다만 옛사람의 말을 들으니 "사람은 단지 하나의 몸을 가졌을 뿐이니, 어찌 허다한 일을 겸할 수 있겠는가."라고 하였으니, 이것이 지극한 논의입니다.

지난번에 가만히 보건대, 그대께서 마음을 둔 곳이 서화(書畫)와 시사(詩史)와 경학(經學)과 사공(事功)의 사이였는데, 대체로 모두 대략 뜻이 있었지만 자못 단적으로 마음을 쓰는 곳이 있지 않았고 게다가 그 본말과 완급이 또한 혹 도치되는 근심을 면치 못하였으니, 이것이 내가 의혹스러워서 매번 가르침을 청하고자 하면서도 미처 그렇게 하지 못했던 것입니다. 보내온 편지에서 언급한 것으로 인하여 감히 의심스러운 점을 말씀드리니, 삼가 생각건대 시험 삼아 주의를 기울여 더해 스스로 돌이켜 보고 만일 이치에 합당하지 않거든 다시 가르침을 주시기 바랍니다.

71 선(善)을 권면하는 자 : 벗 사이를 말한다. 《맹자》 〈이루 상(離婁上)〉에 "선으로 권면함은 붕우 사이의 도리이다.〔責善, 朋友之道也.〕"라는 구절에서 온 말이다.

《격양집(擊壤集)》을 살펴보고 소득이 있었다고 하니 지극한 기쁨과 부러움을 금할 수 없습니다. 다만 요부(堯夫) 선생[72]이 시를 읊는 정취를 좋아한 것은 실로 백원산(百源山) 가운데를 따라 15년 동안 각고의 노력으로 공부를 한 데에서 나왔으니, 아무래도 경솔하게 말해서는 안 될 듯합니다. 모르겠습니다만, 현명한 그대는 또한 어떻게 생각하는지요?

72 요부(堯夫) 선생 : 요부는 《격양집(擊壤集)》의 저자인 북송(北宋)의 유학자 소옹(邵雍)의 자이다. 당대의 현인인 부필(富弼), 사마광(司馬光), 여공저(呂公著) 등과 낙양(洛陽)에서 서로 종유하였는데, 자기 거실을 안락와(安樂窩)라 하고 스스로 안락선생(安樂先生)이라 호칭하며 일생을 유유자적하였다.

남자문께 답함

答南子聞

서로 그리워하지 않은 것은 아니지만 길이 매우 멀어 안부 편지도 드물어졌으니, 어떻게 벗을 떠나 쓸쓸히 지내는 이 회포를 위로하겠습니까. 지난번에 겨우 편지 한 통을 작성하여 보내 드리고 얼마 지나지 않아 2월 22일에 보낸 형의 편지를 받아 보았는데, 이를 통해 이미 어버이를 모시고 학문하는 체후가 편안하고 건승하다는 것을 알았으니, 나는 마음이 기쁘고 후련하였습니다. 그 밖에 또 고아하고 담박한 말뜻과 은근하고 지극한 위로에 거듭 탄복하였으니, 대개 오래도록 완상하며 읽기를 마지않았습니다.

이어 생각건대, 지난번에 반드시 북쪽으로 이어진 산천을 두루 유람하고 곧장 칠보산(七寶山)에 올랐다가 돌아오기를 처음의 계획과 같이 하였을 터이니,[73] 가만히 헤아리건대 해산(海山)의 맑고 깨끗한 기운이 다 그대의 흉금 가운데로 들어와서 마땅히 꽉 들어차 용솟음쳐서 스스로 숨길 수 없는 점이 있을 것입니다. 그러나 한스러운 점은 낙민루(樂民樓) 위에서 팔을 잡고 한번 풍의(風儀)를 접하여 이 속진의 번뇌를 씻어 버리지 못하는 것입니다.

나는 지난겨울 이래로 한결같이 숨어 살고 있으니, 그 뜻은 단지

73 북쪽으로……터이니 : 《한국문집총간해제》 9집에 수록된 남학명(南鶴鳴)의 문집인 〈회은집(晦隱集)〉의 해제에 의하면, 그는 1673년(현종14) 봄에 경성(鏡城)과 칠보산(七寶山) 등 관북 지역을 유람하였는데, 이 당시의 일을 말하는 듯하다.

잔약한 몸과 앓고 있는 병을 부양(扶養)하고 인하여 그 여가에 먼지 낀 책을 펴 보면서 스스로 적막한 심사를 위로하고자 하는 것일 뿐이지 다른 생각이 있는 것은 아닙니다. 그런데 세상의 서로 알지 못하는 사람은 비방과 의심을 그치지 않고 서로 사랑함이 지나친 우리 벗 같은 사람은 왕왕 걸맞지 않은 말로 과분하게 기대하고 권면하니, 두 가지가 모두 천박하고 졸렬한 내가 마음 편한 일이 아니어서 자못 고민스럽고 위축됩니다. 어찌하겠습니까, 어찌하겠습니까. 단지 기원하기는, 정담을 나누지 못하는 사이에 천만 자중자애하기를 바랍니다. 편지의 격식을 갖추지 못했습니다.

남자문께 답함

答南子聞

며칠 전에 인편이 돌아올 때 손수 적은 편지 두 통을 받았는데 전후로 이야기한 정중한 뜻이 황홀하게 직접 만나 정담을 나누는 것과 다르지 않았으니, 편지를 읽고 나서 나도 모르게 깊이 감탄하였습니다. 세모의 차가운 날씨에 비바람이 세차게 몰아치니, 이 어찌 어른을 모시고 먼 길을 나설 때이겠습니까. 가만히 생각건대, 행기(行期)가 머지않았으니 염려되는 마음 매우 절실하여 멀리서 마음이 편치 않을 뿐만이 아닙니다.

나는 병이 이제 조금 나았지만 허약하고 졸렬함이 날로 심해져서, 과정에 따라 책을 읽고 힘닿는 대로 허물을 보완하는 일과 같은 경우는 애초에 고원(高遠)한 일이 아니지만 또한 스스로 다하지 못하고 있으니, 실로 천지간에 쓸모없는 몸이 되고 말았습니다. 한 해가 쉬 저무는 것을 마음 아파하고 지업(志業)을 이루기 어려운 것을 슬퍼하여 한밤에 일어나 앉아 가슴을 치며 크게 탄식할 때가 자주 있지만, 나의 이 회포를 또한 바깥사람에게 말하기는 어렵습니다. 돌아보건대 어떻게 하면 그대와 탁자를 마주하여 눈 내린 창가에 한 줄기 촛불을 피우고 함께 다소간의 이 회포를 토론할 수 있겠습니까? 편지를 대하매 근심과 슬픔이 더욱 더해집니다.

물어 오신 금호(錦湖)[74]는 우리 족문(族門)이 아니고 바로 평택 임씨

74 금호(錦湖) : 임형수(林亨秀, 1514~1547)의 호이다. 본관은 평택(平澤), 자는 사

(平澤林氏)입니다. 그러나 우리 가문은 또한 그 미생(彌甥)[75]이니, 사행(事行)의 자취에 대해서는 의당 상세히 아는 사람이 있을 것입니다. 외롭고 비루한 만생(晩生)은 견문이 없어서 한두 가지도 기록해 드릴 수 없으니, 너무도 부끄럽고 한스럽습니다. 문집 역시 보지 못했을 따름입니다.

삼가 하문한 뜻을 살펴보건대 문견을 넓히기 위해 한 말에 그치지는 않는 듯하니, 어찌 또한 찬집(纂輯)하는 일이 있는 것이 아니겠습니까? 원컨대 적어 놓은 의례(義例)를 대략 먼저 보여 주시어 한번 살펴볼 수 있게 해 주는 것이 어떻겠습니까? 나머지 많은 말들은 어찌 다 전할 수 있겠습니까. 오직 얼음 얼고 눈 쌓인 관로(關路)에서 어른을 모시고 가는 행차에 진중함을 더하시고, 때로 오가는 인편을 통해 편지 한 통을 부쳐 소식을 전해 주시기 바랍니다.

수(士遂)이다. 1535년(중종30) 문과에 급제하였고, 벼슬이 부제학 및 제주 목사(濟州牧使)에 이르렀다. 1539년 4월 중국의 조사(詔使)가 나왔을 때 원접사(遠接使) 소세양(蘇世讓)의 종사관(從事官)이 되었다. 1547년(명종2) 양재역(良才驛) 벽서(壁書) 사건이 일어나자, 소윤(小尹) 윤원형(尹元衡)에게 대윤(大尹) 윤임(尹任)의 일파로 몰려 절도(絶島)에 안치(安置)된 뒤 곧 사사(賜死)되었다. 문집으로 《금호유고(錦湖遺稿)》 1책이 전한다.

75 미생(彌甥) : 미(彌)는 멀다는 뜻으로, 외손(外孫)의 별칭이다.

남자문께 답함 갑인년(1674, 현종15)
答南子聞 甲寅

오늘 이른 아침에 겨우 성복(成服)을 마치고 나니[76] 심서(心緖)가 참담하여 자못 스스로 감당할 수가 없습니다. 이러한 때에 삼가 위무하는 서한을 받았는데 말뜻이 매우 절실하여 사람 의중의 일을 말해 내는 것이 지극히 정밀하였으니, 펼쳐 읽고 난 뒤로 더욱 슬퍼집니다.

의약에 대한 가르침은 형께서 전후로 곡진하게 돌보아 주신 덕분에 거의 크게 유감스러운 일은 없습니다. 다만 10년을 함께 생활하는 데에서 마침내 한 줄기 기식(氣息)이 모자라서[77] 아득한 이 세상에 쓸어버린 듯 종적이 사라졌으니, 나는 저어컨대 비록 상지(上智)의 자질을 가진 이로 하여금 이런 일을 당하게 하더라도 반드시 상심(傷心)하지 않을 수는 없을 듯합니다. 또 나의 성품은 더욱 세상과 맞지 않아서 연래로 실로 내부(萊婦)와 선처(宣妻)의 약속[78]이 있었는데, 이 뜻을

76 성복(成服)을 마치고 나니 : 아내에 대한 성복을 말한다. 《창계집》〈창계선생연보초(滄溪先生年譜草)〉에 의하면 창계는 1674년(현종15) 2월 부인 창녕 조씨(昌寧曺氏)의 상을 당하였다.

77 10년을……모자라서 : 《창계집》〈창계선생연보초(滄溪先生年譜草)〉에 의하면 창계는 1665년 겨울 17세 때 창녕 조씨 하흥군(夏興君) 조한영(曺漢英)의 손녀와 혼인하였는데, 이해 겨울이 되어야 꼭 10년이 되기 때문에 이렇게 말한 것이다.

78 내부(萊婦)와 선처(宣妻)의 약속 : 세상을 떠나 분수를 지키며 청빈하게 살자는 약속을 말한다. '내부'는 춘추(春秋) 시대에 효자로 명성이 높았던 초(楚)나라 노래자(老萊子)의 아내이다. 노래자가 초왕의 초빙을 받아 조정에 나아가려 했을 때 "첩이 듣건대, 술과 고기를 먹여 줄 수 있는 자는 회초리를 가지고 칠 수도 있으며, 관작과

이루기도 전에 인사가 갑자기 이와 같이 되고 말았습니다. 지난 일을 회상하며 슬퍼하매 더욱 스스로 견디기 어려우니, 어찌하겠습니까, 어찌하겠습니까. 간절히 생각건대, 형과 함께 조용히 이 회포를 토의하며 근심과 슬픔을 달래려 하지만, 형의 근심[79]이 아직 남아 있고 나 역시 길을 나서면 또 병이 나니 또한 다시 어떻게 하겠습니까. 심사가 어지러워 다소간의 일들은 말씀드리지 못하겠습니다. 삼가 답장을 보냅니다.

녹봉을 줄 수 있는 자는 부월(鈇鉞)을 가할 수도 있다고 합니다. 첩은 다른 사람에게 압제를 받을 수가 없습니다."라고 하고는 남편을 떠나 강남(江南)으로 가서 머물렀는데, 이에 노래자도 그녀를 따라가서 함께 살았다고 한다.《高士傳上 老萊子》'선처'는 후한(後漢) 포선(鮑宣)의 처 환소군(桓少君)을 가리킨다. 그녀는 포선의 스승의 딸로, 부유한 환경에 자랐으면서도 평소 화려한 생활을 멀리하였는데, 청고(淸高)함을 숭상하는 남편의 뜻을 따라 화려한 혼수와 종들을 모두 친정으로 돌려보내고 남편과 함께 작은 수레인 녹거(鹿車)를 타고 향리로 돌아가 청빈하게 살면서 부도(婦道)를 실천했다고 한다.《後漢書 卷84 列女列傳 鮑宣妻》《小學集註 卷6 善行》

79 형의 근심 :《한국문집총간해제》9집에 수록된 〈회은집(晦隱集)〉의 해제에 의하면, 그는 1673년(현종14) 11월 부인상을 당하였는데, 이 일을 말하는 듯하다.

남자문께 드림

與南子聞

비 내릴 기미가 저와 같으니 내일의 행차를 또한 늦출 수 없겠습니까? 형께서 천리 길을 떠나는데 내가 전송하지 못하는 것은 실로 이상한 일입니다. 다만 병든 몸을 억지로 일으켜 왕래하면 다시 병이 더해질까 걱정되기 때문에 그렇게 하지 못하는 것뿐입니다. 오직 먼 길에 삼가고 보중하기를 바랄 따름입니다.

정(鄭)의 시는 읽으매 병든 사람이 또한 기운이 더해지는 것을 느끼지만, 한스러운 점은 자리 곁에 한 통을 비치해 두지 못하는 것입니다. 의심스러운 글자를 부표하여 돌려보내니, 한번 검토해 보시고 즉시 떼 버리기 바랍니다. 이 사람의 문집 위에 어찌 하루라도 부유(腐儒)의 손자취를 남겨 둘 수 있겠습니까. 우습고 우습습니다.

보내온 글은 실로 북로(北路)의 노정에 대한 자세한 이력이니, 문자 사이에 소소하게 의심할 만한 곳은 다 편지로 번거롭게 말씀드릴 필요가 없겠습니다. 다만 작년에 나에게 주신 장구(長句)와 비교하면 조금 줄어든 것 같으니, 뛰어난 풍광이 너무 많아서 미처 감상할 겨를이 없어 그런 것이 아니겠습니까? 내 생각에는, 찾아간 곳을 다 기록할 필요 없이 다시 그 가운데에서 가장 뛰어난 경치를 성의를 다해 묘사하는 것이 노정기(路程記)의 체제에 합당할 것입니다. 어떻습니까, 어떻습니까?

종이 한 묶음은 도서(道書) 한 질을 영인하여 보내 주기 바라는 마음에서 보낸 것입니다. 다소간의 이야기는 편지를 쓰느라 피로하여 일일이 다 적지 못합니다. 내일 길을 나서지 않으면 오히려 한번 만날 수 있겠습니까?

남자문께 답함

答南子聞

전에 보내 주신 장편의 편지를 막 받아 보고 목마른 듯이 그리워하는 회포에 매우 위안이 되었는데, 며칠 만에 또 은혜로운 서한을 받고 보니 기쁘고 후련한 마음을 더욱 주체하기 어렵습니다.

나는 상사(喪事)의 슬픔을 겪은 뒤로 혈기와 정신이 더욱 초췌해짐을 느꼈습니다. 이에 분잡한 일이 많은 집안에서는 자못 조리하기가 어려워 열흘 동안 동교(東郊)로 가서 촌려(村廬)에 엎드려 있다가, 대행 대비(大行大妃)[80]의 계인(啓靷) 때에 산반(散班)에서 곡하기 위하여 어제에야 비로소 도성에 도착했을 따름입니다. 인생이 슬픔과 근심에 빠져 갈수록 벗어날 수 없는데 덧없는 세월은 절로 급하게 지나가니, 이처럼 그럭저럭 시간만 보내다가는 영원히 분발할 때가 없을까 매우 두렵습니다. 어찌겠습니까, 어찌겠습니까.

인간(印刊)하여 보내 주신 도서(道書) 1책에 대해서는 감사한 마음이 절실합니다. 이 책을 누차 읽어 보매 그 경지를 조금도 엿볼 수 없어서 실로 소경이 단청(丹靑)을 보는 것과 같았지만, 유독 그 사구(詞句)의 고아함과 선현의 고론(考論)을 소중하게 여겨서, 사랑하여 문득 자리 곁에서 떼어 놓지 않았습니다. 다만 이른바 '주자 해고(朱子解考)'는 그 중요한 의취가 대부분 평소의 언결(言訣)과 어긋나는 데다

80 대행 대비(大行大妃) : 1674년(현종15) 2월 23일 회상전(會祥殿)에서 승하한 인선왕후(仁宣王后) 장씨(張氏)를 가리킨다. 《顯宗實錄 15年 2月 23日》

소략하여 사람의 뜻에 차지 않는 곳이 많으니, 석간(石澗)[81]이 발휘(發揮)한 것 외에는 어찌 그것이 주자의 진전(眞詮)이라는 것을 징험할 만한 다른 증거가 다시 있겠습니까. 자양(紫陽)[82]의 발어(跋語)에서는 '수정(讎正)'이라고 말했을 뿐입니다. 형께서는 반드시 과정(過庭)의 견문[83]이 있을 터이니, 한마디 말을 하여 의문을 풀어 주시기 바랍니다.

그 종이는 이미 이 책을 얻었으니, 보충한들 무슨 소용이 있겠습니까. 단지 흩어 버리는 것이 합당하겠습니다. 마침 급한 일이 있어서 회포를 다 적지 못합니다. 오직 어버이를 모시고 지내는 형의 체후가 더욱 복되기를 바랍니다.

81 석간(石澗) : 조운흘(趙云仡, 1332~1404)의 호이다. 본관은 풍양(豊壤), 또 다른 호는 서하옹(棲霞翁)이다. 고려 때 서해도 관찰사(西海道觀察使)를 지냈고, 조선조 때 강릉 부사(江陵府使), 검교 정당문학(檢校政堂文學)을 지냈다. 저서에는 《석간집(石澗集)》이 있고, 편서(編書)에 《삼한시귀감(三韓詩龜鑑)》이 있다.

82 자양(紫陽) : 주희(朱熹)의 별호이다. 복건성(福建省) 숭안현(崇安縣)에 있을 때 서재를 자양서실(紫陽書室)이라 명명했던 데서 온 말이다.

83 과정(過庭)의 견문 : 부형으로부터 전해 들은 가학(家學)을 말한다. 공자의 아들 리(鯉)가 뜰에서 공자 앞을 빠른 걸음으로 지나다가 공자로부터 시례(詩禮)에 대하여 배웠느냐는 말을 듣고 그에 대한 가르침을 받은 일에서 유래하였다. 《論語 季氏》

남자문께 답함

答南子聞

적막한 곳에 홀연 벗의 정다운 서한이 이르렀으니 위안되고 기쁜 마음을 알 만할 것입니다. 이미 연사(練祀)[84]를 지냈다는 말을 들었으니, 삼가 생각건대 슬프고 상심됨이 새로울 듯합니다. 인생에서 마음 맞는 한 사람을 잃었으니 어찌 쉽게 회포를 가누겠습니까. 저 규방의 사사로움으로 치부하여 말하는 자들과 이 회포를 이야기할 수 없을 것입니다.

보여 준 예절은 모름지기 하문할 필요가 없는 듯합니다. 일찍이 "예의 의문(疑文)과 변절(變節)은 반드시 이치에 밝은 군자라야 바야흐로 대처함에 의심이 없을 수 있다."라고 생각하였으니, 나처럼 우매한 사람이 어찌 감히 그 사이에서 입을 놀릴 수 있겠습니까. 현명한 그대는 질문할 사람을 잘못 찾은 것입니다. 다만 우리 형께서 행한 바가 이미 고의(古意)를 잃지 않았고 또 국제(國制)와 시례(時例)에 구애되지 않으니, 어리석은 내 견해로는 불가한 점을 찾을 수 없습니다. 다만 참으로 예를 아는 군자가 어떻게 여길지는 알지 못하겠습니다.

병들어 궁벽한 산골에 머무는 몸이라서 정답게 얘기할 사람이 없으니, 편지에 임하여 의리를 사모하매 더욱 근심스러운 마음을 견딜 수 없습니다. 나머지 많은 말들은 인편으로 인하여 바삐 적느라 일일이 다 말씀드리지 못합니다.

84 연사(練祀) : 남학명의 부인상에 대한 연사를 말한 것으로, 1673년(현종14) 11월 부인상을 당하였다. 《韓國文集叢刊解題 9輯 晦隱集》

남자문께 드림
與南子聞

길을 떠나는 날 병이 심하여 전송하지 못했으니, 그립고 서글픈 마음이 더욱 심하고 또한 '당시에 어찌 억지로라도 병든 몸을 일으켜 한번 가지 않았는가.'라고 후회하고 있습니다. 그러나 이는 통증이 가라앉은 뒤의 생각일 뿐입니다. 당시에 만일 억지로라도 갈 수 있었다면 실로 벌써 전송하러 갔을 것입니다. 초여름에 집으로 돌아가 지내는 요즈음 근황은 만복하고 어버이를 모시고 학문하는 체후는 날로 건승한지요?

나는 슬프고 애달프기가 예전과 같지만 하관하는 일[85]은 애초에 날짜를 멀리 잡으려 하였으니, 예율(禮律)에 이미 금하는 바가 없었고 또 《예기(禮記)》의 빈사(殯事)를 먼저 하고 뒤에 하는 의리로 미루어 보아 그 비슷한 사례를 얻었습니다. 그러나 이미 이달 20일에 실행하기로 의논하였고 발인할 시기가 겨우 며칠 앞으로 다가오니, 상심되고 애통함을 더욱 스스로 견딜 수 없습니다. 어찌하겠습니까.

영감께서 또 북관(北關) 백성들을 위해 유체(留滯)되었으니, 어찌 형께서 해산(海山)을 유람할 인연이 다하지 않은 것이 아니겠습니까. 다른 날 《함산지(咸山誌)》가 완성되면 마땅히 더욱 자세히 알 수 있을 것입니다. 고개를 넘은 뒤의 소식에 대해 안부를 묻습니다. 급하게 적어 편지를 올립니다. 편지의 격식을 갖추지 못했습니다.

85 하관하는 일 : 아내에 상에 대한 하관을 말한다. 《창계집》〈창계선생연보초(滄溪先生年譜草)〉에 의하면 창계는 1674년(현종15) 2월 부인 창녕 조씨(昌寧曺氏)의 상을 당하였다.

남자문께 드림

與南子聞

이별한 뒤 무척이나 그리워서 오래전에 이미 서찰 한 통을 제봉(題封)해 두었지만 한스럽게도 전해 줄 길이 없었는데, 이제야 돌아가는 인편을 만나 부쳐 올립니다. 요즈음 초여름에 또한 생각건대 어버이를 모시고 지내는 체후가 더욱 건승할 것이니, 위안되는 마음이 매우 깊습니다.

이곳에서는 죽은 아내의 계빈(啓殯)이 단지 하루 앞으로 다가왔으니, 비통한 마음이 다시 한번 새롭습니다. 어찌겠습니까, 어찌겠습니까. 죽은 아내가 임종 때에 약물을 보내 주신 형의 은근하고 곡진한 마음에 감사하여 누차 이야기하며 사례하였는데, 사람의 정이 여기에 이르니 서글픈 생각과 근심스러운 마음이 더욱 더해집니다.

죽은 아내는 자못 뜻과 행실을 수양하여 참으로 세상에 전해지지 않게 할 수 없는 점이 있고, 또 어린 나이에 죽어 자식이 없는 점이 가슴 아파서 차마 거듭 그 자취가 사라지게 할 수가 없었습니다. 그래서 이미 행장(行狀)[86]을 대략 엮어 두고 현강(玄江) 박장(朴丈 박세채(朴世采))에게 명(銘)을 청하여 허락을 받았습니다. 그러나 사는 땅이 멀어 형과 마주 앉아 한번 읽고 그 시비를 검토할 길이 없으니, 한스러운 마음이 자못 지극합니다. 조만간 지석(誌石)을 굽는 날에 만일 받들어 주선할 수 있다면 그 다행함을 이루 말할 수 있겠습니까. 모든 일은

86 행장(行狀) : 《창계집》 권17에 〈죽은 아내 안인 조씨에 대한 행장〔亡室安人曺氏行狀〕〉이 실려 있다.

빠른 것이 좋은데, 이와 같은 일은 천천히 하는 것이 더욱 꺼려져서 일찍 경영하지 않을 수 없다는 생각이니, 헤아리건대 피차가 마땅히 같을 것입니다.

형이 떠난 뒤에 나는 실로 더불어 회포를 펼 만한 곳이 없어졌으니, 대개 이 근심을 겪어 보지 않은 사람은 이 뜻을 알지 못하고 이 근심을 겪었더라도 혹 정이 미치지 못하는 사람은 또한 이 뜻을 알지 못하기 때문입니다. 요컨대 반드시 형을 만난 뒤에야 나의 생각을 다 이야기할 수 있는데, 형께서 돌아올 기약은 정히 가을 이후이니 어떻게 견디며 기다려야 할지 모르겠습니다. 나머지 많은 말들은 발인할 시기가 가까워서 마음이 어지럽고 심란한 관계로 다 말씀드리지 못합니다.

남자문께 답함
答南子聞

매우 그리워하던 중에 안부를 묻는 긴 편지와 짧은 별폭(別幅)을 받아 보매 회포를 토로한 것이 간절하고 지극하였으니, 위안되는 마음을 말로 할 수 있겠습니까. 다만 생각건대, 호서(湖西)로 가는 행차[87]가 머지않았는데 병을 앓는 잔약한 종적은 자주 만나 정답게 담소를 나누기가 쉽지 않으니, 마침내 다른 날 천리 밖에서 서로 바라보며 끝없는 후회를 남길까 두렵습니다.

보여 주신 글은 원숙(圓熟)하고 아결(雅潔)하여 사람으로 하여금 읽음에 오래도록 손에서 놓지 못하게 합니다. 그 가운데 한두 군데 문맥이 의심스러운 곳은 문득 첨지(籤紙)를 붙여 질정하였으니, 다시 자세히 살펴보는 것이 어떻겠습니까? 대저 일을 서술한 것은 매우 좋으나 뜻이 순일하지 못한 것은 작은 흠이 아닌 듯합니다. 어떻습니까? 대개 평상시에 일상적으로 쓰는 문장이라도 그 귀숙처(歸宿處)가 이와 같이 방만하게 지나쳐서는 안 될 듯합니다.

부탁하신 별어(別語)는 의리로 볼 때 사양할 수 없으니, 정리상 어찌

87 호서(湖西)로 가는 행차 : 《창계집》 〈창계선생연보초(滄溪先生年譜草)〉에 의하면 창계는 1678년(숙종4) 가을 시국이 조금 안정되기도 하고 우거하고 있는 영동(嶺東)의 통천(通川)이 선영(先塋)과 친척들로부터 너무 멀리 떨어져 있어 왕래하기 불편했기 때문에 통천을 떠날 계획을 세웠다가, 이해 9월 부친 임일유(林一儒)가 가족을 데리고 먼저 통천을 떠나 호서의 부여(扶餘) 조계촌(藻溪村)으로 옮겨 갔고 창계는 11월에 뒤따라가서 모셨는데, 이 일을 말하는 듯하다.

가만히 있으려 하겠습니까. 다만 마음속 생각이 꽉 막혀서 붓을 잡아도 아득하기만 하니, 어떻게 명을 받들어야 할지 모르겠습니다. 나머지 많은 말들은 다 말씀드리지 못합니다.

남자문께 드림

與南子聞

전에 보여 주신 《심경(心經)》에 대한 의의(疑義)는 당시에 급하게 답장하느라 지금 무슨 말을 했는지 기억나지 않습니다만, 사원(士元)[88]이 논한 바 "도를 보위하는 엄격함과 사람을 기다리는 관용은 동일하게 볼 수 없다.〔衛道之嚴, 待人之恕, 不可同.〕"라는 말[89]이 실로 옳습니다. 대개 황돈(篁墩)이 "주자(朱子)는 사람에 따라 한쪽으로 치우치는 폐단을 구하였다."라는 설을 가지고 억지로 초년설(初年說)과 만년설(晩年說)을 구분하고[90] 또 초려(草廬)의 설을 덧붙인 것은 그 일이 참으로

88 사원(士元) : 박태보(朴泰輔, 1654~1689)의 자이다. 본관은 반남(潘南), 호는 정재(定齋), 시호는 문열(文烈)이다. 판중추부사(判中樞府事) 박세당(朴世堂)의 아들로, 당숙인 박세후(朴世垕)에게 입양되었다. 1675년(숙종1) 사마시에 입격하고 1677년 문과에 급제한 후 예조 좌랑, 홍문관 수찬, 사헌부 지평, 사간원 정언, 호남 암행 어사, 파주 목사 등을 역임하였다. 1689년 기사환국 때 인현왕후(仁顯王后)의 폐위를 강력히 반대해 주동적으로 소를 올렸는데, 이로 인해 심한 고문을 받고 진도로 유배 도중 옥독(獄毒)으로 노량진에서 죽었다. 사후 영의정에 추증되고 풍계사(豐溪祠)에 제향되었다. 《정재집(定齋集)》 14권이 전한다.

89 사원(士元)이……말 : 박태보가 남학명에게 보낸 답장에서 "사람을 기다리는 관대함과 도를 보위하는 엄격함은 또한 각각 그 도리가 있으니, 어찌 나란히 놓고 동일하게 볼 수 있겠습니까.〔待人之寬, 衛道之嚴, 亦各有道, 何可比而同之?〕"라는 말을 한 적이 있다. 《定齋集 卷7 答子聞兄論心經書》

90 황돈(篁墩)이……구분하고 : 황돈은 명(明)나라의 학자 정민정(程敏政, 1445~1499)의 별호로, 진덕수(眞德秀)의 《심경(心經)》에 여러 학자의 주석을 첨부하여 해설한 《심경부주(心經附註)》를 저술하였다. 그가 《심경부주》의 마지막 장에서 "노선생이

암담(黯黮)하여 그 뜻을 실로 알 수 없으니,[91] 그대의 의문과 사원이 논하여 배척한 것이 마땅합니다. 다만 사원은 부주(附註)에서 심(心)을 논하고 성(性)을 논한 설들만 채록하고 격물치지(格物致知)에 대한 논의는 수록하지 않은 것을 비난하였으니, 또한 자세히 고찰하지 못한 점이 있습니다. 대개 서산(西山)[92]이 채록할 때부터 이미 이와 같았으

평소 사람을 가르칠 적에 가장 긴요하게 여긴 곳은 존덕성과 도문학 두 가지 공부를 진실로 어느 한쪽도 폐하지 않는 것이었는데, 대단하게 힘을 쓴 곳은 대부분 도문학에 있었다. 그런데 강서의 한 학파는 다만 번거로움을 싫어하고 간략함에 나아가려 하여 유독 존덕성에 대해서만 공부해 가니, 선생이 이것을 깊이 병통으로 여겼다.〔老先生平日教人, 最喫緊處, 尊德性道問學二件工夫, 固不偏廢, 而所大段著力處, 却多在道問學上. 江西一派, 却只是厭煩就簡, 偏在尊德性上去, 先生蓋深病之.〕"라는 북계 진씨(北溪陳氏)의 말을 수록하고, 그 아래에 붙인 안설(按說)에서 "주자가 말년에 항평보, 임택지, 유자징, 하숙경, 정윤부, 황직경에게 답한 편지에 그 말씀이 이와 같았는데, 주자가 별세한 뒤에 진씨의 말이 저와 같으니, 그렇다면 고정의 학통이 진실로 한두 번 전해지기도 전에 진면목을 잃음을 면치 못한 것이다〔朱子晩年答項平父及林擇之劉子澄何叔京程允夫黃直卿書, 其言如此. 朱子沒後, 陳氏之言如彼, 則考亭之學, 固不俟一再傳而未免失眞者矣.〕"라고 하였는데, 이 부분을 가리키는 말이다. 《心經附註 卷4 尊德性齋銘》

91 초려(草廬)의……없으니 : 초려의 설은 《심경부주》의 마지막 장에 있는 임천 오씨(臨川吳氏)의 설을 말한다. 여기서 그는 "하늘이 사람을 낸 까닭과 사람이 사람이 된 까닭은 이 덕성 때문이다.〔天之所以生人, 人之所以爲人, 以此德性也.〕"라고 하여 존덕성(尊德性)을 강조하고, 언어와 문자에서 벗어나지 못하는 속학(俗學)을 비판하면서 이를 주문(朱門) 말학(末學)의 병폐라고 규정하였는데, 이 부분이 육구연(陸九淵)의 강서학파(江西學派)의 설과 통하기 때문에 이렇게 말한 것이다. 초려는 원(元)나라 오징(吳澄, 1249~1333)의 호로, 자는 유청(幼淸), 시호는 문정(文正)이고, 무주(撫州) 숭인(崇仁) 사람이다. 《주역》, 《서경》, 《춘추》, 《예기》 등에 찬(纂)을 하였으며, 《학기(學基)》, 《학통(學統)》 등을 저술하였다. 또한 〈도통도(道統圖)〉를 지어 자신이 주희 이후의 도통을 계승한 사람이라 자부하였으나, 육상산(陸象山)의 학문에 빠졌다는 비판을 받았다.

니, 이는 전적으로 황돈을 공격해서는 안 되는 점입니다. 황돈의 죄는 단지 말장(末章)에서 초년설과 만년설을 구분하고 오징(吳澄)의 설을 붙인 데에 있을 뿐이니, 그 설의(設意)를 근본해 보면 전체적으로 수집(收輯)한 것이 과연 무슨 마음이었는지 알 수 없습니다. 그러나 드러난 오류와 혼란스러움이 여기에 있을 뿐이니 다만 이 점을 성토하여 배척하는 것은 가하지만, 드러나지 않은 허물을 거슬러 찾아내어 지나치게 질타하는 것은 마땅하지 않은 듯합니다. 다만 퇴계는 이미 그 오류를 깨달아서 천하의 사람들을 이끌고 육상산(陸象山)에게 돌아갈까 근심[93]하기까지 하다가, 끝에 가서는 다시 실로 지당하여 바꿀 수 없는 것[94]이라고 하였으니, 또한 너무 관대하여 엄격하지 못한 것입니다. 초년설과 만년설을 구분하는 데에 그 과실이 어찌 나만 그렇겠습니까. 요컨대 퇴계는 이 책을 존신(尊信)했기 때문에 논한 바가 너무 관대함

92 서산(西山) : 처음 《심경》을 편찬한 송(宋)나라 진덕수(眞德秀, 1178~1235)의 호이다. 자는 경원(景元)이고 시호는 문충(文忠)이다. 영종(寧宗) 경원(慶元) 5년(1199) 진사(進士)에 급제하여 호부 상서와 한림학사를 역임하였다. 저서에 《대학연의(大學衍義)》, 《당서고의(唐書考疑)》, 《독서기(讀書記)》, 《문장정종(文章正宗)》, 《정경(政經)》, 《서산문집(西山文集)》 등이 있다.

93 천하의……근심 : 이황(李滉)이 〈심경후론(心經後論)〉에서 "황돈(篁墩)이 이 대목을 뽑아 놓은 것은 무슨 뜻인가? 천하 사람들을 거느리고 육씨(陸氏)에게로 돌아가려는 뜻이 있는 게 아닌가?〔篁墩之取此條也何意? 其無乃有欲率天下歸陸氏之意歟?〕"라고 한 부분을 말한다. 여기서 '이 대목'은 오징(吳澄)의 설을 가리킨다. 《退溪集 卷41》

94 실로……것 : 이황이 〈심경후론〉에서 "황돈이 주자의 뜻을 따라서 서산(西山)의 경문(經文)을 부연하여 이것을 책 끝에 주(註)를 내어 말학(末學)의 오류를 바로잡으려 한 것은 참으로 지당하여 바꿀 수 없는 것이다.〔若其遵朱子之意, 贊西山之經, 註此於篇終, 欲以捄末學之誤, 實亦至當而不可易也.〕"라고 한 부분을 말한다. 《退溪集 卷41》

을 깨닫지 못하였고, 우리들은 퇴계를 존신하기 때문에 전날 내 편지에서 또한 그 말이 관대함에 지나쳐서 명쾌하지 못했던 점을 깨닫지 못했던 것입니다. 비록 고의로 숨기기 위해 뜻을 두었던 것은 아니지만 여기서 연루하여 바른 이치를 잃었으니, 그 숨기는 것과 다른 점이 또한 거의 드문 것입니다.

가만히 생각건대, 이 책을 이미 《심경》이라 명명하였고 보면 반드시 이로 말미암아 마음을 다할 수 있어야 바야흐로 완전한 경전이 되고, 이 마음 가운데에 많은 이치가 다 구비되어 있으니 반드시 거경궁리(居敬窮理)하여 각각 그 공을 지극히 하여야 바야흐로 마음을 다했다고 할 수 있습니다. 그런데 이 책에 실린 바는 단지 조존성찰(操存省察)에 대한 설이니, 비록 요긴하다고 하더라도 완전하다고는 할 수 없습니다.

근세에는 심지어 이 책을 《근사록(近思錄)》과 병칭하여 사서(四書)에 짝지우기까지 하니, 평소 이해할 수 없었던 점입니다. 그러나 돌아보건대, 스스로 공부한 것이 아직 얕아서 감히 경솔하게 이러한 일에 대해 의논하고자 하지 않았기 때문에 오랫동안 감히 말하지 못했을 뿐입니다. 이러한 설은 매우 길어서 지금은 단지 대체적인 내용만 거론하여 보여 주신 뜻에 색책(塞責)을 하니, 다른 날 마땅히 천천히 그 설에 대해 이야기하겠습니다. 다만 이 책이 비록 불완전한 것 같지만, 선배들은 진실한 마음으로 경신(敬信)하고 실천했기 때문에 그 체득한 바가 자별하였고 우리들은 단지 말로만 지적했기 때문에 말이 혹 이치에 가까워도 실제 자신의 분수에는 조금도 보탬이 되는 점이 없어서 이 점이 매우 두려워할 만하니, 이 뜻을 또한 몰라서는 안 될 것입니다.

남자문께 답함 계해년(1683, 숙종9)

答南子聞 癸亥

8월 산려(山廬)에 있을 때 삼가 보내 주신 편지를 받아 보니, 적막한 가운데 감사하고 위안이 되기가 배로 깊었습니다. 지난달 집으로 돌아와 바로 답장을 작성하려 했는데, 일찍이 인편을 만나 몇 줄을 적었다가 마침 외부의 번잡한 일이 있어서 결국 부치지 못했습니다. 지금 그 편지가 아직 안석 사이에 있지만 이래로 그럭저럭 시간만 보내다가 지금까지 뜻을 이루지 못했습니다. 대개 그동안 나라에 우환이 있어서 실로 다른 일에 생각이 미칠 수 없었고 사가(私家)의 연기(練期)[95]가 또 갑자기 임박하여 애통함이 그지없었던 관계로 드디어 답장을 보내 사례하는 일을 빠뜨리고 말았습니다. 방금 금정(金井)의 우편(郵便)을 통해 다시 동짓날에 보내신 편지를 받아서 펼쳐 읽어 보니, 실로 평소보다 배나 더 정겹습니다. 이를 통해 파담(琶潭)에서 돌아온 뒤로 어버이를 모시고 지내는 체후가 더욱 건승하다는 것을 알았으니, 더욱 위안이 되고 기쁜 마음을 금치 못하겠습니다.

혼몽하고 완악한 몸이 죽지 못하고 연일(練日)을 지났는데, 작년 이맘때의 일을 돌이켜 생각하니 정신이 멍하여 마치 어제의 일과 같습니다. 사람의 일이 이 지경이 되어서 크게 부르짖고 땅을 쳐도 미칠 수가 없으니, 다만 스스로 통곡할 뿐입니다. 어찌하겠습니까, 어찌하

95 사가(私家)의 연기(練期) : 《창계집》 〈창계선생연보초(滄溪先生年譜草)〉에 의하면 창계는 1683년(숙종9) 1월 12일 35세 때 모친상을 당하였다.

겠습니까.

보내 주신 역서(曆書) 한 권은 형의 은근한 뜻에 감사를 드리니, 비단 물건 때문에 드는 느낌일 뿐만이 아닙니다. 대개 붕우 간의 두터운 정이 처음부터 끝까지 변하지 않고 더욱 돈독해지니 이는 고금에 드문 일입니다. 그러나 그 사람의 처신과 진학(進學)이 흠잡을 만한 곳이 없고 또 각각 먼저 베푸는 의리로 스스로 면려한다면 시종 변하지 않을 수 있는 것이 또한 심히 어렵지는 않습니다. 지금 나 같은 사람은 그동안 처신에 전혀 의의(意義)가 없어서 출처와 사업이 초심을 완전히 저버렸으니, 붕우 간에 비록 편지를 보내 절교를 고하더라도 이미 허물이 되지 않습니다. 오랜 친구 간의 사사로운 정과 인사에 이르러서도 완전히 폐하고 빠뜨려서 거의 서로 버린 사람처럼 되었으니, 더욱이 어찌 사랑할 만한 마음이나 의리가 있겠습니까. 그런데 고아하고 개결한 형께서는 오히려 나를 멀리 버리지 않아서 재앙의 벌을 받은 이래 근심하고 갸련히 여기기를 더욱 지극히 하고 서신을 계속 보내어 끊임없이 안부를 묻고 물건을 보내 주시니, 나는 실로 감히 알지 못하겠습니다. 형께서는 나처럼 보잘것없는 사람에게 무엇을 취하여 이처럼 보살펴 주는 것입니까? 어쩌면 지나치게 후한 군자의 의리로 옛 친구를 가볍게 버리고자 하지 않아서 그런 것입니까, 아니면 혹 평소에 서로 깊이 알아서 비록 그 거취가 용렬하고 녹록함은 보았으나 끝내 혹 초심을 이루고자 하는 마음을 헤아려 살피고, 비록 인사를 빠뜨린 것은 괴이하게 여기지만 또한 마음속에 간직한 뜻을 용서하여 이에 만년에 서로 기약하고자 하여 그런 것입니까? 살펴보건대 형의 뜻이 오랜 친구의 처지에서 보지만은 않는 것이 아마도 여기에 있는 듯합니다.

사람이 서로 아는 것은 귀함이 그 허물을 보고도 오히려 그 본정(本

情)을 아는 데에 있으니, 이것이 이오(夷吾)가 포자(鮑子)에게 깊이 탄복했던 까닭[96]입니다. 만일 일에 대처하여 스스로 선하게 해서 중인(衆人)이 모두 기뻐하면 사람이 또한 누가 알지 못하겠습니까. 나는 실로 평범하고 비루해서 만에 하나라도 옛사람의 경지를 바랄 수 없지만, 형의 의리와 같은 경우는 실로 사람으로 하여금 깊이 감복하게 합니다. 오랫동안 이런 생각을 쌓아 오다가 지금 편지에 임하여 나도 모르는 사이에 이렇게 적고 보니, 또한 뜬금없다고 여기실 듯합니다. 생각건대 한번 웃음이 나올 것입니다.

읽은 책에 대해 질문을 받으니 나를 비루하게 여기지 않는 마음에 더욱 감사드립니다만, 기력이 다하고 늘 병을 앓아서 전혀 소리 내어 책을 읽을 수 없습니다. 때때로 《의례(儀禮)》 한 책을 펼쳐 보지만 정력이 쇠잔하여 보지 않은 것이나 다름이 없고, 밤과 아침 사이에 때로 《중용》과 《대학》을 온습(溫習)하기도 하지만 또한 정신을 집중할 수 없습니다.

보내 주신 편지에서 장차 예의(禮疑)를 보여 주겠다고 하니, 비록 더불어 듣기에는 부족하지만 거의 혼몽한 식견을 개발하는 유익함이 있을 터이니 우러러 기대하는 마음이 참으로 간절합니다. 우편(郵便)이 곧 돌아간다고 하기에 바삐 적느라 격식을 갖추지 못했습니다.

96 이오(夷吾)가……까닭 : 이오는 춘추 시대 제(齊)나라 환공(桓公)의 명재상이었던 관중(管仲)의 이름이고, 포자(鮑子)는 그의 친구인 포숙(鮑叔)을 가리킨다. 이들은 어려서부터 서로 친구였는데, 포숙은 관중의 어짊을 잘 알아주었지만, 관중은 워낙 빈곤하였기 때문에 포숙을 항상 속이곤 하였다. 그러나 포숙은 끝까지 그를 잘 대우해 주었으므로 관중이 뒤에 말하기를 "나를 낳아 준 분은 부모요, 나를 알아준 이는 포자였다.〔生我者父母, 知我者鮑子也.〕"라고 했던 고사가 있다. 《史記 卷62 管晏列傳》

남자문께 답함 을축년(1685, 숙종11)

答南子聞 乙丑

혼몽하고 완악한 몸이 죽지 못해서 앞뒤의 상기(祥期)[97]를 겪고도 천지간에 목숨을 보전하고 있으니, 애통한 심정 그지없습니다. 다시 무슨 말을 하겠습니까, 다시 무슨 말을 하겠습니까. 지난번에 인편을 통해 편지 한 통을 부쳐 올려서 세전(歲前)에 편지 두 통을 보내 주신 은근하고 자상한 마음에 사례하였는데, 그 편지가 전해지기도 전에 은혜로운 편지가 다시 이르고 또 납일(臘日)에 만든 약제(藥劑)까지 보내 주셨습니다. 오직 자기가 베푸는 일에 힘쓰고 남에게 보답하기를 요구하지 않는 것은 실로 덕스러운 일이니 형께서 행하신 일은 가하거니와, 돌아보건대 나는 어떻게 이런 일을 만났단 말입니까. 감탄하는 마음만 더해질 뿐입니다.

항간에 전하는 말을 듣건대, 요동(遼東)과 계주(薊州) 지역에 평소와 달리 눈이 많이 내려서 사행(使行)의 행차가 자못 막혔다고 하니, 모르겠습니다만 믿을 만한지요? 또 듣건대, 청나라 황제가 멀리 강절(江浙 강소성(江蘇省)과 절강성(浙江省)) 지방을 유람하러 갔기 때문에 사행이 돌아오는 시기가 비교적 지체될 것이라고 하는데, 무릇 길에서 들은 이러한 소문들은 대체로 허언(虛言)이 많지만 보잘것없는 내가 염려하

97 앞뒤의 상기(祥期) : 《창계집》 〈창계선생연보초(滄溪先生年譜草)〉에 의하면 창계는 1683년(숙종9) 1월 12일 모친상을 당하고 1684년 1월 22일 부친상을 당하였는데, 이 일을 가리킨다.

는 마음은 절로 평상시보다 더욱 절실함을 느낍니다. 삼가 생각건대, 반드시 정확한 소식을 들었을 터이니, 편지로 보여 주시어 과문하고 비루한 사람의 의혹을 풀어 주시기 바랍니다.

깊이 그리워하면서도 심중을 털어놓고 하소연할 기약이 없어서 마음속에 간직한 바를 오직 짧은 편지에 의탁하여 전할 따름입니다만, 인편이 드물어 자주 부치기 어렵고 기력이 쇠하여 자세히 적기도 어려우니 깊이 개탄할 뿐입니다. 부디 배로 진중함을 더하고 학업을 높고 깊게 하는 데 더욱 힘쓰시어 서로 사랑하는 사람의 축원에 부응하시기 바랍니다. 격식을 갖추지 못하였습니다. 삼가 편지를 올립니다.

남자문께 드림
與南子聞

요즈음 혹독한 더위에 삼가 생각건대 어버이를 모시고 지내는 체후는 만복한지요? 존부 상공(尊府相公)께서 만리 길에 산을 넘고 물을 건너 무사히 돌아오셨으니,[98] 공적으로나 사적으로나 다행스러움을 어찌 말로 다 할 수 있겠습니까. 지난번에 보내 주신 편지에서 농장(弄璋)의 새로운 경사[99]가 있었다고 하니, 축하하고 기쁜 마음을 금치 못하겠습니다.

완악한 한 줄기 목숨을 지금까지 구차하게 연명하여 올해가 또 중반에 이르고 보니, 어버이 봉양을 다하지 못한 애통함을 더욱 스스로 감당하지 못하겠습니다. 어찌하겠습니까. 여름이 된 이래로 예전의 병증이 다시 도져서 맥이 풀리고 나른한 증상이 거의 날로 심해집니다. 그래서 서책이 앞에 가득 쌓여도 읽어 볼 생각이 없으니, 다만 스스로 상심하고 탄식할 뿐입니다.

98 존부상공(尊府相公)께서……돌아오셨으니 : 《한국문집총간해제》 4집에 수록된 〈약천집(藥泉集)〉 해제에 의하면, 남구만(南九萬)은 1684년(숙종10) 12월 사은 겸 동지사(謝恩兼冬至使)로 연경(燕京)에 갔다가 이듬해 4월에 복명하였는데, 이 일을 가리키는 듯하다.

99 농장(弄璋)의 새로운 경사 : 새로 아들을 낳은 경사를 말한다. 《시경》 〈소아(小雅) 사간(斯干)〉에 "남자를 낳아서 평상에 재우며 치마를 입히며 구슬을 희롱하게 하니, 우는 소리가 우렁차고 붉은 슬갑(膝甲)이 휘황하여, 실가를 소유하며 군왕이 되리로다.〔乃生男子, 載寢之牀, 載衣之裳, 載弄之璋. 其泣喤喤, 朱芾斯皇, 室家君王.〕"라고 한 데서 온 말이다.

지난번에 보여 주신 예의(禮疑)는 아직 온전히 돌려보내지 못했으니, 여기서 또한 그 실추시킴이 지극함을 볼 수 있습니다. 저버린 것이 부끄러워 말할 수가 없습니다.

총계공(叢桂公)[100]이 복거(卜居)했던 곳은 사람을 만날 때마다 물어보니 과연 아는 사람이 있었는데, 바로 이 고을[101] 서쪽 주자천(朱子川)의 상류입니다. 토착민들이 전하는 말에 정 진사(鄭進士)의 초당(草堂) 터가 두 시내의 석봉(石峯)에 있다고 하니, 어찌 이른바 옥순봉(玉筍峯)이 아니겠습니까. 토착민들은 실로 알지 못합니다.

나는 남쪽으로 돌아갈 계획을 아직 결정하지 못했습니다. 남쪽 지역이 고향이긴 하지만 실로 돌아가 쉴 만한 전사(田舍)가 없고, 형세로 볼 때 반드시 집을 새로 지어야 하지만 또한 뜻에 맞는 안온한 곳이 없습니다. 근래에는 다시 골짜기 안에 그대로 머물러 있을 생각이 있어서 이곳에서 30리쯤 떨어진 진안(鎭安)의 마이봉(馬耳峯) 동쪽에 빈터 한 곳을 얻었지만, 과연 거처로 정할지는 아직 모르겠습니다. 병을

100 총계공(叢桂公) : 총계는 정지승(鄭之升, 1550~1589)의 호이다. 본관은 온양(溫陽), 자는 자신(子愼), 또 다른 호는 회계산인(會稽山人)・천유자(天遊子)이다. 정렴(鄭磏, 1505~1549)의 조카로 시에 뛰어났으며 출사에는 관심을 가지지 않고 평생 은거 생활로 일관하였다. 도인(道人)이기도 하였는데 평소에 큰 거북이를 타고 다녔다고 한다. 그런데 어느 날 거북이가 몹시 울면서 사라지더니 며칠 후 정지승은 세상을 떠났다고 전해진다.

101 이 고을 : 《창계집》 〈창계선생연보초(滄溪先生年譜草)〉에 의하면 창계는 당시 용담(龍潭)의 조림촌(照林村)에 살고 있었는데, 용담은 전라북도 진안 일대의 옛 지명이다. 안자천(顔子川), 정자천(程子川), 주자천(朱子川) 등이 흘러 금강으로 합류되던 지역으로, 그 지명의 유래는 이 하천들이 합쳐져 못을 만들 경우 용이 살 수 있는 곳이 될 것이라는 뜻에서 나왔다고 한다.

무릅쓰고 억지로 대략 적느라 하나하나 다 말씀드리지 못했습니다.

존장께서 행차하셨을 때 반드시 그곳의 사정을 상세히 들었을 것이고 형께서 시봉(侍奉)할 때 반드시 들은 말이 있을 터이니, 부디 그 개략적인 내용을 은밀히 알려 주시기 바랍니다. 그곳의 군신과 인물은 과연 어떠합니까? 장상(將相) 가운데 의지할 만한 사람은 그 재주와 성품이 어떠합니까? 기강은 어떠하며 민정(民情)은 어떠하며 서달(西獺)의 형세는 어떠합니까? 해정(海鄭)[102]이 귀순했다는 말은 그 허실이 어떠합니까? 그 강약(强弱)과 중과(衆寡)는 또 어떻게 정해졌습니까? 무릇 이 모든 것을 상세히 알고 싶으니, 자세히 알려 주시기를 간절히 바랍니다. 학술과 문장에 능한 해내(海內)의 선비 가운데 뚜렷하여 드러나게 일컬어지는 사람은 있습니까? 또한 모름지기 알려 주시기 바랍니다.

병으로 궁벽한 산속에 누워 한 줄기 목숨을 근근이 연명하고 있어서 문밖의 일도 다 살피지 못하는데 만리 밖의 여러 가지 일에 대해 듣고 싶어 하니, 또한 가소롭습니다. 그러나 반드시 자세하게 알려 주시기를 간절히 바랍니다.

102 해정(海鄭) : 정극상(鄭克塽)을 가리키는 듯하다. 정극상의 아버지 정금(鄭錦)은 명(明)나라 사람으로 청(淸)나라에 대항하여 싸우다가 대만(臺灣)으로 들어가 웅거하였는데, 삼번(三藩)의 난(亂) 당시 오삼계(吳三桂)의 병력과 호응하여 청나라 동남쪽으로 진격했다가 난이 실패로 돌아가자 다시 대만으로 철수하였다. 그가 죽은 뒤 정극상이 청나라에 항복하였다.

남자문께 드림

與南子聞

어제 서울에 사는 서종(庶從)이 마침 찾아와서 이야기하다가 형에 대한 일을 언급하자 아들을 잃은 참혹한 일이 있었다고 했는데, 거듭 물어보아도 허무맹랑한 말은 아닌 듯했으니 지극히 안타깝고 놀라웠습니다. 삼가 생각건대, 상심되고 애통하여 쉽게 마음을 가누지 못할 것이니, 어찌하겠습니까, 어찌하겠습니까. 덕문(德門)의 나머지 경사[103]로 볼 때 자손들이 의당 번성해야 하는데 지금 영락하기가 이런 지경에 이르렀으니, 보잘것없는 나의 근심을 어찌 말로 형용할 수 있겠습니까?

예전에 함산(咸山)[104]에서 일찍이 존정 합하(尊庭閤下)께 가르침을 받을 때 감여가(堪輿家)들이 혹세무민하는 것을 깊이 근심하셨는데, 당시에는 비록 바로 의혹이 풀리지는 않았으나 또한 실로 정도(正道)를 지키고 시속을 구제하려는 성심(盛心)을 알았습니다. 이후로 자못 형의 집안 선영이 당시 지사(地師)들이 몰래 숙덕거리는 일이 있음을 면치 못했다고 들었으니, 이 이치는 허황되고 몽매한 것입니다. 몰래 숙덕거리는 저런 자들이 어찌 반드시 알겠습니까. 그러나 유명(幽明)

103 덕문(德門)의 나머지 경사 : 덕문은 남학명의 집을 가리키는 말로, 덕이 있는 집안에는 후손이 번창한다는 의미이다. 《주역》〈곤괘(坤卦) 문언(文言)〉에 "선을 쌓은 집안에는 반드시 나머지 경사가 있다.〔積善之家, 必有餘慶.〕"라고 한 데서 온 말이다.

104 함산(咸山) : 전라도 함평(咸平)이다.

간의 일은 다 통달하기 어렵고 서로 관계되는 이치는 선각(先覺)도 이런 이치가 없다고 말하지는 않았습니다. 내 생각에 지나치게 염려하는 점은 형의 집안에서 이 일에 대해 다시 더욱 자세히 살피기를 깊이 바라는 것이니, 굽은 것을 펴려다가 지나침이 있어서는 안 될 것입니다. 모르겠습니다만, 형의 뜻은 어떻게 생각하는지요?

서로 생각하는 절실한 마음으로 망녕되이 문득 이런 말을 하였으니, 용렬하고 경솔함이 매우 부끄럽습니다. 부디 혼자 이 뜻만 양찰하시고 바로 이 편지를 찢어 버려서 다른 사람에게는 보이지 말기 바랍니다.

남자문께 드림

與南子聞

종일 깊은 시루에 앉아 있는 듯하여 한 점의 청량한 생각도 없다가 홀연 편지와 〈북관십경도(北關十景圖)〉가 그려진 병풍을 받으니, 나도 모르는 사이에 번민에 시달리던 흉금과 병든 눈이 일시에 갑자기 열렸습니다.

그 가운데 학포(鶴浦)와 국도(國島)[105]는 곧 옛날 유력(游歷)했던 곳이니, 어루만지고 돌아보매 더욱 사람으로 하여금 감개가 그치지 않게 합니다. 세상 밖의 강산(江山)은 이렇듯이 광활한데 몸이 강쇄(韁鎖)[106]에 매여 천 장(丈)의 뜨거운 속진에 매몰된 사람은 거듭 부끄럽고 슬퍼할 뿐입니다. 모르겠습니다만, 그대는 어떻게 생각하는지요? 마침 객을 대하느라 바빠서 일일이 다 말씀드리지 못합니다.

105 학포(鶴浦)와 국도(國島) : 학포는 안변부(安邊府) 동쪽 60리쯤에 있는 포구이고, 국도는 학포의 사봉 동쪽에서 10리쯤 떨어진 섬이다. 남구만(南九萬)의 《약천집(藥泉集)》 권28 〈북관십경도기(北關十景圖記)〉에 학포와 국도에 대한 내용이 있다.

106 강쇄(韁鎖) : 명리(名利)의 굴레를 쓰고 이록(利祿)의 쇠사슬에 묶였다는 명강이쇄(名韁利鎖)의 준말이다.

남자문께 드림 무진년(1688, 숙종14)

與南子聞 戊辰

나는 의외의 낭패가 이런 지경에 이르러서 심신이 어긋나 어지럽고 예전에 앓던 병이 갑자기 재발하였으니, 부끄럽고 후회스러우며 근심스럽고 다급한 심정을 어찌 말로 형용할 수 있겠습니까. 뜻밖에도 하루아침에 일이 이런 지경이 되었는데 이는 모두 내가 평소 신실한 정성이 전혀 없어서 스스로 불운을 초래한 것이니, 오히려 더 이상 무슨 면목으로 다시 조정에 몸을 둘 수 있겠습니까. 전조(銓曹)의 주의(注擬)를 격례(格例)를 깨고 미품(微稟)하여 대개 낙점받았다고 하니, 이는 더욱 부끄럽고 황공하여 감히 편안히 있을 수 없는 일입니다. 밤새도록 잠을 이루지 못하고 반복하여 생각하매 종적의 혐의스러움이 실로 예사로운 일이 아니었으니, 그대로 머물러 있는 것은 절대 이런 이치가 없습니다. 이는 비단 내가 크게 낭패를 만났기 때문만이 아니라 조정의 성실한 도리에 매우 해가 될 듯하기 때문입니다. 나의 문제로 인하여 정사(政事)의 체모에 누를 끼치게 되었으니, 차라리 죽어서 아무것도 모르고 싶습니다. 어찌하겠습니까. 이제 마땅히 소장(疏章)을 작성하여 힘써 사양해서 반드시 체직되기를 기약해야 하지만 정신이 혼몽하여 또한 그렇게 할 수도 없으니, 아무 말 없이 날짜만 보내매 더욱더 울적해지고 백번 생각해 보아도 벗어날 방법을 모르겠습니다. 어찌하겠습니까, 어찌하겠습니까.

종적과 염치 외에도 사사로운 계획이 일마다 낭패를 만난 것이 또한 이루 말할 수 없을 정도입니다. 가솔(家率)들을 남쪽 땅에 버려두었는데[107] 집도 없고 먹을 것도 없어서 실로 의지할 형세가 없었고, 어린 아들은 원래 잔약하여 병을 앓았는데 서울로 올 때 이웃에 천연두가 도는 것을 보았으니 지금은 어떠한지 모르겠습니다. 이 몸이 만일 바로 돌아가지 못한다면 이 일이 또한 매우 난처하게 될 터이니, 오직 간절하게 사직하고 옛 직임에 잉임(仍任)되기를 청하여 성상께서 불쌍히 여겨 윤허해 주신다면 실로 지극히 다행한 일이 될 것입니다. 그러나 사체(事體)가 드문 일이어서 감히 스스로 진달하지 못하였습니다. 모르겠습니다만, 부친을 모시고 있으면서 혹 이런 정상을 상세히 아뢰어 편의에 따라 변통할 도리가 있을 수 있겠습니까? 내려간 뒤에 비록 바로 올라오더라도 이번에 그대로 머무는 것은 결코 할 수 없는 일입니다. 아무리 생각해도 대책이 없기에 병든 몸을 억지로 일으켜 사사로운 사정을 말씀드리는 것이니, 부디 자세히 생각해 보고 가르쳐 주시기 바랍니다. 나머지는 다 갖추어 쓰지 못합니다.

107 가솔(家率)들을……버려두었는데 : 《창계집》 〈창계선생연보초(滄溪先生年譜草)〉에 의하면 창계는 1688년(숙종14) 2월 식구들을 데리고 진안(鎭安)에서 고향인 나주 회진(會津)으로 이주하였다.

이백길[108] 사명 께 답함 경신년(1680, 숙종6)
答李伯吉 師命 庚申

올 때 서로 전송하면서 이미 독실한 기풍과 의리를 보았는데 집에 도착한 지 얼마 안 되어 또 은혜로운 서찰을 받아 보니, 보내 주신 전약(煎藥)과 필병(筆柄)에 이르기까지 모두 정성에서 나온 것이었습니다. 감사하고 탄복하는 마음을 어찌 금할 수 있겠습니까. 요즈음 늦가을에 삼가 생각건대, 어버이를 모시고 공손히 거처하는 체후는 신이 도와 편안한지요? 그리운 마음이 그지없습니다.

내가 고향으로 내려가게 해 달라고 청한 것이 마침 성상의 노여움이 겨우 풀린 뒤였으니, 일은 비록 때에 맞았으나 마음으로는 적이 스스로 두려워하였습니다. 다행히 휴가를 받고 집으로 돌아와 늙은 어버이를 뵈었는데, 어버이의 병환이 또한 차도를 보이고 있었고 오래 헤어진 나머지 곁에서 모시는 기쁨이 몹시 마음에 맞았으니, 이르는 곳마다 성은 아님이 없었습니다. 감대(感戴)하는 정성을 어찌 이길 수 있겠습니까. 백엇국과 얼음 덮인 강의 경관 같은 것은 실로 여사(餘事)이니

108 이백길(李伯吉) : 백길은 이사명(李師命, 1647~1689)의 자이다. 본관은 전주(全州), 호는 포암(蒲菴), 대사헌을 지낸 이민적(李敏迪)의 아들이다. 시재(詩才)가 뛰어나 김창흡(金昌翕)과 명성을 다투었으며, 1672년(현종13) 사마시에 입격하고 1680년(숙종6) 춘당대 문과(春塘臺文科)에 장원으로 급제하였다. 경신대출척(庚申大黜陟)에 가담하여 보사 공신(保社功臣) 2등에 녹훈되고 완녕군(完寧君)에 봉해졌다. 1688년 병조 판서로 있을 때 종실(宗室) 이항(李杭)과 좌의정 조사석(趙師錫)을 몰래 규찰하였다는 탄핵을 받아 삭주(朔州)에 유배되었다가, 이듬해 기사환국 때 사사되었다.

말할 것도 없지만, 그러나 보내온 편지에서 이른 말은 대개 또한 실제의 이야기 아님이 없습니다. 다만 한번 벼슬길로 나와 반년 동안 한갓 성상의 총영(寵榮)만 훔치고 나랏일에는 실로 조금의 도움도 없어서 돌아와 옛 서적을 대하매 부끄러움이 얼굴에 가득하니, 어찌하겠습니까. 대개 향리에서 유세하는 말을 듣건대, 그 기대하고 격동하는 뜻이 더 이상 올해 여름 사이의 기상이 아니었고 자못 원망하는 말이 있었으니, 대개 직접적으로 백성들에게 미치는 실제의 혜택은 없었던 것입니다. 향리의 인정이 실로 마땅히 이와 같으니, 이는 또한 듣기를 기다리지 않아도 알 수 있는 것입니다. 당시에 경화(更化)[109]라 일컬으며 사람들이 지극한 정치를 기대한 것이 이제 반년이 조금 더 되었습니다. 그러나 자못 사람들이 기대했던 일은 크게 위로하지도 못한 채 형의 무리가 공훈으로 봉작되는 혜택을 누리고 우리 무리가 좋은 벼슬을 차지하는 데 지나지 않았을 뿐이니, 이것이 또한 이 백성들의 휴척(休戚)과 국가의 치란(治亂)에 무슨 관계가 있겠습니까.

내 생각에는 크게 국용(國用)을 절약하고 크게 은혜로운 정사를 베푸는 것이 오늘날의 가장 급한 일입니다만, 지금의 사대부들은 모두 풍요로움을 누리려는 생각만 있고 각고의 노력을 기울이려는 뜻은 전

109 경화(更化) : 정치를 개혁하여 교화를 새롭게 한다는 뜻으로, 《통감절요(通鑑節要)》 권3에 "금슬의 소리가 조화를 이루지 못함이 심하면 반드시 그 줄을 풀어서 고쳐 매야만 연주할 수 있고, 정치를 하는 데 행해지지 않음이 심하면 반드시 변화시켜서 교화를 새롭게 해야만 나라를 다스릴 수 있다.〔琴瑟不調甚者, 必解而更張之, 乃可鼓也; 爲政而不行甚者, 必變而更化之, 乃可理也.〕"라고 한 데서 온 말이다. 여기서는 1680년(숙종6) 경신년에 남인(南人)이 실각하고 서인(西人)이 집권하게 된 경신대출척(庚申大黜陟)을 가리킨다.

혀 없습니다. 심지어 국가와 함께 휴척을 같이하는 훈척(勳戚)과 중신(重臣)들마저 바야흐로 과거에 급제하는 것만 일삼고 있으니, 어찌 궁실을 낮게 짓고 거친 음식을 먹는 의리[110]로 위로 우리 임금을 바로잡으며, 일이 없을 때 괴롭고 담박함을 익히고 난세가 오기 전에 백성의 마음을 결집하여 국가의 장구한 계획으로 삼을 수 있겠습니까. 우리들이 비록 일찍이 연석(筵席)에서 누차 이런 생각을 언급했지만 오늘날 윗사람과 아랫사람의 기상을 살피건대 이렇게 하기는 쉽지 않을 듯하니, 매우 근심스럽고 매우 고민이 됩니다.

형은 본래 포의(布衣)로 국가의 기밀을 모의하는 데 관여하여 그 뜻이 실로 종국(宗國)에 있으니, 대저 어찌 요행히 부귀를 얻을 생각이 있겠습니까. 원컨대 더욱 국가의 대계로 마음을 삼아서 부귀가 마음을 방탕하게 하지 못하도록 하기 바랍니다. 이미 스스로 근검절약의 도리로 자신을 다스리고 집안을 바로잡았으면, 다시 이로써 당로(當路)의 사람들을 깊이 경계하여 함께 정성과 힘을 같이하여 성상의 마음을 움직이고 깨우치기를 기약하고, 국가를 다스리는 제도를 한번 안정시켜서 이 백성들로 하여금 기대를 잃지 않게 해서 국세(國勢)를 영구하고 공고하게 할 수 있다면 어찌 아름답지 않겠습니까.

또 예컨대 궁중과 부중은 모두 한 몸이 되니 형벌과 포상을 유사에게

110 궁실을……의리 : 성왕(聖王)의 검소한 덕을 말한다. 공자(孔子)가 말하기를 "우 임금은 내가 흠잡을 수 없도다. 음식은 박하게 먹으면서 귀신을 섬기는 제사에는 효성을 극진히 하며, 의복은 검소하게 입으면서 제사에 착용하는 불과 면류관은 아름다움을 극진히 하며, 거처하는 궁실은 나직하게 지어 살면서 치수 사업에는 힘을 다하였으니, 우 임금은 내가 흠잡을 수 없도다.〔禹吾無間然矣. 菲飮食而致孝乎鬼神, 惡衣服而致美乎黻冕, 卑宮室而盡力乎溝洫, 禹吾無間然矣.〕"라고 하였다.《論語 泰伯》

맡기는 것이 더욱 치도의 근원이 됩니다. 근래의 일은 크게 그렇지 않은 듯하니 이것이 더욱 식자들이 한심해하는 일입니다. 모르겠습니다만, 형의 생각에도 일찍이 이것을 근심으로 여겼습니까?

나는 본래 시대를 구할 만한 재능이 없고 세상에 이바지할 만한 식견을 갖추지 못했으니, 단지 산간에 숨어 살면서 이생을 다하는 것이 마땅합니다. 그러나 지난번에 성상의 은혜로운 대우에 감격하여 쉽게 한번 나온 뒤로 지체하며 돌아가지 않아서 국가에 도움이 되지 못하고 단지 지키는 바를 잃어버렸을 뿐이니, 생각하매 개탄스럽습니다. 돌아보건대 이후로 부침이 또한 마침내 어떻게 될지 모르겠습니다.

이백길께 드림 정묘년(1687, 숙종13)[111]

與李伯吉 丁卯

나는 아룁니다. 국가가 불행하여 상서(尙書) 대감 어른[112]이 갑자기 관사에서 세상을 떠났으니, 부고를 받고는 애통하고 상심하여 무슨 말을 해야 할지 모르겠습니다. 조정은 한 사람의 명덕(名德)을 잃고 후생들은 더 이상 우러러 의지할 분이 없으니, 죽음에 대한 탄식이 어찌 우리의 사사로운 정 때문만이겠습니까. 삼가 생각건대, 첨형(僉兄)의 돈독한 효성과 사랑은 곧 중영(仲郢)이 공권(公權)을 섬기던 것[113]과 같았으니, 가슴이 꺾이는 지극한 애통함을 어찌 스스로 감당하

111 정묘년 : 《창계집》〈창계선생연보초(滄溪先生年譜草)〉에 의하면 창계는 정묘년(1687, 숙종13) 겨울 진안(鎭安) 반월촌(半月村)의 집이 화재로 다 타 버려서 읍내로 옮겨 가서 살다가 무진년(1688) 2월 식구들을 데리고 고향인 나주 회진(會津)으로 이주하였으니, 이 편지는 무진년 3월에 썼다는 것을 유추할 수 있다. 따라서 정묘년이라 기록한 것은 연대 고증에 착오가 있는 것으로 보인다.

112 상서(尙書) 대감 어른 : 이사명(李師命)의 숙부인 이민서(李敏敍, 1633~1688)를 말한다. 본관은 전주(全州), 자는 이중(彝仲), 호는 서하(西河)이다. 영의정 이경여(李敬輿, 1585~1657)의 셋째 아들로 뒤에 이경여의 사촌인 도정(都正) 이후여(李厚輿, 1586~1657)에게 입양되었다. 서울에 살았으며 송시열(宋時烈)을 사사(師事)하였다. 1650년(효종1) 사마시에 입격하고, 1652년 증광별시 문과(增廣別試文科)에 급제하였다. 이후 호조 판서, 이조 판서, 예조 판서, 대제학, 대사헌, 대사간 등의 벼슬을 역임하고, 1687년(숙종13) 겨울에 병으로 체차되고 지돈녕부사가 되었다가 1688년 2월 2일 병으로 세상을 떠났다. 문집으로 《서하집(西河集)》이 있다.

113 중영(仲郢)이……것 : 숙질간의 엄숙하고 돈독한 정을 말한다. 중영과 공권(公權)은 당(唐)나라 하동 절도사(河東節度使)를 지낸 유공작(柳公綽)의 아들인 유중영

겠습니까. 이러한 즈음에 대형(大兄)께서 만난 바가 또한 매우 심상치 않으니, 덕문(德門)의 근심과 재앙이 어찌 갑자기 이런 지경에 이르렀단 말입니까. 친근한 벗의 정으로 안타까운 마음을 견딜 수 없습니다. 삼가 원하건대, 예의로 절제하고 본분을 미루어서 깊이 스스로 마음을 너그럽게 가지고 권면하여 대부인의 근심스러운 마음을 우러러 위로해 드리는 것이 어떻겠습니까, 어떻겠습니까?

나는 지난가을 이래로 중병이 더해져서 무시로 심해졌다 나아졌다 하면서 지금까지 낫지 않아 바야흐로 죽고 사는 일을 근심하고 있는데, 밖으로 침식당하고 안으로 공격받는 것이 같이 한 가지 이치로 돌아가니 그대로 맡겨 둘 뿐입니다. 또한 다시 어떻게 하겠습니까. 골짜기에 새로 마련한 거처는 겨울 사이에 마침 화재를 만나 지난달에 가솔을 데리고 고향으로 돌아왔는데, 도로에서 병이 발작하여 수십 일을 지체하며 머무르다가 겨우 도착할 수 있었으니, 그간의 고충을 어찌 말로 할 수 있겠습니까. 오래도록 위문하는 편지를 적어 보내지 못한 것은 대개 이 때문입니다.

스스로 취하고 스스로 구하는 것은 이치이고 그렇게 하지 않아도

(柳仲郢)과 공부 상서를 지낸 동생 유공권(柳公權)을 가리킨다. 유중영은 숙부인 유공권을 자신의 아버지처럼 섬겼는데, 심한 질병을 앓을 때가 아니면 유공권을 볼 때 의관을 정제하지 않은 적이 없었다. 유중영이 경조윤(京兆尹)이나 염철사(鹽鐵使) 등 현달한 벼슬을 할 때도 출타하다가 큰 거리에서 숙부를 만나면 반드시 말에서 내려 홀(笏)을 단정히 들고 서서 기다리다가 그가 지나간 뒤에 말을 탔으며, 유공권이 저녁에 돌아오면 반드시 의관을 정제하고 나와 말 머리에서 영접하였다고 한다. 《治平要覽 卷90 唐文宗 太和4年》

그렇게 되는 것은 명(命)이니,[114] 하늘을 원망할 수 없고 사람을 허물할 필요가 없습니다. 나에게서 말미암은 것은 징계하고 저들에게 관계된 것은 맡겨 두나니, 무릇 환란에 대처하는 도리는 단지 이와 같아야 할 듯합니다. 모르겠습니다만, 그대의 처신은 과연 어떠한지요?

성주(聖主)께서 공(功)으로 생각하는 것은 조정의 의론에 또한 절충할 곳이 있을 듯합니다. 원컨대 진중하게 스스로 몸을 아끼고 날로 새로워지고 깨끗이 씻어 내어 위로는 선열을 빛나게 하고 아래로는 벗의 정을 위로하시기 바랍니다. 이 밖에는 더 이상 말할 것이 없으니, 아마 깊이 혜량하고 계실 것입니다.

114 그렇게……명(命)이니 : 하늘의 이치와 사람의 운명은 인력으로 어떻게 할 수 있는 것이 아니라는 말이다. 맹자가 말하기를 "그렇게 함이 없어도 그렇게 되는 것은 하늘이고, 이르게 함이 없어도 이르는 것은 명이다.〔莫之爲而爲者天也, 莫之致而至者命也.〕"라고 하였다. 《孟子 萬章上》

이백길께 드림 무진년(1688, 숙종14)

與李伯吉 戊辰

멀리 거친 변새(邊塞)에서 어떻게 견디며 지내는지요? 근심스러운 생각을 어떻게 말로 다 하겠습니까. 완악한 목숨이 죽지 못하고 다시 국문(國門)에 들어왔습니다. 낙하(洛下)의 친한 사람들은 완연히 예전과 같은데 유독 집사가 보이지 않으니, 개연한 심정을 어이하겠습니까. 풍토가 사람의 건강을 해치는 데 이르지는 않았습니까? 자고 먹고 생각하는 것은 능히 스스로 지낼 만합니까? 적적하고 담박한 생활 속에 반드시 회광반조(回光返照)[115]의 유익함이 있을 것입니다. 만일 새로운 공부에 힘써 면려하고 앞의 과실을 보충하여 회복한다면 어긋나고 어지러운 곤액이 옥성(玉成)[116]의 바탕 아님이 없을 터이니, 이것이 어찌 비루하고 보잘것없는 내가 알려 주기를 기다릴 말이겠습니까.

나는 지난번에 편한 읍(邑)을 얻어서[117] 움직이지 않을 수 없었으나, 험난한 길을 헤치고 관서로 왔을 때는 마침내 낭패를 당하였습니다.

115 회광반조(回光返照) : 선종(禪宗)에서 쓰는 말로, 언어나 문자에 의지하지 않고 자기를 회고하고 반성하여 바로 심성(心性)을 조견(照見)한다는 의미이다.

116 옥성(玉成) : 하늘이 시련을 주어 훌륭한 인격을 완성하게 한다는 의미이다. 장재(張載)의 〈서명(西銘)〉에 "부귀와 복택은 나의 삶을 두텁게 해 주고, 빈천과 우척은 너를 도와 성취시켜 주는 것이다.〔富貴福澤, 將厚吾之生也; 貧賤憂戚, 庸玉女於成也.〕"라고 한 데서 온 말이다. 《古文眞寶後集 卷10》

117 나는……얻어서 : 《창계집》 〈창계선생연보초(滄溪先生年譜草)〉에 의하면 창계는 1688년(숙종14) 4월 능주 목사(綾州牧使)에 제수되었는데, 이 일을 가리키는 듯하다.

사람의 마음이 한 점이라도 스스로 혼자만 편안하기를 구하는 뜻이 있어도 마침내 다른 사람에게 누가 되지 않는 경우가 없으니, 매우 두려워할 만합니다. 느긋하게 지내며 더욱더 자애하고 더욱 진중하기에 힘쓰기를 간절히 빕니다.

지은이 **임영(林泳)**

1649년(인조27)~1696년(숙종22). 조선 후기의 문신, 학자이다. 본관은 나주(羅州), 자는 덕함(德涵), 호는 창계(滄溪)이다. 이단상(李端相), 박세채(朴世采)의 문인이다. 1666년(현종7) 사마시에 입격하였고, 1671년 문과에 급제하였다. 호당(湖堂)에 선발되어 사가독서(賜暇讀書)하였다. 이후 이조 정랑, 홍문관 부제학, 사헌부 대사헌, 전라도 관찰사 등을 역임하고 공조 참판에까지 이르렀다. 천인성명설(天人性命說)을 깊이 연구하였고 경사(經史)에 정통하였다. 기호학파의 일원이지만 이기론(理氣論)에 있어서는 이황(李滉)과 이이(李珥)의 학설을 절충하여 독자적인 이기심성설(理氣心性說)을 전개하였다. 나주의 창계서원(滄溪書院), 함평의 수산사(水山祠)에 제향되었다.

옮긴이

이승현(李承炫)

1979년 경북 포항에서 태어났다. 성균관대학교 대학원에서 한국한문학 박사과정을 수료하였으며, 한국고전번역원 고전번역교육원 연수과정을 졸업하였다. 한국고전번역원 연구원으로 재직하며 번역 및 편찬 사업에 참여하였고, 성균관대학교 대동문화연구원에서 권역별거점연구소 협동번역사업에 참여하고 있다. 공역서로《승정원일기 83·93》,《동천유고》,《고산유고 4》,《역주 당송팔대가문초 구양수 3·4》,《명고전집 2》, 교점서로《교감표점 승정원일기 인조 41》, 편찬서로《한국문집총간편람》,《한국문집총간해제 8·9》, 논문으로〈초의 의순의 시문학 연구〉,〈기리총화 연구〉,〈김시습의 장량찬의 이면〉,〈서형수의 명고전집 시고를 통해 본 원텍스트 훼손〉 등이 있다.

전백찬(全百燦)

1965년 경북 영천에서 태어났다. 경북대학교 대학원에서 한문학과 박사과정을 수료하였다. 경북대학교, 영남대학교, 계명대학교 등에서 강의하였다. 한국고전번역원에 재직 중이다.《성호전서》,《죽석관유집》,《일성록》 등의 번역에 참여하였고,〈태재 유방선의 시세계〉,〈송목관 이언진의 작가의식〉,〈정제두 경학의 철학적 기저〉 등의 논문을 발표하였다.

창계집 4
임영 지음 | 이승현 전백찬 옮김

2018년 12월 20일 초판 1쇄 발행

발행인 신승운 | 발행처 한국고전번역원
등록 2008. 3. 12. 제300-2008-22호
주소 (03310) 서울시 은평구 진관1로 85
전화 02-350-4886 | 팩스 02-350-4899 | 홈페이지 www.itkc.or.kr

번역 이승현(권11~권12 202쪽) 전백찬(권12 203쪽~권14)
연구총괄 이기찬 | 연구기획 이제유 | 자문 임정기 허호구

책임편집 정영미 | 편집진행 박정열 서윤이
편집교정 김상순 박성희 이현우 | 조판 김지현 | 제작 김형석
디자인 씨디자인 | 인쇄 반디컴

값 20,000원
ISBN 978-89-284-0569-5 94810
978-89-284-0338-7 (세트)
*이 책은 2018년도 교육부 고전번역사업비로 출간한 것임.